U0542803

悲晨曦之易夕，感人生之长勤（陶潜）

课虚无以责有，叩寂寞而求音（陆机）

——李泽厚自况集句

人生小纪

与李泽厚的虚拟对话

马群林 编撰

南京大学出版社

李泽厚序

　　有如本书编撰者马群林先生的"后记"中所说，并不存在这个对话。所以这本《小纪》应属于马先生的著作，而非我的著作。因为尽管所有对话大半摘自我的文章、论著、访谈、电子邮件、微信等，并经过我多次翻阅增删，但经由他编排、调整、拼接、撰写、改动，便不完全是我的语言、风格和口吻，而且有些地方半文不白，即他的口头语言和我的书面语言交错相接，有些地方虽属同一主题却是不同时期、不同重点、不同讲法的拼合，如此等等，不一而足。总之，这本书不能算是我的书稿或著作，这是首先应该向读者交代清楚的。本来，从一开头我就不赞成编撰这本书，但马兄非常坚决，多年孜孜不倦地将分散在我的论著中的一些观点、看法、意见摘编汇聚在一起，还梳理加上我的一些生活经历、事件以及他人的各种论评，其中也有我以前未曾谈过的好些问题，如强调汉字（指汉文，非汉语）在融化各不同种族、文化而形成大一统中国时的巨大功能（我始终认为这是非常重要的关键问题，但我非专家，未敢多说），等等。这些的确花了他不少时间和极多精力，并坚决不顾我的反对，认为这是介绍我的思想的读本，很有必要。他既如此强硬"有理"，我便不好再说什么了。

  于是，便要我写序。从二十几岁起，我所有著作都从不请人写序。因为写序总会要讲几句好话，但并非所有好话我都愿听。那么，我这个序该说几句什么好话呢？虽然我并不承认也不认可这就是我的"学思之路"，但对拒绝写自传的我来说，这本书材料真实、叙述清楚、内容宽泛，也有重点，倒是可以作为我的学术传记来阅看的。这是实话，也就算是好话吧。但我估计此书今天迎来的可能是一片嘲笑咒骂声，不过几十年来我已习惯生存在这种声音中，也就无所谓了。

  我已年过九十，心脑俱衰，本该匿声，却来写序，而往事依稀，徒增怅惘，如今只欠呜呼，可伤也矣。

  此序。

2020年秋日于波斋

目录

李泽厚序

引　子　"一生简单平凡"
不喜欢谈个人 / 003　走我自己的路 / 006

第一篇　"独上高楼，望尽天涯路"（1930—1954）

一　"子欲养而亲不在"
五代之前不姓李 / 013　一辈子的哀痛 / 018　故乡印记 / 021

二　最恨虚伪
生活顿陷困境 / 023　靳江中学片忆 / 024　酷爱鲁迅与冰心 / 025　最不喜欢的作家 / 029　热衷于读词和填词 / 030

三　精神危机
上了免费的第一师范 / 033　啃下"费尔巴哈章" / 035　我也狂热过 / 038　废学三日 / 040　当了一年小学老师 / 042

四　自己摸索

"状元来了！" / 043　从小题目做起 / 046　基本没上过课 / 049　读第一手的原始资料 / 050

五　暗自掂量过那些教授、名家

培养自己的判断力 / 054　文史哲三系比较 / 055　"我心里有数" / 057　没能留在北大 / 059

第二篇　"衣带渐宽终不悔，为伊消得人憔悴"（1955—1976）

一　"这个人是哪里的？"

"有点空谷绝响" / 065　"你的分析很好" / 067　印象很深的稿酬 / 070　两本小书 / 072

二　李泽厚派

写文章的两条规矩 / 075　"直觉性"不敢展开 / 077　酝酿积淀思想 / 080　想写本《美的哲学》/ 081　思想发展三阶段 / 084　美学三派 / 086　给宗先生的书写序 / 091

三　擦肩而过

一个好友 / 094　去敦煌 / 096　有所不为 / 098　写了"审美意识"章 / 100

四　下放劳动

经常搞"夜战" / 102　顾准觉悟很早 / 104　第二次下乡 / 105　最好的时光被浪费 / 107

五　核心思想早有了

造了"积淀"这个词 / 109　强调的是个体精神之自由性 / 111　"康德书"的前奏 / 112　核心观念1961年开始形成 / 115　看了不少英文资料 / 116　读皮亚杰和杜威 / 117

六 "偏袒"西方哲学

最欣赏休谟 / 120　海德格尔的"士兵哲学" / 122　尼采与叔本华 / 124

西方马克思主义 / 125　已走到了尽头 / 126　有比语言更根本的东西 / 129

七 逍遥派

放现在可能不结婚了 / 132　不让儿子搞文科 / 134　不介入任何纷争 / 136

绝对的小人物 / 138　非常侥幸 / 140　发现历史真相 / 141

八 拟了九个研究提纲

不断想问题 / 143　从怀疑到告别 / 144　强调法治、理性、渐进 / 146

改良更不容易 / 148　四顺序说 / 150

九 地震棚里写完"康德书"

沈有鼎趣事 / 152　写出"康德书"初稿 / 153　"中亦略抒愤懑焉" / 155

第三篇 "一事平生无齮龁，但开风气不为师"（1977—1991）

一 一个苏醒的新时期

"第一只飞燕" / 161　"美丽的女性走廊" / 164　文艺主要靠感觉 / 167

个人偏好 / 168　人道主义论争 / 171

二 "评"更重要

"能看出一个新的哲学体系" / 175　"有思想史意义" / 180　儒学、康德与

马克思三合一 / 184　意犹未尽 / 186　"交了第一本考卷" / 188　回到康

德的含义 / 191

三 美学热

为何偏偏是美学热？ / 193　"大美学"杂志 / 196　美学译文丛书 / 198

与刘纲纪主编《中国美学史》 / 200

四　美学三书

"令人叹为观止" / 205　审美趣味史 / 208　"内篇"更重要 / 210　"你是有体系的" / 213　告别美学 / 214　"美学是第一哲学" / 217

五　文化热

从美学热到文化热 / 221　反传统的文化热 / 223　构建理性的形式 / 225

六　思想史三论

"后人恐难以想象" / 228　并未过时 / 230　"有突破之功" / 233　十几万字就打发掉了 / 238　乐感文化与实用理性 / 239　兵家是中国哲学第一家 / 243　有人跑来质问我 / 247　"救亡压倒启蒙"惹争议 / 249　最看重的是另一篇 / 252　"西体中用"是第三派 / 255　"转化性的创造" / 258　"怎么能用这个标题？" / 259

七　八十年代拾遗

"两代人中间的李泽厚" / 262　刘小枫变化太厉害了 / 264　当时我没有感觉 / 268　"纵容你去敞开思想" / 274　"您立了功！" / 280　已记不得帮助过谁了 / 284　愉快的回忆 / 287

第四篇　"人类视角，中国眼光"（1992—2021，上）

一　在美国教书

"似春水，干卿何事" / 291　三个冒险 / 293　不图名，只图"利" / 295　学生的掌声 / 296　海外汉学一瞥 / 299　回国跟人聊天 / 304

二　七十岁以后的著述更重要

"同心圆"的伸延 / 306　为自己编个"纪念品" / 307　指向一个共同的方向 / 311　"吃饭哲学" / 313　"跳出三界外，不在五行中" / 316

三 伦理学新说

比美学更重要 / 321　区分"两种道德" / 322　范导和适当建构 / 324　和谐高于公正 / 326　情本体的"外推" / 327　与罗尔斯的不同 / 330　在丽娃河畔讲学 / 332　由外而内的伦理道德二分 / 334　道德心理三要素 / 337　伦理学总览表 / 338

四 "要启蒙，不要'蒙启'"

"五四"仍然了不起 / 341　厌恶所谓的"政治儒学" / 344　我与"国学派"的不同 / 347　建"儒教"不符合儒家精神 / 348　启蒙理性并未过时 / 350　过犹不及 / 352　自由派与民粹派 / 353　历史与伦理二律背反 / 356　落到制度上才算数 / 358

五 重释《论语》

《孔子再评价》的继续 / 360　哲学读法 / 362　三个要点 / 363　《周易》比《论语》还重要 / 366

六 巫史传统

了解中国思想和文化的钥匙 / 367　一种哲学视角 / 370　周公、孔子和秦始皇 / 372　"一个世界"与"两个世界" / 374　感觉不错的三个翻译 / 377

七 儒学四期

为何不赞同"三期说"？ / 378　举孟旗行荀学 / 379　现代新儒学四大家 / 382　喜欢梁漱溟 / 386　在台湾没去见牟宗三 / 388　"五十年代便提了出来" / 390　我的四期说 / 392　只有吸收、消化才能发展 / 394

八 "世俗可神圣，亲爱在人间"

还用不用"哲学""本体"这些词？ / 396　讲"情"还算哲学吗？ / 398　"双本体"之间不存在矛盾 / 400　情本体的线索 / 403　填补海德格尔 / 405　情本体的"内推" / 408　"历史进入形上" / 412　该中国哲学登场了？ / 414　与刘绪源的对话 / 417

第五篇 "原意难寻，六经注我"（1992—2021，下）

一 "思想家淡出，学问家凸显"

正确的废话 / 421　各有所长、各有其用 / 423　不应追求成为"哲学王"/ 427

二 什么是哲学？

科学＋诗 / 430　思索命运 / 432　可以是提纲，不必是巨著 / 434　"粗"但不"空"/ 437　更爱看扎实的文章 / 439　王、陈、钱三大家 / 440　哲学需要论证吗？/ 445

三 治学方法

提倡多元化 / 448　关注现代脑科学 / 450　边缘政策 / 452　从零开始 / 453　从来不谈方法论 / 456　"六经注我"/ 458　"超越李泽厚"/ 460　"支援意识"/ 463　根本性的创造太少 / 465　能留下两三本就很不错了 / 467

四 羡憎交织

一个非常危险的概念 / 470　世界一体化视角 / 472　真是入木三分 / 474　历史经常曲折前行 / 476

五 "历史终结日，教育开始时"

未来社会的中心学科 / 478　以培育人性为根本 / 480　教育心理学是核心课程 / 482

六 情爱多元

"食色，性也"/ 484　顾城不可饶恕 / 487　女性更追求心理感受 / 489　家庭感情不可替代 / 492　"想不通就想不通好了"/ 496

尾　声　"四个静悄悄"

能用的只有脑袋了 / 501　最多是一个"狷者"/ 503　一辈子都在孤独中度过 / 507　从未有失落感 / 510　还有好几个题目 / 512　去留无意 / 514　至今未悟 / 516

附录一 "救亡压倒启蒙"与"中国六代知识分子"之"发明权"考释 / 马群林 / 520

附录二 李泽厚《伦理学新说述要》撰著记 / 马群林 / 537

附录三 我和台北三民书局的故事 / 李泽厚 / 557

附录四 李泽厚著作年表简编 / 马群林 / 569

后记 一部"特殊作品" / 575

又记 忆李泽厚先生二三事 / 583

引子

"一生简单平凡"

不喜欢谈个人

马群林（以下简称"马"）：李先生好！明年（2020）是您九十寿辰，这里提前给您祝寿！

李泽厚（以下简称"李"）：谢谢！

马：按中国的老话，九十岁，该是鲐背之年了。

李：我从未想到会活这么久。（笑）

马：您的学术研究，如果从考入北京大学（1950）算起，迄今（2019）已有近70年了。我一直想梳理您这漫长的"学思之路"，给研究者提供一些可靠的基本资料。但首先要说明的是，这种"梳理"，这个"学思之路"，绝不是什么"自述""自传"之类的东西。

李：当然不是了！很早，包括傅伟勋、何兆武等友人都曾多次劝我写自传之类，一些出版社也屡次找上门来。我感谢大家的好意，但始终没有写。现在更不会写了。不喜欢谈自己，这是我的个性。

马：您写了许多自问自答的也就是虚拟的学术对谈，我们这次也用这种方式，算是真正十足的"虚拟"了。但要强调的是，形式虽虚，内容却实——您所认定的自己一生中一部分的"诗文、话语、史实、情况"（《李泽厚散文集·序》）。这您总该认可吧？

李：勉强算吧。

马：那我们就开始吧。首先我想问的还是上面那个话题：很多学者晚年都出版自传、自述之类，您为什么不写？

李：没意思，不想写。我曾讲过：第一，我这个人一辈子，一个是读书，一个是写文章，没干过别的事儿，生活少有变化，履历异常简单。

傅伟勋致信李泽厚

1930年6月生，湖南长沙人。1945年读完湖南宁乡靳江中学，1948年湖南省立第一师范毕业。任小学教师一年。1954年北京大学哲学系毕业。1955年分配至哲学研究所工作。1992年旅美至今。"社会关系"极其简单，更无何"事迹"可言。虽亦有悲欢曲折，境遇坎坷，但比同辈中遭难的右派生涯以及下辈知青的艰难道路，就不足道了。也有如海涅说康德是没有什么生平可说的人，人就是书，书也就是人。和古今许多书斋学者一样，就是看书和写文章，只做了这两件事，没做别的事。

马：过的基本是书斋生活？

李：对。再有，就是回忆使我痛苦，不愿意经过痛苦再回忆痛苦。我从来就没有特别愉快、特别高兴过，而人家认为我是应该愉快高兴的。我已经耽误了不少时间，世界上什么都可以补救，唯独时间不能补救。

马：记得您在什么地方讲过，曾打算写本自传。

李：那也是好友傅伟勋"逼"得没办法才口头答应的。九十年代初，傅多次邀请我为他主编的丛书写本自传，并给予特高稿酬。我没答应，但他坚持，磨得我实在没有办法，只好口头应允了。

说到傅伟勋，我在一篇文章里讲过，他是我非常喜欢的学人之一。他比我小三岁，口无遮拦，快人快语，见真性情。他是个悟性极高非常聪明的人，曾根据切身体验写过死亡学的著作，成为轰动一时的畅销书。我本想就这问题和他聊天，他却于1997年匆匆去世了，竟由于癌症多次手术后的意外感染。如此豪爽的一个汉子，一下子就永远没有了。想起此事，总倍感怅惘。

我常玩味他晚年癌症手术后的情况：他似乎很快乐，照样喝酒，再三声称决不会死，仍在努力搞学问，但又极不满足，总感觉人生没意思。的确，如果不信神，不信鬼，那到底把人生意义放在哪里才好呢？去日苦多，及时行乐？精神上难得满足。著书立说，名垂后世？舍身饲虎，建功立业？贝多芬欢乐颂，浮士德上天堂，……就满足了？也未见得。佛说无生，那当然最好，因为生出来就是痛苦。但既然已生，又舍不得自杀，如何办？这个最古老的问题似乎还在日日新地压迫着人，特别是当死亡将近，再一次回首人生的时候。本来，人的生存问题解决后，性的问题、自然本性问题、人生无目的问题，会更为突出，更为恼人。有没有、可不可以有"无目的的合目的性"呢？不知道，也很难知道。也许，存在之深奥是有限的人和概念的理性所不能把握的？伟勋晚年"返朴归真"，由学问人回到"自然人"，是不是在对人生做这种最后的询问？是不是又一次陷入了对生死、对人生意义究竟何在做挣扎不已的无望追求和苦恼之中？我不敢肯定，只是怀疑和猜想。

马：但最终还是没写？

李：没写。等那个出版社寄来合同后还是没写。我试着写过，口头既答应了，就准备写，题目也想好了，叫《浮生记学》。我觉得这题目不错。记得当时也拟了一些章节标题，但是动了两三次笔都没写下去。写不下去，就不写了。合同一直放在抽屉中，没有签。

马：可惜了！

李：算不了什么。历史上被淹没和扭曲的重要人物、重大事件多了去了，我的那点经历根本微不足道。

走我自己的路

马：在《浮生论学》《中国哲学登场》以及其他一些文章、访谈中，您倒是讲了一些，读者也很爱看。但我发现不少内容是重复的。

李：刚才说过，我没那么多故事，一生简单平凡。过去讲自己，也就是交代一些应交代的事，细节很少讲，所以重复。讲得也不多，都是问起顺便讲的。当然了，几十年来在国内外也参加过一些重要的学术活动和会议，与国内外学者们也有一些交往，由于各种原因（我不喜谈是主要原因），很多人完全不清楚、不了解。

马：外界有不少关于您的各种传闻轶事，有好有坏，您应该写出来澄清一下，不然的话，就会被认定为事实了。有个成语形容这叫"积毁销骨"，比如多年前有位学人写了篇《忆往叙实：八十年代初与李泽厚谈孔子》。

李：那就只好随它去了。这篇"叙实"就令我啼笑皆非，因为有关我的那部分"叙实"非常不实，是编造出来的。但我实在没有能力和兴趣对付这种事情。

马：还有一个小例子：李学勤先生去世（2019年2月24日）后，有报道说：李泽厚曾称李学勤为"大陆学界第一人"。有的书还曾把这句话印在封底。

李：这只是很细微的事，其他的更多。对李学勤先生的逝世，我深表哀悼，我也称赞过他的学问，但从来没有讲过这句话。在与陈明的对话（《浮生论学》）中还讲过，我不赞同他领导的三代断代工程，我认为苏秉琦的成就可能更大。倒是陈明讲了一句"当时国内的第一剑应该是这个李先生李学勤"，这是把陈明的话按到我头上了。（笑）

马：2016年网上有张岱年先生是否给方克立写过"求饶信"的争论，又旁出您给方写求饶信的谣言，说您给方写过不止一封，祈求方不要再揭发您。但您1992年初即赴美，而方1994年才调任中国社会科学院研究生院院长。如此"时差"，本无交集，怎可能发生此事？这个"故事"编得太离谱了。

李：哈哈。我已置身海外，何饶可求？只知道方当时大讲要"打落水狗"，指我，但我已离开中国，他打不成，便造谣了，但又拿不出一封信来。

马：记得您在一本书的后记中说经常受到"恶人"攻击。这里讲的

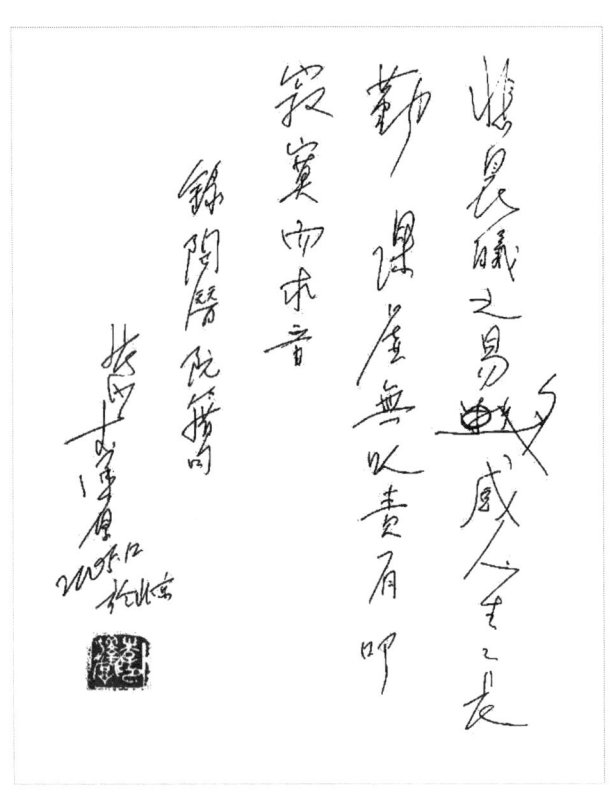

李泽厚手书自况集句（2005）

"恶人",是指哪些人?

李:我之所谓"恶人",并非指那些与我意见(不管是学术意见还是别的什么意见)相左而批评我的人,也不是指那些各路的大批判家们,而是指一些与我极少往来、素无瓜葛却不知为什么(我实在弄不明白)对我非常仇视,无端攻击、谩骂的人。这种攻击见诸笔墨者有之,更多和更恶的却是流言蜚语,无中生有,造谣中伤,真是人心险恶,可怕之至。行路难行路难,不在水不在山,但在人情反复间。

所以,我对一个朋友说,我应该设想自己已经死了。这样,一切攻击谩骂、恶人恶语,对我也就没有刺激,不起作用了。"身后是非谁管得,满村听说蔡中郎。"我倒可以逍遥自在,不出声,只观看世人的各种真假面目,这不挺有趣吗?

马:哈哈,这完全是一种阿Q式的排遣法,但也可见您仍是初衷不改呀。

李:抄几句过去写的话吧:"我坚守自己的信念,沉默而顽强地走自己认为应该走的路。毁誉无动于衷,荣辱在所不计。"(1981)"关键确在于'沉默而顽强',盖非'沉默'无足以保身全生,非'顽强'不可以韧性持久。是以黄卷青灯,敢辞辛苦?任人责骂,我自怡然。我继续走我自己的路。"(1989)

马:希望我们接下来的对话,能真实而全面地展示您独特的"学思之路"——"走我自己的路"。

李:但也不是什么正规严肃的"对话",算是"聊天"吧,随意聊聊天而已。

第一篇

"独上高楼,望尽天涯路"

(1930—1954)

一 "子欲养而亲不在"

五代之前不姓李

马：记得您曾讲过，五代之前不姓李，是赐姓的。这有点意思。

李：说来话长，只能简单提一下。祖父的祖父，也就是我的高祖，叫李朝斌（1825—1894），他本来姓王，王家养不起，就送给李家，后来从军，打了很多硬仗、死仗，封了大官——江南水师提督，赐穿黄马褂。有了军功以后，王姓让他归宗。曾国藩上了一个奏折，说归到王家，王家不过多一个儿子，但李家就没有后人了，所以主张还是姓李，不要姓王。但是以王家为郡望，王家的郡望是太原，我们叫太原李氏，区别于其他的李。所以这个"李"是从我的祖父的祖父开宗的，传到我才五代。有姓李的写信给我说，我应是他们的那一辈，我说对不起，我不是，我是另外一个李。（笑）

我是大房长孙，还有很多房呢，因为我这个老祖宗讨了几个老婆，儿子有13个还是15个，搞不清楚。我是他第一个孙子的第一个孙子。《清史稿》有《李朝斌传》，多少卷我记不得了。那被赐姓的就是我祖父的祖父。

马：我查出来了，在《清史稿·卷四百十五·列传二百二》。李朝斌是曾国藩手下的名将，很能打仗，诰授建威将军，正一品，其夫人亦诰

八个月的李泽厚

封一品夫人。

李：对此事，我不大重视，跟我儿子也没讲过，同祖父的弟弟妹妹也都是很晚才知道的。高祖的墓还在，位于长沙望城区，神道碑也在附近。2008年我们同祖父的兄妹五人去看过并留影，照片刊在中华书局《李泽厚对话集》里。

高祖这个人呢，目不识丁，完全是打仗出身，史书上有他的奏折，当然不是他写的了，是他的幕僚写的，我还查出来看过几份。这个人官已不小，但仍生气。他觉得这些文官没有打多少仗，反而得大官；他出生入死，官还不是很大。他就叫他儿子狠狠念书，他也不认识字，我祖母说，他看儿子功课的时候，先生圈打得多，他欣赏；圈打得少，就要骂或者打儿子一顿。

以前是以贫雇农出身而自豪，现在有些人以显示门户为荣，我觉得好可笑，因为这些对我特别是"学思之路"并无甚关系。听说李朝斌墓及神道碑已经是湖南省文物保护单位，我也并不很重视，真是有点"数典忘祖"了。

马：您的祖父是干什么的？

李：那当然也是做官的，叫李同寿（1872—1932），当过云南思茅的知州，和法国人搞过边界勘定等。光绪三十二年（1906），因剿匪不力，被罢免回乡。这时家境虽越来越破落，也还有不少钱跟房子，但土地已经很少了。《清实录·德宗景皇帝实录》有关于祖父被奖励的记载。听祖母说，祖父曾受到清帝召见，因官小，只能跪在很远很远的地方，根本看不到皇上，但也被视为家族的一种荣誉。

马：祖父去世时，您才两岁，应该没有什么印象吧？

李：那是，太小了。但似乎仍有一点点模糊印象，好像是祖父抱我逛汉口市街的情景。一点也不清晰，只好像有个铜像在那里，这很可能是后来我把图片上南京市孙中山铜像混在一起的缘故。但家人说有过这件事。

马：对父亲的印象就深刻了吧？

李：我出生当日（1930 年 6 月 13 日），父亲曾写了一封信给我外祖母。这个报喜信我还保存着，算是我的一件珍贵"文物"：

> 岳母大人尊前：前月肃上芜禀，谅已早邀慈鉴。近维福体安康，至颂且祝。启者：令媛于本月十七日午前十时二十分解怀，得举一子，大小均甚平安，堪以告慰远注。兹特敬呈喜蛋等件，伏乞哂收为幸。专此敬请福安，伏维垂鉴。
>
> 小婿李进肃禀旧历五月十七日午后四时发
>
> 岳祖母
> 姨岳祖母　大人前叱名请安，恕未另禀
> 姨岳母大人前附此请安
> 伯闳哥嫂以次均附此问候

马：在您的一本书里看过这封信的图片，字很漂亮，颇有些黄山谷的韵味。

李：字很好，特别是小楷。我父亲叫李进（1904—1942），本名世裕，字叔陶，学名景范。高祖时，家道殷盛，到我祖父的时候虽已开始没落，但也还是富裕人家，所以父亲当然读了书，上教会学校。父亲是自己苦学，努力奋斗出来的。那时已经没有土地等财产了，父亲穿着透水的皮鞋上学。为了家庭生计，他自己起了一个"进"字的新名字。后来又考入邮政局做事，他资历是大学预科，实际是中学生，但水平超过很多大学生。当时去考的大多是大学毕业生，他便改了个名，也有怕考不过会被嘲笑的心理原因。结果好些大学毕业生没考上，这位大学预科

父亲的"书示厚儿"诗

一 "子欲养而亲不在"

生却考上了。当时邮政是英国人办的，用的公文是英文，出的布告都是英文。父亲一直在邮局工作，是高级职员——甲等一级邮务员。

马：那算是很不错的工作了。

李：当时最好的工作，一是银行，金饭碗，二是邮局，银饭碗。父亲的收入每月有二百多块，所以我小时候生活很好，很早就吃过巧克力、烧烤等食物，而且在家里很受宠爱。记得抗战中，随全家从湖南调江西，坐的是带篷的卡车（运一些行李），司机旁边那个位置永远要么是我父亲，要么是我祖母，他（她）们抱着我。我母亲和弟弟就从来没有这个待遇。父亲家教很严，吃饭时祖母未上桌动筷子，我们便不能动筷子，所以从小便习惯于克制自己。

父亲曾作《书示厚儿》诗："潦倒谁于邑，谋生那自由。韶华过似箭，期望渺如钩。身世两同恨，乡心一样愁。壮怀终是梦，有负少年头。"我父亲也是郁郁不得志，死得很早。我12岁时父亲就死了，才38岁。

一辈子的哀痛

马：您在一篇文章中讲过，对自己影响最大的亲人是母亲。可母亲也是很早就去世了。

李：刚过40岁。母亲叫陶懋柟（1907—1949），出身于官宦人家，她的祖父陶森甲（1853—1913），做过道台、总兵，是游走在晚清和民国初年上层官场的一个人物。陶森甲之子陶惺孝（1880—1916），字涵宇，1904年留学日本，死时才36岁，是我的外公。

马：幼年时对母亲有记忆吗？

李：依稀有点儿。电影院失火，母亲携我逃出，那已是五六岁了，

母亲陶懋柟（1907—1949），其人品与风范，对李泽厚影响极大

但还是不清晰。再次，是母亲在黄包车上告诉我快下乡了，还说了乡下的一些人物，其中有一个比我大两岁的表姐。但在记忆中，我又把她与当时同宅邻居一个也比我大的叫方永的女孩（当时小皮球上有个"永"字公司标记，所以记得特别清楚）混在一起了，而且有种异样感觉。当然还有好些五六岁时的往事：芝麻酱、蜡光纸、叔叔婶婶……都仿仿佛佛，如真似幻。

马：从家庭背景看，您的母亲应该属于大家闺秀了。

李：母亲没正式上过学，只读了几天女校，但人极聪明，通过自学掌握了很多知识。母亲很重感情，看轻名利地位，我这一辈子不想做官，也坚决不做，可能与她对我的影响有关。我清晰地记得，当年父亲做了代理邮政局长的消息在报纸上发表后，他很高兴，母亲却一副不以为然的样子。

提到母亲，我很难过，也很愧疚。她去世的时候我没有在她身边，我不孝顺。那时候我正好是失学又失业，她死在外地，等我赶过去，人已经入土了。

马：没能见上最后一面？

李：（沉默）没有……

马：真是令人悲伤！

李：她是死未瞑目呀！……这是我一辈子的哀痛，到现在都是我人生最痛苦的事，过去几十年了还是那么的痛！每念及"树欲静而风不止，子欲养而亲不在"，总不免泫然涕下。很遗憾，母亲没有享到"清福"。

在《李泽厚哲学美学文选》（1985）的序文里，我写过一段话纪念母亲："她活到现在该多好！这本来是完全可能的。社会历史和个体生活中的某些偶然总是那样惊心动魄，追悔莫及，令人神伤。今天，我只能以这本不像样子但在家乡出版的小书奉献给她——我儿子所不及见的慈祥的祖母、我亲爱的母亲宁乡陶懋柟。"十多年前，我将三千册藏书捐给岳麓书院，并以我母亲的名字命名——"陶懋枏书室"。

故乡印记

马：您在家乡湖南生活了多久？

李：冷静算一下，我在湖南先后不过十余年，最长的一段，在宁乡道林和长沙，也不过八个春秋。但我总觉得那十多年特别是那八年，比我在北京的几十年要长得多。实际上，少年时日并不长，而且多创伤和痛楚，只是不愿意想它罢了。经常想起并愿意随意写下的，大都是早经无意识编选过的那些宁静、闲散、日长如小年式的悠悠岁月。这可能与我偏爱二十年代的某些散文也有关系。记得鲁迅说过，故乡一些东西"也许要哄骗我一生，使我时时反顾"。记忆中庭院里的金银桂花树，大门前的两个大石凳，有着枇杷树的花园，似乎很长、绕着水塘和竹林的围墙……是不是这些给我幼年的心灵成熟中打上印记的东西，老潜在地引导我对时间、存在和人生之谜去时时反顾呢？

我家既非地主，也非农民，长期住在城市。但我怀想最深的，仍然是那些大片金黄色油菜花的田畴，那漫山遍野热情执着的映山红，那充满了甜蜜的润湿感的江南农村的春天气息……还有长沙，那教育会坪、文运街口、国货陈列馆、银星电影院，九十年代我两次回长沙寻找过的旧石板路，那"淡淡的三月天，杜鹃花开在山坡上，杜鹃花开在小溪旁"的歌声，它们随伴着那时的艰难岁月，将永远留在我的记忆中，给我以温柔和慰藉、苍凉和感伤。

马：再谈谈其他家庭成员的情况吧。

李：不讲了。

马：那就只说说您现在还有联系的那些亲人。

李：一直保持联系的是我们共祖父母的兄妹五人。亲弟弟一个（李泽民），虽远在新疆，却非常非常之亲密。按传统礼制为"堂妹"的三人（李泽美、李泽丽、李泽珊），实际却如亲妹妹一样。我们的双亲在四十年代，都不满或刚过40岁便在身心悲惨中病逝，两位母亲因挂念儿女年幼，均死未瞑目。我们兄妹五人，1949年后虽天各一方，一直在不同地区工作和生活，却始终保持联络，嘘寒问暖，相互支持。五人也一直兢兢业业，认真工作。弟弟身为矿长和局领导却每周必下矿一天，与矿工们共同挖煤，八小时不上井，所以"文革"时得到老工人们的奋力保护。五人未曾屈就权势，居然有惊无险，未遭巨难，未成右派，算是平安度过此生。这在那个严峻年代，真是很不容易和很幸运的了。新世纪以来，我们更是三年一聚，来自五方，欢笑满堂，都健康地活到高龄。我说，这就足以告慰地下不幸英年早逝的两对双亲和与我们共同生活过的熟悉、亲切的祖母了。

就讲到这里为止吧。讲老祖宗的事情可以不动感情，讲到后面动感情，免得影响情绪。我亲弟弟最后竟因矿工职业病矽肺症死去……

二　最恨虚伪

生活顿陷困境

马：您是何时开始上学读书的？

李：我先上的湖南长沙孔道小学，读了一年，抗战就爆发了。为避战祸，随母亲到宁乡道林便河外婆家，后来又到晃县和邵阳，因此辍学，由母亲教《幼学琼林》等。后来父亲调江西任上，随全家从湖南到江西赣州，插班入保粹小学，搞了个小学文凭考中学（赣县匡庐中学）。实际上，我上学是从初中开始的。

马：在那里读完了初中？

李：没有。那时家里出现变故，我父亲在江西吉安任上去世了。父亲葬在长沙，母亲就带着我们兄弟二人回到了她自己的娘家——宁乡靳江河畔的道林。母亲此后以做农村小学教师谋生。我插班入宁乡靳江中学（现在的宁乡第四高级中学）读初中，上了两年，日本攻占长沙，学校迁往山区。没英语课，我的英语程度是初中二年级，因为初中二年级以后就没上过英语了。

我父亲从不攒钱，没有什么积蓄，父亲去世后，家境便一落千丈，顿陷困境。母亲带着我们兄弟两人艰难度日，甚至跑几百里路去教书赚钱，惨淡经营，备尝艰辛。当时有人说，等你儿子长大，你就可以享福了。母亲回答："只问耕耘，不求收获。"至今这句话似乎还在耳边，那情景仿佛仍在眼前，却不幸竟成谶语。

马：父亲去世，家境衰败，对您影响很大吧？

李：深切地体验到了世间的人情冷暖，世态炎凉。如果家境一直很贫困，倒不一定会有这么深的印象；如果由大富大贵而一贫如洗，可能也不会有这种感受和记忆。所以鲁迅讲："有谁从小康人家而坠入困顿的么，我以为在这途路中，大概可以看见世人的真面目。"我就是这样，不是由大富而是由小康人家一下子坠入困顿（但也不是陷入赤贫）。我感触更深的与其说是残酷，不如说是虚伪——人情冷暖中的虚伪，所以我最恨虚伪。记得当年为了几个臭钱受了多少气，如今有钱，又有什么用？也记得当年春节，同住在一所大屋的亲戚们，大鱼大肉，热闹非常；我们一家，母子三人，肉片豆腐，蛋羹一碗，冷冷清清，相依为命。

靳江中学片忆

马：读靳江中学时，有什么印象深刻的事？

李：学校离家三十里。我每周往返一次，回家过星期天。记得我总愿意邀表姐同路，我们是同班同学，家同在那个便河老屋。当时我十三四岁，有一次在路上，我用硬纸折成戒指形状给她戴在手指上，她只戴了片刻。我们一句话没说，我却感到很高兴。为什么呢？当时并不大明白，只是记忆还如此鲜明。但更多时候，却是我一个人走。……

马：您在一篇文章中讲过，"我爱上了一位表姐，却长期不能表白，她倔强、冰冷而美丽"。这是少年情愫的初次绽放？似乎对您的情感也有影响？（笑）

李：不说了，不说这些了……记得那上学的三十里路，感觉长而又长，我只好在路上背要考试的古文，背不出来，便拼命想，这样不知不觉走了不少路。我当时对自己这种既打发了长路又利用了时间的"发明"沾沾自喜。

湖南中等教育一向发达。靳江只有初中，地处乡村，且属初办；但回想起来，教员、校舍、图书、同学都相当不错。我在这里读了不少课外新书，交了张先让、杨章钧、谢振湘等好朋友。还办过壁报，每期四版，刊名《乳燕》，小说创作占了大半篇幅。比我高两班的龚振沪（龚育之）也办了个叫《洞观》的壁报，两版，多自然科学内容，颇有水平。这些都是"民办"的，还有"官办"和班级办的。当时在我们这些小小学生里，自发的辩论和议论似乎还不少，其中一部分，便是针对学校和校长的。

记得有一次周会，校长周忠箸把我和龚振沪叫上讲台，让我们把一只胳臂举起来，卷起衣袖给全校师生看。他说，这两个学生成绩都非常好，但身体太差，这么瘦弱，这怎么行?! 当时我既害怕，又高兴，印象至深。我问过龚育之先生，他说他也记得。八十年代初，我在桂林看望这位分别了四十多年已八十高龄的校长，谈及此事时，他早已淡忘了。

酷爱鲁迅与冰心

马：少年时期，谁的书对您影响最大？

李：鲁迅。他的性格对我影响很大，包括好的和坏的影响。

马：还有坏的？

李：看在什么意义上说，例如我外表虽活泼，实际上却很孤僻、悲观，不爱与人交往，很不合群，自我感觉不良好，不是那么朝气蓬勃，等等。所以，不仅鲁迅刚韧、顽强的一面，而且他作品中孤独、悲凉、沉重的一面（没有这一面便不是鲁迅），都在我的性格、情感、思想、兴趣上，留下了明显的痕迹。

马：为什么会喜欢鲁迅？

李：我上初中时最喜欢的中国现代作家有两个，除鲁迅外，还有冰心。之所以酷爱鲁迅和冰心，大概与自己的家境和母爱有关。鲁迅叫我冷静地、批判地、愤怒地对待世界；冰心以纯真的爱和童心的美给我以慰藉与温暖；而母亲讲的"只问耕耘"的话语和她艰苦奋斗的榜样，则教我以不求功名富贵，不怕环境困苦，一定要排除万难去追求真理的决心和意志。

国外有人认为，要历史地具体地分析一个人在学术上、文艺上的某些个性特征，应该注意到他的少年时期。而我最终放弃中学时代成绩一直很好的数理化，搞上了美学，不知是否也应追溯到自己那个孤独、清醒、伤感的少年时代？

还记得中学时读过欧阳凡海写的一本书，1942年出的，叫《鲁迅的书》，对我的影响也很大。

马：相比鲁迅，冰心的作品似乎"浅白"许多。您喜欢她什么？

李：那时，她的《繁星》《春水》《寄小读者》我都爱看。冰心的作品使人善良，使人和残暴、邪恶划清界限，这就足够了。在冰心的单纯里，恰恰关联着埋藏在人类心灵深处的最不可缺少的东西，在这个非常限定的意义上，她也是深刻的。鲁迅和冰心对人生都有一种真诚的关切，只是关切的形态不同。当然，读冰心，这仍然是少年时代的感受，因为以后就几乎没有再读冰心了。

马：您见过冰心本人吗？王蒙先生在一篇纪念胡乔木的文章中说，九十年代初，胡约他与您等人去看望冰心，但没能联系上您。

李：有这事。可惜我和冰心从未见过面，不是没有机会，住皂君庙的时候，离她住所很近，也没去看过她。我这个人就是懒于交往，性格弱点，没有办法。

马：开始读鲁迅时，您年龄不大，鲁迅的东西还是比较晦涩的。

李：不大懂也硬着头皮看，而且越看越有味，似乎从中可以悟出些什么道理来，因而对鲁迅佩服得五体投地。现在看来，也许我读鲁迅的书为时过早，但确乎对我影响至深。读鲁迅的书使人深刻，使人更严肃地面对人生。少年时代热爱鲁迅，大概与我不沉溺于抽象思维（尽管我很喜欢这种抽象思辨）、不喜欢琐细的专业化、关注中国现实以及接受马克思有关系。

马：记得2009年您在一篇对话中说过："鲁迅一直是我最崇敬的人物。我是顽固的挺鲁派，从初中到今日，始终如此。"

李：在中国现代文学中，我觉得鲁迅大大超过其他作家，包括张爱玲、沈从文等，当然也是郭沫若、茅盾、老舍、巴金等无法可比的。极强烈的情感包裹沉淀在极严峻冷静的写实中，出之以中国气派的简洁凝练，构成了鲁迅前期作品所特有的美学风格。鲁迅的小说、散文（如《野草》）之所以能如此深入人心，具有那么强大、深刻和持久的感染力，与这种美学风格直接有关。它使人玩味无穷，一唱三叹；低回流连，不能去云。《孤独者》主人公魏连殳那种梦醒之后无路可走的大苦闷化作深夜中凄惨的狼嗥，让人闻之震撼不已。但即使这样冷峻哀伤的作品，使人读后的美学感受，也并不是低沉、消极或颓废；相反，它燃起的是深重的悲哀和强烈的愤慨。

现在有人把张爱玲说成比鲁迅更高，实在可笑。艺术鉴赏涉及审美对象诸多因素的把握和综合性的"判断"，不能只看文字技巧。张爱玲学《红楼梦》的细致功夫的确不错，但其境界、精神、美学含量等，与鲁迅相去太远。要论文字，陀思妥耶夫斯基恐怕不如屠格涅夫，但他的思想力度所推动的整体文学艺术水平却远非屠格涅夫可比。陀思妥耶夫斯基的伟大正在于他那种叩问灵魂、震撼人心的巨大思想情感力量。

鲁迅在发掘古典传统和现代心灵的惊人深度上，几乎前无古人，后少来者。贬视庸俗，抨击传统，勇猛入世，呼唤超人，不但是鲁迅一生不断揭露和痛斥国民性麻木的思想武器（从《示众》到《铲共大观》《太平歌诀》），而且也是他的孤独和悲凉的生活依据（从《孤独者》到《铸剑》再到晚年的一些心境）。而且，这种孤独悲凉感由于与他对整个人生荒谬的形上感受中的孤独悲凉纠缠融合在一起，才更使它具有了强有力的深刻度和生命力。鲁迅超越了启蒙，有着对人生意义的超越寻求。

马：但鲁迅也有偏激的地方。

李：那当然。鲁迅有许多偏见和激愤之语，作为文学家，可以理解，但作为思想家，就不那么好理解。他对中医的偏见，对梅兰芳的偏见，对许多人许多事的偏见，我们只能视为文学家的偏激情感。鲁迅的启蒙是诉诸人的情感方面，是情感的力量，他的文学作品，包括后期的杂文，虽然包含着许多思想，但之所以强烈影响人们、感染人们，还是其中的情感力量，而不是他的说理。他那貌似说理的论辩其实是蕴涵着情感的文学表述，纯从思想理论上看，是有许多破绽的。

马：二十世纪七八十年代，您发表过两篇谈鲁迅的文章（《略论鲁迅思想的发展》《胡适 陈独秀 鲁迅》），影响很大。有鲁迅研究学者指出："李泽厚虽不是鲁迅研究专家，但这两篇文章，一直成为新时期以来鲁迅研究前沿的引领者，这在学术史上是一个罕见的现象。"（张永泉：《李泽厚与鲁迅》）

李：以前神化鲁迅，给他戴了许多"家"的帽子，其中最重要的三顶是"革命家""思想家""文学家"。八十年代，我去掉他第一顶帽子，现在似乎应该去掉第二顶，而只保留第三顶。鲁迅是文学家，是具有他人所没有的巨大思想深度的伟大文学家，又用自己创造的独特文体，把思想化作情感迸射出来，确实非同凡响。这才还其本来面目。

八十年代我用"提倡启蒙、超越启蒙"八个字来概说鲁迅，现在觉得这一论点还没有过时，只是从来没有展开来谈罢了。鲁迅不同于中国现代作家，也不同于西方的作家、思想家，全在这八个字中。

最不喜欢的作家

马：您刚才讲，鲁迅、冰心是您少年时代最喜欢的中国现代作家，那有没有不喜欢的？

李：我在别处说过，一直不喜欢的，也有两个。

马：哪两个？

李：一个郭沫若，一个周作人。我特别对现在有些研究者把周作人捧得那么高，把二周（周树人、周作人）相提并论，很反感。我可以称道周作人的文学技巧甚至艺术成就，但就是很难亲近或接受他。鲁迅那么多作品让我留下那么深刻的印象，周作人则没有一篇。周作人的知识性散文，连学问也谈不上，只是"雅趣"而已。我不喜欢周作人，归根结底还是不喜欢他的整体创作境界太旧，功夫下了不少，但境界却与明末作品相去不远。境界正是由思想深度和情感力度所组成的，而思想和情感尽管如何超脱、超越、超绝，仍总有其历史和现实的根基。据考证，周的某一不食人间烟火的闲适名篇便写于日本军队进驻京城之际，这不由得使我想起鲁迅说的"从血泊中寻出闲适来"（《病后杂谈》）。2001年我写过一篇《读周作人杂感》，最后一句是："我总感觉他做作，但那是一种多么高超的做作啊。"

马：又为何不喜欢郭沫若？

李：一个（周）太消极，一个（郭）太积极。我从来就讨厌郭沫若和创造社，也从不喜欢大喊大叫的风格，创造社的喊叫既粗鲁又空洞。《女神》的喊叫与那个时代的呐喊之声还算和谐，但我还是不喜欢。他那"天狗"要吞没一切，要吞没太阳，吞没月亮，我觉得太空洞，并不感到如何有力量。我对郭的某些（也只是某些）历史著作，如《青铜时代》中的一些文章以及某些甲骨考证很喜欢，《十批判书》差一些。《中国古代社会研究》在当时的确是开山之作，影响极大。郭极其聪明，那就不要说了。

当然，我不喜欢大喊大叫的作家和作品，但并不等于我就非常喜欢完全不喊不叫的作品。周作人倒是不叫唤，很安静地喝酒品茶，我也很不喜欢。

热衷于读词和填词

马：小时候还有哪些作家对您有影响？

李：在十四五岁的少年时代，我带着忧伤和感慨，看新小说、新诗，读聂绀弩的杂文，模仿艾青的诗、艾芜的小说，更不要说冰心、巴金、茅盾、鲁迅了。那时我没有与任何人来往，生活极其单调穷困。将来会是怎样的呢？当时一点也不清楚。像一条没有前景的路，或者根本就没有路。

马：记得您说还曾钟情于武侠小说、推理小说？

李：更早的时候（10岁前）对我有影响的一批书是中国武侠小说：什么定身法，什么鼻孔里哼出两道剑光……即使荒诞，其中也有一些颇能满足儿童的想象愉快的东西。想象力是心理发展的重要因素，对以后影响很大。记得小时候看小说《封神演义》，到结尾时，让我非常惊异的是，姜子牙将那些打拼厮杀得难分难解、你死我活的敌我两方的战死亡灵，竟然双双对对一律封神；是非曲直、善恶恩怨、高下强弱，统统勾销，共同携手，进入和平安宁的神仙世界。以后长大了倒不看武侠小说了，例如金庸的大都没看。

小时候，还喜欢读推理小说《福尔摩斯探案集》等，觉得能带来智力上（逻辑推理）的愉悦。还读过亚森·罗平等，但亚森·罗平差很多，福尔摩斯到现在还是经典。中国传统特别是近现代非常缺乏这一部类的成功作品，以前有施公案、彭公案之类，但那些似乎太"原始"了。

马：我读过您少年时期写的一首词《虞美人》："绵绵风雨家园泪，极目江山碎。晓来烦忧上危楼，千里沉云何处放离忧。凭栏欲向东风恼，莫笑年华早。少年心意总殷勤，望遍山花春恋却难寻。"

李：这是1945年春填的，15岁，一半可能是无病呻吟，一半也有真实性。当时并非学校要求，也未有老师指点，却非常热衷于读词和填词，特别喜欢五代北宋词，当然还有一个南宋的辛稼轩。对于诗，甚至唐诗，倒望望然而去之。我少年时喜欢读词，再大一些喜欢读陶渊明的诗。

马：您一直很欣赏俄罗斯文学。那个以"饮食"为例的比喻，特别精彩。翻译家戴启篁在《屠格涅夫短篇小说选》的前言大加赞赏："这个话本身就像一颗'千斤重的橄榄'（女诗人香菱小姐语），放进嘴里，可以嚼出许多味道来……请设想，倘若用理念性的阐述，恐怕成百上千文字也难以穷尽这区区四十五个字的味道。"

李：从中学起，我就非常喜爱俄罗斯文学（不喜欢英美文学），进入大学后，也读了很多俄罗斯小说，不少是小开本的英文版。至今我仍然认为俄国小说超过所有其他国家，这大概也是我的偏见吧。我打过一个比喻："屠格涅夫的小说像一杯清茶，托尔斯泰像一席佳肴，陀思妥耶夫斯基像一瓶烈酒，契诃夫则如极富余味的涩果。"记得开始喜欢屠格涅夫，但后来读陀思妥耶夫斯基的《卡拉马佐夫兄弟》，看完后两三天睡不好觉，激动得不得了，好像灵魂受到了一次洗涤。

马：您自小就喜欢文学，有没有考虑过走作家这条路？

李：我小时候曾经写过小说，老师夸奖得不得了。我不是没有考虑过当作家，但冷静一想，认为自己才力不够。一辈子不喜欢与人打交道，"没有生活"，怎么写小说？对自己要有清醒认识才行。又如，我也本想做历史,却丧失了机会,做历史要有大量的资料、书籍。我下乡劳动、"四清",不下乡则开会、检讨,浪费了二十年;出国后不能大读中国书,又是二十年,于是一生就报销了。

三　精神危机

上了免费的第一师范

马：您从靳江中学毕业后，在哪里读的高中？

李：1945 年秋，我初中毕业后，考上了当时湖南最著名的省立一中，却因没钱不能入学，只好进了学费、杂费、膳食费都不收的省立第一师范。我徒步四百余里到位于安化桥头河的第一师范，路上，听到了日本投降的消息。在安化桥头河上了一个学期之后，搬到了长沙岳麓山左家垅山坡上。校前有两株日本人留下的樱花，暮春时节，开得极为热烈。而极目远望，湘江如白带，似与楼齐，非常好看。

还记得抗战胜利前，一位并不熟悉以致姓名全忘的年轻人，曾向我出示过自己的一张词作书法，开头那句是"任胡骑饮马大江边，国破不堪羞"，当时认为非常豪放，便记诵下来了。它使我想起长沙大火和会战。

马：第一师范也是名校呀，有"千年学府、百年师范"之称，近代的曾国藩、左宗棠、胡林翼、郭嵩焘、陈天华、黄兴等，现代的毛泽东、何叔衡、蔡和森、李维汉、任弼时、廖沫沙、周谷城、田汉等都曾在那里学习或工作过。对了，前些年我还看到某杂志刊载您少年时期的一些习作，那是中学时写的吧？有学者讲，您的这些作文很理性，不在乎权威（苏轼父子），文笔也清丽。

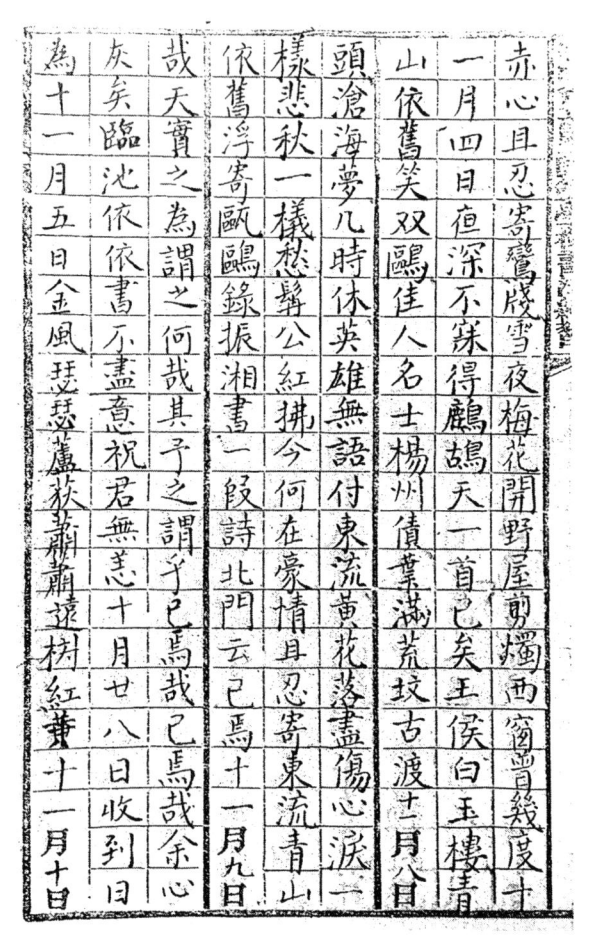

赤心且忍寄鷺鷥殘雪夜梅花開野屋剪燭西窗曾幾度十一月四日植深不寐得鷓鴣天一首已矣王侯白玉樓青山依舊笑雙鷗佳人名士楊州債葉滿荒坟古渡十一月八日頭滄海夢几時休英雄無語付東流黃花落盡傷心淚一樣悲秋一樣愁聲公紅拂今何在豪情且忍寄東流青山依舊浮寄鷗鷺錄振湘書一段詩北門云已馬十一月九日哉天寶之為謂之何哉其子之謂予已馬哉已馬哉余心灰矣臨池依依書不盡意祝君無恙十月廿八日收到日為十一月五日金風琵瑟蘆荻蕭蕭遠樹紅黃十一月十日

李泽厚少年时期的小楷习作

李：我的作文一直很好，颇受老师嘉许，我母亲曾拿给别人看，常被误以为出自大学生的手笔。这些作文曾装订成一大厚册，还带到美国，可惜后来销毁了。由于搬家等原因，我毁了不少东西，现在想想，有的应该保存下来，但也无所谓了。现存《反东坡晁错论》《夏池听蛙》《说难》《书项籍论后》《张家四杰传》《五四校庆献词作三百体》《试就名贤中取其言行之足景行者纪之以征尚友之识》（之一、之二）等几篇，被一名从事教育的朋友拿去发表了。

马：您开始接受马克思主义，也是在读第一师范期间吧？

李：是的。当时学校充满一种复古氛围，死气沉沉。进步学生运动开始风起云涌，时局也日趋动荡，学校却保守到连《大公报》之类小骂大帮忙的报刊都少见。

还鲜明记得1946年至1948年经常由左家垅渡河到长沙市的好些情景：黄昏日暮，坐一苇摆渡，风起时随大浪浮沉摄人心魂；饿着肚皮站在书店看上一整天，贪婪地翻阅各种杂志、报纸和书籍，这其中的主要读物就是哲学社会科学方面的新书。正是在这种大量阅读和比较中，我自觉选择了马克思主义。所以，我的一些马列基本知识，是在书店里站着读、在课堂上偷着读来的（我故意选择靠最后的排次，上课时可以偷看自己的书），有好些书是冒着一定的风险来读的。

在这种阅读中，自己逐渐培养、增强了判断是非和独立思考的能力。应该说，这对我后来的研究工作起了很大的作用。我不喜欢人云亦云的东西，不喜欢空洞烦琐的东西，比较注意文章中的新看法、新发现，比较注意科学上的争辩讨论……这恐怕都应追溯到那个贫困、认真、广泛阅读的青少年时期。

啃下"费尔巴哈章"

马：那时马克思主义的书还是不能公开的。

李：是禁书。在严格被禁的白色恐怖下，对我反而更具有吸引力。当时倾心革命，思想愈来愈左，醉心于斯诺的《西行漫记》、艾思奇的《大众哲学》、翦伯赞的《历史哲学教程》、葛名中的《科学的哲学》等等。这些书都是自己选择看的。自以为革命正宗，想穷究原理，于是由毛泽东而马克思，由马克思而黑格尔，而希腊，而其他。比如读《路易·波拿巴政变记》等，我从书里看到一种新的研究社会历史的方法，一种新的理论，十分受启发。当时根本瞧不起储安平和《观察》，记得那时国民党宣传《我选择了自由》（维克多·克拉夫青科著，1947）这本书，我拒绝看。现在想来，实在幼稚。

尽管思想激进，自己的"小资"情感却仍然非常浓厚，有着各种各样朦胧的憧憬和期待，期待着钟情、恋爱、欢欣……可又什么也没真正发生和得到。回想起来，自己这方面的胆量实在太小。（笑）

马：哪本书对您影响最大？

李：想想应该是周建人编译的《新哲学手册》。

马：哦，我的藏书里就有这本周译《新哲学手册》（大用图书公司，1948年版），它选取了英国人朋斯（Emile Burns，1889—1971）编的《马克思主义手册》之"马恩哲学精义"中的7篇，命名为"新哲学"。朋斯是多卷《马恩著作选集》的英译者，出版过多部马克思主义的论著，1935年初编的《马克思主义手册》，是历史上比较权威的英文选本。

李：我看重的是手册第一篇《马克思与恩格尔斯：德意志观念统系》。

马：《德意志观念统系》（现译为《德意志意识形态》）是马、恩合写的第二部著作，周建人节译了其中的第一章《唯物观与唯心观间的对立：观念统系一般，特别关于德意志的哲学》（现译为《费尔巴哈：唯物主义观点和唯心主义观点的对立》），现在通常简称为"费尔巴哈章"。

李：对。正是这个"费尔巴哈章"对我影响最深。此章晦涩难读，当时我非常费劲地仔细研读（以后也多次读过），并完全信服了其中的观点，至今没有多少根本上的改变。

马："费尔巴哈章"主要是批判鲍威尔、施蒂纳、费尔巴哈的哲学观点，同时第一次系统阐述了历史唯物主义的基本原理，被视为唯物史观的奠基之作，篇幅不大，但很艰涩。

李：很难读，我是硬着头皮硬啃下来的，但对自己影响很大，觉得比较起来自己学习马克思主义的起点较高。所以，从一开始，我的实践论与唯物史观便不可分割。转眼七十余年了，叹叹。

马：就是说，您是从"唯物史观"而不是从"辩证唯物主义"来接受马克思主义的？

李：对。这是我一个非常重要的起点和特点。直到现在，我仍坚持认为使用—制造工具的群体实践活动是人类起源和发展的决定性因素，从而，也就是认同马克思、恩格斯所提出的科技、生产力和经济是自古至今人类社会生活的根本基础。我认为这就是唯物史观的硬核（hard core），是马克思、恩格斯留下的最可珍贵的遗产。

马：从五十年代您提出实践美学的观点，到六十年代创立"积淀说"，到七十年代写"康德书"，到八十年代倡导"主体性"，直到现在讲"吃饭哲学""四顺序说"等，似乎都贯穿着这个唯物史观的"硬核"。几十年了，您似乎没有什么改变。

李：没有变，核心观点一以贯之，只是不断扩展、延伸而已。

马：《新哲学手册》还收有马克思的《费尔巴哈论纲》（现译为《关于费尔巴哈的提纲》），后来作为恩格斯《路德维希·费尔巴哈和德国古典哲学的终结》一书的附录。这个提纲对您有影响吗？

李：当然有影响了。我认为，马克思这篇简短的十一条提纲，不过千字左右吧，就比恩格斯那整本书分量重得多，也重要得多。所以，我一直认为，真正有价值的东西，不在篇幅长短，关键是要有思想重量，要有独到见解。

我也狂热过

马：马克思主义是您在1949年前的主动选择，这比被动灌输的东西印象要深得多。

李：对。这点恐怕很重要。

马：您参加过具体的革命活动吗？

李：当时，对马克思主义的真诚信仰，使我开始倾向于进步，倾向于共产党。全班就我一个人这样，后来被学校拉进黑名单，还突击检查我，不过我事先把书藏好了。我当时太高调了，周围人都以为我是共产党，连我弟弟都这么以为。我当时有红帽子，因为我革过命，冒着生命危险传送过毛泽东的文章和共产党的文告等等。

马：送给谁呀？

李：不具体讲了。还送过军旗图样，送给土八路。那时湖南还没有解放，乡下还有些土八路不知道军旗的样子。一个朋友"树竿子"，拉队伍，他跟彭德怀差一个字，所以我记得，他叫彭远怀，是我初中同班同学。初中一年级下象棋他下不过我。他说他将来要当皇帝，我说你当皇帝，我就打倒你。他树竿子要有军旗，我就从长沙搞了一个军旗图样藏着送给他。不过这次不能算什么"革命"工作。我去的时候，他正在枪毙一个恶霸，挺起劲的。这只是随便讲讲，不算什么。但送毛泽东的文告等，那真正是当时"革命工作"的一部分。不过送军旗图样当时如果被抓到，也够呛的，只是不怕死。记得有一次，军警林立，我身上带的很多就是毛泽东的那些东西，查出来是不得了的。反正那时候不怕嘛，所以我对一些学生说，不怕死有什么了不起。我就不怕死过，但那不解决问题。

马：您那么积极参加革命活动，就没有考虑过加入共产党？

李：那时我是要加入的，我有一个机会，在湖南大学。后来因为母亲死了奔丧，等回来以后再找那个人，就找不到了。但我已经做过很多事情，省一师第一批地下党员中，一些人直接间接地接受过我一些影响。他们解放后公开作报告时还提到李泽厚受迫害。

我们毕业时有个小册子，每个人写几句话，这个小册子我至今保留着。1998年回国跟老同学聚会，有个同学说他居然记得我写的那句话："不是血淋淋的斗争，就是死亡——敬录 KM 语赠别本班同学。"KM 就是卡尔·马克思，那时我是接受了马克思主义的，但当时不敢讲马克思，那是在国民党白色恐怖统治下的 1948 年春，只能写 KM。"血淋淋的斗争"，在当时是一种非常激烈的、狂热的革命情绪，跟谭嗣同在《仁学》里讲的"只有使新旧两党流血遍地，中国方有复兴希望"是同样的主张。那时候年轻，有这种自我牺牲的、激进的精神和情绪，是可以理解的，也是值得尊敬的。

马：您在蒋介石的白色恐怖时代生活过，如何评价蒋？

李：我对蒋介石评价甚低。政治上腐败透顶，军事上无能；到台湾后，更变本加厉地大搞特务统治。老实讲，与毛泽东相比，蒋在才能方面差得太远了。我曾将蒋介石列为二十世纪中国三大政治强人。蒋吸取了袁世凯的教训，他只要当实际上的帝王就够了，当然时代也不同了。但蒋丧失了历史给予他的大好机会。抗日战争胜利后，他作为抗日领袖，声望极高，特别是在东北这样一些沦陷区中，又拥有空前庞大的军队，他完全可以借此机会建设一个现代化的强大的资产阶级共和国。可是蒋搞得一团糟，"劫（接）收大员""五子登科"等，腐败透顶。他一心要先消灭已经坐大的共产党，硬要打内战，结果失败得出人意料地惨。蒋在军事指挥上好干预，却又根本不行，简直是个草包。

三　精神危机

但我对蒋介石的儿子蒋经国评价很高。台湾各方面之所以能得到快速发展，蒋经国个人起了很大的历史作用。最后的一笔是精彩的一笔。

马：顺便问一下，大陆曾刮起过"民国风"，大讲"民国范儿"，您如何看？

李：对民国的看法，我可能与时贤有所不同。我并不认为民国就真那么好，我特别不赞成美化蒋介石，许多事都坏在他手里。我们当年上街游行，就是要求自由、民主，反内战、反饥饿、反独裁。大家怀念民国，部分由于民国初期思想言论比较自由，军阀们不懂文化，所以放任不管，但蒋介石执掌权柄后，就大管特管了，学校里都要上"党义"，即三民主义的课，我那时就特别反感。

废学三日

马：您说过，小时候有过三次"凄怆感"记忆。

李：那是我在一篇短文里讲的。一次是鹧鸪声，这是在宁乡道林便河大屋我家客厅的黄色大方桌前，7岁；一次是躺在小竹床上，面对灿烂星空，这是在江西赣县夜光山的夏夜里，11岁；一次是淡月碎在江水中，闪烁不已，这是走在赣县的浮桥上，12岁。这三次都有一种说不清道不明的异常凉冷的凄怆感，像刀子似的划过心口，难过之极。为什么？我始终也没有弄明白，因为并没有什么具体事件或具体原因。但自那以后，听鹧鸪，看星空，望水中碎月，经常会涌出那种梦幻似的凄怆感。

记得有一次在火车上，那已是五六十岁的老年了，偶然听到放送歌曲《秋水伊人》，它一下子把我拉回到抗战时沦陷区的农村少年时代。这首歌在那时候是很流行的，也没有什么具体事情，但它令我记起那些可怜的寂寞时光。秋天的落叶，冷清的庭院……与歌曲那么相似，记得当时在火车上因此拖延好久才入睡。一觉醒来，以为天亮了，原来才三点，是月亮的光线——窗外一轮满月。又是那种说不明的感觉抓住了我。

马：您从小就非常敏感，有些与众不同。对了，您是何时对哲学产生兴趣的？

李：在高中最后一个学期对哲学发生了兴趣。因为我在思考人生的意义，而哲学是研究人生最根本的问题，人从什么地方来，要到什么地方去，有没有上帝等等。

更早，12岁时，我经历了一次"精神危机"。那年，我走到一个小山头上看见山花烂漫、春意盎然时，突然感到我是要死的，那一切还有什么意义呢？因此曾非常"悲观"地废学三天……

马：这次"精神危机"对您有什么影响？

李：这大概是我后来对哲学——追问人生之谜感到兴趣的最初起源，也是我的哲学始终不离开人生，并且把哲学第一命题设定为"人活着"而对宇宙论、本体论甚至认识论兴趣不大的心理原因。当然，这种影响关系是在无意识层，我做哲学思考时，从未有意想及任何童年故事或日常生活。

小时候，我对数学、考古、写小说都发生过兴趣，有过把它们作为自己毕生追求的意愿，但最终选择了哲学。尽管对近代思想史、中国思想史、美学、艺术史、心理学以及中国古代史中的好些具体问题都极有兴趣，但我总不能忘情哲学。而且以自己一生精力去钻这些领域内的一两个专题，即使成了专家、权威，也难以满足自己原有的学哲学的愿望，而哲学总是要求更空灵、更综合、更超越一些。至于自己为什么会对哲学有这么大的兴趣，则大概与自己的个性、气质、经历等有关吧。记得后来读北大时，同班及高班好友如赵宋光、王承绍等纷纷在第二年转系，我仍岿然不动。

当了一年小学老师

马：从第一师范毕业后，您去了哪里？

李：那时师范毕业不发文凭，要求担任小学教师至少两年才能领取毕业证，也才能报考大学。许多同班同学就此当了一辈子老师。工作得自己找，而且很难找（当时人们怀疑我是共产党，那时我思想相当左）。我只当过小学教师，在宁乡麒麟山下麟峰完小，没当过中学教师。除了后来在美国，也没当过大学教师。我不喜欢当教师，包括当大学教师。

马：讲讲当小学老师的经历吧。

李：时间不长，只有一年。校长叫肖斗南。我教历史，蒋沛昌教语文，还有成惕四等，大概有13名教员吧。记得肖校长请美术老师王承渭按年龄顺序，将这13人用剪纸头像排列起来，做成扇形，贴在一条高大的木栏上，我最小，排到最后。木栏是黑的，剪纸是白的，黑白相映，分外鲜明，至今印象犹存。当时教师同学之间都很团结，相互激励，在那个异常艰苦的环境里，学校有一股很强的凝聚力。

我讲课学生听得津津有味，但我没什么教材，那时刚刚新旧社会交替，1949年到1950年上半年，旧教材不能用了，新教材还没有，解放区的东西也不是很合适，我就自己编了一套教材，从人类起源一直讲到当代。

四 自己摸索

"状元来了!"

马：现在，可以聊聊您的大学生活了。当初为什么要报哲学系?

李：我在师范读书时便决心考大学，学校没英语课，我就自学。还想造假文凭去考。我中学毕业时，正赶上政权更迭，同学们大都选择了上"革命大学"，我却报考正规大学。

当年我同时考上了北京大学和武汉大学的哲学系，我填报大学志愿，第一是哲学系，第二是历史系，就这两个系。为何报哲学系，刚才讲了，我高中时对哲学有兴趣，想继续思考一些人生问题，当然主要还是受时代的影响。由于我在中学时数理化都很好，特别是化学，方程式背得特别多，大家都认为我会考理科的。记得同学很奇怪，问我考这个干什么，是不是要算命什么的。当年街头算命卜卦看相测字的地摊常挂着"哲学算命"的招牌。这说法也有一定道理，都是有关命运的探询。一度我还曾想报考医学系。

马：还想学医?

李：前面说过，我从小就极爱读鲁迅的书，对鲁迅佩服得五体投地。但对他关于中医的一些议论，却总有些半信半疑。到 20 岁的时候，终于

1999年3月5日，任继愈致函李泽厚

不相信"鲁迅论中医"了。当时想考医学院，动机之一便是想在西医基础上来研究中医，当年还和一些同学说过这种看法。后来解放了，我终于没有学医，虽至今引为遗憾，却也无可奈何，谁叫自己被当时对哲学社会科学的热情卷走了呢？"再回头已百年身"，只好羡慕人家了。但尽管如此，我对中医仍然注意而有兴趣，后来仍想学，但始终未入门，基本知识也记不住。

马：最后还是选择了读北大哲学系。

李：是的。那时候我没有一个钱，考进北大，连到北京的车票也买不起，迟到了一个多月。9月1日开学，我是10月中旬才到，找不到车票钱。曾想去卖血，但身体不行。当时交通不便，从长沙至北京，先坐粤汉线火车从长沙到武汉，然后坐轮渡过长江，坐平汉线火车，从武汉到郑州，再从郑州到北京，**整整两天两夜**。到校后，才知道自己在哲学系的成绩是第一，碰到了梅得愚，他说"状元来了!"，这话印象很深。那时学生都要读大一国文、大一英文，而我这两门都免修。

武汉大学哲学系后来合并到北大哲学系的时候，记得武大的黄子通教授还在打听我，因为我武大成绩考得特别好。我很得意的是，考武大的那篇文章我是用文言文而且是骈文写的，大概非常好，他们才印象很深，我到了北大以后他们还记得我的名字。

马：您在北大读书时生活很困难，听说任继愈先生资助过您？

李：对。到北大后，生活过得很平淡，也很困苦，没有任何经济来源，在同学当中算是最穷的，是赤贫，而且还要负担一个正在上中学的父母双亡的堂妹。那时学校每个月发三块钱的助学金，我一块钱都舍不得用，把所有的助学金都留下来，攒三个月寄一次给堂妹，大概是寄十块钱，所以有段时间我就用盐刷牙，牙膏买不起。笔记本也买不起，只能买最便宜的活页纸。那时学校还发衣服，夏天发衬衣，冬天发棉衣，那些衣服我穿了好多年。

任继愈先生知道后，就让我帮他誊抄稿子，每次给我5块或10块，到后来没稿子抄了，就直接给了几次钱。任先生给我的钱我全部寄给了妹妹。那时看到别人煎个鸡蛋羡慕得不得了，我就没钱煎这个鸡蛋吃。买不起书，最喜欢做的事情就是到东安市场一带看书，但经常挨饿。我进城看书，早上去，晚上回，早上吃了早饭去，到第二天早上再吃早饭，一天就站在书店。所以我的胃也锻炼出来了，能饱，能吃，也能饿。

当时我的身体很差，有肺结核病。学校对于患肺结核的学生还是蛮照顾的，体检之后，把患肺结核的同学分到一起住，两个人一间宿舍，有另外的食堂。

从小题目做起

马：您是何时开始搞研究的？

李：大一，研究谭嗣同。也不是学校或老师要求的，那时花了很多时间去看谭嗣同的材料。当时学生可借书三本还是五本，我记不清楚了。我要做研究当然不够，自己一本书也没有。我就想办法，借任继愈老师的借书证用，每次老师可以借30本，我借的都是线装书，可以借三十函，一函是4本，每次弄一大堆书出来，要一个大袋子，分两趟背回宿舍。

我记得在德斋，楼的顶层还有一些没人住的房间，不是宿舍。为什么没人住？因为有个斜下来的大屋顶，靠墙这边很矮，蹲下去都没有空间，窗户很小，光线极暗，白天也要开灯。我发现了这种房间，就破门而入，独自在"阁楼"里读书，谁也不来往。

当时很少有人搞资料，像《戊戌变法》之类的资料等都还没有编出来，包括像革命派的《民报》《苏报》《汉声》《浙江潮》等也没人看。我就利用藏书极为丰富的北大图书馆，翻阅了很多原件，抄了很多原始资料。要做卡片却没钱买，就用非常便宜、非常薄的白纸，抄下来后把它分类，剪开以后再贴到报纸上。那时我材料积累得相当丰富，直到1979

年出版《中国近代思想史论》一书，仍利用了当年抄的一些材料。

马：其他同学在干什么？

李：那时正值抗美援朝捐献运动，学校支持身无分文的穷学生们以编卡片或写文章的方式来参加运动。记得当时我的同学和朋友赵宋光写了一篇讲文字改革的文章在《新建设》杂志上发表了，我则努力在写关于谭嗣同哲学思想的稿子。我独立搞研究，似乎与当时的政治运动也没关系。同学们看了很奇怪，因为没人这么干，于是说我是"只专不红"，当时还没有这个词，但就是那个意思。当时有位团干部批我批得很厉害，我也不管他，让他批，我坚持干我的。（笑）

马：为什么会想起搞近代思想史，而且选择了谭嗣同？

李：我从中学时代起就对历史和哲学有兴趣，自然就趋向思想史。而具体选择研究谭嗣同，则相当偶然，由于中学时代读过萧一山、陈恭禄、谭丕谟等人的一些书，对清史有些知识，对谭嗣同这位英雄同乡的性格有些兴趣，同时又认为谭只活了 33 岁，著作很少，就一本《仁学》小册子，会比较好处理，便未经仔细考虑而决定研究他。

应该说，这是相当盲目的。结果一钻进去，就发现问题不大简单。谭不成熟，思想极其矛盾、混乱、复杂，涉及古今中外一大堆问题，如佛学、理学，还有当时的"声光电化"等，真是"剪不断，理还乱"，很难梳理清楚，远比研究一个虽有一大堆著作却条理清楚自成系统的思想家艰难得多。所以我这篇讲谭嗣同思想的文章易稿五次，直到毕业之后才拿出去发表。一直到收入 1979 年出版的《中国近代思想史论》文集中才似乎改得勉强使自己满意。这个"经验"实际上是给自己的一个"教训"。

马：后来，研究又从谭嗣同扩展到康有为、维新派及整个近代史。

李：在搞谭嗣同的同时及稍后，我逐渐认识到只钻一点是搞不好这一点的。于是便有意识地把研究面扩展到康有为及整个维新派，并由此而下及革命派和孙中山。我意识到，不了解整个维新运动的前前后后，便不能真正了解谭嗣同；中国近现代的个别人物如不与时代思潮相联系，便常常失去或模糊了他的地位和意义，特别是一些并无突出思想贡献或思想体系的思想家，更如此。这样一来，对谭嗣同思想的研究逐渐变成对中国近代思想史的研究。

马：研究康有为是从何时开始的？

李：1952年，比着手搞谭嗣同要晚。康的思想比谭要系统、成熟，比较好弄一些。所以，研究康起步虽比研究谭晚，却首先出了成果。解放后认为康有为是很差的，但我就从来不相信。

马：现在看来，您从大一就开始独立搞研究，似乎也太早、太急了一点。

李：在1985年《我的选择》一文中我讲过，研究得早，不是经验，而是教训。我刚入学没几个月就搞研究，太早了，显然是荒谬的事。没有经验，也没有人指导，对象也选错了。自己性子太急，在基础还不够宽广的时候，牺牲了许多学外文和广泛阅读的时间而一头钻进谭嗣同、康有为的小专题中，停不下来了。那时不该搞这些。

我兴趣比较广，五十年代曾想穷二十年之力写一本《从嘉靖到乾隆》的明清意识形态史，也曾想结合上古史研究《三礼》，还想编阮籍的年谱并搞些考证，当然更想再深入探索一下中国近代的戊戌辛亥时期，或一生守着康德，美学方面还有好些很有意思的题目，还有《红楼梦》、李卓吾、王船山……如当时搞下来，年富力强，劲头十足，到今天大概可以更有成绩更有收获吧。尽管至今对这些仍有兴趣，但时一过往，何可攀援；临渊羡鱼，退而不能结网，毕竟心有余而力不足了。这就是面临偶然性、盲目性缺乏足够的自我选择的后果。我有时遗憾地回想起这一点，但已经没有办法。

基本没上过课

马：您说过，在大学期间基本没怎么上课。

李：我在北大读书是从1950年到1954年。那四年，运动不断，先是"抗美援朝"，后来"三反五反"，接着又是"思想改造"。如果用现在的学分和学时制的标准，我是没法毕业的，因为根本没上几天课。当时正进行思想改造，老师们也不允许讲课，好多课都没有开。我自己看书，有时就逃课。上了两年联共（布）党史课，因为你不去不行，点名。我就坐在最后一排，自己看书，或者写信，或者写想写的东西，别人还以为我在作笔记。就这么对付过去了。（笑）

马：除了联共（布）党史课，还上过哪些课？

李：听过齐良骥、任继愈、郑昕、石峻四个人讲的哲学史，他们自己编写教材，两人讲西方近代哲学，两人讲中国近代哲学，中国从龚自珍讲起，我研究谭嗣同与这也有关系。他们的讲课提纲在图书馆还能找到，正式出版的。

为什么我管任继愈叫老师呢？因为我的确上过他的课，半年，他和朱伯崑那时教近代思想史，主要是任继愈讲。

北大几年，我没上过中国哲学史的课，上得最多的是联共（布）党史，两年，还上过新民主主义革命，好像是理夫讲的，记不太清了。

艾思奇讲辩证唯物论，我上过一个学期，那是1950年。艾思奇是个好人，他很有意思，根本没有讲辩证唯物论，那恰恰是朝鲜战争爆发时，每次上课都是讲朝鲜战争。我毕业以后因为到《哲学研究》做编辑，去组过稿，他很平和，没有架子。

马：跟老师和同学有没有交流？

李：我的性格比较内向，最大的缺点，是不喜欢和人交流，也不喜欢向人请教，总是自己摸索，到书本里找答案，没受过谁影响，所以走了不少弯路。学问学问，要会问呀！但我从来不问。一直到现在，不喜欢请教先生，总是自己找书看。其实这是一大错误，损失不小。

读第一手的原始材料

马：那就谈谈您自己的读书情况。

李：1950年，读北大前，我在《新湖南报》以笔名发表过一篇极短的小文：《学习折角划线》，意思是说要学会抓住书和文章中的关键和要害，自己身体力行了一辈子。我一直非常珍惜时间，从初中起就从不和人聊天侃大山，人际关系不好，原因之一大概也在这里。包括看了不值得看的书，会非常后悔，觉得浪费了时间，时间就是生命本身。我一直主张快读，也习惯于快（当然"快"也有弊病，例如"粗"、出错等），有计划地泛读，因之常常不是读一本书，而是读一批书。"不求甚解"，这可能没错，因为快读节省了许多时间。古人说"一目十行"，我看可以做到，未尝不好，对某些书，便不必逐字逐句弄懂弄通，而是尽快抓住书里的主要东西，获得总体印象。看别人的论文也可以这样。快读不是随意读，而是读那些必须读的书，如某些经典。读书有两种，一种是有明确目的，一种是无目的的合目的性，两种都重要。我以为真正需要慢读、熟读、细读的书并不多。当然也有。例如马克思《1844年经济学哲学手稿》中的很小一部分，我就读得极仔细，一个字一个字看，并作了大量批注。在快读博览中作出判断，谁对谁错，对了多少，错在何处，等等，我以为更为重要。

马：马克思主义的书也读了不少吧？

李：读了很多。记得读《资本论》（当时中译本只有第一卷）是在

1952年，与读达尔文的《物种起源》同时。当时深刻感到两书是如此之不同，主要是在方法上的不同。恩格斯将马克思与达尔文相提并论，认为是科学上的两大发现（《在马克思墓前的讲话》）。我当时虽然完全接受恩格斯的这一论断，却感到两者迥然不同：达尔文是通过极其大量的具体经验现象的归纳来验证其"原理"，马克思的"辩证逻辑"则是从抽象的原理推演出整个政治经济学，经验材料在根本上是通过这些原理来支配的。一是理性主义（马克思），一是经验主义（达尔文），中国学哲学的人包括我自己，更容易为理性主义所吸引。

包括第二国际的，列宁、斯大林的，也读了不少。还有卢卡奇、葛兰西等。你现在看看马克思主义的书，有好些还是不错的；当然也有很多问题，包括马克思本人。现在看起来，我在大学占便宜的是学习了马列的原著，不是读别人转述的材料，所以还是先读第一手资料、读原著好。读了第一手资料后就可以作出比较判断。总之，我主张依靠图书馆，依靠自己，依靠读原始资料。

马：那西方哲学呢，也读吗？

李：当时我主要是研究中国近代思想史，也开始考虑中国哲学史上的一些问题，却有意识地集中相当力量学西方哲学史。主要是读著名西方哲学家的原著，觉得受益匪浅。当时上课很慢，规定看第几章第几节，我觉得很可笑，就看那几章几节怎么能了解整体呢。我看原著不是选段落看，而是选几本，从头看到尾。

马：都看过哪些西方哲学原著？

李：那时读了不少西方哲学史。罗素的那本英文很流利，文章实在好，看起来非常带劲，但那是他作为哲学家随便写的，不能做传授知识的教科书。他上卷写希腊哲学，从社会现状写哲学发展。下卷他越写越随意，对康德主要讲了其时空观，其他都没有好好讲；对叔本华讲了生平故事，挖苦了一番；诗人拜伦也写进了哲学史，还列了专章。这都只是他个人非常片面的看法。作为哲学史教材，恐怕还是梯利（Frank

Thilly)、朗格（Lange）的更合适。其中朗格的《唯物论史》，写得最好。我看的是中文本，三十年代翻译的，译文也很漂亮，的确是大家手笔，特别是写希腊那一部分。

我看哲学史，会同时看几本。读柏拉图，就同时看斯退士（Stace）讲的、梯利讲的、威伯（A. Weber）讲的、朗格讲的。读一个人要看四个人讲的，看谁讲得最好，比比高下优劣。读亚里士多德也如此。西方哲学史就这样学下来了。想想我那时受影响最大的哲学家，除马克思外，还有休谟、康德、黑格尔、莱布尼茨、柏克莱等。柏克莱的书很好看，有意思，薄薄的。休谟的没看那庞大繁细的《人性论》，看了《人类理解研究》。费尔巴哈《未来哲学原理》读得也很仔细。我那时读西方哲学史，读柏拉图、读亚里士多德，这边记作者的主要论点，那边记我的评论。

还记得1952年我读中世纪经院哲学家安塞尔谟（Anselmus）时感到震惊，觉得了不起，比宇宙论、目的论的理性证明强多了。"上帝"当然没法用理性证明，从康德到维特根斯坦都讲得很清楚。安塞尔谟的证明当然是错误的，他的"上帝"以"人人心中都有"的"经验"作支撑，但并非古往今来且不分地域、文化、年龄的"人人"都有此经验，所以这推论的前提不能成立。但他的这个证明本身似乎简单却异常精美，很有逻辑力量。他说：上帝既是人人心中都有的一个至高存在，所以它必然存在，否则就自相矛盾（不是至高至上、无与伦比了）。安塞尔谟讲的是无限的未可经验的上帝，不是任何可经验的有限感性对象。这些经验对象设想其存在而实际不存在是完全可能的；但那个至高的上帝，按安塞尔谟的逻辑却不可能在人心中不存在，所以它就必然存在。

马：您在一篇短文中说自己深受康德和黑格尔的影响。

李：黑格尔的《小逻辑》《历史哲学·绪论》和康德的《判断力批判》这三本书对我影响很大。《历史哲学》是上海的王造时译的，王后来打成大右派了。《小逻辑》是贺麟译的，我也读了英文本。初读这三本书时，虽然难啃，但读下来却有一种读其他书少有的惊喜交错的智力愉快，似乎给自己的思维和以后的研究，留下了深刻印痕。

　　康德那么准确地一下子就抓住了审美现象的要害，胜过他人千言万语的繁复描述，这使我下决心以后一定要硬啃康德的"第一批判"。我感觉康德有一种他人少有的极擅于敏锐发现和准确把握事物（或问题）的独特本领，在认识论、伦理学、美学诸领域，莫不如此，这很值得思考与学习。黑格尔那无情而有力的宏观抽象思维，则好像提供学人一种判断是非衡量事物的尖锐武器；读黑格尔之后，便很难再满足于任何表面的、描绘的、实证的论议和分析了。尽管我后来相当讨厌黑格尔式的诡辩和体系构建，也不赞同康德的先验唯心主义，但我仍然觉得，他们两人给了我不少东西。他们给的不是论断，而是智慧；不是观点，而是眼界；不是知识，而是能力。这能力有长处有优点，当然也有短处有缺点，这里就不讲了。

五　暗自掂量过那些教授、名家

培养自己的判断力

马：您还保留有当年学习数理逻辑的笔记?

李：在大学，我专门去上过数理逻辑课，练习做得很认真。那时系里分几个组，我差点到逻辑组去。欧阳中石是我同班同学，他就是学逻辑的，我们同时听过王宪钧的课。金岳霖的《逻辑》里所附的那些题目，我大部分都做过，经过严格的推理训练。我从不苦思冥想，但力求概念清晰，思想周密，大概与这有关，虽然自己并未感觉到这一点。

记得五六十年代辩证逻辑与形式逻辑大讨论时，我也写了一篇。校样已出，因胡风案而未发，论点应算不差，后要求我发表，我觉得自己领域太广，对逻辑并未深入研究，拒绝了。此稿前几年才扔弃。

还可讲一件趣事，五十年代我发表谈形象思维的文章，当时我提出，形象思维不是思维，好多人大为反对。王小波的父亲叫王方名，著名的逻辑学家，毛泽东接见过。他提出形象思维就是思维，是另一种思维，他说我要像抽象思维一样，搞出它的同一律、矛盾律来。我说，你要搞得出来，我就自杀。（笑）

马：您多次提到在读书中要能分辨判断谁对谁错，对在哪里，错在哪里，您一直非常重视、强调这个"判断力"。

李：前面说过，这是我从中学时期就养成的习惯。在阅读中作出自己的独立判断，这点很重要，因此读书不是简单地获取知识，而是培养锻炼自己识别、估价的能力。你总得有个自己的看法。你要知道一本书好在哪里、坏在哪里，你要想清楚，不是公说公有理婆说婆有理，不要跟着别人讲，跟着别人跑。我从中学开始就始终是这样的，我的底子打得比较好，可惜那些笔记都毁掉了。

有了清醒的判断力，才能使自己对各种问题变得更敏锐更清醒更理性，从而不做权威的奴隶，也不做时髦的奴隶。好些学人一辈子缺乏判断力，分不清谁对谁错，谁高谁下，总是跟着潮流跑。原创力哪里来呢？想象力当然重要，但我以为最重要的是判断力。难怪康德那么重视判断力了，康德本人就具有极强大的判断力。

如我那时看书，把前后不同的版本一对，哎，原来前一版有的人名，到后一版怎么没有了？改过了！这都是我自己看书看出来的。当然我发现了也不跟别人说，又如，1951年我就读过列宁遗嘱，后来发现三八式老干部研究员们完全不知道这个文件，这使我领会了好些事情。总之，要在读书中培育才能，发现问题。

文史哲三系比较

马：在北大期间，您虽在哲学系，但读书却很杂，哲学、文艺、历史均有广泛涉猎。

李：从小至今我读书多而杂。前面说过，童年时爱读武侠和福尔摩斯。以后，鲁迅、冰心、马克思、康德、爱因斯坦（当然我没读也完全读不懂他的相对论论文）和俄罗斯小说都有过影响。中国的老、庄、荀、韩（非）、禅宗语录、陶、李、杜、韩（愈），五代北宋词、纳兰词也都产生过影响。我对宋明理学、英美文学、当代艺术则一直不喜欢，这当然纯系个人偏好。

到了北大，有图书馆，条件好了，读的更多更杂。文科和理工科不同，不搞实验，主要靠大量看书，我认为大学文科主要甚至完全应靠自学。一要有时间，要尽量争取更多的自由的时间读书；二要依赖图书馆，个人买书藏书毕竟有限；三要讲究方法。当时哲学系就有个小小的图书馆，有些很基本的书，可以随意在架上抽阅翻看，也可借出。进馆翻书很重要，书要让大家看得见，能当场翻，因为人们在随意翻阅中可以无意地发现问题，酝酿想法。翻翻你本不想看的书，也许会大有收益，也节省时间，翻一大堆书比借出来看，省时省事得多。记得八十年代我和胡绳谈过这点，他非常同意。但他似乎也很难让图书馆做到这点，那时他已是院长了。当然现在有了电脑和网络，读书、查资料的方式已大不相同了。

大学时，我对文史哲三个系有个判断：哲学系的缺点是"空"，不联系具体问题，抽象概念多，好处是站得比较高；历史系的弱点是"狭"，好处是钻得比较深，往往对某一点搞得很深，但对其他方面却总以为和自己无关而不感兴趣，不大关心；中文系的缺点是"浅"，缺乏深度，但好处是读书博杂，兴趣广泛。我在哲学系，但文史哲三方面的书全看。上午读柏拉图，下午读别林斯基，别人认为没有联系，我不管它。我从来不按照老师布置的参考书去看，我有自己的读书计划。我读书的一点经验，也许片面：不读书觉得无书可读，越读书觉得越有书要读；读原作比读二三流的解说虽困难一些却有益得多。

马：您好像特别强调读历史书。

李：对。读历史书是很重要的。从中学时代起，我就喜欢看历史书，远远超过看哲学书。我对中国历史特别熟悉，看过很多纪事本末。中国历代的皇帝除元代外，当年我都能背下来。哪一朝哪一代发生的重要历史事件和好些人物，我都非常清楚。我至今以为，学习历史是文科的基础，正如数学是学理工科的基础。研究某一个问题，最好先读一两本历史书。历史揭示出一个事物存在的前因后果，从而帮助你分析它的现在和将来。研究社会现象，有一种历史的眼光，可以使你看得更深，找出规律性的东西。规律是在时间中展示的，你有历史的感觉，你看到的就不只是表面的东西，而是规律性的东西。

有了这种广泛阅读、思考，就形成了自己的一些见解、看法。八十年代我跟学生讲过，你要"高"、要"深"、要"博"，才会有原创力。自然科学家不一定如此，人文领域似有此前提。五十年代在北大读书的时候，我思想上的独立意识就比较强了。

"我心里有数"

李：现在，可坦白一件事情……（笑）

马：什么事？

李：读北大时，我对当时的北大教授们，包括名家，心里是评论过的，打过分的，他们怎么样我心里有数。当然是指学术。

马：哪些教授、名家？

李：就不具体说了。当时我把他们暗自掂量过，并和自己的思考程度客观地比较了一下，这样心里就有数了。反正我称过他们的分量，也就那个样子。

马：与他们有联系吗？

李：当时北大还有很多老先生在，但是我跟他们联系很少。我没上过他们的课，他们都在"学习"，在运动中做"运动员"。对于那些老先生，既没有盲目的崇拜，也没有盲目的批判。那些老先生当时都是所谓的"旧知识分子"，被崇拜的不多，挨批判的倒是不少。

马：冯友兰先生对您似乎一直都很赏识。您是他的学生吗？

李：我算不上冯先生的学生，他的课我没上过，当时还不让他开课，等他开课的时候我已经毕业了,也没有和他一起工作过。但冯先生从我学生时代起便一直注意我,他非常喜欢我,甚至在没有见面之前。任继愈先生当然也对我很好的。

刚上大学时,我给他们看过我写的一个"孟子",是我当时的思想史札记之一。我提出了一些不同意见。比如他们说大地主阶级、中小地主阶级,前者反动,后者进步。我说为什么大地主阶级就一定反动,而中小地主阶级就一定进步呢?那也不一定呐,有时大地主阶级比中小地主阶级更进步。但这与当时的定论相悖,他们不敢表态。我一开头读马克思的书是读的《法兰西阶级斗争》,这本书大家都不注意,我就推荐给别人看,看看马克思是怎么讲历史的,与当时人们讲的包括老师和苏联专家讲的完全不一样。

后来,我在哲学所的时候,冯先生多次想调我到中国哲学研究室。哲学所在中关村,离北大很近,我偶尔去北大看他。当时我的稿费很多,买了一个留声机,电动的,不用手摇,但是唱片很不容易找,我从冯先生那里借了很多唱片。后来,哲学所从中关村搬到了城里,和冯先生来往就少了,中间也曾去看过他几次。冯先生对我的夸奖大都是别人不断转告给我的,我心中非常感激,那个时代很少有人夸奖我、鼓励我。我常用以告慰的是,几十年来我自觉没有参加对他的"批判"(实际是围攻、打击),尽管我对他的好些看法颇不赞成,尽管当时也有人要我写文章。

马:您读大学时,正是"以苏为师"的时期,大规模翻译苏联著作,派员到苏联学习,聘请苏联学者当顾问。您有没有受到"苏化"的影响?

李:没有。那时我大读西方哲学原著,因之看不上当年名重一时的苏联著作及哲学专家。当时请了很多苏联专家,不仅是理科而且有文科,因为他们代表权威。包括冯友兰他们也要去听课,要听他们怎样来解释历史、解释思想史。苏联专家来讲课,要选派一些学生去,我没有被选上,自己暗暗高兴,谢天谢地。

苏联专家经常大骂德国古典哲学,我讲你骂出个道理也行,可是你骂的没有什么道理呀！我当时想，这跟马克思甚至列宁讲的并不符合呀。当时翻译了不少苏联人写的解释马克思主义的小册子，我翻读了几本之后就不再看了。我完全不信他们那一套。苏联专家只是跟着斯大林讲，毫无学问。但当时不能说，说了不得了。

还可再说一事，以前似乎从没说过……

马：哦，请讲。

李：那时，我看托尔斯泰，看别林斯基，也看普列汉诺夫等。普列汉诺夫当时是不得了的，不论在学问的渊博上还是对马克思主义的了解上，都比列宁高，学术上算是最高成就了，正如托尔斯泰在文学领域里一样，当然除了马、恩，至少在当时对中国年轻人来说是这样。普列汉诺夫当年的地位仅次于革命导师马、恩、列，更是远远超过现在的卢卡奇、哈贝马斯、福柯、德里达等。你去看看俄国思想史就明白了。但斯大林还批普列汉诺夫，当时我很不满意，那更不能说了。

马：对普列汉诺夫、别林斯基等人，您也在心里掂量过？

李：老实讲，我对普列汉诺夫评价并不太高，也就那样，我当时想我要达到普列汉诺夫的水平那是可以做到的。他当时不仅是启蒙大家，而且是继承的别林斯基。别林斯基的那个水平我能达到，车尔尼雪夫斯基、杜勃罗留波夫就更不用说，但是要达到托尔斯泰的水平是不可能的，托是艺术才能，其他的人是理论思辨才能。这是我对自己的认识。当然不敢讲，只敢想。

没能留在北大

马：除了读书、写作，大学四年有没有什么有趣的事？比如，看上了哪个女孩子？（笑）

李：看上过至少两个，嗯……挺喜欢，可惜跟她们一句话也没讲，很遗憾。她们也不知道我何许人也。有时候路上碰到了，就多看两眼，如此而已。其实姓甚名谁、是哪个系的我都打听清楚了，但就是没有勇气，有自卑感。我承认我极少主动追求女性，自卑兼自尊。（笑）

马：您是1954年毕业的，当时为什么没有留在北大？

李：这还有个故事。北大哲学系，包括汪子嵩、任继愈在内，要留我当助教，系里都确定了，他们都告诉我"留下你，你留下"。我非常高兴，当时愿意在北大嘛。但是一到宣布，不是。由上海华东教育局分配，我听了跟打了一闷棍似的。我问他们，说不是他们决定的。他们还去奔走，也没有用。我们那届以前这个留人的权力是在系里，从我那届开始，留人的权力不在系里了，而由校人事局加上一个系的学生代表来研究确定，实际上是系代表说了算。我的同班同学，一个女生，系代表，当时左得可爱，也左得可怕。她比我年纪大一点，结果她把自己留下了。

马：但您也没能留到上海。

李：我那时吐血，肺病，在去上海的途中，不得不在常州下车休整。到了华东教育局，就分配我到复旦大学，我也高兴。但我大口吐血，复旦就不接受，被退回来了。

马：真是一波三折呀！

李：退回到北大，我就住在北大第一食堂的宿舍里。那时学校撵我走，说我不服从分配。但我没地方去，无家可归，因为我老家早没人了。那怎么办呢？没有饭吃，学校一个礼拜给我开一个赏饭的条子，要我一个礼拜以后再去申请。其中对我最坏的一个人是外语系的，那个女的姓杨。她硬是要把我赶出去，要把我赶到外边讨饭。当时我生重病，吐血。但另外一个人，也是女的，姓王，稍微好一点，有同情心，就一个礼拜一个礼拜地给我开饭票，这样拖了三四个月。

马：可以考研究生啊，那不就有机会留在北大了？

李：当时北大哲学系尚未恢复招考研究生，但即便有，我也不会去考。至今记得，毕业后，冯友兰、胡绳都很想让我做他们的研究生，我不愿意。（笑）我觉得有导师反而受束缚，我不认为导师是必要条件，有没有导师并不重要。连自然科学家像爱因斯坦都可以没有什么导师，文科便更是如此。当然有导师也很好。我觉得重要的是应尽早尽快培养自己独立研究和工作的能力。

马：那后来又是怎么到的哲学所？

李：不是被复旦退回到北大等待再分配嘛，恰好这时筹办《哲学研究》，也不是社科院——那时还没有，是中国科学院，需要人，北京市人事局就把我分配去当编辑。那时候还没有出刊，我跟一个叫钟潜九的一起办《哲学研究》第一期。我可以说是哲学所的元老，我领的工作证是"哲字01号"。（笑）

当时哲学所还未成立，正在筹备中。那《哲学研究》四个字是潘梓年请郭沫若写的，郭沫若写了五个"哲学研究"，画了一个圈，说其中一个最好，就是《哲学研究》现在那几个字。那季刊搞了两期，哲学所成立后就把我分配到辩证唯物论和历史唯物论研究室。那是后话了。

第二篇

"衣带渐宽终不悔,为伊消得人憔悴"

(1955—1976)

一 "这个人是哪里的？"

"有点空谷绝响"

马：您曾几次提及《关于中国古代抒情诗中的人民性问题》这篇文章，那是您的成名之作？

李：可以这么说吧，1955年发表，25岁。很长的文章，有两万字，发在《文学遗产》，《光明日报》的一个副刊。这是当时国内能够发表中国古典文学研究文章极少的地方。还有一个《文史哲》，一个《新建设》。全国只有这三个地方发表文科文章，所以当时发表一篇文章极不容易。登了两期，1955年6月19日、26日（第59期、第60期）。《光明日报》还加了"编者按"，在当时是很少见的。

马：这个"编者按"我找出来了，原文是："在古典文学研究工作中，对于如何理解古典文学作品的人民性问题，经常是个极其复杂、艰难，然而却又是极重要的问题。从来稿中，我们时常可以看见某些作者爱从作品中去找寻所写'民'字有多少，来解释作品的人民性有多少，或者先给作家如土地改革一般划下阶级成分，然后再根据这个成分来将作品的价值减低或抹煞。这些全都是非辩证唯物主义和历史唯物主义地具体来研究分析问题，当然不能给我国长远的具有现实主义优秀传统的古典作家和作品以正确的评价。在这里所发表的这篇论文，我们觉得是经过一番深思熟虑写出来的，而且关于中国古代抒情诗歌的人民性问题，作者也坦率地提出了自己的正面意见，很可供大家的研究和商讨。"

李：这篇文章在当时影响极大，名不见经传，怎么冒出这个人来？因为当时能在这种报刊上发表文章的都是教授级的，我什么也不是，一名初出茅庐的大学生而已。

这个讲抒情诗人民性的文章，是我从复旦被退回北大，在吐血、养病还被赶的状态中写的。那时大讲阶级性，强调阶级分析方法，对文学作品的好坏都以作者的阶级成分划分，古代诗人大都是地主阶级的，地主阶级是反动阶级，他们的诗怎么会有价值呢？于是苏联就提出个"人民性"问题，就是他们的作品里也有人民性，作为一种衡量标准，解释旧俄文学中的"人民性"。当时游国恩等在屈原《离骚》中大找有多少"民"字来证明"人民性"。我认为这样找人民性不对头，而提出另外的方法。我把它分为直接人民性、间接人民性。间接人民性又分为忧国忧民的，有个人抱负、要建功立业的，还有跟人民的利益符合一致的，最后是讲山水花鸟的，等等。

马：一下子就"爆得大名"。（笑）

李：我那分析破了天荒，当时震惊和影响中文系不亚于后来的《美的历程》。几十年以后，仍有人提及这篇文章，1987年与新加坡国立大学中文系见面，系主任叫林徐典，比我大几岁，他介绍我的时候说，"我们很早就读过李泽厚的名文，获益匪浅"，讲的就是这篇文章。我当时脸红了。

马：最近看了王学泰先生一篇文章，其中谈到当年读此文的感受："我关注《文学遗产》是从1955年开始的。因为李泽厚的一篇长文在这个专栏上发表——《关于中国古代抒情诗中的人民性问题》。……我读了李这篇近两万字的文章，认识到中国古典诗歌太有价值了，它是中国人的骄傲，是值得人们喜爱和长久诵读的。……这篇文章我读了两三遍，它对古典诗歌作品价值的认定，给我的个人爱好以心理和感情上的支持。

'人民性'是当时从苏联传来的一种所谓'马克思列宁主义的概念'。那时一切都要学习苏联,李泽厚运用这个概念来评价中国古代抒情诗,谁也不敢'乱打棍子'……此文的发表,有点空谷绝响。……后来李泽厚收在《门外集》中的《意境杂谈》进一步把人民性与古典诗歌艺术特征结合起来,对于我理解古典诗歌有很大启发。"(王学泰:《走过一个花甲的〈文学遗产〉》,见《〈文学遗产〉六十年》,社会科学文献出版社,2014年)

李:那篇文章其实极其幼稚,现在没法看了。我一再提起,因为它是我的"成名作",是我当年最有影响的一篇文章;同时也可看出那时老教授们在"思想改造"后的学术困境。我的文章似乎解决了他们的一个老大难问题。当时北大有个朋友告诉我,邓广铭教授看了《光明日报》上我的这篇文章后,问了好些人:"这个人是哪里的?"给我印象极深。

"你的分析很好"

马:您第一篇近代思想史的文章也是这时发表的?

李:最先发表的是《论康有为的"大同书"》,1952年写成,1955年2月发表于《文史哲》。发表前拿给任继愈先生看,任看后寄给《文史哲》。一些老教授看了我的文章,但并不赞同,没有什么影响。现在看我60年前这篇处女作,感觉比那篇人民性的文章强多了,很欣慰,发现基本论点——从判定《大同书》初稿年代到论断该书内容,虽曾遭人批评,至今仍然站得住,并与后来发现的资料吻合。在当时的情况下,我对戊戌维新评价那么高,在大陆学界是比较少的。

马:您还与汤志钧先生有过一场关于《大同书》的学术论争。

李:我给了康有为在当时可能是最高的评价,被汤先生大加批评,我作了回复。那个时期,整个社会风气比以前好得多,国家独立(不受外国欺侮)、统一（不再有军阀割据和内战），社会上也比较平等，所以，知识分子对革命都极为崇拜，我自然也如此，认为历史已经作了结论，应该革命，不能改良，并用这个观点来论述康有为。但我仍然说大同书是"有卓识远见的天才著作"，对康有为的许多启蒙主张，也给予相当高的评价，但不合当时的调门而受到批评。

马：记得2012年《读书》杂志上有篇文章，题目就叫《从康有为到李泽厚》。在康有为那一代人中，严复、梁启超、章太炎等，被学人们推崇褒扬；相形之下，康却相当寂寥，评价似乎并不高。什么原因呢？是因为他的学理水平（中学弱于章太炎，西学远逊严复）？是他那造假"作风"（《戊戌奏稿》、"衣带诏"等)？还是别的什么缘由？

李：2006年我在一篇短文里讲过，作为政治家的康有为，特别是戊戌维新那段时期，他是非常拙劣的、愚蠢的，结果导致彻底的失败。早如当年王照、严复等人所指出的，他急躁冒进，"间离两宫"，未能审时忖势，周详谋虑，在战略、策略上的大失误，把本有成功希望的变法维新弄砸了。康负有历史责任，他并没有把他的改良主义用心落实在现实政治实践的具体步骤和部署中。

但作为思想家的康有为，却仍应有崇高地位。回顾百年以来，在观念原创性之强、之早，思想构造之系统完整，对当时影响之巨大，以及开整个时代风气等方面，康都远非严复、梁启超或其他任何人所可比拟。他与现代保守主义思想源头的张之洞、激进主义思想源头的谭嗣同，鼎足而三，是中国自由主义的思想源头，至今具有意义。我现在愿意很明确地说，康有为是中国近代史上最具创造性的大思想家。

马：当时《新建设》还发表了您的《论谭嗣同的哲学思想和社会政治观点》，这篇影响也很大。王元化先生就很赞赏。我存有一封胡绳先生五十年代写给您的信，其中说："关于以太和仁的问题，我认为你的分析很好。"

李：那是我1955年毕业后刚发了一些文章，请胡绳提意见。我这一

胡绳读《论谭嗣同的哲学思想和社会政治观点》等文致函李泽厚（1956年7月28日）

篇分析得很细致，花了大功夫。八十年代，哈佛的一个德国博士生翻成了英文，没有出版，储存在哈佛大学图书馆，他寄了一份给我，我不知弄到哪里去了。他当时说佩服我分析得那么细，认为我适合搞分析哲学，当时那是哲学主流。他还说想翻译我的《批判哲学的批判》，我说我还要修改，等再版时再说，后来此人好像是做生意去了，我也没和他联系。现在想起来有点后悔。

印象很深的稿酬

马：刚跨出校门，您就一举成名，在当时算是名副其实的青年才俊了。

李：五十年代，除了上面提到的《文学遗产》《文史哲》《新建设》，我还在随后出版的《历史研究》《文学评论》《哲学研究》以及《人民日报》等报刊上发表了不少有关中国近代思想史和美学的文章，那时我二十多岁，不到三十就似乎"而立"了。我的文章那时影响还蛮大的，五十年代我就收到过称我为教授的外国学者的来信。

我这个人不爱张扬，发表文章不大和人说。五十年代东德、苏联或翻译或提及我的文章，单位里没有任何人知道。苏联的汉学家头头齐赫文斯基的著作中提及我，还给我寄来了书，他们也都不知道。这样，"文革"时就没有人"揭发"，我也没有因这些事挨批，你看多好。不然说你与"苏修"有勾结，那还了得。

马："成名"之后，困顿的生活也有了大的改善吧？

李：我1956年就拿过千字20元的稿酬，是当时的最高稿酬。一般是10元左右，高的是15元。一下子改变了一直窘困的经济状况。当时有个朋友说我挥金如土，我在一个地方也说过，不记得发表过没有，就是那时我对钱有一种报复心理，收到就花。但那只是很短很短的一阵子。

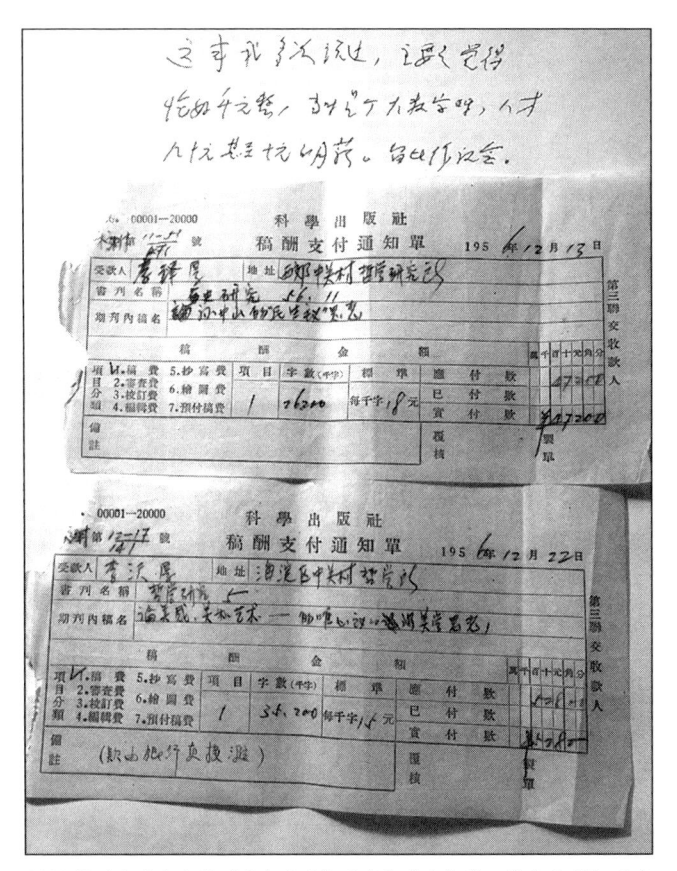

1956年《论孙中山的"民生主义"思想》《论美感、美和艺术》两文的稿费通知单。"这事我多次说过,主要是觉得恰好千元整,当时是个大数字呀,人才几十元甚至十几元的月薪。留此作纪念。"

那时候大家生活都不富裕，我这个人一般又不乱花钱。印象最深的是1956年冬，我在《哲学研究》上发表了一篇美学文章，在《历史研究》上发表了一篇研究孙中山的文章，两篇都很长，稿费加起来整一千块。当时我的月工资收入才56元还是70元，记不清了，反正很少。好表完全买得起，可我就是不买。我买了一个不太坏的但不是名表，就可以了。我从不用名牌。八十年代在新加坡，有人说你买件名牌衬衣吧，我说名牌穿在身上是负担，生怕它丢了、坏了，这是典型的人为物役。我个人也不要求吃，我可以吃最好的饭，也可以吃最坏的饭，无所谓。有人说吃了好饭就不能吃坏饭，那不见得。我可以吃坏的，当然一年365天老吃坏的是不愿意的。

马：职称解决了没有？

李：当时我只是实习研究员（1962年才升为助理研究员），相当于大学助教。在那种环境下，既没有提薪提级，也没有分配住房，还是挤在三人共住一室的集体宿舍里，而且使人侧目而视，心理并不舒服。（笑）我发表文章不是感觉很高兴，而是感觉很惶恐，是反而抬不起头。老干部、老研究员们发表不了文章，这给了我很大压力。我只能非常谨慎，有人说我自高自大，见到人不是抬着头就是低着头，"白专"之类的非议颇多。因此身体上、精神上所受的创伤折磨所在多有。这也许是我比较抑郁和孤独的性格一直延续下来的原因吧。但这也有一个好处，就是学会了使思想不受外在的影响。

两本小书

马：记得您五十年代出过两本书？

李：都不大。先是《门外集》，讲美学的。当时出书可不像现在这么容易，那时候全国一共没出多少书。《门外集》连做美学研究的人可能都不知道。小 32 开的，12 万字，收了 7 篇文章，由长江文艺出版社出版。那是 1957 年下放前夕，27 岁。作家出版社、人民出版社都找过我要出《门外集》，因为答应了长江文艺出版社，就没给另外两家。书出得很快，从交稿到出书只有三个月。取到稿费，想到家乡，捐了四百元，后来听说让支书中饱私囊了。那封面印得太糟糕，我提了建议，结果颜色调错了，太难看了！这本书我从来没送过人。献词字也印得太大，难看之极。《门外集》的大部分文章后来收入 1980 年的《美学论集》。

另一本是《康有为谭嗣同思想研究》，1958 年上海人民出版社出的，收了 7 篇文章，17 万字，比《门外集》厚。香港有此书的翻印本，好些海外学人也对我提及此书。但这本书和这些论文在国内似乎没引起什么注意或反响。本来，按照原先的计划，这本书只是整个中国近代思想史论文集中的一部分，其他还有"太平天国革命思想""论二十世纪初年中国的革命民主主义思想""孙中山思想研究""马克思主义在中国的传播发展及其与反动思想的斗争"等部分。大学那几年我在写康、谭时，便想写一本从 1840 年到 1949 年的思想史，收集了不少资料，也写了提纲。后来由于我又转向其他方面的工作，只好暂时停下来了。这本《研究》后来收进《中国近代思想史论》中。

马：我注意到，该书序文有一段话，讲中国近代思想史的中心一环是"关于社会政治的实际问题的讨论"。这是否可看作"救亡压倒启蒙"观点的最初萌芽？

李：这段话，后来我原封不动的搬到《中国近代思想史论》的后记里了。

马：这本书在海外有一定反响。费正清《剑桥中国晚清史》有个评论，说该书对康、谭"这两位息息相关的才智作出了启发性研究，尽管它有马克思主义思想的框框"。前苏联著名汉学家齐赫文斯基说："在中国近年一些论述康有为哲学观点的著作中，最值得提出的是李泽厚和黎澍的论文。"傅伟勋先生说:"书中偶尔闪现作者的创见,文笔亦极清新流利,马列教条的陈腐之辞并不多见。"张灏教授也说您对谭嗣同的分析非常精辟。这些评说您知道吗?

李:这些我都知道。我看过费正清等人的书。张是口头上向我说的。

二　李泽厚派

写文章的两条规矩

马：五六十年代，您的学术活动主要是美学。当时大陆出现了第一次美学大讨论，可否讲讲具体过程？

李：说来很简单，最早是朱光潜在《文艺报》发表了一篇文章，叫《我的文艺思想的反动性》，作自我批评。周扬看了这篇文章后很满意，表明朱光潜愿意接受马克思主义，改造自己，是知识分子的代表。他这样一个大教授，地位是很高的。黄药眠随后写了一篇文章，在《人民日报》上发表，批判朱光潜。接着，朱光潜又写了一篇文章，讲美学既是唯物的，又是辩证的。蔡仪也写了一篇，批判朱光潜。当时毛泽东正提倡学术问题可以"百家争鸣"，美学讨论就这样开始了。

马：您也介入了？

李：在参加美学讨论之前，我已发表了好几篇其他文章。美学讨论开始时，我写了一篇三万五千多字的长文，就是在 1956 年 12 月《哲学研究》上发表的那篇《论美感、美和艺术——兼论朱光潜的唯心主义美学思想》。《人民日报》打来电话说也要发，但篇幅太长，让我压缩，后来我就另外写了一篇，讲美的客观性和社会性，发表在 1957 年 1 月。这样一来就有四篇文章（朱、黄、蔡、李），但因为黄药眠的文章没有提出什么理论，于是就变成朱光潜、蔡仪和我三家之争。

马：您一直是在研究中国近代思想史，怎么会去关注完全不同的美学领域？

李：当时，朱光潜发表了他对美学的见解，我对他所讲的有些别的看法，便加入了这场论争，自此上了马便下不来啦。这是偶然性，因为我那时正在研究中国思想史。

必然性也有。因为我从小对文学就有兴趣，那时就是文艺爱好者，在中学对心理学也有兴趣，最后对哲学也有兴趣。高中时读过朱光潜的《文艺心理学》。我上北大的时候，不开美学，美学课是"文革"以后才有的。朱光潜当时也不在哲学系，而是在西语系教英诗。但我刚入大学时就读了好些美学书，记得一年级时还和同学们自发地讨论过美学，并逐渐积累了某种看法。当时英文的美学书也不多，我记得看过本子不大的两本很老的美学史，以后在旧书店还买到过，一直藏着，后来不知弄到哪里去了。鲍桑葵（Bernard Bosanquet）的美学史也没有中文本，比较难看，但我也看了。《判断力批判》是那时最重要的读物，书不大，却极有深度，当时有眼前一亮的感觉。其实那书后一部分更重要、更精彩。可惜中外注意的人不多。黑格尔的《美学》倒没怎么看，太大了，啃不动。因对文艺、心理学和哲学都有兴趣，这三门科学的交汇点容易使我往美学方面发展，所以1956年遇上美学讨论，也就很自然地参加了进去。

马：刚一参加美学大讨论，您就提出了自己的独特观点，非常难得。

李：当时主要是批评朱光潜先生，但从一开始我就觉得，要真能批好，必须有正面的主张。写文章，五十年代我就给自己立了两条规矩：一是没有新意就不要写。用今天的话，就是"不立不破"，自己倒是较早就明确地意识到了这一点。几十年来我很少写单纯批评的文章，觉得揭出别人的错误一二三并不太难，更重要的是能针对这些问题提出一些新看法。自然科学绝不会有人去完全重复论证前人早已发现的定理、定律，社会科学领域其实也应如此。"人云亦云""天下文章一大抄"的说法、做法，我是不赞同的。写文章要有新东西，要发现别人没讲透、没讲清楚，或者还没发现的问题和资料，这才叫自己的研究成果。

八十年代，当我的学生写论文找我要题目时，我很奇怪。题目是你看了各种书之后，认为有什么问题或体会，才产生的，让老师给你题目还有什么意义呢？当然，老师可以指出一些待研究的问题，供学生考虑。有点意思、有点感触才写，不然你写出来干嘛呢。尽管我也写了好些应景文章，比如好多人让我写序，推来推去推不掉，就写了一些，但还是讲了一点自己的意思。基本上不乱写，不多写。

二是不为名利写文章。我不愿意在政治或经济的压力下屈服，浪费自己的时间和读者的时间。五十年代我不是已经有点名气了吗，那时候约我写文章、出书的很多，我百分之九十九都拒绝了。八十年代以来，约我写文章、写书的就更多了，也基本都拒绝了。好友傅伟勋当时在台湾主持一个大型丛书，约我写本讲康有为或谭嗣同或康德的书，我都搞过的嘛，很熟，很容易写出来，但我拒绝了。记得他说："对你破例，重金收买。"（笑）我介绍他找其他一些人去写，自己一本没写。五六十年代，我和一位同学说，"名利是副产品"。名利是需要的，但只是副产品，正产品是发现真理的愉快。几十年来，上面这两条我基本做到了。

因此，在第一篇批评朱光潜的文章中，我提出了美感二重性、美的客观性与社会性以及形象思维等正面论点。这些论点虽然一直受到一些同仁的批评，但我觉得这样比光批评别人更有意思。

"直觉性"不敢展开

马：这篇文章给大家留下了深刻印象，有学人回忆说："最有分量的则是李泽厚 1956 年在《哲学研究》第 5 期发表的《论美感、美和艺术》（研究提纲），……第一次用马克思《1844 年经济学哲学手稿》的观点，振聋发聩地提出自然本身并不是美，美的自然是社会化的结果，也就是人的本质对象化的结果。……此文为实践派美学奠定了第一块基石，为中国美学研究开拓了一个新的天地。"（张荣生：《记上个世纪五十年代的美学大讨论》，《中华读书报》2012年2月1日）"当时他的这么一篇文章出来，我当时感到很了不起，看问题比较深。"（蒋冰海，2007年12月）

李：1956年的这篇文章，主要论点是"美感两重性"，简单说，就是美感的个人心理的主观直觉性质和社会生活的客观功利性质。美感的这两种特性是互相矛盾的，但它们又相互依存不可分割地形成为美感的统一体。前者是这个统一体的表现形式、外貌、现象，后者是这个统一体的存在实质、基础、内容。讲直觉性时，我直接引用了黑格尔的《小逻辑》。认为"直觉性"乃诸多"间接性"的结果，即认为直觉并非天生或先验，而是由间接性所积累形成。

马：我注意到，1981年您在《美感的两重性与形象思维》文中，第一句话就说，这个题目"抓住了我的要害"，文章从美感两重性讲到美感四要素（感知、想象、理解、情感）。

李：现在我已将"四要素"改为"四要素集团"，因为每一要素又包含有一些子要素。还将"情感"改为"情欲"，以前论述美感时，虽曾不断提及"欲望在想象中的满足"等，但不够充分，改为"情欲"，更为确定明朗。

马：最近我看一篇文章讲："李泽厚在1956年以反映论（所谓'哲学上的唯物'）来批判朱光潜的所谓'资产阶级唯心主义美学'而俨然立一家之说。"但我觉得似乎不能完全用"反映论"来解说您对朱光潜的批评？

李：其实，五十年代我是以"美感两重性"来谈"反映"和"认识"的，便是相当独特的解说，不同于传统的"反映论"。

马：认真研读六十多年前的这篇文章，发现您后来提出的"美感四要素集团""文化—心理结构""情理结构（情本体）"等，若追溯其源头，似乎就在此文中，就在美感两重性的观点里。您的哲学研究肇始于美学研究。

李：很高兴你能读得这么细。我把美感放在首要位置，之后才是讲美。当时有人要我倒过来，我没同意。我强调应研究美感，重视人所特有的心理特征——这可说是以后提出"文化心理结构"和"情本体"的依端吧。虽然这篇文章就是讲美感二重性，但当时"美学热"的中心议题是在争论美是主观的、客观的，还是主客观统一的，即所谓"美的本质"问题。我在当年的讨论中却总强调艺术作品作为美的对象有难以甚至不能用语言表达的"味道"这一特征（与味觉相似，多样、复杂、变易而难以用语言表达），从而把美分作"美学对象""美的质料"和"美的根源"来探讨，认为"美的本质"只能就"根源"而不能就"对象"说，而"美的对象"当然由美感的直觉性与功利性所造成。我八十年代的《美学四讲》就是这样接着讲的，书中好些观点就是从五十年代的"美感两重性"发展出来的。

马："直觉性"为什么没有展开讲？

李：这在当时是非常敏感的一个问题。我的"直觉性"一提出来就被很多人反对，说是资产阶级的"直觉主义"。当时我是想写下去的，但不能写，绝对不能讲的。因为那时强调的是马克思主义认识论和列宁的反映论。"文革"刚开始，就有人在其批形象思维的文中批我，说李泽厚很早以前就主张直觉论，就是指1956年这篇文章中提出的美感两重性，把我对形象思维的看法与对美感直觉性的看法联系起来了。直到七十年代，我在《文学评论》上发表文章，谈了创作中的非自觉性、无意识性，当时大家都还不能接受，这其实就是美感两重性的延伸。五十年代，这些就更不能讲了。讲弗洛伊德，就是反动，罪莫大焉，就是那样一种在政治阴影笼罩下的思想学术氛围。

酝酿积淀思想

马：文章还引用了马克思的《1844年经济学哲学手稿》。

李：实际上，美感两重性的看法还是从马克思这本《手稿》中来的。在国内的美学文章中，这篇文章大概是在讨论中最早提到了马克思的1844年手稿。当时我看的是英文版。

《手稿》一个很重要的论点，是谈人的感觉和需要具有不同于动物的非功利性。马克思强调人与动物在感受、感觉、感知上的区别，动物满足生存需要必须不停地寻觅食物，它的生理器官和官能大都为此服务。人的感性不只是为了生存的功利而存在。马克思在《手稿》中再三强调感性的社会性，而不是理性的社会性。理性的社会性好理解，就是逻辑呀、思维呀这些东西。而马克思恰恰讲的是感性的社会性，感性的社会性超脱了动物性生存需要的功利。眼睛变成了能欣赏绘画的眼睛，耳朵变成了能欣赏音乐的耳朵。马克思说："因此，（对物的）需要和享受失去了自己的利己主义的性质，而自然界失去了自己的赤裸裸的有用性，因为效用成了属人的效用。"就是说它不是属于个体的、自然的、消费的关系，不是与个体的直接的功利、生存相关的。也有如马克思所说，对于一个饥饿的人，并不存在食物的人的因素；而一个忧心忡忡的人，对于最美的风景也无动于衷。一个饥饿的人跟动物吃食没有什么区别，这是有深刻道理的。中国古老的筷子上常刻有"人生一乐"几个字，把吃饭当成是人的快乐与享受，而不是纯功利性的填饱肚子。这样，人的感性也就失去了非常狭窄的维持个体生存的自利性质，而成为一种社会的东西，这也是美感的特点。它具有感性、直接性，亦即直观、直觉，虽不经过理性却又渗透着理性的特点，这也就是它的客观社会性。

马：也就是说，您已开始酝酿、思考日后的"积淀"思想？

李：从那时起，我就一直认为，应研究理性的东西是怎样表现在感性中，社会的东西怎样表现在个体中，历史的东西怎样表现在心理中。后来我就造了"积淀"这个词。

想写本《美的哲学》

马：《论美感、美和艺术》之后，您又发表了好几篇美学文章，继续与朱光潜、蔡仪等人论辩。其中比较有分量的一篇，当属《哲学研究》1962第2期上的《美学三题议——与朱光潜先生继续论辩》。

李：这篇文章修正和补充了1956年的第一篇文章。是我最重要的一篇美学论文。文章很抽象，从概念到概念，当时曾想把它展开一下，写一本《美的哲学》

马："美是自由的形式"就是在此文中提出的。

李：这个观点，在后来的《美学四讲》中，我还是一直坚持，没有变，只是作了比较充分的说明。但这里要注意"自由""形式"等词汇的准确含义，并且必须从哲学角度加以把握和判断，不能作为漂亮的词汇来看待和使用。"自由"是指"规律性与目的性的一致"，"形式"主要是指一种造型力量，是一个东西成为这个东西的力量、原因。所以，我不同意"美是自由的象征""美是自由的表现"之类的说法。

马：您是用马克思《手稿》中"自然的人化"的思想来研究美和美感的？

李：《手稿》并不是讲美学，而是讲经济学和哲学问题。马克思大概不会想到，一百多年后，中国学人会从美学角度突出这部著作的伟大意义，认为这部著作为美感和美的本质提供了哲学基础。

当时，如何令人信服地解释自然美成了检验各种哲学理论的试金石。

我反对美在自然典型、可以与人无关的论点，也反对将美等同美感只与人的心理活动、社会意识相关的论点，主张用马克思"自然的人化"来解释美学问题，认为美的本质离不开人，人类的实践是美的根源，内在自然的人化是美感的根源。我强调"人化"不能做简单的字面理解，"人化"分外在、内在两个方面和狭义、广义两种含义。"外在自然的人化"，主要指自然环境与人的关系的根本变化，由敌对变为亲密，其中包括未经加工改造的日月星辰、森林沙漠等，加工改造过的山川田园果蔬禽畜等，则是狭义的人化。"内在自然的人化"指的是人的生理性的感官感知和情感具有社会性质。这两个方面和两种含义的"人化"都是长久社会实践生活基础上的历史产物，使人具有了超生物的肢体、器官、经验、价值等。与"自然的人化"相对应，后来我又提出"人的自然化"，包括人与自然环境的亲密相处、人与山水花鸟比拟性的符号或隐喻共存、人与宇宙节律的生理—心理的一致或同构这三个层次。我认为，形式美和美感首先出现在原始人群的物质生活活动中，然后扩展到其他方面，人的外在文明和人的内在人性最初是同源同步的，其后才发生背离和矛盾等。我的这一哲学美学观点从20世纪50年代至今日，被学术界称为"实践美学"。

这种"古典式"的讨论现在看来也许可笑，当时却很热闹。这里，要着重复强调的是，尽管自五十年代直至今日遭到各种强烈的反对，但我仍然坚持"狭义的实践"（人类使用—制造工具的物质生产活动即所谓"工具本体"）这个核心始终不变，从而与当时和以后包括今天许多大讲"实践"的美学学人颇不相同。而且认为社会的发展越来越证实我这个"狭义的实践"在美的发展过程中的核心作用，例如今天的手机、互联网、高铁在时间、空间、速度、变换、形式以及人们的感受、想象、理解、情感亦即美和美感中的基础性质和推动力量，更加突显出"狭义的实践"所具有的巨大的、根本性的力量。这正是"人的本质力量对象化"的更为清晰、鲜明的呈现。

马：我注意到，这篇文章提出的"客观的自然的人化"（"外在自然的人化")与"主体的自然人化"("内在自然的人化"),后来就发展为"外在的工艺—社会结构"与"内在的文化—心理结构"说,并进一步概括为"双本体说"("工具本体"与"情本体")。

李:当时,我已较明确意识到,马克思是从工具、科技、生产力,向外走;我是向内走。他走向生产关系、社会结构、批判资本主义、无产阶级革命等等;我走向文化心理形成、理性来源、情理结构等等。他更重视历史的社会变迁;我更看重历史的心理积累,后来就与康德联系上了。再往后,我提出"新感性",并日益突出"情本体"等概念。

另外,我在1957年《美的客观性和社会性——评朱光潜、蔡仪的美学观》一文中,还强调了美依存于社会存在:"在人类以前,宇宙太空无所谓美丑,就正如当时无所谓善恶一样。"这一看法,也可说是日后"事实与价值同源"的历史本体论的起点。历史本体论强调 is 与 ought to 在本源上的一致,亦即事实与价值在人类生存延续这一本体论上的同源和一致。

马:在美学讨论中,您对车尔尼雪夫斯基的美学思想评价还是蛮高的。

李:车尔尼雪夫斯基的人品我很佩服。他被流放到西伯利亚那么多年,还是不屈不挠。但他的小说《怎么办》,我是硬着头皮才看完的。据说列宁常常看,其实艺术质量很差,根本谈不上好小说,"好"只在政治意义上。如同列宁赞扬过的高尔基的《母亲》,在艺术上也不算上乘之作,比起他的自传体三部曲差得远。

车尔尼雪夫斯基提出"美是生活"的命题,在西方美学史上从不被注意,甚至不被提及。但在中国大陆美学界、文艺批评界,特别是在五十年代,却发挥了任何其他理论都比不上的巨大影响。之所以如此,是它恰好适应了当时的革命文艺和革命人生观的需要。车氏所用"生活"一词本意是生命、生命力,虽然其中也包括社会生活,但基本上仍是抽象人本主义以至生物学的。在中国,人们甩开了车氏的这层含义,突出强调了其中的社会生活以及这种生活中的阶级内容（根据车氏所举贵族小姐的美与农妇的美等例子），作了一次解释学的援用。

思想发展三阶段

马：有研究者说，发生在中国的这场美学大讨论深受苏联影响，因为当时苏联理论界也有同样的讨论，也分几派。

李：苏联确实也有过类似的讨论，也分了社会派、自然派等。但中国的讨论由于抓住了马克思的《手稿》，提出了一些新的语汇和文本，讨论要深刻得多，理论水平要高一些。如我一开始就提出了美感二重性，它来自黑格尔和马克思，而与"苏式"无关。我根本看不上那些苏联著作，如当时奉为圭臬经常引用的季莫菲耶夫的《文学原理》等。

马：第一次美学大讨论是何时结束的？

李：1964年"四清"开始后。在这场美学大讨论中，我的美学文章写得并不多。作家出版社出的《美学问题讨论集》，共六册，收了许多文章，而我一共只有四五篇吧。

马：《美学三题议》应该具有某种阶段性意义吧？

李：在与刘绪源的对话中我说，我的思想发展过程，说起来也很简单。从哲学上讲，就是从五十年代到1962年发表《美学三题议》止，是第一阶段。"文革"以后到出国前，算第二阶段。从二十世纪九十年代，延伸至今，是第三阶段。

马：我在撰写《李泽厚学术编年初稿》时，对您的"学思之路"，也有过一个划分。第一阶段"酝酿与初创——同心圆的确立"，时间从二十世纪五十年代初至1962年，代表作为《门外集》《康有为谭嗣同思想研究》《美学三题议》等。第二阶段"缄默与构建——思想系统的形成与定型",时间从 1963 年至 1976 年,代表作为《人类起源提纲》、《积淀论论纲》(《六十年代残稿》)、"告别革命"、《康德新解》(《批判哲学的批判》)等。第三阶段"爆发与激荡——思想领袖与青年导师",时间从 1977 年至 1991 年,代表作为《李泽厚十年集》等。第四阶段"扩展与延伸——同心圆的自我完善",时间从 1992 年迄今,代表作为《论语今读》《己卯五说》《论实用理性与乐感文化》《由巫到礼 释礼归仁》《人类学历史本体论》《中国哲学如何登场》《伦理学纲要续篇》《伦理学新说述要》等。这个划分,您认可吗?

李:这我就不管了。还可以作别的划分,也可以不作划分,关键是要看思想。我的思想并没有突然的转折和变化。

马:现在回过头来,如何看待五六十年代的这场美学大讨论?

李:对于这场讨论的意义,当时感觉不到。现在回过来看,应该说很有意义,它是真正从旧的话语体系里走脱出来的一种新的话语。这可以从两个层面来说。一是 1949 年以来有很多次学术讨论,总是开始时宣称执行"双百"方针,结果大多数讨论都变成了政治批判,以"讨论"始,以"批判"终,最后总是以一种意见压倒其他意见。只有美学没有搞成这个局面,成了几乎唯一的例外。尽管在讨论中也互相说对方是唯心主义甚至修正主义,但没搞成政治批判。开始的时候是三派,讨论结束,还是三派没有说谁不对。现在也还是谁也没有说服谁。如果当时一定要以哪种意见统一天下,就没有什么"美学热"了。因此,美学始终保有学术的某些自由度。这倒是一条历史经验,值得注意。

不过,当时的帽子还是扣的,修正主义啊,唯心论啊,形而上学啊,朱光潜也扣别人帽子,一样的。包括宗白华批高尔泰时,也说他唯心论。"唯心论"可是当时谁也不愿意戴的坏帽子,等于有了大错误,现在的年轻人很难理解了。现在有一些人根本不顾及当时的具体时代和政治环境,以今日的标准苛求当时,大肆抨击这次争论,实在令人奇怪。西方学者则完全不知道中国还有一个"美学热"。

二是这场讨论的确提供了一些新的语汇和文本，尽管是在当时那种语境之下，如"美感二重性""人化的自然""实践""自由的形式"等。"美感二重性"便有很大的潜在的容量。进入新时期后，形象思维的争论爆发，我所提出的"艺术不仅是认识""艺术创作的非自觉性"等问题，理论上便都源于此。蔡仪在九十年代还在批判"美感二重性"，也的确有他的道理。由此可见，五十年代的美学讨论中存在着很多潜在的东西，只要在适当的语境下，就可以显示出来；它的意义远远超出了美学专业的范围，却又仍然是学术的。

美学三派

马：在这场美学大讨论中，您凭借着创造性的美学观点脱颖而出，成为当时美学三大派之一。您的"论敌"，要么是学贯中西的学术大家（朱），要么是老资格的马克思主义理论家（蔡），而您只不过是一名二十多岁的年轻"后生"。这个反差很大呀！（笑）

李："三派"，就是"朱光潜派""蔡仪派"和"李泽厚派"。那是朱光潜首先在文章中正式提出来的，不是我说的。我当时还年轻，26岁，助教级别，哪敢说自己是一派，特别是在当时的那种情况下。而他们不同，蔡仪是老党员，也是研究员；朱光潜更是学术权威。尽管我知道，我的意见的确与他们的不一样，而且也的确有不少人赞同我，即使今天，赞同我的人还是不少。所以，当时朱光潜用了"李泽厚派"一词，我当然很高兴了。

马：2005年高尔泰先生在《谁令骑马客京华》一文中，对您由最先主张"四派说"改为"三派说"，将他（主观派）排除，非常不满，说自己"有一种再次被伤害的感觉"。

李："四派"的提法，怪我，是我在1957年的一篇文章（《关于当前

27 岁的李泽厚（1957 年秋）

美学问题的争论》）中提出的。这一提法看来是不能成立的。因为所谓的"四派"，就是把吕荧、高尔泰也算作一派，但实际上，他们的理论从系统和思辨的广度与深度上，都难构成一派，而且引述他们理论观点的人也不多。朱光潜、蔡仪倒各是一派。蔡仪有自己的体系，尽管你可以不相信他，但他有自己的一套，而且有他的学生坚决追随他。所以还是朱光潜的"三派"说比较准确。

马：也就是说，您只是从先前主张的"四派说"，转而认同朱光潜提出的"三派说"而已。

李：就是这么一回事嘛。高的那篇文章我看过，除了刚才你说的这事外，他还提到《中国哲学年鉴》中"美学"条以及"美学领域从未有过政治批判"等。前者我根本不知道，后者也不是他所理解的那样。

马：杜书瀛先生有个说法："美学的"辉煌时期朱光潜是三十年代，蔡仪是四十年代，到了五十年代，虽然他们还在坚持自己的观点，但是他们的时代可以说已经过去了。五十年代最辉煌的是李泽厚，无论人们对李泽厚是如何的批评与责难，李泽厚在当时的确是受到了更多人的赞成，而且李泽厚的美学思想到后来还有进一步的发展。一直到今天，李泽厚的美学思想还在被人们推崇。"（杜书瀛、李圣传：《重返五十年代：蔡仪与"美学大讨论"——杜书瀛先生访谈录》，《兰州学刊》2015年第1期）您与朱光潜和蔡仪两位先生有过交往吗？

李：我认识杜先生，他是蔡仪的学生，能说这话真不容易。我的个性是不爱交往，不仅和美学家，和很多人都极少交往。朱光潜当时我是不是拜访过，记不太清了。我那第一篇美学文章是在当时批朱先生的高潮中写成的。那篇长文章的油印稿，送给一些人看过，其中有贺麟。贺麟看了以后，又送给朱光潜看。贺麟告诉我，朱光潜给他写了一封信，说在批判他的文章中，这一篇是写得最好的。贺麟把那封信给我看了，我很感动，因为那时年轻嘛。大家批判朱光潜，都要给他扣一大堆帽子，什么反动、腐朽、资产阶级，我也扣了不少，但好些人的文章没有讲什么道理。我这篇之所以受到朱光潜的称道，大概是因为我讲了一点道理，提出了自己的一些看法。当时我二十几岁，虽已发了几篇文章，但毕竟是言辞凶厉而知识浅薄的"毛孩子"。这篇文章的口气调门便也不低，被批评者却如此豁达大度，这相当触动我，虽未对人常说，却至今记得。还有，我谈美感二重性，重视美感，大概也触动了他。

马：朱先生真是有气度、有雅量的大学者！

李：当然，朱先生在一些文章中也动过气，也说过重话，但与有些人写文章来罗织罪状，夸张其词，总想一举搞垮别人，相去何止天壤？我想，学术风格与人品、人格以至人生态度，学术的客观性与个体的主观性，大概的确有些关系。朱先生勤勤恳恳，数十年如一日地写了特别是译了那么多的东西，造福于中国现代美学，这是我非常敬佩而想努力学习的。

因为自己懒于走动，我和朱先生来往不多。在"文革"中倒是去看过他几次。我们只叙友情，不谈美学，谈的多的是中外文学和哲学，聊陈与义的诗词，谈恩斯特·卡西尔……虽绝口不涉及政治，但我当时那股强烈的愤懑之情总有意无意地表露出来。我把当时填的一首词给朱先生看，朱先生却以"牢骚太盛防肠断"来安慰、开导我。并告诉我，他虽然七十多岁，每天仍坚持运动，要散步很长一段路程，并劝我也做些运动。朱先生还告诉我，他每天必喝白酒一小盅，多年如此。我也是喜欢喝酒的，于是朱先生便用酒招待我，我们边喝边聊。有一两次我带了点好酒到朱先生那里去聊天，我告诉他，以后当妻子再干涉我喝酒时，我将以高龄的他作挡箭牌，朱先生听了，莞尔一笑。

大概是1974年，朱光潜当时在翻译联合国文件，就是把外交文件的中文本翻译成英文或英译中，这在当时是重用他。他一点怨言都没有，我却颇为愤慨，完全是糟蹋人才嘛。朱先生送给我两大函线装的《五灯会元》，还送给我两本英文书，现在都捐出去或送给别人了。

"文革"后，朱先生更忙了，以耄耋之年，编文集、选集、全集，应各种访问、讲学、开会，还要翻译维柯……于是我就没再去朱先生那里了。《谈美书简》出版后，朱先生曾送我一本，扉页上还题了首诗，记得最后两句是"长江后浪推前浪，翻新自有后来人"。

马：朱先生在翻译介绍西方美学方面有重大贡献，他还独自撰写了《西方美学史》，书里的很多资料都是他重新翻译的。在这次美学大讨论中，朱先生既不隐瞒或回避自己过去的美学观点，也不轻易接纳他认为不正确的批判。他接受了马克思主义，自觉运用马克思的"自然的人化""实践"等观点研究美学，直到晚年依然如此。您和朱光潜在美学上都讲"实践"，那你们之间的分歧究竟在哪里？

李：朱先生的《谈美》《文艺心理学》等，在三十年代影响很广泛，对中国美学界有开创性的贡献。他做了大量翻译荟萃工作，如《歌德谈话录》、黑格尔的《美学》、莱辛的《拉奥孔》、克罗齐的《美学》、维科的《新科学》等，付出了艰辛的劳动。但他自己的看法并不多，他自己也承认这一点。他亲口对我说过，他的著作中，就《诗论》比较有自己的见解。

我跟朱先生都讲实践，这就造成一种假象，似乎我的观点与朱先生的观点合流了，其实，我跟他的区别是很清楚的。概括地来说，我把物质生产看成是人类最基本的活动，把它与人的其他活动（如艺术活动）作了一定的区别。而朱先生却把物质生产活动与艺术生产活动混为一体。他是运用移情说来解释自然人化的，即认为自然是人的认识对象、情感对象，人认识了或情感表达了，对象也就人化了。这当然也可以说是一种人化，朱先生讲的人化是主观情感作用的成果。所以，朱先生八十年代出版的《谈美书简》《美学拾穗集》还是说美感产生美，没有美感就没有美。虽然朱先生在论述时前面加了个"实践"，但后面的论述基本还是原来的。我跟朱先生的分歧还是《美学三题议》中所谈的分歧。

还有，我更重视康德的美学，朱先生也许更重视黑格尔的美学。一般都认为马克思的美学继承的是黑格尔和费尔巴哈的美学，而我更重视的是康德—席勒—马克思这样一条线索。我以为席勒很接近马克思，当然他没有唯物史观（即实践观点）这个根本基础。

马：我看过蔡仪先生的夫人乔象钟所著《蔡仪传》（2002），其中记载了您拜访蔡先生时的情景："那年春节时候，李泽厚在他评蔡仪文章发表后不久，来到我们家。他自我介绍之后，坐在蔡仪的书桌旁，蔡仪一言不发，冷冷地坐着，李泽厚问了几句，两人'无话可谈'。好在不久来了别的客人，李泽厚随即走了。"——这是不欢而散呀！（笑）

李：哈哈，有这事。那是1957年初，我的《美的客观性和社会性——评朱光潜、蔡仪的美学观》刚在《人民日报》上发表，当时一些人想要蔡仪到哲学所来，我很赞成，为此我去找过他。因为蔡仪先生是老革命、老党员，是马克思主义者，年纪也比我大很多。我当时拜访蔡仪，他板着脸，很不高兴的样子，大概就因为我批评过他。实际上，我对他还是很尊敬的，毕竟我是晚辈。我说，我们现在群龙无首，希望他来。他说，你后来居上嘛。他以观点划界，包括他的学生。他有一种捍卫马克思主义的责任感，他认为我反对马克思主义，当然也就对我不满意。

马："美是典型"是蔡先生在美学上最著名的观点。

李：他讲典型是种类个体最能表现种类共性的那个东西。那么，最典型的苍蝇就是最美的苍蝇。这讲不通嘛。我当时批评他是机械唯物主义，没有超出十八世纪法国唯物主义者的水平，他很不高兴。（笑）从五十年代到九十年代，蔡先生一直批我，批得很厉害。

给宗先生的书写序

马：当时，您接触过宗白华先生吗？

李：我去看望过，也是在1957年，我发表两篇美学论文之后。当时我已离开北大，才特地去看望宗先生。现在依稀记得，好像是一个不大暖和的早春天气，我在未名湖畔一间楼上的斗室里见到了这位蔼然长者。

谈了些什么，已完全模糊了，只一点至今印象仍鲜明如昨，就是我在文章中谈到艺术时说，"它（指艺术）可以是写作几十本书的题材"。对此，宗先生大为欣赏。这句话本身并没有很多意思，它既非关我的文章论旨，也无如何特别之处，这有什么值得注意的呢？我当时颇觉费解，因之印象也就特深。后来，我逐步明白了，宗先生之所以特别注意到这句话，大概是以他一生欣赏艺术的丰富经历，深深地感叹着这方面有许多文章可做，而当时我们这方面的书又是何等之少。这句在我并无多少意义的抽象议论，在宗先生那里却是有着深切内容的具体感受。和宗先生长谈，也就只那一次。

马：可惜宗先生写得太少。

李：但他如果多写，恐怕受的批判不会比朱光潜少。朱后来讲马列，宗却一直未讲过。1949年后对宗先生是不大公道的，五十年代只评了个三级教授。好在宗先生具有魏晋风度，不在乎。当时，讲朱光潜大家都知道，讲宗白华却很多人都不知道，包括搞美学的。正如当年搞哲学的不知道熊十力一样。他在北大也没有什么影响。八十年代开第一次美学大会时，都没有邀请宗白华参加，连一个位置都没给他留。宗白华先生与朱光潜先生两个人，在我看来是不相上下的，现在宗白华的影响倒可能超过了朱光潜，引他的文章很多。《美学散步》讲了一些很好的东西，完全是从哲学角度讲的，是美学，不是文艺理论。

马：八十年代您曾给宗先生的书写过序，影响蛮大的，至今仍有人不断提及。

李：那是宗先生出《美学散步》（1981）集子，出版社要我写序，原来我不答应，因为我年轻嘛，怎么能给一位老人写序。后来出版社一定要我写，那就写吧。宗白华的那些文章都是1949年以前散发在报刊上，根本没成集子。我当时看过一点，也很少。1949年后他发表东西极少，就二三篇吧。在序里，我提出"天行健，君子以自强不息"的儒家精神、以对待人生的审美态度为特色的庄子哲学，以及并不否弃生命的中国佛学—禅宗,加上屈骚传统,我以为这就是中国美学的精英和灵魂。宗先生以诗人的锐敏,以近代人的感受,直观式地牢牢把握和强调了其中的前三者。我还比较了朱光潜与宗白华,记得冯友兰看后来信对我所讲的朱、宗同异,深有同感,说宗得晋人风度,尤可佩。

在写序的前后,包括书出版后,我也一直没去看过宗先生,事前事后也没征求过他的意见。表面的理由是宗先生年纪太大了,有那么多人去找他,我就不必去打扰了;实际的原因还是因为我懒,太懒于走动。以后开会时遇到他,也就是闲谈几句而已。

马:1986年宗先生逝世,您写了篇悼念文章,文末的"三哭",令人感慨万分。

李:听到宗先生病危消息,我赶到北大校医院时,宗先生刚被抬进太平间。没能与宗先生作最后的话别,只好在他遗体前深深三鞠躬。这篇文章当时没能刊出。

三　擦肩而过

一个好友

马：五六十年代国内各种政治运动频繁，知识分子自觉不自觉地都会被卷进去，无法逃遁。听说批胡风时，也牵涉到您了？

李：整胡风的时候，我被作为胡风分子整了一年。当时写思想检查我就说自己长期背着进步包袱。别人说，我自己也这么讲。我认为自己很早就进步的，因为的确接受马克思主义比较早，就看不起很多人。

五十年代初，我还激情满怀，当时我在哲学系里讲演还很受欢迎。也不算讲演吧，就是一种带有鼓动性质的讲话、发言，掌声热烈，我自己也是满腔热情的。但已经慢慢消退下来，越来越看不惯了……

马：看不惯什么呀？

李：看不惯很多现象，学校的一些做法，包括那种想入党的积极分子。所以当后来整胡风的时候，我就同情胡风，因为胡风是追随鲁迅的，可以说是很进步的，他看不惯嘛。我也有类似的思想，所以要检查。说我是反革命，总要我交代与胡风的关系，逼我写了一大堆什么"我就是胡风，如何如何"的材料。我没有什么东西可交代呀。（笑）

马："同情胡风"？

李：我说过胡风是鲁迅最信任的人，说路翎的小说极有才华，我欣赏胡风《七月》、《希望》、泥土社、蚂蚁社等名称和封面设计，觉得不落俗套而坚实朴素，是鲁迅遗风。我还买了胡风的《意见书》送人，等等。"反胡风"运动初期叫我写批判文章，我说胡风是小资产阶级的文艺思想，所以与无产阶级发生了对抗。我也的确不同意胡风的一些理论。

结果胡风发表检讨，也说自己是小资产阶级。这就成问题了，一定要审查我和胡风是怎么预谋好这同一个腔调的。他们认为你跟胡风串通好了，你给他打掩护，因为胡风是反革命，不是什么小资产阶级。最后，是通过公安部仔细调查，发现我和胡风或胡风分子没有任何联系。我们也确实没有联系，连信也没写过一封，更没见过面说过话。这中间，为了吓唬我，还把我带去参加执行枪毙前的"公审反革命分子大会"。但又怕我自杀，我才不会自杀呢。跟我同案的一个好朋友，非常好也非常有才华的一个人，自杀了。

马：叫什么名字？

李：叫王承诏。北大历史系的，我们是好友，他比我大一岁，跟我同案，至今想起来都难过。我们一起谈过路翎、胡风。他的才华功力远在今日诸多大名人之上，至今使我怀念。案出于赞赏胡风派被王的另一朋友告发，详情就不说了。

马：您的案子最后是如何了结的？

李：最后定了我个思想罪：受胡风严重影响，思想反动，需要批判。到1957年5月"反右"前夕，才把审查结论拿出来让我签字，是李奇给我看的。我在被整结束后，立即买了路翎1949年以前出版的很厚的《财主的儿女们》（上下册），留作纪念。我的藏书基本上处理光了，但这两本厚书至今还留在北京的小书房里，颇占地方。

马：与胡风毫无瓜葛，为何还要签字呢？

李：当时我要是不签字，接下来就成右派。幸亏我在签字时非常狡猾，我没有否定对我的审查，只说"有些材料与事实有一定出入"。但是我同意这个结论。因为毕竟没说我是胡风分子，只说思想上问题严重，要批判。假定那时我翻案，那就完了，肯定是右派无疑。

去敦煌

马：所以，到了反右的时候，您就聪明老实了。（笑）

李：我没那么大的预见性。反右想把我打成右派，没打成，一个很大的原因是我离开了北京，在最关键的"鸣放"那几天。我跟哲学所的熊孝祥，很早就计划定了去敦煌。

马：敦煌？

李：对，那是1957年，我在"反胡风"审查结论上签字后就走了。5月走的，8月才回来。离开北京，到西安与他们会合，后经兰州，坐了很久的火车，先到敦煌县，从县里到莫高窟，记得是在沙漠中坐牛车，坐了一个晚上。那时交通很不方便。我的那篇《关于当前美学问题的争论》（刊于《学术月刊》）就是在路上修改的，大概到了敦煌以后才改定寄出。

我还独自去了太原，一路上看了龙门石窟，看了晋祠，看了永乐宫壁画，那时永乐宫还没搬家，就在原来的地方。还到陕西看了西安博物馆、半坡等。还一个人爬了华山，爬华山很危险，但印象深刻。下午上的山，天黑了，一路没人。晚上就在一个庙里住下，那时人很少，第二天接着爬，印象最深的是"老君扶犁"。那时袋里就揣一个工作证，我想如摔死，从工作证上可以知道是什么人。

马：去敦煌是朋友间的相约游览？

李：是学术考察，中央美院牵头组织的，费用由单位报销。有薄松年先生等人，还有上海的陈麦先生、武汉的陈绍丰先生。以后就再没有这样的参观机会了，八九十年代才重新开始游历。我很喜欢旅游，主要看历史古迹，可惜现在走不动了。

在敦煌待了一个月，每个洞都看了好几遍。那时都是开放的，没有门，可随时去看，不像现在。我和敦煌研究所的人来往很少，就是自己看。每看一个洞，都做记录，主要记自己的感受。当时很想做敦煌壁画藻井图案不同时代装饰风格的研究，如唐的自由舒展而含混，宋的清明规范而呆板，联系唐喜牡丹宋重松槐，以及唐宋诗的不同，觉得是个非常好的美学题目，可以从审美趣味的变迁看人类心灵的积累与丰富。我一直有几个很想做的实证性题目，却始终未能做，算是毕生遗憾吧。

马：如果不是去了敦煌，您估计自己会被打成右派吗？

李：很有可能。当时有人一直说我是漏网右派，要在哲学所就跑不了。（笑）

我比别人（同行者）推迟了两个月回京。从敦煌回到北京的时候，揭发高潮已经过去。所里也调查了我，仔细查问同行人包括美院的，问我在路上说过什么话。还有一个原因是哲学所右派打得太多，占百分之十五吧，是相当高的了。记得当时我和哲学所的徐亦让合作发表过一篇文章，讲定息不是剥削。别人和我说，就凭这篇文章你就能打成右派。当时有个讨论，定息是不是剥削。他们认为定息是剥削，我们认为定息不能说是剥削。所以只要有这一篇文章，在别的地方肯定会被打成右派。

马：就这样擦肩而过了？

李：有惊无险。我们是驯服的一代，诚实有余，聪明不足。最有意思的是，我所有的检讨，包括所谓"犯男女关系错误"，也必须归结到"与组织对抗"的结论上，归结到"小资产阶级劣根性"的个性上。当时是不准讲个性的，"自由散漫""老自由兵"更是经常听到的最温和的批评。总之，我一直被认为是最需要改造的对象。还有一事，我差点被发配。

马：哦？说一说。

李：跟表姐恋爱，其实是单恋，我受处分。我很傻，是我主动跟组织讲的。讲了以后就把我处分很重。但我心里并不后悔，一点也不。

马：什么处分啊？

李：开除公职，留用察看。尽管别人因此看不起我，说是"道德败坏"，压力很大。那时每个月给我 18 元，我还有些未用完的稿费支撑我，有两千元吧，那就不必在乎。何况当时还是单身汉。本来要发配我到内蒙古，后来大概是被周扬阻止了。当时哲学所分出一批人到内蒙古，直到"文革"后才慢慢回来。

马：被周扬阻止了？

李：对，周扬。我谈形象思维的文章，1959 年发表的，那文章他很赏识。

有所不为

马：听说当时周扬要调您，就是说，您差点从政？（笑）

李：他原来是要重用我的，调我到文艺界去。那是潘梓年告诉我的，说"周扬想把你调去……"。因有人反对，没去成。我也一直不愿意从政、做官、当笔杆子。文人一成为笔杆子还有什么意思！我在哲学界混了几十年，一直当不了"笔杆子"，也一直不愿意去当。我多次拒绝过命题作文，我的确也作不出来。有人说我是不识抬举。据说，"文革"前康生也曾看上过我的"文采"。

马：康生也想起用您？

李：有人透露这个"消息"给我，我赶紧躲得远远的。康生的文化

表姐（1948年）

素质的确不低,字也写得不错,中国古典、马列经典也熟,比今天好些人强多了,但就是人太凶险狡诈。当然,当时我也并不知道,就是不愿见大官。一些人说我"太不争气"了,于是我在哲学所一直挨整,挨各种欺侮。其实当时跟上了周、康,挨的整会更大。但我并无此先见之明,后来当然是有人反对,我没去成。

马:没有反对的话你会不会去呀?

李:服从组织调动,那没什么可说,没有什么可商量的。要你去你就得去,而且是重用你呀。但我觉得如果去了,在以后的各种政治运动中会更倒霉,会被弄得惨不忍睹。

马:那是肯定的。对您的处分后来是怎么收场的?

李:后来王朝闻要编《美学概论》,需要人,指名要我,他们最后没有办法,就停止处分,工资降一级。

写了"审美意识"章

马:讲讲您参加《美学概论》编写组的情况吧?

李:当时编写《美学概论》(最初叫《美学原理》),周扬点名要王朝闻当主编。为什么要他来当主编呢?因为朱光潜是党外人士,不行,还是唯心主义的。蔡仪嘛,周扬不喜欢他。真正对文艺作品有感觉的,还是王朝闻,没有别人。他当主编,那是很自然的。王朝闻自己并没有多少理论,他的特点是有很强的艺术敏感度。王朝闻的艺术评论文章是超过许多艺术评论家的。例如他的《一以当十》里的文章,讲这个东西、那个作品为什么好,总能讲到点子上。他讲川剧怎么好,高腔怎么好,梆子怎么好,这要有非常充分和敏锐的艺术感觉才行。

当时参加《美学概论》编写组的,有我、周来祥、叶秀山、朱狄、刘纲纪、田丁、杨辛、甘霖。还有袁振民、曹景元等，他们参加时间短，我也记不全了。李醒尘、叶朗、洪毅然等也参加了一阵子，后来就走了。王朝闻一开始依靠周来祥，后来依靠我，再后来就是依靠刘纲纪。

六十年代出租车少极了，我们都坐公共汽车，有时王朝闻会请我们坐出租车。他当时出了几本书，有不少稿费。只有他有能力坐出租车，我们都没有钱。

马：刘纲纪先生在一篇谈话中回忆说："直接说明美的本质的'审美对象'这一章的初稿是由李泽厚执笔写成的，在组内传阅之后，王朝闻要我来修改。"

李：他记错了。我并没有写"审美对象"，也没有提供什么"初稿"，我写的是"审美意识"章。最后整理时我也没有参加。刘纲纪参加了"文革"后的统稿。"文革"前已有铅印本，"文革"一来就冲掉了。一直到"文革"后，才正式出版，但我已完全不与闻了。

马：那篇《英美现代美学述略》也是在美学组写的吧？有学者讲，这篇述略可谓1949年之后国内对现代英美美学进行初步研究的第一篇重要文本，也是国内最早论述分析美学的。

李：在编写组里，我还负责搞现代外国资料，就有了这篇概况述评，1962年写的，当时未发表，后来收到1980年的《美学论集》里，没改。

四　下放劳动

经常搞"夜战"

马："文革"前，您下放劳动过几次？

李：两次。我在单位里是首批下放的。第一次是1957年12月，我和所里几十个人被下放到太行山区的河北赞皇县去劳动，翻过山那边就是山西。当时下放的大多数是右派，我在所里算是业务尖子，本来可以不去的，但因为我是"漏网右派"，所以也要下去改造思想。

刚到农村，尚可挑灯（当时农村无电，只有煤油灯）写作，撰写了《论美是生活及其他——兼答蔡仪先生》，但很快就没有这种可能了。

在那里主要是劳动，累极了。而且又赶上1958年的"大跃进"，很紧张，整天都在干活。记得经常搞"夜战"，半夜两三点钟就起来，怎么干？看都看不见！那时没有塑料布，我就带上一张油布，走到地里，把油布铺在地上睡觉，睡到天亮起来干活，现在想来很可笑。农民也如此，但他们没有我这"奢华"的油布可以防潮。当时讲"三同"，同吃、同住、同劳动，我们住在老乡家里，吃"派饭"——今天在这个老乡家吃，明天到那个老乡家吃。过年的时候，有家的人可以回北京过年，而我们这些单身汉则不让回来。

那时的劳动强度很大，我这个人也是蠢，第一次劳动，正当年，28

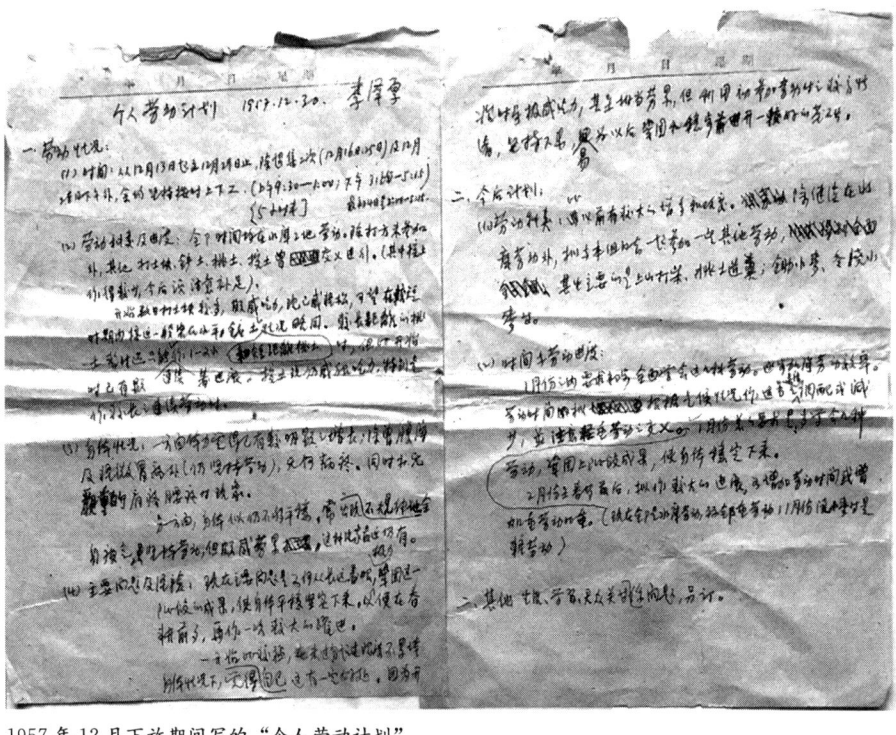

1957年12月下放期间写的"个人劳动计划"

四　下放劳动

岁，总想跟体力最强的人争高下。就是好胜，你挑一百斤，我也要挑，最后终于挑到一百零几斤，走很远，爬山路。我挑的那担子，过秤的，这个数字一直记得。所以每天都觉得很累，连看报的时间都没有。那是冬天，每天汗的那个棉毛衫，变得像纸壳，梆硬梆硬，成一块板了，就这么睡觉，也没法洗澡，也没时间洗衣服。

马：您在一篇文章中写道："我非出自农家，又素不爱劳动，属于当时应下放劳动以改造思想的标准对象……我欣然接受'拥护劳动人民便应改造思想'的严密逻辑，却又依然不愿体力劳动，不愿改造和'改造'不好。我虽从未在思想检讨会上以野草作例，证说自己改造之痛苦艰难，却的确感到我这脑子里是有矛盾有问题的。正如当年一再宣讲'知识分子最没知识'的经典论证是韭（菜）与麦（苗）不辨，似乎很有道理，因为我的确辨不清。但又立即想到，爱因斯坦可能也分辨不清，为什么必须人人都要分辨得清呢？当然，我并不敢说，心中嘀咕而已。"（《蒲公英》，2007）这应是您1958年下乡劳动时的心理状态吧？

李：所以说，虽劳动下放，思想却始终没有被"改造"过来。（笑）

顾准觉悟很早

马：对了，记得吴敬琏先生回忆顾准时说："赞皇在河北省太行山边，在那儿劳改的也不完全是劳改犯，有的没戴帽子的也在那儿劳改，像李泽厚。他和李泽厚两人，一边抬筐，还一边讨论问题。"（邢小群：《我与顾准的交往——吴敬琏访谈录》，《百年潮》1997年第4期）您与顾准有交往这事，从没听您提及过，不管是在文章和我们的交谈中，这倒可以说一说，给后人留一份有价值的史料。

李：确有此事。这些不必提了，以免被人说我攀附名人，不好。当时与顾准先生曾同在一个生产队，相处大概有六七个月时间，劳动小组开会，顾与我通常被批判，说是自由主义等等。顾准人很理性很直爽，我们对许多问题（如"大跃进"等）交流了看法。记得当时顾非常勤奋，劳动之余还仔细作各种调研，我则累得只想躺在床上，什么也不管了。

马：后来还有接触吗？

李：到了七十年代，大概是73、74年吧，记不太准了，在学部宿舍旁又与顾准见过，闲聊过。说到一些情况，两个人都心领神会。那时顾准每天带馒头到北京图书馆读书，研究希腊。他知道我在写有关康德的书。这次与顾准谈得很深。我们也有观点不一致的地方，比如对中国文化的看法，顾准是激烈否定的。当然，顾准是非常理性的，是觉悟最早的一位，但没想到他很快就走了。他是不幸的，连家人都不认同他，跟他划清了界限。

马：九十年代中国大陆出现了"顾准热"，您如何评价顾准？

李：许多学人大讲学术成就，说是当代中国顶峰云云。其实，衷心感钦的乃是顾准那种探求真理、威武不屈的伦理精神。顾研究的是西方自由主义，而在西方自由主义文献大量输入的今天，也并无多少原创价值。但顾准的人格很了不起，影响别人的主要还是人格，这是中国的道德主义传统。

第二次下乡

马：第二次下乡是什么时候？

李：1960年，在山东。如果说第一次下放最深的印象是"累"，那么这一次就是"饿"。短期的饥饿我是经受过的，在长沙考大学，为省钱，有时不吃中饭，甚至一天不吃饭。这种情况在北大也有。但长期饥饿我

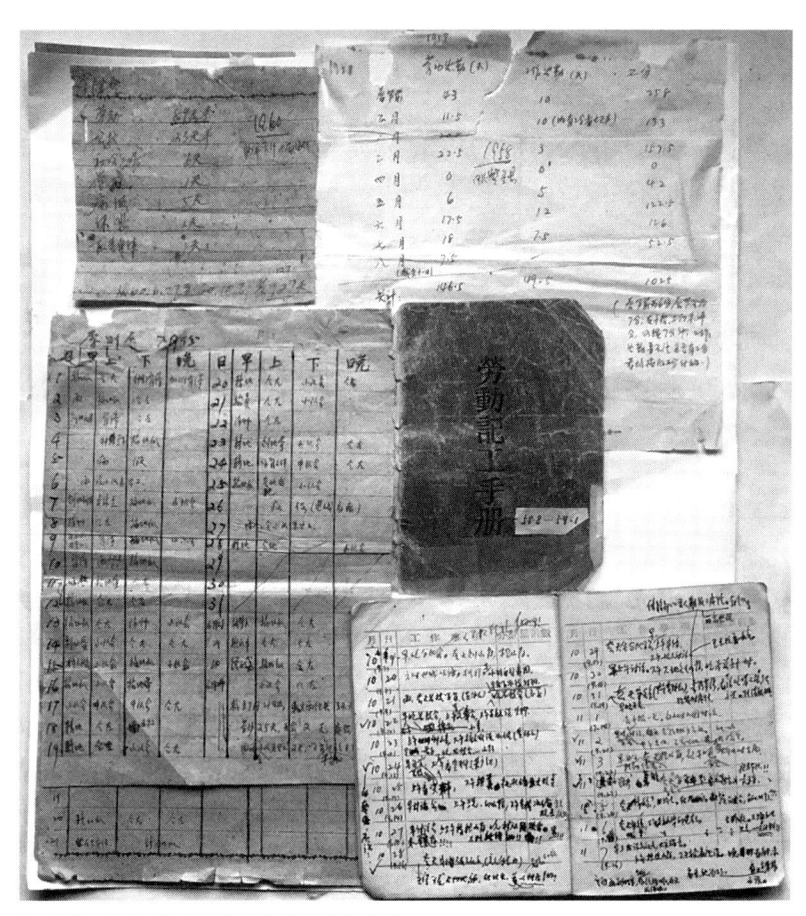

1958年、1960年下放劳动期间的出勤资料

没有经历过。这次下放,一天只有四个生白薯,还要劳动,那时牛都死光了,耕地靠人拉犁,一二十人包括农民在内,共同控犁耕田。那时脸肿得像个胖子,一按一个坑。

1960年冬天回来了。我这人一辈子不吃肥肉,那时候北京也控制,只有高价饭馆才有肉卖,我还有点稿费,就到高级饭馆去大吃了几次肥肉。后来全身转变,我又不吃肥肉了。至今我可以浪费金钱,但对浪费食品却很不习惯,甚至难以容忍。

这次下放时,我还没有成家,记得有一次躺在一个场地上,坡上就是火车道,火车开来开去,我想,什么时候能坐火车回北京看看啊。因为乡下的生活实在太单调,早上起来就劳动,什么也没有,我也不爱和人交往。

最好的时光被浪费

马:下乡时您才30岁,正是年富力强的时候,本应是读书和搞研究的大好年华啊!

李:我粗粗算了一下,从五十年代上学起,便开始搞各种运动,加上下放、干校等,我最好的二十多年耽误了。你们这一代,和比你们更年轻一些的,根本就不了解那个时代。这也没办法。可以预言,将来会产生很多误解和曲解。

马:那就趁此机会在这里提醒几句?

李:希望当评论一件事情、一个人物或一个问题的时候,最好先了解一下那个时代,了解一下那是怎样一种环境。很简单,你就把那时候的报纸拿来看看。你首先要熟悉那个时代的氛围,了解那时的语言、思想,了解那时压倒人的一些东西。将来后代人要注意这一点,不要把现在或后代的标准搬到那个时代,这是非常错误的。但即使这样,还是会有很多误解、曲解,那也没有办法。历史不断被解释,所以我说"身后是非谁管得",管不了的。有些人讲:哎,中国知识分子没骨气。我就心里暗笑,想这些讲人家没骨气的人,假设在我们那个时代,可能是最没骨气的。他们缺少基本的品格,缺少某种"沉"的东西,把什么都看得那么轻易,缺少生活感受。这是很不好的。

马:这两次下放,正如孟子所云:"天将降大任于斯人也,必先苦其心志,劳其筋骨,饿其体肤,空乏其身。"(笑)

李:唉,真是倒霉,最好的时光被浪费掉了!接着,1964年"四清"开始,先是到湖北襄樊,后来又到河北保定地区徐水,前后两次,大概也是两年。"四清"和下放不同,下放主要是劳动,下放的人在别人看来都是犯了错误的,劳动是对你错误的惩罚。"四清"不一样,下去"四清"的算是干部,清查农村干部的"四不清"。

回到所里的时候,就搞各种运动,整天开会。还要写思想检查、交代材料,写的检查材料都超过好几本书了。记得所里人事处老干部齐秀俊有一次对我说,你的档案太多了,我们烧掉了好多,档案放不下了。但检查不写还不行,非写不可。我们是很悲哀的,整整一代人。

当时我便感叹不能另谋生活,只能被运动,被迫劳动,否则你待不下去,又没地方可去,不像现在,可以"拂袖而去"。我们这代人就是这么过来的。

马:在单位里您下乡算是最多的?

李:除了右派以外,我下乡时间在所里应是最长的,还有短期下乡。当然,也有一些幸运儿,也不是领导,跟我一样,却极少下乡,他们一直基本没事。

五 核心思想早有了

造了"积淀"这个词

马：《中国文化》2011年第2期刊登了您的《六十年代残稿》（原名《积淀论论纲》），这个论纲之前没有听说过，可以谈一谈。

李："文革"前，我主要写了《人类起源提纲》和《积淀论论纲》这两个提纲。前一个提纲最早刊在1985年出版的《李泽厚哲学美学文选》一书，1964年写的。这个提纲是与好友赵宋光讨论的。当时是想做发生学的规定，指出从猿到人的过程。后来我觉得不必这样，确定"人活着"是一个基本现象就行了。我强调"人活着"不同于动物所在，就是制造和使用工具的实践活动。这一特有的实践活动从根本上打破了任何生物种族的局限，"产生了宽广地主动利用自然本身的规律性力量以作用自然界并具有无限扩展可能的改造自然的强大力量，它面对自然区别于自然（客体）而构成主体。这就是主体性或人类学的本体存在"。

六十年代初，我就开始和赵宋光讨论人类起源问题，我们对制造一使用工具的实践操作活动在产生人类和人类认识形式上起了主要作用，语言很重要但居于与动作交互作用的辅助地位等看法完全一致。我们二人共同商定了"人类学本体论"这个哲学概念。"积淀"这个词是我造的。在讨论争辩中，我与赵的意见也未能完全达成一致。例如，他坚持用"淀积",我坚持用"积淀"。1974年我对这个提纲略加修改,并与赵宋光多次讨论后,由他执笔扩展写成《论从猿到人的过渡期》一文,刊于《古脊椎动物与古人类》杂志(1976)。但该文似毫无影响。

马:赵宋光先生用"淀积",您用"积淀",有何区别?

李:这两个词的意思不同。"积淀"是先积累然后沉淀下来,在这里我强调的是历史的积累性,这是一个动态过程,主要讲的是活动,不是实体,是function,即功能性的东西。但"淀积"一词可以用在讲述"积淀"心理的成长上。我们对居于辅助地位的语言,看法也有差异,他强调交流方面,我强调因保存了实践经验(即制造—使用工具活动中群体生产和人际关系及交往沟通的经验)而大不同于动物交往的"语义"。还有,赵宋光当时认为在人类学本体之前有自然本体论,我不同意。

2015年在夏威夷大学的"Li Zehou and Confucian Philosophy(李泽厚与儒学哲学)"国际学术研讨会上,我非常欣赏其中的一篇论文,它以近20年考古学的新分支——认知考古学的研究材料,从原始石器和手的变化等方面来论证和赞同我的积淀说。这是一位美国学者写的,是对我非常重要的科学支持。

马:后来您与赵宋光却走向了不同的研究方向。

李:七十年代以来,赵走向幼儿数学教育中操作重要性的实证研究和非常具体的教学设计,而对康德、历史和中国哲学传统兴趣不大。我对他历来的发展十分重视并评价极高,因为我们都认为教育(不只是培养专业人才,而是注重人性解放)将是未来社会和哲学的中心。但与赵的音乐和科学知识背景不同,我的人文背景使我仍然停留在哲学领域,突出"文化心理结构"问题,给人类学本体论加上非常关键的"历史"二字,提出至今仍遭激烈批评的"经验变先验,历史建理性,心理成本体"。我也更注意从根本上去了解和承续中国哲学传统,六十年代我曾拟定"中国理性主义"一词以区别于西方的先验理性,未公开发表,后改为至今仍用的"实用理性"。同时因为关注西方哲学,康德成了我所选择的研究对象，也成了我哲学思想发展中的一个要素。对我来说，康德与马克思和中国传统的交会是最重要的。

马：您造的"积淀"一词，已经收入商务版《现代汉语词典》中，词义解释：一是作为动词，指"积累沉淀"；一是作为名词，指"所积累沉淀下来的事务（多指文化、知识、经验等）"。

李：这个词许多人都在用，甚至包括诗人。

强调的是个体精神之自由性

马：但"积淀说"一直受到各种批评，比如说它强调理性，是理性主宰感性，抑制了个性，等等。八十年代有人指责说："在哲学上、美学上，李泽厚皆以社会、理性、本质为本位，我皆以个人、感性、现象为本位；他强调和突出整体主体性，我强调和突出个体主体性；他的目光由'积淀'转向过去，我的目光由'积淀'转向未来。"（《选择的批判——与李泽厚对话》）

李：恰恰相反。这是误解，他们没有弄清楚。记得美籍华裔学者邹说教授对我说，西方都是讲"心理文化结构"，你这个"文化心理结构"哪里来的？我说是我自己造的。（笑）我讲过，为什么叫"文化—心理结构"而不叫"心理—文化结构"，关键就在这里。前者是指文化驾驭着心理，后者就是每个人的心里再装个文化筐子，那才是理性主义。我所讲的，一方面，人之所以为人，乃文化塑建而成，有其积淀之普遍性；另一方面，人之所以为人，又在于他（她）乃个体存在，有其积淀之特殊性，所以在同一传统同一文化中的人，仍大有差异。可见，作为个体，人不仅身体、生理各不相同，心理、情理结构亦然，这才有个体的创造性和生命力。所谓"以美启真""以美储善"，均强调个体精神之自由性，积淀论的这一方面常为人所忽视或无视。

再强调几句。文化谓"积",由环境、传统、教育而来,或强迫,或自愿,或自觉,或不自觉。这个文化堆积沉没在各各不同的先天(生理)后天(环境、时空、条件)的个体身上,形成各种并不相同甚至迥然有异的"淀"。于是,"积淀"的文化心理结构既是人类的,又是文化的,从根本上说,它更是个体的。特别随着今日全球一体化经济生活的发展,各文化、各地域的生活方式,以及由之带来的文化心理状态将日渐趋同,但个体倒由之更方便于吸取、接受、选择不同于自己文化的其他文化,从而个体积淀的差异性反而可以更为巨大,它将成为未来世界的主题。就在这千差万异的积淀中,个体实现着自己独一无二的个性潜能和创造性。这也许是乐观的人类的未来,即万紫千红百花齐放的个体独特性、差异性的全面实现。它宣告人类史前期那种同质性、普遍性、必然性的结束,偶发性、差异性、独特性将日趋重要和凸出。每个个体实现自己的创造性的历史终将到来。

可见,"积淀"三层,最终也最重要的仍然是个体性这一层。它既是前两层的落实处,也是个体了悟人生、进行创造的基础和依据,是"我意识我活着"的见证。主体的人并没死亡,而是活在自己的"情—理"世界的心理构造里。我说过,不同于"道""气""心""性""理","情"无体而称之为"体",乃最后实在之谓,并非另有一在此多元之外或之上的悬绝的存在或存在者。"情"是多元、开放、异质、不定、复杂,它有万花齐放的独特和差异,却又仍然是现实的。它实在而又空灵,正如我最爱的李白名句:"明月直入,无心可猜。"

"康德书"的前奏

马:《积淀论论纲》比前一个提纲晚了近三十年才面世。可惜是个残稿,只存留了6页。

李:这个手稿我从来没有拿出来过,当时(本世纪初)本来准备扔

《积淀论论纲》残稿（1964）。"我一直说残稿是我的基础，至今仍如此，但没人能懂或愿懂。"

掉，因为内容都已经在各书中发表了，后被一位青年友人整理出来，改题为《六十年代残稿》发表了。这《残稿》颇为重要，是我的基础，很多看法已经写在上面了，包括"实践理性"等。它开始了我的哲学论述，出发点是"人活着"。"人活着"就有"怎么活"（即"如何活"）的问题，也才有"活的意义""活得怎样（人生境界）"的问题。"人活着"我认为是原始现象，是前提和起点，可以等同于胡塞尔的纯粹意识、黑格尔的绝对理念、康德的纯粹理性等，他们首先讲认识论，但我以为认识论并非哲学的根本问题，并强调认为"认识如何可能只能由人类如何可能来解答。""主体所以能够认识世界，是以长期的历史实践为基础，从原始社会的社会意识活动开始，逐渐将自然客观规律移入而化为即积淀为主体自身的逻辑—心理结构。"没有人神两个世界的心理背景（包括有意识或无意识），在中国传统中，我认为事实与价值在最终本体上是同一的："人类生存延续"（即"人活着"）是最大的事实（历史），也是最高的价值（至善）。

《残稿》实际上是"康德书"的前奏，"康德书"的一些基本命题，《残稿》里都有。

马：这个提纲与赵宋光先生讨论过吗？

李：这个稿子是后来写的，他不知道。

马：您是何时开始关注"个体"的？

李：我并不是一开始关注人类命运，到后来才关注人类个体，而是一开始就研究人类个体。构思人类学本体论是非常着重个体的。

我也早说过，我不同意把马克思所说的"人是一切社会关系的总和"作为人的定义。马克思并没有说这是关于"人"的定义，这是后人的误解。费尔巴哈讲人是感性的存在，而马克思强调人的感性的实践，虽然他是从人的总体来讲的。马克思是重视个体的，但常被人引用的"总和"这句话，忽略了人作为个体、感性的存在。我看过一本英文书，书名记不得了，其中强调马克思是亚里士多德主义，而非柏拉图，我认为很好。

马：但您也不赞成"原子个人"理论。

李：对。一直不赞同。这我在许多地方重复讲过了。

核心观念 1961 年开始形成

马：六十年代的这两个手稿，已初步确立了您的基本观点和路径。

李：我的核心思想早就有了。好些基本概念与核心观念，包括"情理结构""实用理性"等，基本上是在 1961 年开始形成的。

马：1961 年？这么早！

李：1960 年冬，饥饿劳动后，由山东下放回来，被贬到所里资料室工作。那年大读哲学书，接受维特根斯坦和杜威的许多影响，思考了金岳霖所说的"中国的哲学"与"中国底哲学"的不同。那时已有中国是与西方先验理性不同的"中国理性主义"，就是后来"实用理性"的来源。"中国有无哲学？"这个问题至今还在争论，这里可摘录后来形成的简单观点如下："如果界定哲学为爱智学（philosophy），以形上学（metaphysics）、本体论（ontology）等为内容，如希腊或西方，则中国并无'哲学'。若界定哲学为以概念形态表述对人生（意义）、世界（本原）、社会（基础）、认识（可能）等根本问题之观念探求并构成某种总角度而言，则中国有哲学。而希腊及西方的爱智学、形上学、本体论，也都在此哲学界定的范围之内。从而，尽管角度、进向和问题不同，其为哲学，中西一也。由此亦可推论，并无特殊的所谓'中国哲学'，而只有普遍哲学在中国，此即中国哲学是也。'哲学在中国'的哲学将丰富哲学。从而，对中国哲学的叙说不必套用西方框架讲有关 being 之本体论、主客观二分之认识论等，而可以另起炉灶，只要不失去其概念形态之对上述普遍问题的探索品格。"（《短记二则》，2005）

马：您的核心思想以后就没有什么实质性的变化吗？

李：没有。只是展开、补充就是了。我强调"文化心理结构"，看重心理，但不是心理学的经验描述和科学研究。"积淀"也只是从哲学点明实践、历史、文化在人的心理上的累积、沉淀而已，并非经验的或实证的研究。

马："文革"后您一下出了那么多书，而且似乎是互不相干的领域。当时大家都感觉很奇怪，怎么会出来这么一个人呢？一些人认为您之前是"苏（联）化"，八十年代才突然冒出来的。

李：否。前面多次讲到，五十年代我没受"苏化"什么影响，因为1948年我就仔细读了马恩的一些重要原著，已经有了点马恩的底子。那时年轻，思考了很多问题，重要的是自己做出了一些判断，也积累了一些材料和看法，包括我现在写的东西。

看了不少英文资料

马：大学时您读西方哲学，古典的居多，何时开始接触现代西方哲学的？

李：当年社会环境极其闭塞，资料很少，但我可以看英文著作。科学院哲学所图书馆是很好的，可以说在当时国内是最好的。它比北大哲学系有更多经费，每年可以购买最新的学术著作，由我们勾书目。我那时看了一些英文书，像皮亚杰（Jean Piaget）的《发生认识论》《结构主义》和卡西尔的《符号形式的哲学》，卡西尔的也看了好些本。还有其他一些人类学著作，如《金枝》、马林诺夫斯基、博厄斯（Boas）等。这些书看了很兴奋，很惊喜，因为发现有很多地方和我想的一样，更有信心。

马：接触过海德格尔吗？

李：也看，不过一开始是通过存在主义哲学摘编之类，那是质量很高的书，由北大一些老教授编译的，像熊伟、任华、洪谦、王太庆等，量不多，但质不低。当年哲学所还订了很多国外杂志，比北大多得多，大都是英文，也有德文、法文的，因此也了解了一点国外哲学的动向。当时杂志没几个人看，而我一直是重视看学术杂志的，因为杂志发表的常常是最新的研究成果。

马：荣格、弗洛伊德也读过？

李：荣格读了不少，包括他早期有名的《心理类型》。荣格有许多神秘主义的东西，挺有趣的。荣格是神秘的，弗洛伊德是"科学"的。我认为荣格好在更多考虑了集体无意识，与我的"积淀"就有关系了。但最终他归于神秘的东西，很多至今难以理解。记得他说做梦自行车在某个地方丢了，结果真在那个地方发现了。还讲预见未来，梦中遇见什么事情，果然就发生了。他讲的这些例子的确是很神秘的。八十年代在美国的时候，我特地找来几部关于他的影片看，是纪录片，不是故事片，挺有意思。

弗洛伊德的好些理论，我以为根本不可靠，我也一直不认同。弗洛伊德对梦的研究，说明文明对性的压抑，这很有说服力。但他的心理分析治疗法，那套曾经非常流行和时髦的理论与实践，现在也衰亡了，因为那套极其繁复的分析治疗过程，还抵不上现代医学几粒药片的疗效。这也说明心物并非二元。

读皮亚杰和杜威

马：皮亚杰、杜威似乎对您影响很大。读他们的书，是在您的观念形成之前，还是之后？

李：五十年代我在制造工具之后有一个"更新工具"，八十年代反而没着重讲，错了，应该也着重讲。我强调使用工具、制造工具、更新工具的群体实践活动,是在看这两人的书之前。读皮亚杰的著作比较晚,但印象很深,不是因为我接受了他,而是感觉他的东西相同于我要说的。他在儿童心理的微观领域几乎重复了马克思、恩格斯19世纪在人类历史的宏观领域中的发现,即并非先验的内在理性,也非逻辑、语法本身,而是实践操作活动才是所谓人的智力、理性、思维的基础和来源。物理经验知识和逻辑数学知识都应追溯到操作活动。

还有杜威,我读了他的《确定性的寻求》(傅统先译),后来也找英文版看过,我很重视这本书,觉得是杜威最好的著作。他细致地论说了人类操作活动对认识的基础地位和关键作用。他反对心灵实体的唯心主义和旧唯物主义(即从感觉材料出发的经验主义和实在论)。他否认任何精神的实体存在,认为人的一切概念、思维均起源于人的操作活动。他强调理性绝非本体而只是工具,只是因为在劳动操作的社会实践中,"出现了不停地敲、削、切、锤"等,以及它的节奏、尺度,才使人类将一个无秩序和不稳定的生存状态转换改造成一个可控制和有秩序的生活世界。一切符号演算,都由此出。正是在这种种的动作操作中,产生出人类所特有的抽象概念和符号系统,例如数学。这些数学和逻辑,如杜威所强调,"并不是存在(Being)的形态,而是思考事物的方式。这样,它们之间的连接便从经验的固定状态中解脱出来……",从而可以应用于远远超出实际操作活动的广阔天地,并且提示着事物间许多新的关系。这即是说,"操作本身"可以从各种特定的具体的活动情景下抽离出来,成为符号的操作(演算)系统。这种"操作本身"的抽象化的符号系统,就是数学和逻辑,它们是人所特有的理智力量。杜威强调的这两点与前述我的看法几乎完全相同。

我的《批判哲学的批判》,是把他们俩连在一起讲的,我认为杜威、皮亚杰和我相当一致。杜威将数学结合起来,这太符合我的想法了。皮亚杰也如此,他和数学家贝斯(Beth)合作写过讲数学的书,我记得很厚,那书很好,我太高兴了,觉得证实了自己的看法。

"使用工具、制造工具、更新工具"是我整个哲学的起点和核心,也是"积淀"说的来由和源起,自以为非常重要,却一直被人漠视、轻视、鄙视。也许要再等五十年才会被人(可能首先是西方学人)注意,那就很难说了，我也不必想它了。

马：但与他们仍然有别吧？

李：是也。虽然看后很兴奋，但我跟他们还是不同，完全一样的话，我就不写了。他们就是讲动作，认为动作是认识的来源，都没有强调制造—使用工具的动作和活动。我是从人类历史宏观讲的，他们是从个体讲的。皮亚杰是从儿童心理学讲的，只注意了操作结构或形式本身，而没有充分论证使用工具在实践操作活动中的地位和作用。因之，皮亚杰从吮奶（人与动物所共有）来开始他的论证，便正是其论点走入生物学化（例如把儿童教育主要看作顺应生物的自然发生过程等）的必然结果。我主张一方面要提倡从人类学角度探究原始劳动经由社会意识（巫术礼仪）而提炼出思维形式（逻辑形式、语言文法、认识规律）的历史过程，另一方面要注意从教育学角度探究儿童在使用物质工具和符号工具以建立起思维形式的心理过程。

杜威只是从人们经验技艺的角度讲一般的动作。他后来把一切都视为工具，那就错了。我讲的工具是指物质工具，不是所有的都是工具。尽管杜威强调揭示了数学、逻辑脱离特定经验的独立发展，但仍然没能从哲学上重视作为历史积累的心理成果，等等。

总之，我特别强调制造—使用工具—更新工具的实践活动，这是马克思的。但马克思没讲与认识、理性、语言等的关系，也即没怎么讲内在自然的人化问题。

六 "偏袒"西方哲学

最欣赏休谟

马：既然讲到西方哲学，是否可顺着这个话题继续谈谈您眼中的西方哲学？

李：可以，但也只是随意聊聊，挂一漏万。

马：从读大学开始，您就一直非常重视西方哲学，读了不少经典原著。您似乎一直有点"偏袒"西方哲学史？

李：是也。八十年代我招考美学原理和中国美学史的研究生，便不考中国哲学史、中国美学史，却考西方哲学史，当时许多人感到很奇怪，不可理解。（笑）我总对愿意学哲学的研究生、大学生们说，必须学些西方哲学史，并且我认为如果不认真学习西方哲学史，中国哲学史也是搞不好的。我把西方哲学史看作哲学的基本功之一，而中国哲学史则不是（原因何在，此处不谈）。这几乎成了自己一种相当顽固的主张，尽管风吹雨打，也迄无改变。

马：您曾列出中西方十大哲学家，具体是哪些人？

李：那是 2004 年赵汀阳问我。我说西方嘛，康德、休谟、马克思、柏拉图、亚里士多德、黑格尔、笛卡尔、毕达哥拉斯、杜威，再加上海德格尔。中国哲学嘛，孔子、庄子、老子、荀子、孟子、韩非、王弼、慧能、朱熹、王阳明。当然这是我的个人意见。这些人只对我个人有意义，每个人可以有自己的选择，所以这不是什么可以普遍接受的标准答案。

马：好像您还有个"西方六哲"的说法？

李：我当年曾喜欢的六位是柏拉图、亚里士多德、笛卡尔、休谟、康德，还有海德格尔。原来我用的是"我认为"，但"认为"太主观了，好像这六个就是最好的了，那就有点强加于人。而且后来也有变化，现在又有变化。

马：如果从整个人类思想史角度看，哪位哲学家最了不起？

李：个人角度不同，观点也会不一样。我的看法是：康德恐怕是最了不起、最伟大的一位哲学家。康德哲学提出的是"人之所以为人"即"人是什么"这样一个总命题。前三问（"我能认识什么？""我应做什么？""我可期望什么？"）最终都归结于最后一问"人是什么"。对这个伟大问题，康德从认识、道德、审美三个方面作了伟大回答。

在上述西方十哲中，你能猜出我最喜欢谁吗？

马：那还用猜吗，非康德莫属呀。

李：非也。我最喜欢、最欣赏的是休谟。（笑）

马：休谟？

李：哈哈，奇怪吧？我读休谟的书很早，1953年，半个多世纪过去了，我一直欣赏他。休谟提出的那些问题，到现在还是了不起的，并没有过时。有些问题，康德做了很多建设性的解释，休谟倒不一定有很多建设性的解释，但他非常深刻地提出了一些问题。不仅是关于认识论的问题，还有关于情感的问题，对情感和认识的关系或谁为根本，休谟都提得很有意思。休谟的怀疑论是一个具有建设情怀的人所可以而且应该有的一种态度。休谟其实是个历史学家，我现在不可能再去研究他了，我倒是很想有人能告诉我他对历史的研究与他对哲学的见解有没有什么关系，虽然他哲学书出版在前，历史书在后。因为迄今为止认为是没有什么关系的，讲休谟时，一字不谈他的史学，甚至可以不知道他实际上是历史学家。他写过十二卷的《英国史》，那是下了极大功夫的。休谟在西方当然一直受到重视，特别是经验主义、逻辑实证主义，讲来讲去都跳不出休谟。但中国注意不够，我估计将来会对休谟有兴趣，也希望这样。

马：您还讲过，在古希腊哲学中也喜欢两个人。

李：那是在八十年代一篇书评里提到的。我说在希腊哲学中，我有点偏爱毕达哥拉斯和巴门尼德。我觉得他们提出的问题如数的结构与各种事物以及整个世界存在的关系，如"存在"究竟是什么，"存在"范畴的存在意义等，似乎都是至今仍可以继续思索的有趣课题。它的有趣并不在于对眼前的现实问题有何直接助益，而更在于对思想的启悟和训练，使人们在科学、艺术乃至日常生活、工作方法上，变得更聪明更灵敏、更喜欢深思、更愿意探索。当然，亚里士多德仍然是最重要的。

海德格尔的"士兵哲学"

马：除了这些古典哲学大师，可否再简单介绍下二十世纪的西方哲学家呢？

李：我认为二十世纪最重要的两个哲学家是维特根斯坦和海德格尔。维特根斯坦在西方现代哲学史上占有非常重要的地位，影响极大，但他在中国是不会得势的。海德格尔在中国则是显学。海氏谈生死问题、人生意义问题，中国人当然会喜欢。

马：您曾说海德格尔哲学是"士兵哲学"，以前好像没人这样讲过？

李：虽然我将海德格尔视为二十世纪最重要的哲学家之一，但我是越来越不喜欢海德格尔，越来越看不起海德格尔。海德格尔的问题，不在于他做过纳粹的校长和他在政治上自觉拥戴希特勒，这是没有疑问的，但这只是表层的方面。关键是他的哲学本身有问题，有严重的缺陷和谬误，这我在八十年代就讲过。他的哲学充满生命激情，有吸引力，即对生存的执着，对明天的悲情与盲目行动。这种哲学提示你，人必然要死，面对这一未定的必然，人要赶快行动，要自己抉择，要决断未来，这才是真实的存在。日常生活，常人的习惯，那都是非本真的存在，只有摆脱平常的生活，时时刻刻用行动去把握未来，才是本真的生活，才是真实的存在。当甩开一切所谓"非本真"的生活，"本真本己"与上帝的会面，便构成一个空洞深渊，客观上便会要求物质来具体填充。海德格尔哲学在"二战"时就导致了纳粹填补深渊的合理性。物质上升为虚空，在此的生命激情成了罔顾一切只奉命前冲的士兵的牺牲激情。海德格尔在上世纪二十年代所提供的充满情感的死亡进行曲，便历史具体地奉献给希特勒了。海德格尔反对高科技的现代化，希特勒反对平庸的资本主义，并以国家、种族、集体名义扼杀个人。海德格尔的士兵哲学，充满个体献身国家、集体的激情。貌似强调个体，实则恰好相反。

多年前偶然读到一本书，其中说到"在第二次世界大战的各大战场上，盟军在打扫战场时经常可以从德军士兵的尸体上发现海德格尔的头像以及他的《存在与时间》，这些纳粹士兵或许最能理解海德格尔的向死的哲学"（刘国柱：《希特勒与知识分子》）。我上述的哲学抽象判断竟有如此巧合的史实印证，颇出意料，为之愕然不已。

马：有人拿中国的老子跟海德格尔作比较。

李：根本无可比性。海氏跟老子实质上是两个东西，尽管我说老子来自兵家。海氏的确喜欢过老子，现在已出版了好些探讨海氏与老庄哲学关系的书和文章，认为两者有共同点，但没有重视他们的根本区别。我认为两者区别很大：老子即使有包括兵家、法家的主动行动因素，但基本上还是属于静观性的；海德格尔则充满立即的行动性，是向前冲锋、向前行动的。用老子与之比附，并没有真正懂海氏。只有孔子才能化海氏，但好像没人这么讲过。孔子的"未知生焉知死"，可以消化海氏的"未知死焉知生"。

马：您曾比较过海德格尔与萨特。

李：我喜欢萨特这个人，但他的哲学我并不太喜欢；我不喜欢海德格尔这个人，但对他的哲学更喜欢一些。我认为萨特的哲学比较浅，例如，萨特对死亡的看法比海德格尔就要浅得多。死亡的问题是个很大的问题，每个人只能活一次，你时时刻刻意识到你会死，才能把握住你生的价值、活着怎么办？死是不可避免的，是别人不能替代的，这的确是独特的问题。存在主义高峰已过去，但是从世界意义上看，海德格尔到现在为止还是影响最大的哲学家之一。萨特比他要差许多，但萨特非常可爱，比海德格尔强多了。

马：海德格尔的《黑色笔记》中包含大量的反犹言论，2015年德国弗莱堡大学宣布取消了海氏曾担任的现象学教席。您如何看这件事？

李：真是大快人心！我非常厌恶那些为海德格尔辩护的中外知名学者，这点你应知道的。

尼采与叔本华

马：尼采呢，在中国影响很大，鲁迅就受过尼采的影响。

李：尼采确实影响过鲁迅，但那是青年鲁迅。从中学时代起，我就一直不喜欢尼采。我曾向赵汀阳开玩笑说（也不全是玩笑），黑格尔的《小逻辑》里说（这是我概括的，黑格尔是分散说的），年轻人有三个特点：一是认为这个世界一无是处，必须彻底重估和捣毁；二是认为只有自己最了不起，不可一世；三是什么事必须黑白两分，不可"辩证"。尼采至少把前两点都高度抽象哲学化地表达出来，所以年轻人非常喜欢尼采。而年轻人一代又一代永远存在，所以总有人喜欢尼采。但到60岁还喜欢，我会感到有点奇怪。当然，对尼采，也许我有偏见，有人会说我根本不懂尼采。

马：叔本华也讲意志论。

李：叔本华、尼采都讲意志论，但我宁要叔本华，也不要尼采。叔本华与尼采都回到感性，探究活人的生存，所谓意志，就是人要生存的意志，就是生的欲望。他们都反对康德的纯粹理念，当然也反对黑格尔的绝对精神。但尼采与叔本华的哲学方向不同，叔本华主张消灭意志才能沉静下来，意志太张扬，就会发疯。艺术，包括文学，便是让生存意志休息一下，放松一下，在欣赏时放下意志欲望，进入自由境地。消极意志论一旦进入审美领域，倒是变得很积极。我记得爱因斯坦、维特根斯坦都比较喜欢叔本华。

西方马克思主义

马：《批判哲学的批判》对"西方马克思主义"提出了不同意见，现在改变了吗？

李：为何要变？我的看法依然如故。总起来说，西方马克思主义从卢卡契、葛兰西和法兰克福学派到今日批判理论，它们从政治、文化、日常生活的各个方面深入揭露资本主义，极大地开拓了马克思的异化理论、意识形态理论和文化霸权理论，作出了重要贡献。虽然这些批判丝毫动摇不了资本主义，但唤醒了人们对资本主义的认识，充满了追求社会公正的伦理主义精神。在美国，通过对黑人运动、女权运动的影响，也使社会有了很多进步和改良。它们承继了马克思的伦理主义的一面，至今仍有价值和作用。其重要缺陷一直是很少真正深入研讨资本主义经济，特别是在全球经济一体化的今天。与"武器的批判"相似，他们的"批判的武器"缺乏构建某种建设的哲学，即如何可能通由批判资本主义社会而在经济、政治和文化上去研究逐渐建设出一个更好的社会。但即使如此，我仍然以为，可以告别"武器的批判"，却不能告别"批判的武器"。批判资产阶级是马克思主义的一大特征，这特征即使在建设的哲学中也仍需保存，因为这对"建设出一个更好的社会"非常重要。

马：如何看待"西方学院左派"？

李：说句不客气的话，非常看不起！尽管他们非常显赫，不可一世。他们那种缺乏足够资料支撑的高姿态的批判和解构，使我想起当年的红卫兵，影响甚大但价值甚小。由于缺乏建设性的因素，这股时髦，我以为迟早会过去。因为一个根本问题在于，他们极力批判资本主义，但并不深入研究亿万人群的物质生活。他们不提近半个世纪以来的现代化和全球化，尽管有严重的压迫、掠夺和各种不公正，但由于科技的发展、市场的扩展、产品的丰富、交通的便捷、医药的进步，全世界各地域大部分人群的物质生活在资本主义和全球化中都取得了不同程度的提高和改善，人们的生命也得到了延长（除非洲少数艾滋病地区）。这些名流学者一面身居发达国家，享受现代生活，一面却大批现代化、理性、资本主义，大肆赞扬落后地区，强调全球化只是祸害，论证全球化并非新事物，几百年前就有，等等。我以为这并不符合经验事实，是只图自家名声而不顾人们死活的假社会公正派。我的"吃饭哲学"正是在中国"文革"经验基础上对它们的反弹。它们那些念念有词、难懂之极的玄言奥语，我觉得不过是皇帝的新衣，"恍兮惚兮，其中无物"，就是一种情绪态度而已，却以客观的学术面貌出现。

已走到了尽头

马：心灵哲学（philosophy of mind）是当代西方哲学中最活跃的学

科之一,您如何评价?

李:心灵哲学也有不同派别,我重视的是以语言分析为途径和依靠,结合脑科学成果,其中有指向"情理结构"的研究。它在哲学专业领域内大有取代分析哲学的趋向,与我提出的"走出语言"的想法合拍,我非常赞赏。我以为正如当年语言哲学对我们了解语言的"意义"、用法、谬误从而厘清思想混乱大有助益一样;心灵哲学对我们了解"心灵",厘清情感、欲望与思维、理性的关系也会大有助益。但是,有如语言哲学一样,心灵哲学已逐渐成为某种非常专业、技术性很强、细密谨严的准科学,只有极少数人能懂得。它不再提出宏观性的哲学命题,而我以为提出宏观性命题才是哲学的任务。

马:现象学似乎影响更大?

李:心灵哲学有很好的科学含量和严谨的逻辑分析,相比之下,现象学在出发点上就把各种科学知识和日常生活等统统"括了出去",完全从直观体验出发,用晦涩繁复的语言构建出一座座高耸入云的迷宫大厅,描绘精细却玄奥难通。前面我讲过,海德格尔就把存在者及其具体生存环境即特定时代、社会作为"非本真","括了出去",通由高玄的语言,"此在"(Dasein)和"存在"(Being)便成了虽颇具魅力却空洞而危险的深渊。

马:福柯、德里达在西方很流行,您读过吗?

李:只看过一些,但他们的基本思想我知道。比如福柯,我认为比较精彩的是他说知识是与权力联系在一起的,任何一种知识都是被权力支配的。这是有道理的,甚至某些自然科学,都是被某种权力支配的。没有什么真正超脱的知识,没有与政治无关的真理。但是,马克思的思想里早就包含着这一点。其实,福柯他们受马克思的影响很深,但他们不愿意讲。福柯的其他主张,比如理性是监狱等,我以为学术价值并不高。

马:记得您在《哲学探寻录》里,对五光十色的现代西方哲学有个形象概括。

李：我说过，今日有反哲学的哲学：眼前即是一切，何必思前顾后？目标意义均虚无，当下食色才真实。这大有解构一切陈规陋习及各类传统的伟功，但也就不再承认任何价值的存在。无以名之，名之曰"动物的哲学"。今日有专攻语言的哲学：医疗语言乃一切，其他无益且荒唐。于是，细究语词用法，厘清各种语病，技术精而巧，却与常人无关。无以名之，名之曰"机器的哲学"。今日有海德格尔哲学：深求人生，发其底蕴，知死方可体生。读《存在与时间》有一股悲从中来、一往无前的动力在。无以名之，名之曰"士兵的哲学"。当然，还有各种传统哲学和宗教及其变种，林林总总。其中，基督教神学最值得重视。

马：被您形容为"机器的哲学"的"分析哲学"是二十世纪的主流，波及很广，影响极大。

李：二十世纪是语言哲学的天下。卡尔纳普反对形而上学，把哲学归结为句法研究、语义分析；维特根斯坦把哲学弄成语言用法的纠误，说"语言是我们的界限"；海德格尔说"语言是存在之家"；德里达说"文本之外无他物"；保罗·利科（Paul Ricoeur）说"人即语言"；理查德·罗蒂（Richard Rorty）说"没有语言之后的实在"，等等。分析哲学成为英美哲学主流几十年，欧陆亦然。二十世纪哲学的这个"语言学转向"（linguistic turn）统领了一切，气势极盛，把杜威、怀特海这样一些颇有见地的大哲学家都挤到了边缘。学术界几乎公认语言是人区别于动物的关键所在，现代高科技的数字语言也似乎充分证实和推动了这一点。西方哲学这一潮流席卷了许多学科，影响遍及全球。

马：未来呢？

李：我认为，现代西方哲学已走到了尽头。其实二十世纪就是否定的世纪，以否定为开端，一直否定到现在。先是否定上帝，接着是否定人自身，不仅上帝死了，人的主体性也死了。确实都从根本上冲破了传统。他们的颠覆、突破，采取的"策略"就是哲学的极端形式。尼采把人的主观意志强调到极端，维特根斯坦把语言、分析强调到极端。现在最时髦的后现代理论，可以说一部分是从维特根斯坦那里衍生出来的。他们自认为发现了语言的终极真理，并自以为执此真理、念念有词，一切"本质""形而上"就可以烟消云散。福柯、德里达等人已玩到了尽头，不能老这样下去。

人活着，这是各种事实中最重要最基本的第一事实，而人首先是靠面包而不是语言活着。有比语言更根本的东西。对于人生意义的哲学探索，在本世纪将会重新突出，成为哲学主题。不能什么都嘲笑，不能对任何意义都嘲笑。人类如果还要继续生存、发展下去，在哲学上就得改变这种什么都嘲笑的方向。所以，我说本世纪是否定之否定的世纪，古典主义、人文主义可能要复兴。

有比语言更根本的东西

马：走出语言？

李：是也。问题在于，能走出语言吗？人的一切活动，包括我所强调的使用—制造工具的实践活动，也脱离不开语言，特别是今天有许多高科技领域的实践活动本身就是语言。而且，用以"走出"语言的也还是语言。所以，所谓"走出"语言，不是让人不用语言，不是要人用心灵感应、神秘交往、"私人语言"之类——那只是倒退，而是让人不要被语言的牢笼框住。哲学当然也用语言。哲学追求根本，但这根本是语言吗？我怀疑问题就出在这里。我以为有比语言更根本的东西。语言小于生活和实践，生活和实践大于语言。

我多次讲过，无论认识论、伦理学、美学，我都希望走出语言，回到历史积淀而成的人的心理。"人类如何可能"要进入"人类心理如何可能"，亦即"人性如何可能"，亦即"理性内构""理性凝聚""理性融化"

如何可能的研讨。

马：所以，2010年您才喊出"该中国哲学登场了"这样的口号？

李：我本不大相信语言是人的家园或人的根本。中国传统使我想到，凭借它也许能突破当今哲学的某些界限和窘境。我正是要回归到比语言更为根本的"生"——生命、生活、生存的中国传统。这个传统自上古始，强调的便是"天地之大德曰生""生生之谓易"。这个"生"或"生生"究竟是什么呢？我以为这个"生"首先不是现代新儒家如牟宗三等人讲的"道德自觉""精神生命"，不是精神、灵魂、思想、意识和语言，而是实实在在的人的生理肉体和自然界的各种生命。其实这也就是我所说的"人（我）活着"。人如何能"活着"，主要不是靠说话（言语-语言），而是靠食物。如何弄到食物也不是靠说话，而是靠"干活"。说话只是人活着的必要条件而非充分条件，"干活"却是必要兼充分。当然，说话（语言）在"干活"中起了极为重要的作用，甚至是"干活"不可分割的组成部分，社会分工发展后，某些人说话就是干活，可无论如何这毕竟是第二位的，而且其语义仍然大部分与"干活"相关。虽然高科技的语言可等同于或本身即是工具实践，但它们毕竟只是"人活着"中的一个组成环节或部分而已。它们还是为"人活着"服务的，"生生"仍然居首要位置。

郭店竹简说"天生百物人为贵"，可见人的生存、生活、生命是诸生命中之首位。这是"人类中心说"吗？不是。这是从人出发，以人为本，而不是从上帝、理性或语言出发。这也就是当年（六十年代）我为什么要从人类起源（即"人类如何可能"）来探究这个"走出语言"的可能出口。

在哲学上，在思想理论上，"视西人如帝天"的时代可以结束了。现在有些人把西方二三流甚至不入流的一些哲学家搬进来，捧得那么高，好得不得了，常常作为权威、经典引用，我觉得没有必要。列维纳斯、鲍德里亚、德勒兹等等，没那么高嘛。就是德里达、福柯，也比马克思差，我说过不必把他们看得太了不起。说中国没有西方的那种"哲学"，也没有什么了不得的。为什么一定要去追寻一个人为的所谓"超验"或"形而上的终极品格"呢?没有 Being,中国就矮了一截吗?当然,这不是排斥西方。现在有人搞"国学",排斥西学,这不对。中国文化是"善包容,肯学习,能吸收,可消化"。

马:您对后现代哲学似乎太贬低了吧?例如曾把德里达视同王朔。

李:其实我并不贬低后现代,"过把瘾就死"(王朔),也就是一个比方,可能简单化,但容易理解。后现代哲学打破启蒙理性的牢笼,是很大的贡献。但后现代是否定性、破坏性的,建设性就不能靠他们了。《世纪新梦》是1999年出版的,当时我说,"世纪新梦"应该不再是地上建天国的乌托邦的理想社会,但还是要有社会理想。研究人性问题,便是使社会理想获得某种内在的建设性的支撑。有人问:上帝死了,人怎么办?尼采之后还有没有路?答曰:有,有中国智慧的情本体之路,包括内外。上帝死了,人照样活。

总之,我认为,后现代到德里达,已经到头了,应该是中国哲学登场的时候了。当然还早了一点,但可以提提,我先冒喊一声。愿有志者、后来者闻鸡起舞,竞创新思,卓尔成家,走进世界。

七　逍遥派

放现在可能不结婚了

马：在同辈人中，您结婚算是很晚的，1963 年，33 岁了，在当时的环境下，压力不小吧？

李：当年一些人认为我大概不找老婆或找不到了。我的确自我封闭，醉心孤独。要是放现在我大概就不结婚了。那时年龄大了不结婚，就要承担各种压力；再说结婚也有结婚的好处，要不你总得住很挤的集体宿舍，那么大年纪了，书也多了，很不方便。

我太太比我小八岁，当时人家说她嫁了一个老头。她是中国煤炭文工团的舞蹈演员。她对我极好。我也不让她知道我挨整、挨批包括"文革"的大字报等等，这是一个男人的基本原则。她从来不看我的书或批我的文章，不问这些事。结婚后，我住在她的单位宿舍（煤炭部和平里宿舍），当了我太太二十多年的家属，她大概才去过我单位两次。

马：看过您夫人年轻时的照片，一本书上印的，非常漂亮！

李：当年携手王府井，行人回首频频。（笑）她喜欢做家务这些事，是一个极爱干净的人，每天不停地擦，一般人认为挺干净的了，那离她的标准还差得远呢。我说她有洁癖。我动起手来很笨，钉钉子也不会，要

夫人马文君（1964）

么钉不进去，要么钉歪了，要么砸到手，所以都是我太太钉。这个跟我小时候有关系，娇惯，不让我动手嘛。成家以后，这些就可以不动手了。

不让儿子搞文科

马：您要孩子也很晚？

李：对，1973年，算是很晚了。在家里，我向来尊重太太，我们结婚十年才生小孩，就是她坚决不愿意早生。小时候她生活条件不好，带小孩有点怕，我就完全听她的。我还想要一个（当时还没严格实行独生子女政策），但我自己生不出来，她不喜欢，只好作罢。在教育上，我强调小孩的独立性，从小不大干预他，甚至在功课上也很少帮助他，只告诉他一些基本原则，让他自己去尝试。现在他独立性很强，只是个性太内向，极不爱交际。他16岁一个人去美国，读应用物理。他根本不看我的书，连《美的历程》都没看过，说没兴趣。我也尊重他，从来不要求他看。在家里，我就是无为而治。

马：当时没打算让儿子搞文科？

李：在他没生下来之前就决定了不让他搞文科。第一，因为文科很难，而理科是有教科书的，是一个台阶一个台阶地往上走。比如微积分，你只要念一本标准的教科书就够了。文科则不行，特别是大学，它没有什么教科书可念，所谓教科书都只是参考书，文学史、史学概论、哲学史……只念一种"教科书"行吗？绝对不行，文科要读很多很多书。好比把菜泡在一个坛子里，泡过了，就成了腌酸菜，泡不够就是生菜，你要泡得恰到好处不容易，况且什么是正好也很难说，很难把握。所以文科要出真正的大成绩，不是件容易的事，当然做个教授，写点文章并不难。理工科想做出较大成就也不容易，尽管比读文科要更紧张、繁忙，但相对来说比文科单纯，客观的学术标准和价值比较确定。

与四岁的儿子李艾（1977）

第二，当时还有社会条件问题。我儿子是七十年代初出生的，五十年代起搞文科在中国是很艰难的。我们这代人不就如此吗？那何必呢！因此，无论从学科本身来说，或从客观条件和环境来说，这两点就决定了生下来的不管是男是女，我都不会让他（她）学文科。

另外还有一点，就是理科不管怎样，还是实实在在做点事，文科除有些考据、注疏、整理外，许多时候就只是空论，有些还是"代圣贤立言"。即使写了几篇像样的文章、出了点小名也没多大意思，很难得到人生的满足。

马：为了确保儿子能够一生平稳？

李：对。但我并没有一概而论，我没有劝所有人都去学理科。我只是给我儿子打个保险系数，并且注意了他的性格、才能等特征，使他能够安全地生活，而且尽可能得到人生的满足。从小我就培养他注重数学。他一直作文不好，一篇作文三四句话就没有了，没话可说。我说没关系，写不出就不要勉强了。这是我有意引导的。现在看来，仅就其个性来说，这个决定是对的。

不介入任何纷争

马：您的儿子出生在"文革"时期，那时候您在做什么？

李："文革"开始时，我在北京。当时有些人很狂热地卷了进去，我算是个"逍遥派"，看法虽然也有一些，但是不介入那些纷争，两派都没参加。机关跟学校有很大不同，因为都是成年人，所以不像学校里闹得那么厉害，虽然两派之间争得也很厉害。我们所里当时还有一个特点，你要是熟悉情况就会知道，哲学所造反派的头儿和中央文革小组有直接联系，别的地方的造反派都是年轻人，我们所里则都是老革命。我们所所谓的造反派其实不过是跟中央文革小组有联系而已，在别的单位基本算不上是真正的造反派，所以也引起了真正造反派的不满，就来造他们的反。当时很多人被揪斗出来，像何其芳、钱锺书、尹达、潘梓年、侯外庐等一大批名流学者，就差郭沫若、范文澜两人了。

那时候我已经结婚，就尽可能不去所里。但有时候有事还是要去一次，我在"文革"的时候就有冠心病，得到的一个好处就是开假条，一开就是两个礼拜，我就不去参加"文革"的活动，在家里看看书。

"文革"期间，我还拟编了一本诗词选，加以小评自娱，做了一些，后来放弃了。

马：哦，这个挺有意思，可以整理出版。

李：早就扔掉了。

马：您确实属于"逍遥派"，柳鸣九先生的一篇文章可以印证："在'文革'整个过程中，哲学社会科学部建国门5号大院，是一个特别热闹、特别引人注意的地方，而哲学所又是学部政治风云变化、种种事件扮演的中心舞台。……哲学所是当时学部两派斗争的中心舞台，这里的能人，有这种本领那种能耐、有这种性格那种特质的人，几乎没人不卷入、无人不上阵，几乎个个都登台参演了这出'群英会'。……但有两个我所注意的人物，在当时的喧嚣中、在当时的大字报海洋中、在当时的辩论台上，从来是未闻其声、未见其人的。一个是李泽厚，一个是叶秀山。……我当时就注意到有李泽厚与叶秀山，他们似乎从生活中消失了，他们似乎是整个离开了哲学社会科学部，他们到哪儿去了？他们在做什么？"（柳鸣九：《悼忆叶秀山》，《东方早报·上海书评》2016年10月16日）

虽如此，但在"文革"那样的大风暴中，很难有人能独善其身，您不是也被点名批判过吗？

李：那是批形象思维的时候。《红旗》1966年5月发表了一篇批判文章，题目叫《文艺领域里必须坚持马克思主义的认识论——对形象思维的批判》。我是重点批判对象。因为我的文章《试论形象思维》大概在当时的文章里算是比较扎实的一篇,而且刊登在《文学评论》,当时是最高刊物,发表也比较早(1959年)。

马:谁写的这个批判文章?

李:郑季翘,当年的吉林省委书记,文化人。郑后来是"文革"小组成员,那好厉害,但很快就垮了。这个文章受到高层领导的表扬。所以,当时我非常紧张,吓得要命,马上写了一篇文章辩驳,但没能发表。其他附带批判对象,像霍松林,学生马上就斗他,我幸亏是在社科院这样的大单位,哪轮得上我呢?如果是在其他任何一个学校,那首先就会被揪出来,当时批判周扬十大罪状,提倡形象思维也算一大罪状。很多人就是因为主张形象思维,"文化大革命"一开始就挨批斗,成了三反分子。

马:写没写过批判别人的文章?

李:那是没办法,但还是极少的,是为了自保,因为姚文元蒸蒸日上,我担心得很。记得1964年,我写过批判周谷城的文章,题目叫《两种宇宙观的分歧——驳周谷城及其支持者的"统一整体"论》,《人民日报》找到家里来,邀我写。我写得很快,一个晚上就写完了。还写过一篇批电影《北国江南》的文章《"北国江南"和周谷城的美学理论》,也是《人民日报》约稿。都发表了。

马:我看过李希凡当时写给您的一封短信,是派杨昌凤和姜德明两人到您家里约稿。

李:那时感觉一场灾难要来了,我估计要搞第二次"反右",知识界非常恐慌。当时我虽然年纪不大,但有点名气了,所以得赶快出来自救,就写了文章,以为这样政治上就平稳了,其实太幼稚了。

绝对的小人物

马:"文革"期间,社科院有许多著名学者被拉出批斗、被抄家,您遭遇这些了吗？

李：我没有被批斗，也没有被抄过家，不过对于抄家我也有所准备。前面提到的那个残稿《积淀论论纲》，原有 4 页是讲伦理学的，实际上是和政治混在一起的，我撕掉了。保留下来的是讲认识论的部分，与政治无关，是纯理论性的东西。记得家里厨房有一个下水道，我把这个手稿放在盒子里，自己钻下去爬了很远，把盒子放下水道里了。当时，也确实有人想整我，说李泽厚有这么大的社会影响，应该算一个"反动学术权威"，可在社科院（当时叫学部）这种大单位，我算什么权威啊？我这小不拉子算什么？（笑）

马：小人物？

李：绝对的小人物！根本轮不上我，地位太低了。人家工资都是 200 块、300 块，我只有 69 块，我算什么啊？那时社科院都是大人物，杨献珍、何其芳、俞平伯、孙冶方、金岳霖、贺麟、顾颉刚、侯外庐、钱锺书、冯至、戈宝权等等，一大批，谁还会管我这种小人物？所以我就笑着跟人讲，我到北大看大字报的时候，我的名字已经打上"×"了，但我在学部还是群众。（笑）

马：与单位也少有瓜葛？

李：尽量躲开。我在煤炭文工团的宿舍当了二十多年家属，单位里什么事都没我的份。那时候有各种票证，买家具、自行车等都要票，我什么票也没去要过。总务科科长，一个老头，对我很好，他说都像李泽厚这样，总务科就可以撤了，因为我只领工资和稿纸。1986 年才分给我住房。

我在一篇文章里写过，"文革"那年月，上午开完乌烟瘴气的各种批斗会、"学习"会、小组会，下午我总要一个人到家附近的地坛去散步、透气，也想一些自己愿意想的问题。久而久之，便成了习惯。尽管不是每天必到，但只要有空就来，而且都在下午。这时似乎突然得到了解放和充实，感到非常愉快。所以，即使风雨冰雪，即使有一堆事要做，只要下午能抽空，我总要来的。

非常侥幸

马：您不是说过曾被扣了三顶大帽子？

李：五六十年代，我就被扣过三顶帽子：一是不接近群众，二是不靠拢组织，三是不暴露思想。今天年轻人可能不理解，当年却是严重的问题，需要改造。"文革"一开始，大家以为我跟文艺界的人联系一定很多，跟"文艺黑线"肯定有关。像陈荒煤，"文革"一开始就被揪出来，他管电影，过去一直请我看电影。还有戏剧界，几乎每演一个戏都送我票。梅兰芳的戏我就看过多场。后来发现，看戏成为负担，我就不去了。所以，不和人交往坏处很多，但好处也有。那时，文艺界闹得最凶，被外调的很多，但没有到我这里外调。

马：有没有做过让自己至今仍感内疚的事情？

李：没有。我不是党员，连团员都不是。我一辈子没有对什么东西宣过誓。我也不爱跟人打交道，我的朋友很少。在运动中能逃避就逃避，能少发言就少发言。我自己检讨写了不少，也写过违心的东西，但很少批判别人。

马：好像历次运动您都能很幸运地逃脱？

李：大批形象思维，我很紧张了一阵。姚文元上台，我也紧张了一大阵子。在六十年代我和姚文元打过笔仗，他早就是我的论敌，我的《美学三题议》第三部分就是批评姚文元的。姚文元也批判过我，扣的帽子不小，说是资产阶级。加上郑季翘的文章，我想这下完蛋了。我想等姚坐稳了天下，就该整我了，学术问题就变成政治问题了，但我也估计他们日子不会太长。还好，居然太平无事。"反右"时说我是"漏网右派"，"文革"时我应该被批但没被批。

马：算是侥幸？

李：非常侥幸！我政治上比较谨慎，注意掌握"度"，掌握"度"才能生存。但也只是幸存而已。记得1982年初次去美国，所里有人写匿名信诬告我。那时杜维明等人劝我多留几天，我一天也没多留，准时回国，回来后还紧张，赶紧设法表态。可见我的人际关系的"度"始终也掌握不好，只得远离人际，宁求寂寞。

发现历史真相

马：这段历史您打算研究吗？

李：没有。很大一个原因是历史不可信，很多材料都是靠不住的。有的人考证半天，根据材料得出一个结论，但那些材料本身就不可信。发现历史真相非常困难，能得到60％就了不得了，很多时候连10％都没有。很多关于我自己的说法，无论好的、坏的，其实都没那回事。自己的事况且如此，更不要说历史了。人活着材料都这样不可信，更不要说死后了。但我反对将历史等同于文学虚构，即使好些材料不可靠，历史仍有其一定的真实性，仍然非常重要。

马：您如何看待老一辈学人如于光远先生的反思？

李：于光远在新时期的思想解放运动中贡献很大，我非常尊重他。他在世时，我还想去看望他，和他讨论《资本论》问题。但他高龄不大见人了，又没人帮我联系。于光远是非常聪明的人，他反对伪科学，如果当年能去国外继续搞理论物理，可能成就会很大。但是很可惜，留在了国内理论界。他倡导的那两门"学科"都是立不住脚的，我是不赞同的。

马：听说您对何方先生的书评价很高？

李：我认为在老一辈的人中，何的水平最高。我一直高度评价他的《党史笔记》，主要是材料难得和可靠，是作者亲历记载。何的书颠覆了好些旧说，难能可贵。

马：还曾登门看望过周有光先生？

李：那是2012年，周先生107岁，我去讨教养生经验。（笑）现在百岁高龄者不乏其人，但像周先生生命力如此旺盛、思想如此敏捷的，恐怕是硕果仅存了。年事这么高，还有这样旺盛的思想活力，还对世界、中国、人生具有这么高的热情与关怀，还在不断接受东西方的各种新信息，而且能作出明快的判断，实在令人钦佩。

周老不为潮流而动，对任何尖锐的问题都保持清醒的头脑和独立的思想，尤其不简单。中国学界太多情绪，但情绪不是学问，不是真理，没有价值。而周老的言论不带情绪，只有对历史负责的深邃思考。例如对于传统，极端者要么把传统踩入地下，要么捧上天空，现在的国学热就是把传统捧上天，但周老不为国学热所动，他提醒说，这不是进步的表现。对于民主也是如此，要么彻底反对，要么激进鼓吹，独有周老既坚持民主，又提醒不能急，这便是理性。

马：周先生112岁时去世，真是高寿呀！最近，我刚读完南开大学刘泽华教授的《八十自述》。刘先生从"王权主义"视角重新审视、评估中国历史，影响很大，您怎么看？

李：好像是1978年吧，记不太准了，我和刘泽华作为两个特约代表，参加过在天津召开的全国史学规划会议。刘确实不错，当今之世，直斥王权，一士谔谔，不作媚语，虽遭冷落，仍能坚持，颇难得也。

八　拟了九个研究提纲

不断想问题

马："文革"时，您还在搞研究吗？

李：怎么可能呢？所有人都必须放弃研究工作，我当然也不例外。

马：私下的想法总会有一些吧？

李：那当然了。姚文元当时权倾一时，我对他的文章、思想实在太熟悉，居然那么重用这种人来搞"文革"，这更引起了我的思考。

马：哪些思考？

李：我拟了九个研究提纲，有一两万字吧。那段日子我没写文章，能发表的文章我又不愿意写。我在不断想问题，我后来发表的文章，不少是在那个时候形成的。例如，在1978年《略论鲁迅思想的发展》一文的小注里，对辩证唯物论的解说，便形成于"文革"。

马：还提过"上层建筑相对独立性的强度"概念？

李：那是我五十年代就提出的。这一迄今未被人注意的观点，即认为所谓上层建筑有其"相对"独立性，而且在具体时日和不同情况下有

"强度"的不同，并认为在前资本主义社会"强度"大，皇帝一个想法或命令如开战，就会在根本上影响和改变整个社会生态；资本主义社会的经济倒是具有更强的制约能力，如美国四年一届的总统选举，很重要的因素便是看经济情况如何。在古代特别是远古，好些文化、文明的消失或毁灭并非经济衰退所致，而是宗教、政治、武力（军事）决定了社会的状态和走向，所以不应是经济决定论。这两个概念（经济基础、上层建筑）我从不使用。

马：您对《资本论》的看法很重要，可惜至今无人重视。这个看法也是在"文革"中形成的？

李：我上大学时读《资本论》，觉得《资本论》的方法了不起，到"文革"，也恰恰是对这个哲学方法论有了看法。马克思将"商品二重性"归结为"劳动二重性"，其中关键是将"交换价值"归结为"抽象劳动"。这在思辨上很有道理，但"抽象劳动"或"抽象的人类劳动"这些基本概念，和由此推出的"社会必要劳动时间"等到底有多大的经验可操作性，使我非常困惑。特别是马克思将"劳动力"从具体的"劳动"中抽离，这个"劳动力的支出"及其推演便脱开了历史具体的劳动活动的结构体，而成了一种黑格尔式的精神思辨的抽象运动。从而，"劳动二重性→抽象劳动→社会必要劳动时间→按劳分配（从而废除商品生产，实行计划经济）→按需分配（各取所需。按劳分配也是一种资产阶级法权）"这样一条哲学逻辑，值得讨论。

逻辑的可能性不等于现实的可能性。马克思一向重视现实，更特别重视科技和生产工具，认为科技—生产工具—生产力是推动社会进步和经济发展的根本动力和基础，却没有在《资本论》中充分、详尽地论证。

从怀疑到告别

马：还有就是对革命与改良的反思，您说也是形成于"文革"时期。

这个话题至今在海内外争论不休,您可以借这个机会展开细说一下。

李:无法细谈,只能简单提一下。我对"革命"的看法有一个变化过程。前面讲过,1949年以前,我充满革命激情,50年代以后,热情慢慢消退。

马:您在一篇文章中讲过,对革命的反思最早源自大学时代读恩格斯的论著。

李:大概是1951年,我第一次读恩格斯《法兰西阶级斗争·序》,我注意到恩格斯由革命转向改良的思想路径。恩格斯晚年看到当时军事技术装备的发展,深知革命(当时是大城市如巴黎工人起义的街头巷战)如无正式军队参与,已不可能成功。而当时工人可以参加投票的议会选举成绩很大,极有可为。恩格斯曾多次表述过放弃革命、转向改良的看法。例如在1874年《英国的选举》文中,他认为虽然国家仍由资产阶级全面控制,工人作用甚微,但他也说,"暴力革命在许多年内是不可能了……因此只剩下一条开展合法运动的道路"。在1886年为《资本论》英文版写的序言中,恩格斯说马克思也得出"结论","只有英国这个国家,不可避免的社会革命能完全由和平的手段来实行",其他国家则不可能。但这里便显出马、恩并不认为"革命"是绝对不可改变的教条和圣物,是一条各国必经之路。既然英国当年可以,其他国家以后也未必不行。

因为对改良派有过一些研究,对一贯被视为"保守""倒退"的康有为、严复有些同情和了解,到"文革"中期,我对革命与改良的看法已经形成,对马克思有舍有取。我曾将马克思的理论分为两大部分:基础理论部分和革命策略部分。基础理论即唯物史观,特别是这史观的核心,即马克思关于生产工具、生产力、科技是人类社会生存延续的最终基础这一根本观点,我至今以为非常正确,是仍然"活着"并可继续发展的马克思主义。如前所说,这也是我自四十年代读《新哲学手册》中的"费尔巴哈章"后,就已接受和确立的观念。

马：您说过马克思是一个历史哲学家。

李：我觉得马克思是一个非常重要甚至伟大的历史哲学家。包括《共产党宣言》在内的马克思的许多著作，在对人类历史所作的许多描述和研究，如对各种社会形态、生产方式、生产力和生产关系的剖析，对工作日缩短和人类远景的展望，等等，都是相当精彩和深刻的，都是他的唯物史观的具体呈现和成果。而且他的阶级斗争理论在一定限度内，至今仍然适用，只要不把它极度夸张就是了。马克思依据许多历史文献（亦即经验材料）所进行的研究和推断，与后来的"马克思主义者"凭几条抽象原理或既定公式来抽劣立论大不相同。

马：但您对革命与改良的这种反思，不就与修正主义者如伯恩斯坦等人一样了吗？

李："文革"中，我读了伯恩斯坦的《社会主义的前提和社会民主党的任务》《社会民主党内的修正主义》《什么是社会主义》等著作，感觉与自己的思考"不约而同"，但我晚了六十多年。我是在自己观点已初步形成时才读到伯恩斯坦的书，当时极感震惊，留下了深刻印象而不敢说。同时我也觉得，自己的哲学思路比他要深入彻底。伯在理论上并无深度，只是比较起来，我以为他更为踏实和更为理性，不随波逐流，不为革命情绪所左右。他同工人阶级的"实际运动联系多"，使他从现实经验出发，第一个勇敢地提出了对马克思理论的"修正"。

强调法治、理性、渐进

马：您的这些思考和看法，当时与人交流过吗？

李：怎么可能呢！只在少数朋友中或在一些文章、谈话中偶露一二消息。

马：我注意到，您在 1978 年《论严复》一文中有一段话："严复对资本主义社会的了解比改良派任何其他人更为深入，他站在资产阶级立场上，把个人自由、自由竞争、以个人为社会单位，等等，看作资本主义的本质，从政治、经济以及所谓'物竞天择'的生存竞争进行了论证。并且指出，民主政治也只是'自由'的产物。这是典型的英国派自由主义政治思想，与强调平等的法国派民主主义政治思想有所不同。在中国，前者为改良派所主张，后者为革命派所信奉。然而，以'自由贸易'为旗号的英国资本主义，数百年来的确建立了比其他资本主义国家（如法国）更为稳定、巩固和适应性强的政治体系和制度。其优越性在今天也仍是一个值得研究的课题。严复当年的眼光是锐利的。"（《中国近代思想史论》，第 281 页，人民出版社，1979 年）

李：这篇文章，尽管拥护革命的基调未能大改，但有意识地有所变更。我赞成英国式的改良，不赞成法国暴风骤雨式的大革命，这种革命方式付出的代价太沉重了。这些看法现在看起来实在平淡无味，但当时写时，还不免胆战心惊。时春寒尚重，"凡是"犹存，"革命气氛"仍然浓烈。我想，不要被人识破话中有话就好。其实，关于这点，侦破了也很平常。就是说，我认为改良不一定坏（错），而革命也不一定好（对）。这是思想史上值得研究和总结的一大问题。

随着八十年代思想禁忌的逐渐解除与学术氛围的逐渐活跃，我终于敢在少数朋友中宣讲"戊戌变法可能成功，辛亥革命一定失败""辛亥革命未必必然和必要"之类的论调了，但始终未敢提笔著文。

马：记得 1988 年您在《广州日报》发表过一篇短文《关于改良与革命答记者问》。

李：我是在记者来访时偶尔透露说："包括法国大革命、辛亥革命等都值得重新研究和评价。"即便如此，讲后仍心怀惴惴。幸好，报纸一般第二天就扔掉了，一个小消息没人注意。

整个八十年代，我在好些文章（或答问）中，一直强调建立形式

（从哲理说）、程序（从具体过程说），强调法治、理性、改良、渐进、建设，一直反对的是反理性、新权威、激情、革命、否定、破坏、狂热、无政府等等。你可以去查看我那本《走我自己的路》。到海外后，1992年我发表了长文《和平进化，复兴中华》，算是第一次正式以文字形式明确表达了我对改良与革命的看法。

1995年出版的《回望二十世纪中国》一书，阐述了我们在革命与改良问题上的观点，引起了很大争议。这本书并非严格的学术论著，没有严格的引证大量材料，只是表述我们的一种看法，当然这种看法的后面有长期的学术研究和思索作基础。书出版后，美国芝加哥大学邹谠教授给我们写来一信，很长，有30多页，说对此书"极度欣赏"。邹教授为人质朴，治学严谨，我与他有过许多学术交往和讨论，特别是关于现代史方面。

改良更不容易

马：其实，与激烈的"革命"相比，看似平和的"渐进""改良"，也远不如人们想象的那么容易，甚至比"革命"更难。

李：对。改良并不容易，实际上改良更加复杂，更加艰苦，更需要耐心和毅力。改良是一种能量积累，积少成多，积小成大，看来似慢，其实更快。一个问题一个问题的解决，就是积累。做改良家不像做革命家，只要一腔热血视死如归就行了——改良者需要更多的知识、经验和学问，要做许多更琐碎、更麻烦的工作。当然，具体的革命工作也很复杂、艰难和琐细，但较之改良，还是更干脆痛快。改良者需要与自己憎恶的人对话、协商、妥协、退让，需要和自己不喜欢的人打交道甚至交朋友，这非常不容易。以前我们这一点强调得太不够了。

所以，我讲的改良，不是反对一切斗争，那叫投降，不叫改良。改良不是投降，不是顺从，改良恰恰是斗争，而且可能是非常尖锐的斗争。

所以，针对急风暴雨式的"革命性的创造"，我提出"转换性的创造"，主张逐步改良，逐步放开，不必彻底破坏，迅速改变，而可以逐步"转换"，或旧瓶新酒，或即旧立新，使旧形式逐渐转换成新形式。这是我几十年来的一贯主张。

马：您好像对盲目的群体情绪和豪言壮语也很反感。

李：我认为，以革命的名义煽起的群众运动及其所带来的后果，是二十世纪最大的教训之一。群众运动经常有两大问题，一是情绪压倒理性，二是多数压倒少数。这两点都有危险性。情感具有个性内容，它是个体的、多元的、独特的、复杂的。群体性情绪则完全丢失了、否定了这些，成为通向暴力的通道。群体情绪有时推动历史，当年的抗日救亡歌曲起了多大的鼓动人心的作用！所谓民族义愤、革命激情不都是群体情绪吗？所以我并不是一概抹杀群体情绪，而是强调要理性地分析它，而非盲目追随或一味歌颂。

我一再宣称最讨厌豪言壮语，不管用的是什么美丽的语言、正义的理想，因为它自欺欺人，误导民众。"自由，自由，多少罪恶假汝之名以行"，是我中学时代读过的法国大革命时罗兰夫人的话。由高喊自由、民主所带来的专制和血腥恐怖是现代各国历史多次演出过的深重教训。中国特别需要的是培育一种宽容的、怀疑的、理性的批判精神。也只有它才能真正有利于判断是非，并逐渐褪去和避免由各种道德主义、民粹主义煽起的情绪狂热和政治盲动。中国曾为这些付出了沉重的历史代价。

马：您还讲过要"社会理想"不要"理想社会"。

李：我反对整体的社会工程设计。我觉得，现在可以用某种比较深刻的理论来论证"摸着石头过河"这句话。很多人批评它忽视理论，其实它恰恰可以是一种经验理论，我们可以把它和哈耶克的有些东西联系起来。哈耶克就反对过分相信理性、反对社会工程设计。我在这一点上比较明确，即整体社会工程设计一定会导致灾难；相反，根据经验出发来不断修改、不断探索的前景，反而比较可靠。

我强调"社会理想"不同于"理想社会"。所以孔夫子说"与三代之英，丘未之逮也"，"丘"要在现实中实践的只是文武周公之道的"小康"。康有为深藏其《大同书》也是如此，他认为"大同"不可能在当前现实中实现，如变成"我们找到了一条大同的路"就会很惨。

现在，不要再搞那种庞大的社会工程设计了——当然，你要设计一个地区，比如这个地区的工厂怎么盖、房子怎么安排，等等，那是可以的——重要的是从几种具体的、实际的经验中，探索前进道路的多种可能性，不断地积累、反思、修改、前进。

四顺序说

马：在《回望二十世纪中国》这本书里，您提出了著名的"四顺序说"（经济发展—个人自由—社会公正—政治民主）。

李：原来叫"四阶段"，我很快改为"四顺序"，因为"阶段"一词使人产生四个方面完全分离的感觉，"四顺序"便标明四个方面和问题同时存在、相互交织、彼此影响且同时进行，但又仍有先后、轻重、缓急的不同次序，不能颠倒，不能错乱。

马：为何如此排序？

李：我在国外遭到最多反对的就是这个"四顺序"，很多人说必须先搞政治民主，以后再说经济发展。我主张当务之急还是发展经济，壮大社会之本，这才是正路。但这仅仅是第一步。第二步是在经济发展的基础上增多个人自由，也就是个人拥有资产、经营、雇佣、迁徙、选择工作和选择存在方式的自由等。这当然也要逐步实现，不可一蹴即得。达到这一步之后，应较响亮地提出"社会公正"问题，而最后才是"政治民主"问题。政治民主是经济发展、个人自由、社会公正的结果，政治民主的确重要，但远不是当前现实所急需的。

我不迷信。我常说，希特勒凭选票上台，美国议会民主未能阻止越战大错。从八十年代至今，我一直反对中国立即实行全国性的"一人一票"直选总统和反对党制，因为中国人太多，国太大，现在如实行这些东西，反而会急剧放慢甚至摧毁经济。

马：您还提到"四顺序"有两个前提？

李：对。一个是保持生态环境，一个是社会稳定。经济发展与保持生态环境经常矛盾，甚至严重冲突，如何因时因地保持一个适当的"度"，便是关键。社会稳定也是如此。我一直赞成社会稳定是经济建设的前提。无政府是最可怕的，因为任何人可以干任何事，社会就会重新陷入野蛮杀戮的"丛林状态"。当然稳定并不是僵化或固定不变，我也讲过，强调"稳定压倒一切"但要防止最后"压倒"稳定。我始终拥护邓小平紧抓经济建设和社会稳定这条，并认为一切有关的改革，也只有在这个前提下，根据中国的情况，有计划和有步骤地，由上而下和由下而上相结合地逐渐前进、推进，才能真正搞好。

马：您对革命与改良的思考，是否可以这样总结一下：在"人类视角，中国眼光"的"人类学历史本体论"的哲学视角下，关注和着眼于"当下"与"未来"的中国，"告别理想社会""告别暴力""告别激进主义的思维方式"，提倡理性、多元、法治、渐进、建设，在"经济发展—个人自由—社会公正—政治民主"的改良之路上，实现"西体中用"的"转换性的创造"，奋力走出一条对人类命运有普适意义的中国现代性之路。

李：也可以这样讲吧。

九　地震棚里写完"康德书"

沈有鼎趣事

马："文革"期间，您还下放到"五七干校"？

李：那是1970年，到河南信阳专区，先在息县，编成连队，是兵营式。一开始，我们住的是老乡的土房子，黑黑的，没有窗子，四面都是土，下雨的时候到处都是烂泥，一脚踩进去吱吱叫，半天拔不出来。白天到很远的荒地去干活，每天主要的活动就是劳动，劳动之余就是开会。这样干了几个月，我们就开始自己盖房子，自己做坯，烧砖，等快造完了，一声令下又走了，老乡就把房子都拆了。我们撤到驻马店地区的明港，住兵营。连长指导员们住一间小房，就是连部，算宽敞的。大部分"五七战士"和一些带家属的，都住大营房，用苇席隔开。单身汉集体住，地盘大一点。一家一户的，各自隔开，吵架、说话、解手什么的，都听得见，没有任何隐私。（笑）

马：杨绛《干校六记》写的不就是那个环境吗？

李：最主要的东西她没写，反映的很不够。钱锺书的序不是说了，没有记"斗"嘛。"文革"主要是"斗"嘛。（笑）

马：有没有什么趣事？

李：那时有人捉弄沈有鼎，我是相当反感的。沈以好吃著名，他乱吃，把一些毫不相关的东西煮到一起吃。他以前是单身，下放的时候已经有老婆了。老婆都写好这是沈有鼎左脚的鞋子，那是右脚的鞋子。（笑）他真是糊里糊涂的。他身体好，冬天我们都戴帽子，他不戴。没想到"文革"后不久就去世了。

我和沈有鼎有一点相同，都喜欢吃得好。从干校回京，沈常请我吃饭，为了和我聊天，天南地北，聊了不少《周易》和逻辑。《批判哲学的批判》出版后，哲学所有人说我的康德是跟沈学的。其实我们恰恰没谈康德，沈对康德了解不多，对我用马克思讲康德也毫无兴趣。

写出"康德书"初稿

马：您在一篇文章里讲过，那时在干校，要读书都异常困难。

李：当时好像就准备在那里安家落户似的，就是那种气氛。读什么书啊！只是跟1958年、1960年下放比起来，干校的生活要轻松许多，没有饥饿，伙食也好些。由于我身体不好，干不了什么重活，就被安排到"老弱病残组"。当时去干校，每个人都一个箱子，是统一发的，可以放衣服什么的，我就把自己最喜欢的和觉得最值得读的几本书放到箱子里。其中就有一本英文版"人人丛书"中的《纯粹理性批判》，不很厚，但很"经看"。

在干校，还是有一些机会读书，因为总不能时时刻刻开会搞运动，所以每天还有一段自学时间。当时只准读《毛选》，连看马列也受批评，要读其他书就更困难了。只好又像回到1949年前的秘密读书一样，阅读时，上面放一本"学习读物"，下面是我自己想读的康德……

马：您的"康德书"初稿就写于此时吧？

李：在干校，我开始着手准备那本《批判哲学的批判》。我偷偷地仔细读康德的《纯粹理性批判》。因为那本书就是要慢慢读，要非常的细心，真是一个字一个字读，不止读一遍，还做了很多笔记。我发现读康德的书我可以提出一些自己的看法。

在干校，我们分好几个阶段。第一阶段根本没有时间。到后来没有劳动了，就有时间了。所以那段时间我就在写，实际上是在写《批判哲学的批判》的初稿。我写在一个很不打眼的笔记本上。当时材料有限，能看到的材料更加有限，所以一直没有动笔。因为如果不看哲学界其他人的研究成果，一个人在那里想半天，结果是人家早想出来的成果，那时间与精力就算是白费了。

马：之前，您一直研究中国近代思想史和美学，为何会转而研究起康德来？

李：本来，在研究美学时，我就对康德最感兴趣。后来由他的美学扩展到他的认识论、伦理学和历史哲学。我将康德与马克思连接起来。我以"主体性实践哲学"（本世纪初我简称之为"历史本体论"，意义未变），反抗当时的正统意识形态。具体讲，我之所以写康德，有如初版后记所说，确乎是为了"避难"。时间总不能白白浪费，既不允许我去研究原来搞的东西，在当时批林批孔批先验论的合法借口下，我可以趁机搞点康德。1949年以后，国内研究、介绍康德的论著少而又少，对康德漫画化的否定则几乎成为所谓马克思主义的"定论"。另一方面，一些人又把康德著作视同天书，形容得那么高深莫测、玄妙吓人，这些都使我觉得应该有一本全面通俗地论述康德哲学的书。想改变一下多年来对康德的漠视和抹杀，是写作这本书的动机之一。

还有另一个重要的推动力，就是当时我对马克思主义哲学的极大热忱和关心。当看到马克思主义已被糟蹋得真可说是不像样子的时候，我希望把康德哲学的研究与马克思主义的研究联系起来。一方面，马克思主义哲学本来就是从康德、黑格尔那里变革来的；而康德哲学对当代科学和文化领域又始终有重要影响，因之如何批判、扬弃，如何在联系康德并结合现代自然科学和西方哲学中来了解一些理论问题，来探索如何坚持和发展马克思主义哲学，至少是值得一提的。另一方面，无论在国内或国外的马克思主义哲学中，我认为当代都有一股主观主义、意志主义、伦理主义的思潮在流行。它们的社会背景、阶级基础并不一样，理论上也有许多差异，却奇怪地具有这种共同倾向。在所谓"革命的文化批判""自发的阶级意识"等旗号下，马克思主义竟变成了一种主观蛮干的理论。从"大跃进"开始的"人有多大胆，地有多大产"到"文化大革命"的"灵魂深处爆发革命"以及"一分为二"就是辩证法、吃块西瓜就是实践、"斗争""革命"就是哲学的一切，等等，不是很需要从理论上来加以好好考虑吗？

我认为应该明确马克思主义不仅是革命的哲学，更是建设的哲学，因为建设文明（包括物质文明和精神文明）对整个人类来说，是更为长期的、基本的、主要的事情，它是人类赖以生存和发展的基础。光批判，是不能建设出新的文明的。我想要从人类总体的宏观历史角度来鲜明地提出这个观点，这一切便都通过评论康德而进行，在客观许可的范围内，表达一点自己的意见。因此，所谓"康德述评"者，尽管"述"在篇幅上大过"评"，但后者倒是我当时更重要的目的所在。

"中亦略抒愤懑焉"

马：您何时从干校回到北京的？

李：1972年，任继愈主编《中国哲学史简编》，他调汝信、我、孔繁、钟肇鹏、林英几个人，我就回来参与那本书，但主要还是在搞私货即研究康德。一到北京，条件改变了，很高兴。在家里我便利用干校时的笔记正式写了起来。当时提倡批判先验论，康德是先验论的代表，我借书就有了理由。我可以说在批判先验论嘛，但是我在书中恰恰肯定先验论是有道理的。当然都是在偷偷摸摸干。我的德文不行，所以只能根据一些英译本来进行研究。别人也帮我借一些书，当然还是很不够。那时看了很多书，但我从来不讲我研究的这些东西，也从来不去申报什么课题。所以出版前没有人知道我在写康德，但自己却想：哎呀，难得又有本书啦。有一种充实感。

马：在如此艰苦的环境下从事写作，又看不到任何希望，那真是需要坚韧的意志力呀！

李：我在该书后记中曾说："'四人帮'凶焰日张，文化园地，一无可为。姚文元在台上，我没法搞美学；强迫推销'儒法斗争'，又没法搞中国思想史。只好远远避开，埋头写作此书，中亦略抒愤懑焉。"我虽然深信江青等人必垮，却没想到会那么快，所以写的时候，没想到会很快出版。但只要一念及母亲"只问耕耘"的话，我就继续干下去。就这样陆陆续续弄了好几年，由原来那个笔记本上的几万字，慢慢发展到十几万字、三十几万字。反正那时知识分子没什么事，我的一个同学在做木器什么的。我绝对不会考虑做这些事情，我倒是没有耽误那段时间，就集中精力写康德。这中间还插进一些别的小事情，孩子出生啊，参加任继愈主编的中国哲学史啊，等等。

马：在任继愈先生主编的这本书里，您写了哪些章节？

李：最先是《中国哲学史简编》一卷本，人民出版社出的。我写了其中的谭嗣同、太平天国等章节。任继愈原来的《中国哲学史》，是四册本。上几本都编好了，就是第四册近代没出来，后来我们就把第四册也补齐了。我写的不多，没占我什么时间，分给我的任务几天就弄完搁置，到时交差。有一章连夜写，一个晚上赶了出来。记得《简编》绪论的初稿也是我写的，定稿则是汝信或孔繁。全书由孔繁统稿。

马："康德书"1976年完稿，从1972年正式动笔算起，用了整整四年时间。

李：1976年唐山大地震，我住在"地震棚"里，条件很差，但我倒感觉很充实，非常愉快，因为写作已接近尾声了。在"地震棚"里，我写完了《批判哲学的批判》一书。我这人不大受环境影响,我说,如果"四人帮"晚垮台一些,我的书会写得更厚一些,因为可以有更多时间琢磨。记得当时写康德历史哲学和目的论的时候,觉得里面有更多的东西值得钻研和发掘,但限于时间和篇幅,没有去做。后来想做,却全忘了。

第三篇

"一事平生无龃龉，但开风气不为师"

（1977—1991）

一 一个苏醒的新时期

"第一只飞燕"

马：现在很多人都在回顾、怀念八十年代，您是如何看待的？

李：那是一个苏醒的年代、启蒙的年代，是一个充满理想、激情和希望的年代，越往后看越会发现八十年代的可贵。1978年我在《中国近代思想史论》后记里说，"中国进入了一个苏醒的新时期"。

马：1979年，中国掀起了一场前所未有的诗歌热潮，读诗写诗、做文学青年似乎是那时的时尚。

李："文革"结束后，知识分子特别是青年的心声如洪流般倾泻而出，一切都令人想起五四时代。人的启蒙，人的觉醒，人道主义，人性复归……都围绕着感性血肉的个体从作为理性异化的神的践踏蹂躏下要求解放出来的主题旋转。西方十八、十九世纪的启蒙主义思潮著作开始大规模地译介进入中国，文化艺术思潮也进入了一个以反叛和个性解放为主题的创作高潮。"人啊，人"的呐喊遍及各个领域各个方面，首先非常敏锐地反映在文艺上。

马：突出代表应该是朦胧诗。

1979年李泽厚在北京和平里9区13号门一层家中

李：那真是诗歌的春天！尤其是那些年轻诗人，经过漫长的冬天后，终于在这个诗歌的春天里找到了创作激情和创作方向。北岛、舒婷、芒克、江河、顾城、杨炼等诗人在北京创办了民间文学刊物《今天》，在诗歌艺术上进行探索。我读到了油印的《今天》，很感动，因为其中有着强烈的自我意识。

马：但也遭到很多非难。

李：朦胧诗被指责"看不懂"，甚至说年轻诗人的历史观太片面、情绪太悲观，呼吁人们帮助这些"迷途者"，以"避免走上危险的道路"。还有人义正词严地痛斥朦胧诗是"新时期社会主义文艺发展中的一股逆流"。记得当时有家刊物多次找上门来，要我写批判文章，批支持朦胧诗的"三个崛起"观点（谢冕《在新的崛起面前》、孙绍振《新的美学原则在崛起》、徐敬亚《崛起的诗群》），我坚决回绝，他们完全找错人了。

马：您是第一个站出来肯定朦胧诗的，盛赞它是新时期文学的"第一只飞燕"。乍暖还寒之时，支持年轻人的探索是需要勇气的。

李：朦胧诗改写了以往诗歌"反映现实"与图解政策的传统模式，把诗歌作为探求人生的重要方式，实质上就是一场人的崛起运动。因为"文革"以极左的方式严酷摧毁了人本主义思想，以至于那个时期成为失去理智、失去人性的文化最恐怖时期。

马：随后的"星星画展"也引起了轰动，如同肯定朦胧诗一样，对"星星画展"您也是大力支持。

李：我在《画廊谈美》（《文艺报》1981年第2期）中为年轻人辩护："在那些变形、扭曲或'看不懂'的造形中，不也正好是经历了十年动乱，看遍了社会上、下层的各种悲惨和阴暗，尝过了造反、夺权、派仗、武斗、插队、待业种种酸甜苦辣的破碎心灵的对应物吗？政治上的愤怒，情感上的悲伤，思想上的怀疑；对往事的感叹与回想，对未来的苦闷与彷徨，对前途的期待和没有把握；缺乏信心又仍然憧憬，尽管渺茫却还在希望,对青春年华的悼念痛惜,对人生真理的探索追求,在踽踽中的前进与徘徊……所有这种种难以言喻的复杂混乱的思想情感,不都是一定程度地在这里以及在近年来的某些小说、散文、诗歌中表现出来了吗?它们美吗?它们传达了经历过无数苦难的青年一代的心声。"

文章发表后不久,社会上就掀起了"反精神污染运动","星星画展"被点名批判,我也有了"准备再过冬天"的感慨。但时代毕竟在迅速前进,尽管要穿过各种回流急湍,一代新人的心声再也休想挡住了。

"美丽的女性走廊"

马:"朦胧诗""星星画展"已载入文艺史册了。

李:它们已在中国现代文学史、文艺史上确立了不可忽视的位置,异端已经化为传统,构成了"文革"后非常重要的美学文本。

可惜的是,我搞美学,但一篇像样的文艺批评文章也没写过。有一篇,连题目都想好了,叫《美丽的女性走廊》。我感到那时作品中的一些女性形象写得很有特色,因为"文革"中女知青常常心灵最纯洁,在身心上却最受迫害。

马:噢,这个可以说一下。

李:我当时觉得,七十年代后期和八十年代初的文艺,有种几乎是遍及各文艺领域的主调,那就是接近于五四的敏感主义。它呈现为一条美丽的女性画廊——充满着抒情哀伤的女性主人公的苦难倔强,触发着、打动着人们。从《报春花》(话剧)里的白洁到《星光啊星光》(歌剧)里的蒙蒙,从小说《公开的情书》里的真真到油画《1968年×月×日初雪》中的红卫兵女俘虏,从电影《我们的田野》里的七月到电视剧《今夜有暴风雪》中的裴晓芸和女指导员,以及一下涌出的一批女作家(从张洁到张辛欣),都似乎比那些或刻意描写的、或当作主角的"文革"中

1981年在北京和平里家中

— 一个苏醒的新时期

受迫害的"党委书记"以及好些男子汉,要光彩夺目、引人注意得多。

为什么?也许女青年们在这场"史无前例"中感受得更多?也许因为比男性毕竟在身心上更脆弱、更敏感,同一事件落在她们心理上的重量比男性更沉重、更难堪,所付出的真诚,所遭受的苦痛、忍耐、等待和丧失也就更多?从而,情感的解脱、寄托、抒发也就更强烈?电影《十六号病房》的女主人公说:"将来,会好的,会好的。将来一切都会好的。""医药费能找到,工作能找到,对象能找到,什么都能找到,但有一件东西……"失去了的青春还能找到吗?人生的意义还能找到吗?从而,"我的心还能热起来吗?"……这种深沉的伤感和心灵的苦痛大概只能出自女性。

马:文章后来写了吗?

李:只是想好了题目,根本就没有写。

马:当时,您对一些文学作品作过点评,我印象较深的是对张洁一篇小说的评论:"张洁有篇小小说——《拾麦穗》,我认为比《爱是不能忘记的》强多了,但没人注意。……你说不出这是什么意思、什么道理,到底说明什么问题,但它传达出一种淡淡的哀愁、孤独、惆怅……的味道,很耐琢磨。这是艺术。艺术就要有一种味道,使你感受到什么东西,感情受到感染,使人琢磨。"还记得刘索拉的《你别无选择》发表后,您讲过:"这大概是第一次看到的真正的中国现代派的文学作品。它并不深刻,但读来轻快,它是成功的。"还有您对张贤亮《绿化树》的评论,等等。您的这些评论,虽然很短,有的就一两句话,但一下子就点到作品的关键处,胜过长篇大论,给人留下深刻印象。

李:八十年代的文学很有生气,很有成就,起点比五四和以后高多了。

马:那时您真忙啊!看看那本《走我自己的路》就知道了:一会儿请你与会发言,一会儿让你给书作序,一会儿杂志创刊请你写贺词,一会儿舞蹈家协会要你说几句,一会儿书法家协会邀你写文章,一会儿让你谈齐白石,一会儿要你讨论电视剧,一会儿让你讲工艺美学……到处是您的声音!

李:我已经推掉了很多。

文艺主要靠感觉

马:说到文艺,您有个观点我非常认可,就是文艺创作与批评主要靠审美感觉。

李:在1956年那第一篇美学文章里,我就强调过这个问题:评论首先要有审美感觉。没有感觉,拉上一些概念和理论套将下去,那是不行的。别林斯基比别人厉害,就因为有感觉,他能敏锐而准确地感受到作品的风格性状、作家的才能特征,加以说明论证,使作家和读者双双获益。批评就是要靠这个东西。研究文学史、艺术史,也以有感觉为好。有人毫无感觉,老是从概念到概念,说来似乎头头是道,却点不出作品打动人的要害何在。

艺术家有感觉,但讲不出来,他通过作品来表达概念语言所能说出的东西,批评家就要用理性的文字把这种感觉表达出来。艺术家如果能用理性的语言表达出来,那就成不了好艺术家。感觉、感受,不光是在文学艺术里,在自然科学里也需要,但不像文艺这么强烈和必须。爱因斯坦说过,科学发现要靠自由的想象,要靠直觉,不是逻辑推理,也不是经验总结。

马:所以,您说作家不可"太清楚""太聪明"。

李:作家最好是保持一种敏感与朦胧的状态,能保持这种状态,才是天才。但如何保持,为什么能保持,就说不清楚,难以捉摸,作家自己也不明白,这也是我早就强调的"无意识"。太清醒、太清楚的人成不了大艺术家，他们就是要模模糊糊、糊里糊涂，反而好。作家不可太聪明，太聪明就成不了大作家。太聪明了，什么都想到、想透，有太强大、太准确的判断力，想得很周全、很精细，这样就会丢掉文学中那些感性的、偶然的、最生动活泼的东西。像陀思妥耶夫斯基就常常是糊里糊涂的，他又是赌博，又是喝酒，连即将上绞刑架之前，也是糊里糊涂的，还想到告别、忏悔、新的生命等等。这种性格，才能将全部生命投入文学，才能把内心深处最丰富、最真诚的体验表达出来，这些东西才不会被理性的聪明所阻挠、所掩盖。

从事社会科学、理论研究却相反，要求清晰、准确、精细、全面。文学创作却可以片面，作家诗人想得太全面、太精明，什么方面都顾到，就写不好。所以我一直说"文艺难以周延分析，感情无须周到全面"。作家的"配合"形势，也是太聪明的一种表现。扭曲自己的才能去适应社会，既要作品得名，又要生活得利，有名有利，拥有一切，但这在创作上要付出巨大代价。希望我们的作家气魄能更大一些，不必太着眼于发表，不要太急功近利，不要迁就一时的政策，不要迁就各种气候。真正有价值的文学作品是不怕被埋没的。

马：您还讲过作家不必读文学理论。

李：最好读点历史和哲学。读历史可以获得某种感受，增强文学深度；读哲学可以增加智慧，获得高度。无论对历史还是对现实，都应当有敏锐和独特的感受，保持这种感受才有文学的新鲜。读文学理论的坏处是创作中会有意无意地用理论去整理感受，使感受的新鲜性、独特性丢失。

个人偏好

马：在艺术欣赏上，您似乎有自己的某种"偏好"？

李：是也。我宁肯欣赏一个真正的历史废墟，而不愿抬高任何仿制的古董。记得在成都，我对游人冷落的王建墓非常赞叹，这是五代艺术的真迹；而一点也不喜欢那著名的、挂满了名人字幅的、虚构的杜甫草堂。再如，我喜欢反映社会忧思的作品。有人说写这种作品的作家很痛苦，但我"欣赏"这种痛苦。一个真诚的作家，对于社会的痛苦决不会无动于衷，这些痛苦应当在他们的心灵上引起不安，如果他们对人间的痛苦彻底冷漠，他们的作品是很难真正打动人的。世界上第一流的作家，如托尔斯泰、巴尔扎克、卡夫卡，他们都是深刻地关怀社会的作家，都是把自己的作品与时代最根本的东西联系在一起，社会上最焦虑的问题也是他们最焦虑的问题。这方面，中国作家是有很好的传统的。我喜欢古典悲剧，喜欢比较严肃的、哀伤的作品，不喜欢那种游戏人生的作品，也不喜欢滑稽戏、相声。看了悲剧，会使人活得更坚定，获得力量，我喜欢鲁迅也是因为这一点。音乐我是门外汉，但年轻时喜欢贝多芬，现在喜欢莫扎特。

马：您对齐白石评价很高，八十年代还写过一篇纪念文章。

李：那是家乡报纸的约稿。二十世纪中国画家，我凭直觉感受，很喜欢齐白石、林风眠、丰子恺。我以为齐白石是二十世纪中国最伟大的画家。齐白石的构图、画境、笔墨，是地地道道根底深厚的中国意味、中国风韵。它的确是代表中华民族的东西。它是民族的，却并不保守。齐白石的诗、画以及篆刻既不乏读书人的风雅韵味，同时又兼有一股粗犷、泼辣、生机勃勃的民间气势，上下层都喜欢。他的特色是把这二者结合得那么好。吴昌硕也很好，但就在这一点上逊色。他的金石味有时使人略感枯索而不及齐之丰润活泼。还有丰子恺的漫画，既中国又西方，既传统又现代，我感觉很好。当然吴昌硕、潘天寿、李苦禅，我也喜欢，他们的现代性恐怕要通过笔墨、构图等特点来分析。任伯年、徐悲鸿，我就不喜欢，尽管他们有明显的现代味。我是外行，讲不清，也不敢多说。

马：对那些前卫艺术，您似乎不感冒？

80年代李泽厚与超级现实主义作品合影

李：是也。比如徐冰最有名的那个《天书》，一开始我就不喜欢。这是他最了不起的作品，可我对它的评价很低。包括马塞尔·杜尚的，我曾说，当杜尚把便壶放在展览厅（《泉》），便宣告了艺术的终结。艺术终结与历史终结同步，即一个不需要自巫术礼仪以来鼓舞或影响群体的"艺术"的散文时代开始，所有艺术都成了装饰和娱乐。本来，自巫术礼仪以来的艺术中就有装饰、娱乐的方面或因素，现代使它们独立而自由地发展开来，产生了再一次的形式解放。艺术消亡，审美却泛化普及。如此等等。

当然，我也多次讲过，我不喜欢的不一定不好，这与艺术趣味、审美需求以及每个人的人生背景不同相关。

人道主义论争

马：八十年代思想文化界有一个重大事件，即"异化"与"人道主义"的讨论，您有没有受到影响？

李：没有，都与我无关，包括"反精神污染运动"。胡乔木知道我不同意王若水，他通过院里的梅益副院长、所里的孙耕夫副所长，要我写文章，批判异化和王若水的人道主义。照问题本身来说，我认为王若水那些理论是不对的，因为我那时关于主体性的一些文章已经发表了。但让我批判王若水，我是绝对不干的。我就打马虎眼，打模糊圈，我也不硬顶，反正不写就完了呗。（笑）

记得还有一次，邓力群特地把我找去，让我写一篇命题文章，我没有当场拒绝，反正我不写，不写他也没办法。我曾跟胡绳当面讲过，我讲知识分子在某些情况下有所作为是比较艰难的，有所不为可以勉力做到，我不干，我消极怠工总可以吧。但有些人就是要急于表现自己，不择手段，现在仍然是这样。

马：您在《试谈马克思主义在中国》这篇长文里，专门谈论了这个

"人道主义"思潮。

李：我认为，真正在马克思主义理论领域中展示出新时期特点的，是关于"人道主义"的论争。"文化大革命"把从上到下整个社会中传统的与革命的信念、原则、标准统统破坏了，人们在思想、心理、身体、生活各个方面受到了空前的痛苦和损伤，人们或被迫或自愿地出卖自己、践踏自己、失去自己。人不再是人，是匍匐在神的威灵下的奴仆、罪人，或成了戴着神的面具的野兽。于是，神的崩溃便从各个方面发出人的呐喊，人道主义成为新时期开始的时代最强音。它在文学上突出地表现出来，也在哲学上表现出来。它表现为哲学上重提启蒙，反对独断（教条），反对愚昧，反对"异化"，表现为对马克思《1844年经济学—哲学手稿》的研究盛极一时。当然最集中地表现为呼喊人道主义，把马克思主义解释（或归纳或规范）为"人道主义"，强调马克思主义是"以人为中心""人是马克思主义的出发点"等等。这当然是对"文化大革命"以及以前数十年把马克思主义强调是阶级斗争学说的彻底反动，是对"以阶级斗争为纲"的根本否定。

马：那您为什么不同意"人道主义"的观点？

李：因为从根本理论上来讲，"人道主义"是不正确的，是极为肤浅和贫弱的。强调马克思主义具有人道主义性质是不错的，但把马克思主义解说为人道主义，或以人道主义来解释马克思主义，却并不符合马克思当年的原意。因为马克思主义主要是一种历史观，即唯物史观，而人道主义不可能是历史观。用人道主义来解释历史，来说明人的存在或本质，经常沦为一堆美丽的词藻、迷人的空谈和情绪的发泄。人道主义强调"人"，主要是个体、个人；马克思主义历史观讲的人，主要是从人类总体出发，然后讲到个体。可见，人道主义作为哲学理论，还需要仔细研究、充实和提高。如果不加以严格的科学论证，它就不可能成为真正的理论创新。

马：但您仍然热情肯定了人道主义思潮在中国出现的历史正当性和

巨大现实价值。

李：那当然。意识形态并不等于科学，也没有所谓完全正确的理论，何况在理论上并不正确的东西在历史上却可以起到重要的进步作用。在粉碎了"四人帮"、中国社会进入"苏醒的八十年代"之时，多么必然也多么需要这种恢复人性尊严、重提人的价值的人的哲学啊！这些口号、观念充满着多强烈的正义情感而又符合人们的愿望、欲求和意向啊！多么切中时病啊！尽管它在理论上相当抽象、空洞、贫弱，不能深刻说明问题，而且情感大于科学。所以，说"一个怪影在中国知识界徘徊——人道主义的怪影"（王若水）便是有其真实的现实依据的。

这也说明了为什么人道主义的理论、观点、思潮，尽管被大规模地批判，却受到广大知识分子以至社会的热烈欢迎，并且能与经济改革同步、配合、支持着改革，把社会推向前进。而那些批判者，却始终应者寥寥。从理论上说，这种批判的根本弱点，正在于没能具体地科学地考察中国这股人道主义思潮的深厚的现实根基、历史渊源和理论意义，也就是说，这批判没有注意到这股人道主义思潮有其历史的正义性和现实的合理性。这批判离开了活生生的现实，离开了正在前进中的中国社会实践，它当然不能取胜。

马：胡乔木的《关于人道主义和异化问题》（1984），算是那场大讨论的总结吧？

李：胡的小册子发表前，曾征询我的意见，我说《1844年经济学—哲学手稿》虽非成熟的马克思主义，但在基本性质上已不同于费尔巴哈，而是迈向历史唯物主义途中非常重要的一步，决不能否定或抹杀。胡对手稿并未采取此种态度。总之，我的观点无任何改变，从五十年代开始我就肯定马克思的这个手稿。当然，《手稿》是国外传来的人道主义热，《德意志意识形态》之"费尔巴哈章"是高于它的历史主义，我是讲中国历史主义的重要性。

马：我看过一篇对话，说八十年代思想文化的高度既不如五十年代的老右派（章、罗、储等人），更不如晚清李鸿章、袁世凯、康有为、梁启超、杨度等人。您怎么看？

李：完全不同意。章（伯钧）是搞政治的，并没有自己真正思想性的东西。罗（隆基）是一个很差的政客，他的思想全是美国书本上的一些东西。储（安平）就是一个具有自由主义思想的知识分子。如果要说有思想，杨度是有的，康有为更不要说了。至于袁世凯，虽倾向维新改革，但他根本没有什么思想理论可言，纯粹是以个人野心和阴谋权术来维护统治的。他是一个想当皇帝的人，他若不想当那个名义上的皇帝，中国的局面会很不一样，都被他弄糟了。我在《中国近代思想史论》中对晚清这些人物有过论议。

二 "评"更重要

"能看出一个新的哲学体系"

马：《批判哲学的批判——康德述评》，是"文革"后您最早出版的一本书吧？

李：1979年3月出版的，比《中国近代思想史论》早几个月。在我八十年代出版的所有书中，最重要的就是这本"康德书"。

马：主要内容是什么？

李：我以"人类如何可能"来回应康德的"认识如何可能（先天综合判断如何可能）"，认为社会性的人类物质生产活动是人类认识活动的本质和基础，认为将认识论放入本体论（关于人的存在论）中才能有合理的解释。我将皮亚杰儿童发展理论嫁接到人类学，认为以使用—制造工具的实践为根本的社会活动与人们"先验"的认识形式有重要关系，是这些普遍形式的"物质"基础。我以人类的"客观社会性"来解释康德的"普遍必然性"，认为并没有康德说的那种普遍必然的先验理性，只有属于人类的普遍心理形式即人性能力，并在物质实践—生活基础上产生，却又并非意识约定的"客观社会性"。我把康德的先验形式逐一解读为经由人类生活实践所历史形成的文化心理结构，我称之为"积淀"。我提出"积淀"应从"人类（共同）的""文化（共同）的"和"个体的"三个层面进行剖析，认为认识是"理性的内构"，表现为百万年积累形成的似是先验的感性时空直观、知性逻辑形式和因果观念；伦理是"理性的凝聚"，表现为理性对感性欲求的压抑、控制和对感性行为的主宰、决定；审美则是"理性对感性的渗透融合"。"积淀"理论重视理性与感性、社会与自然、群体与个体、历史与心理之间的紧张以及前者如何可能转换成后者，并着重个体的独特性和创造性，以获得人的自由——认识的自由直观，伦理的自由意志，审美的自由享受，等等。

"人是什么"是康德提出的最后一问，康德晚年走向人类学，未及完成的"第四（历史）批判"是康德哲学的终点，却正是我的历史本体论的主题。生活—历史的暂时性和积累性是我关注的要点。"历史本体论"特别重视操作活动对认识的基础作用，从而对科学技术和社会生产力的发展采取肯定态度，因为它带来"人活着"在物质方面的巨大改善。但又非常重视由现代科技发展所带来的各种可怕的异化，认为"人活着"正处在双重异化之中——异化的感性使人成为纵欲的动物，异化的理性使人成为机器的奴仆，"人是什么"因此变得很不清楚。根据我的积淀理论，人不应只是理性主宰感性，也不只是感性情欲动物，而是理性如何渗入、溶解在感性和情欲之中，以实现个体存在的独特性。因此，我设想第二次文艺复兴。第一次文艺复兴使人从神的统治下解放出来，今日的文艺复兴是人需要从机器（科技机器和社会机器）的统治下解放出来。这解放不是通过社会革命，而是通过寻找人性。

可以再提一下，由于对大讲或只讲阶级性的疑惑，是促使我五十年代写中国抒情诗长文和七十年代末写主体性第一提纲突出并持续研讨人性问题的由来。由马克思的"向外走"转到我的"向内走"，"康德书"显示了这一特征。文化心理结构、情本体也均由此而展开。

马："批判哲学的批判"——好拗口的书名呀！

李：最初拟定的是《康德新解》，因为当时的政治环境，未能采用。中文版书名一直是《批判哲学的批判——康德述评》（英译本又改为：

泽厚同志：

您好！

来信悉，盛暑中尽读大作，一付清凉剂也。

在这部书里，您对德台尔慈和牛顿这一根本思想四是表现得很显明的。反而言之，不是就"科学与民主"这个老口号吗？康德在这里所谈的是，探讨一套上帝存在的道德证明，但其思想革新的神子，逮是很光耀的。唯所能早日见者，是逆化荒芜得不成样子的国地，得好成果。

书中有关第三部批的的外文按原作复核了一遍，基本是用引号话而又不失其意的。其中作了些改动，其目的，与其说是切近原作，勿宁说是更突出您的论点，当然也是更切近原作。末必尽要，请审度去取。收政

敬礼

苗力田
七月十五日

上世纪70年代末，苗力田致函李泽厚，谈《批判哲学的批判》

《康德新探：一个儒学—马克思主义者的视角》）。何谓"新解"？即想在叙述、介绍、解说和评论康德哲学的过程中，初步表达自己的"人类学历史本体论"哲学思想。所以，"评"是我当时更重要的目的，也即以马克思为基础，重新提出康德的问题，然后再向前走。这是《批判》一书相当明白讲过的主题，有趣的是，一直没人注意。

马：关于这本书，我存有苗力田先生给您的信，信中说："盛暑中展读大作，一付清凉剂也。……唯盼能早日见书，是（使）这片荒芜得不成样子的园地，得其硕果。"并说书中的康德引文"基本是用引灵活而又不失其真的"，等等。

李：这里有一个故事。"四人帮"垮台的那个 10 月份，我就把这本书交给商务印书馆了。商务请苗力田先生审稿，我怕译文有错，特别请他注意。但后来商务迟迟不出。商务最喜欢拖书啦，我一气之下，就把它抽了回来，当时很少有人这样做。后交给人民出版社，很快就出了。当时没有书嘛。开始我还怕没人买，《批判哲学的批判》，"大批判"是一个字，我两个"批判"，人家怎么受得了？没想到这书一下子反应很好。商务后悔了，负责人到我家，说很后悔没出，想约请我写本关于黑格尔的书，我没有写，但心里动了一下。我想真要写出来，也不会太差。不过我更想写的是海德格尔，但我德文不行，搞海德格尔不懂德文是根本不行的，不像康德。据说德国的学生看康德宁可看英文本，比较好懂，也不知这传说确否。康德有好几种英译本，可以参照着看。

马：我还看过一封美籍华裔数理逻辑学家王浩先生给您的信，其中说对这本书"非常佩服"。

李：他看了《批判》，说很喜欢。他说这本书应该翻成英文，但问题是，懂康德的，看不懂中文，汉学家又不懂康德，所以很难找到合适的人。1982—1983 年，我作为访问学者，在美国威斯康星州，他来看我，当着林毓生的面说："我崇拜你！"弄得我很尴尬。林当时就说"我不崇拜"。我说你是大名人，贡献那么大，不应该这样说。他说他的这点贡献

49 岁的李泽厚（1979 年秋于北京十渡）

二 "评"更重要

不算什么,"那很容易,真正难的还是哲学上搞点东西"。他说从《批判》里已经能看出一个新的哲学体系。几十年也只有他说过这话,印象至深。当时心中暗想,毕竟有识货的。

"有思想史意义"

马:出版之前,您的同事知道吗?

李:不知道。书出来后,很多人大吃一惊,因为我在所里从来不讲我研究的这些东西,大家从来没想到我会写这样的书,只知道我是搞美学和中国近代思想史的,而且我不懂德文。

其实我也学过德文,1956年。当时有个德国人蔡司伯格(W. Zeisberger)教我们,记得有叶秀山、梁志学(梁存秀)、葛树先、钱广华、顾敏珍等。他一边教,我一边自学,但达到的最高程度只是捧着字典能够看点恩格斯,后来就全丢了。我在大学里学过一点,这次又学一点,两次都丢了,正如当年用功学过的俄文那样。叶秀山坚持下来了,坚持得最好的是梁志学,所以我们开玩笑说,那个班就培养了一个梁志学。这个班1957年12月底就解散了。

马:哲学所的同行怎么看待这本书?

李:书出版后,我送给一些精通德文又研究康德的专家,包括梁志学、王玖兴、苗力田他们,都送了两本,一本给他们,另一本请他们指错,也不用改,就在下面划一道线就可以,还给我,再版时好改正。可是后来我找过他们,都没给我,说是没找出什么来。我想这大概是客气话,但当时我却是认真的。像牟宗三研究康德,其中就有错,尽管牟译了三大批判,但基本精神把握错了。像"内在超越",康德没有那个思想;像"智性直观",牟从认识论搬到了伦理学,和神秘经验接通,而康德是反对神秘主义的。牟也是从英文读的,但这些问题和读英文没有关系。

马：这本书体现了您独立思考的理论勇气和超前意识，出版后影响极大，许多学人给予极高评价："第一次真正体会到哲学的魅力"（崔之元）；"它对于中国意识形态以至政治的影响不亚于康德、黑格尔的哲学著作对于德国资产阶级革命的影响。它直接开启'文化大革命'结束后的思想启蒙运动"（陈望衡）；"它是新时期哲学、美学思想的一个非常集中而系统的表达。它预示了'新时期'的许多自由、理想和意识形态，是一本有思想史意义的著作"（张旭东）；"在用康德解释把握时代命脉甚至推动时代精神的意义上，李泽厚无人可比"（丁耘）；"对于刚刚改革开放的中国文化思想界来说，无疑是一个非常重要的哲学事件、理论事件或思想事件"（宋伟）；"我认为那本书是二十世纪中国思想者绝对的精品，某种程度上，等于是中国最好的思想者在和世界最好的思想者对话"（黄道炫）；等等。

李：首印三万册，很快卖光，似有洛城纸贵之势。当时的年轻人至今还对我说，他们知道什么是哲学是自读这本书始。说法似颇夸张，查来倒也平实。只要稍事翻阅 1949 年以来大陆出版的哲学和哲学史著作，便可知晓。《批判》一书，从内容到形式，从观念到结构，不但大有异于常规，而且还有"离经叛道"之势，从而也就被人（主要是青年一代）刮目相看。

初版后记我本来引用了龚自珍的一首诗。出版时接受了一位好心人的建议，删去了。自己从小喜欢龚的某些七绝，大概属于偏爱，这首也是其中之一。后来被一位台湾学者猜到所要引龚自珍的诗为："河汾房杜有人疑，名位千秋处士卑。一事平生无龁龁，但开风气不为师。"（《己亥杂诗·一〇四》）

马：我在一篇文章中看到，八十年代胡乔木读了《批判》一书，给您写过一封信，其中说："可惜我读得太晚了"。

李：有这事。

THE ROCKEFELLER UNIVERSITY
1230 YORK AVENUE · NEW YORK, NEW YORK 10021

泽厚教授：

谢谢九月十五日的来信。

最近看到有一 Distinguished Scholar Exchange Program，其中提到社会科学院也参加，可惜只是一到三个月，时间不久。此外听说有 Fulbright Program 多为美国学者到外国来交流。

大作《批判哲学的批判》翻阅过多次，非常佩服，但是很难提出多少具体意见。对西方读者而言，似乎多了一些框框，革命导师的话并不是那证明便是真理。对西方恶克思主义很难派到很多，好像不弹一扫而空定。

又关于近代思想史的大作中曾提到文革一代为中国未来的希望，看了很兴奋，但好像未有多少发挥。

近来看些康德和 Peck 教授通信请教，他很肯帮忙。

我他讨论，很愿代转遮信件。

批武兄在此曾谈了不少，现在各地回期北京，此信烦请他转。

即颂

研绥！

王浩谨上 九月廿七日

（呆柳柳作三十年的批评组中有但有些字看不清。）

八十年代，王浩致函李泽厚，云："大作《批判哲学的批判》翻阅过多次，非常佩服。"

马：有学者将这本书与邓小平联系起来："李泽厚致力于将抽象的康德主体论历史化为具体的中国问题。……邓小平的改革开放迫切需要一种修正主义的马克思主义理论，来印证其摒弃阶级斗争发展经济的合法性。李泽厚对于物质生产实践的论述，似乎与改革派的意识形态转向隐隐相合。……李泽厚的哲学论著并不是在象牙塔中独自沉思的结果。与此相反，李泽厚的哲学总是对接踵而至的社会危机和政治例外状态的一种回应。"（涂航：《回到康德：李泽厚与八十年代的启蒙思潮》）

李：我的"康德书"是在"文革"时写成，交稿在邓小平上台之前。非常有意思的是，尽管我一点也没想去联系现实的政治、经济，但我所主张的"建设的马克思主义哲学"恰好与邓小平以后提出的"以经济建设为中心""科技是第一生产力"的"改革开放"路线平行一致。我现在这个理论还是没人注意，但我认为还蛮成功的。

马：所以有人说，您事实上是邓小平改革路线理论的重要来源。九十年代初，有一篇文章，标题我还记得，叫《"李泽厚与邓小平完全一致"的神话》，发表在当时著名的《中流》杂志上。

李：这是批判我的一篇重要文章。可见很多人都认为我跟邓小平是一致的，所以才有批判我的文章。我认同邓小平的改革开放路线，但来源不是我，谁也没有影响谁，这可能是岔开的两条平行线，却共同反映了当时社会的总趋势、总要求。这就很有意思。

我对邓小平的评价一直很高，他很了不起。他上台后的二十年，中国产生了空前巨大的变化。邓是一个经验主义者，他的观点没有改变，但是形势逼着他慢慢地走。我看过材料，包括后来的经济政策，也是在那个形势下慢慢地变出来的。为什么我讲邓小平会搞改革，他看着形势，慢慢变，他有这个气魄。1987年，邓小平要闯物价关，搞得一下子物价涨了，他知道不行，就收回去了。所以邓小平讲摸着石头过河，他是最接受经验的。八十年代，搞政治体制改革他也讲了。但你若打乱他的秩序，打乱他的部署他是不干的。他能够在旧的体制下搞特区，当时有很多老人对这一套不满意。他在1992年视察南方时又做了那样一个我认为是"扭转乾坤"的讲话,很了不得。他从让人民富裕、发展生产力这个角度去总结过去的教训,不迷信意识形态,这是他的长处。他提出的"不争论"是极具智慧的。他善于运用常识,这也是"实用理性"。

儒学、康德与马克思三合一

马:您在《康德新解》英译本序(2016)中说,"人类学历史本体论"是中国儒学、康德与马克思三合一。那么,在这本"康德书"里,这个"三合一"有没有体现?

李:或明或暗的都有呈现。但写作本书时,正值毛泽东发动批孔大运动,我不可能谈儒学,而且这毕竟只是一本讲康德的书,所以必须与我几乎同时写作、发表的其他著作(如《孔子再评价》),特别是以后的著作和这些著作中提出的"度的本体性""实用理性""乐感文化""两种道德论""情本体"等联结起来,才能充分看到这个"三合一"。

例如,在认识论,我回答康德那著名的"感性与知性的不可知的共同根源"的问题,认为它不是先验想象,而是人类实践,即认为感性源于个体实践的感觉经验,知性源于人类实践的心理形式。康德归诸"先验"的知性范畴和原理,我以为是百万年人类的独特实践对心理形式的塑建成果。它通过语言和教育(广义)传递给后代,代代相传,对个体来说,成了"先验"。"康德书"突出以客观社会性来替代普遍必然性,就是以实用理性和"一个世界"观来倒转那个并无由来的"纯粹理性";就是强调人通过行动中所不断把握、创造、开发的"度的本体性",来建立各种确定的客观社会性,以替代那所谓普遍必然的本体世界。对人类学历史本体论哲学而言,不可知只可敬畏者是宇宙为何存在的物自体,即宇宙本身,亦即我所说的"理性的神秘"之所在。这个"只可思之,不可知之"的物自体及其"宇宙与人协同共在"等根本设定,使"一切发现均发明"的认识论具有无比开拓的前景。所有这些，可能不会被有"两个世界"悠长背景的西方学人所接受，却正是基于中国传统而可作出的现代解说。

例如，在伦理学，康德著名的三条"绝对律令"，我以为其中"普遍立法"和"自由意志"两条，也是百万年人类心理塑建的形式结构。"人是目的"则并非"绝对律令"，它是具有某种普遍性兼理想性的现代社会性道德。道德是以理性而非情感为基础，观念是理性的内容，它随时代、社会、文化不同而变迁，理性的形式是意志，它是自古至今人类道德行为和心理的普遍必然性的（仍乃客观社会性的）不变结构。

美学方面当然也是如此。它更涉及个体身心、感性理性的水乳交融等等。

总之，对个人来说的"先验"，实际上是人类总体经验所历史地积淀而建立的，这就是"人类学历史本体论"所说的"经验变先验，历史建理性，心理成本体"，也就是 A New Key to Kant 的 Key。它是以中国儒学为基地，接受马克思，对康德作出的一种新的理解和解说。

达尔文以自然进化谈了人类起源，现代社会生物学论证人与动物的相同相似，认为动物也有道德、审美甚至政治等，"康德书"接受达尔文，反对后一学说和潮流。达尔文的终点是我另开炉灶的起点。我认为"人是什么""人类如何可能""人何以为人"已非自然演化所能决定或解释，而属于人类自我塑建的问题。从本书开始，到我后来的论著，我一直从中国儒学特别重视人兽区分这一根本观点出发，提出人类心理的文化历史积淀，认为尽管许多动物甚至鸟类也使用工具，但人类为维持生存，百万年必要而充分地制造—使用工具的群体实践，使人类突破了基因极为接近的黑猩猩之类的动物生活，萌生了理性、语言（主要是动物所没有而与制造使用工具有关的语义），从而，逐渐开启、产生、决定了对待自然和对待群己关系不同于动物的客观社会特征，开启、产生、决定了逻辑、数学、各种符号系统等不同于动物的人类认识形式以及伦理规范、道德律令等不同于动物的行为方式；并且由后者（伦理）引发出前者（认识）。我特别重视的正是它们以后长久的独立发展，反过来不断地构造人生和生成现实，使人类获有了超生物的肢体、性能、存在、价值和独有的主体性（subjectality，实践、行为、活动）和主观性（subjectivity，心理、认识、审美）。也正是负载和积淀着这种历史经验，才使语言成为存在之家。尽管以此为基础的现代文明带来了各种祸害灾难，但总体来说，毕竟利大于害，使人类生活迈进了一大步，这正是今日儒学所应重视和书写的"人类简史"。"康德书"未能展开这些，只是通过论述康德，作了一个隐秘的导论。

马：为何还要加上传统儒学呢？

李：我以为马克思、恩格斯论证了人类社会物质生存的历史层面，而没有着重探讨人的内在心理。儒学则强调"内圣开外王"，人性始终是儒学的中心课题。我从哲学上提出了"文化心理结构"（cultural-psychological formation）和"情理结构"（emotional-rational structure）等概念。在科学上，我认为脑科学、心理学和教育学，将以实证地、具体地研究人性而成为未来学科的中心。而这又恰恰是对"人是什么""人性是什么"的根本问题的新解。因此我说人类学历史本体论是以中国儒学为基础与康德和马克思的三合一。当然，这个"三合一"只是主体，其中还吸取融入了好些其他的中外学说和思想，包括海德格尔、维特根斯坦、杜威、皮亚杰等等。

意犹未尽

马：这本专著三十多万字，在您的论著中算是大篇幅的了，但读后仍感觉许多地方点到为止，没有充分展开。

李：这本书是"四人帮"刚垮台就交出的，当时"凡是"气氛仍浓，虽心怀异数，却不能大事声张，只字里行间略显消息，好些思想还没有充分展开，许多地方只是点到、暗示一下而已，但即使是一两句话，如能引起注意，在当时我以为便是很有意义的事情。而章章节节均大引马列，以为护符。今日看来，必觉奇怪；但于当时，乃理所当然。

记得王玖兴当时很惊讶，很欣赏，说许多人都没有注意到我讲 things themselves 和 thing itself 的区别，就是物自体分为单数与复数，这个区别是很重要的。我是讲单数的那个 thing itself，作为整体。很多问题，要仔细扣才行。但至今为止，我也仍然认为那里面还有一些非常重要的观点没被人发现。

马：您当时在书中提出的观点，后来有没有变更？

李：有个别观点，在后来有所改变。比如，关于"物自体"。在写《批判》一书的七十年代，我并不认同这个不可知的"物自体"，当年认为没有什么不可知。到后来，我否定了自己的这个观念，相反，我特别强调了这个只能敬畏却不可认知的"物自体"，在《论实用理性与乐感文化》（2004）一文中明确表达了这一看法，强调了敬畏或畏敬，这是以前所未表达的，并把它与"美学是第一哲学"的论证联结在一起。

又如，关于辩证法。《批判》一书在当时的写作情境和认识水平下，至少在表述上是以肯定的态度来讲从黑格尔到马克思的实体辩证法，即认同了辩证法是客观世界或事物所具有的普遍规律。直到《论实用理性与乐感文化》（2004）才明确否定任何客观实体辩证法，即它并非事物或对象本身的性质，强调辩证法只是人们在"存在层"的认知方法，并与"操作层"认知方法的逻辑—数学相区分。

马：《批判》从初版到现在，已出了六版。

李：第一版附了一个批判"苏修"的文章，为了划清界线什么的，再版就删掉了。第一版附录里还有一个年表，不是我搞的，是商务印书馆一位学兄搞的，后来也不收了，因为这是别人的劳动成果。

这本书先后一、二版于人民出版社，三版于安徽文艺出版社，四版于台湾三民书局，五版于天津社科院出版社，六版于北京三联书店，每版均小有删改。"述"的部分没有改动，"评"的部分稍有增删，有时只改动几个字,但很关键,各版均如此。其中比较重要的是1985年人民版修订本和2007年三联书店"三十周年修订第六版"。

马:第六版是您到海外后的修订,应该有更多的思考在里面吧?

李:这是我的最后一次修订。"要点"是更突出了康德的最后一问"人是什么",突出地将"文化心理结构"的主体(认识、道德、审美)界定为"人性能力"(人性的主要特征和骨干)作为"人之所以为人"来解说康德。"人是什么"迄今并无解答,"人性"更是古今中外用得极多但极不清楚、非常模糊混乱的概念。这次修订本的上述界定,自以为重要。其次,有关伦理、政治、历史观的部分则从文字到主旨均有变更,修订得最多,以更明确的赞赏态度表述了康德"告别革命"、言论自由、渐进改良、共和政体、永久和平等论点,并重提"要康德还是要黑格尔""回归康德"等问题,认为康德从人类学视角所追求的普遍性和理想性,比黑格尔和现在流行的强调特殊、现实的反普遍性具有更久长的生命力。但这并不与初版强调以使用—制造工具界定实践作为基础的人类学本体论相矛盾,而且还把它和"经验变先验,历史建理性,心理成本体"的文化心理结构(人性能力)的主题更加突出了。此书本意也并非专讲康德,而是通过康德与马克思的联结,初步表达了自己的哲学主张。最后这一次修订使这一点明朗化了。

但这毕竟是一本四十多年前的书了,而且是写在当时中国的情境中。如果今天来写,肯定很不一样。但我已年老体衰,无力再作,包括书中留下的许多缺陷和时代印痕,也不能修改、订正了,深感愧疚,读者谅之。

"交了第一本考卷"

马:《批判》之后,您那几篇主体性哲学论纲(《康德哲学与建立主体性的哲学论纲》《关于主体性的补充说明》《关于主体性的第三个论纲》

《第四个论纲》等），更是引起了思想界的极大关注。

李：篇幅都不大。论纲的内容就在《批判》里，是《批判》的概括和发展，明确提出了自己的哲学思想。后来出版的《历史本体论》《实用理性与乐感文化》《人类学历史本体论》等，也不过是《批判》和这些论纲的补充、扩展与完善。

马：特别是那篇《康德哲学与建立主体性的哲学论纲》，给我的印象非常深。1981 年 1 月冯友兰先生读了这篇提纲后写信给您，其中说："接到《提纲》，我一口气读完，得到启发不少。你指出了中华民族的历史任务，而你已为此任务起步走，交了第一本考卷，任重道远，但起步是正确的，欣慰之至。"

李：这个提纲写于 1979 年，我是故意发表在一个很不显眼的由许多人写的《论康德黑格尔哲学》文集（上海人民出版社，1981）里，原来只想有少数人注意就行了，不料很快许多青年学人便发现了。当时就有一个上海的学生写了一篇文章，把它与《共产党宣言》并列到一起，说这是马克思主义在中国的崭新发展，甚至是里程碑等等。我大吃一惊，那还了得，赶紧回信说，你不能公开发表这篇文章。

这些提纲和《批判》"评"的部分，是我八十年代全部著作中最为重要的方面，后来把它们汇编为《我的哲学提纲》（1990）一书，台湾出的，算是对朋友们多次建议我写哲学专著的某种回应。这本小书曾收入《李泽厚十年集》《李泽厚论著集》中。

马：包括当时影响巨大的"文学主体性"，也来自您的这几篇论纲。

李：但他有他的思考，引申出一大片，发挥了创造性，在文学界造成很大影响，比我在哲学界的影响大得多。

马：八十年代您提出"要康德，不要黑格尔"，引来不少争议。

李：引起了批判，因为马克思是继承黑格尔嘛，否定黑格尔，似乎

冯友兰读《康德哲学与建立主体性的哲学论纲》致函李泽厚
(1981年1月)

就是要否定马克思。其实这不是我说的，当时德国有一个哲学大会的标题就是"要康德，还是要黑格尔"。我讲两个都要，但如果非要我选一个，那我还是选择康德吧。但我并没有否定黑格尔，黑格尔对我影响也是很大的。

回到康德的含义

马：在《批判》及以后的一些书中，您都讲过"回到康德"这个问题，可否趁此机会再谈谈？

李：我在好些书里讲"回到康德"，其中包容了一些并不相同的意思，有不同的内容和含义，既然你提到，我就再概括澄清一下：

1979年出版的《批判》的"回到康德"，是从黑格尔的总体、理性、必然，回到个体、感性、偶然，同时也由社会回到心理。

2007年出版的《批判》第6版的"回到康德"，是针对当前，加上了一层意思：从后现代和新左派强调的特殊性和现实性，回到康德的普遍性和理想性，也就是强调了康德所讲的普遍价值。

2006年出版的《李泽厚近年答问录》中，则强调要重视康德的"辩证篇"，强调区分先验与超验，指出超经验地运用范导理念造成先验幻相，与此紧相联系的便是由列宁回到伯恩斯坦。

在美学上，是"回到康德，恢复美感"，反对后现代艺术用概念取代审美。后现代精英艺术是极度发展的金融资本社会和西方强势话语权力支配下的宠物。它故意要与舒适的、享乐的、纯感性快慰的日常审美相对立，以丑陋的刺激指向概念，成为美学中"四集团要素"的某种变态。现在要反对变态，恢复常态。

马：2011年与刘绪源先生的对话中，您也谈到"回到康德"这个问题。

李：再谈"回到康德"，是重复突出研究心理和人性。这"心理""人性"不是休谟式的经验心理学（经验的细致描述和科学研究），而是"先验心理学"，是从哲学上讲心理的结构和形式，它落实到经验证实，是未来脑科学的课题。其实十九世纪的好些大家如朗格、策勒尔、泡尔生以及狄尔泰都认为康德哲学的基础是心理学，但一般都是指经验心理学，没强调这是对心理的一种先验假定，是先验心理学或哲学心理学，并非经验的心理科学。

哲学上，黑格尔把康德"人是什么"的"先验心理学"变为"精神是什么"，构造了理性吞并一切的思维的逻辑本体论；海德格尔把康德的"人是什么"变为"存在是什么"，构造了个体向死而生的激情的基础本体论；我希望把康德的"人是什么"变为"心灵是什么"，构造人类向个体积淀生成的历史本体论。海德格尔虽从"人是什么"出发，却绝对摈斥人类学、心理学的一切经验阐释，突出活生生的个体有限性所应紧紧把握住选择和决定未来可能性的"去在"（此在）。但这个完全摈弃经验和科学的"去在"，却成了危险的空洞深渊。只有回到"与他人共在"的"非本真"，亦即人类学、心理学的世间生活中来，才能真正让个体紧紧把握这"去在"，对命运作出自己的选择和决定。我以为，这样才回答了康德的问题。

马：这就是您从《批判》开始的"正读"康德？

李：对。可见，所谓"回到康德"，并非真正回到康德的先验哲学，而是恰恰相反，把康德翻过身来，即以马克思（工具本体）来作康德（心理本体）的物质基础，而这基础，又是以人的物质生存—生活—生命亦即中国传统的"天行健""太初有为"为核心的，这样才能扭转海德格尔的方向，突破前面说过的以逻辑—理性—语言为核心的西方哲学，成为"走出语言"的重大转折。

三　美学热

为何偏偏是美学热？

马：新时期，在思想文化界首先出现的是"美学热"。从广义上说，前面讲到的"朦胧诗""星星画展"，都是当时美学热的一种反映。讨论形象思维算是"美学热"的开端吧？

李：契机就是发表毛泽东讲形象思维的一封信，说"诗要用形象思维"，它也可以说是美学讨论的序曲、先声和一个组成部分。1949年以来有过两次"美学热"。第一次是五六十年代的美学大讨论，第二次发生在改革开放以后。第二次美学热中活跃的中年人大多是通过第一次美学讨论引起了兴趣，以后选择了美学。在这个意义上，可以说第二次美学热是第一次美学热的继续和发展。二者的差别在于，第一次美学热是自上而下，而第二次是一种群众性的由下而上，很多青年人当时对美学有一种狂热的兴趣。

马：改革开放之初，百废待举，经济学等本应最先成为显学，为什么偏偏是美学？

李："文革"十年，毁灭文化、毁灭美，丑恶的东西实在太多了，以丑为美的现象也实在太多了。在所有报刊中没有"美"这个字，谈美就

1980年于昆明。自左至右：洪毅然、李泽厚、朱光潜、伍蠡甫

是资产阶级。养花都是资产阶级。一些野蛮的、愚蠢的、原始的行为也被说成是革命的，给人们的教训太深了。当时，社会从"文革"中刚刚过来，人们对于美的追求、对生活的正常追求被压抑被扭曲得太久了。这样，寻找什么是美、什么是丑，就带有很大的普遍性。有些年轻人告诉我，他们就是为了追求一种美的人生理想、人生境界而对美学有兴趣，研究美学的。一般人也都讲究一点穿衣打扮，把自己的房间、环境、家具弄得好看一点。只从这一点看，就可以了解当时美学为什么会有那么大的普遍性。也就是说，"美学热"不简单是一个学术问题，还具有深层的社会含义。比如，在七十年代末八十年代初，就有过几次反复，穿喇叭裤、留长发，便都被说成是资产阶级，是精神污染。到底什么是美，便成了一个大问题，讨论美便有了非常具体的现实意义。可以说，"美学热"象征着也带动了整个社会的复苏。

另外，一些本来是伦理学问题的，都以美学、趣味、风尚问题出现。伦理学在西方是非常重要的，比美学重要得多，但伦理学在当代中国一直讨论不起来。为什么？因为它与政治的关系太密切了。一讲伦理，就是共产主义道德，这就讲不清楚了。与伦理学相比，美学的自由度要大一些。

马：文学艺术方面的问题也引起人们对美学的兴趣。

李：那时文学非常热，而对于什么是美的成功的作品，官方和民间的认识往往有差别，甚至相反。人们就追问：到底什么是美的成功的作品？判断一个作品的标准到底是什么？这些问题与美学有密切联系。因而，美学热对突破十七年那套文艺理论起了很大的作用。那套文艺理论不讲美学规律，都是政治原则，从美学这方面突破，成绩很大。

马：当时还召开了一次全国美学会议，对美学热起到了推波助澜的作用。

李：那是1980年，在昆明召开了第一届全国美学会议，会上成立了中华全国美学学会。周扬很支持美学，他担任了名誉会长，朱光潜任会长，王朝闻、蔡仪和我三人任副会长。会议结束后，好些著名报刊发表了纪要和侧记，许多报刊纷纷发表美学论文进行争论。

马：当时"美学热"持续不衰，越来越多的年轻人或自觉自愿或情不自禁地卷进这个热潮。

李：记得当时有工厂、医学院请我去讲美学，当然我没有去，有些人去了，讲了一通。（笑）工厂讲美学，很奇怪吧。女工也买美学书，买回来一页也看不懂，她买的是黑格尔的《美学》第一卷。在大学里，甚至理工科、医科，也开设了美学课，理工科、医科开设什么美学课呢？我便遇到过搞环保工作的女大学生，学自然科学的研究生，年轻的海关检查人员，僻远乡村的中学教师……美学的书出了一大堆，在书店里占据显赫位置，其他没有什么书。刊物也是这样，美学刊物就有七八种，影响很大。美学变成了一个大家族，这是古今中外都没有出现过的罕见现象。这完全出我意料，是以前根本没想到的。所以我说"美学热"是一个很好的博士论文题目，把这种事情放到特定的历史语境里看，是很有意思的，也很值得研究。外国人根本不了解。

马：这场"美学热"后来就消退了。

李：从学术的角度考察，"××热"往往伴随着肤浅、赶时髦、凑热闹、哗众取宠、故作惊人语、立异以为高。美学热恐怕也不例外。我在1985年就提醒人们，美学太热并非好事，已经把某些人热昏了头。美学热在学术界乃至社会生活中表现出了严重的俗滥倾向，美学变成了一块招牌，"爱情美学""军事美学""新闻美学"等等都出来了，什么都挂一个美学，荒唐！所以后来"美学热"就出现了退潮的趋势。

"大美学"杂志

马：您的"实践美学"无疑是处在第二次"美学热"的中心地位。

李：我自己从来没用过"实践美学"这个词，包括我在五十年代所写的文章里，也没用过这个词。我讲"实践"讲得很多，当然也讲"美学"，但从来没有把这两者合在一起叫"实践美学"。这是别人加在我头上的。在本世纪初的一次讨论会上，我才第一次表示接受这个词。以前我为什么没用"实践美学"这个词？原因很多。其中之一是这个概念不清楚。什么是实践美学？凡讲实践的就是实践美学？……但是，为什么后来我又表示愿意接受了呢？我在吸取海德格尔、马克思的教训，别人说海德格尔是存在主义，他不承认。但是，不管他承认不承认，现在人们认为他还是存在主义。马克思说他自己不是马克思主义者，可是今天人们仍然称呼他是马克思主义者。你说不承认吧，人家就这么认为你是这个。

所以，我现在承认"实践美学"这个叫法。当然，实践美学是一个开放的词，各人可以有各人的看法，不必统一。有人把蔡仪、朱光潜和王朝闻等人的美学，都叫实践美学，这当然也可以，但与我所理解的实践美学没有多大关系。

马：八十年代，您曾任社科院哲学所美学室的副主任（后来是主任），都做了哪些与美学有关的工作？

李：与职务无关，我从来不接受任何官职，当时它也不与工资、级别挂钩。但成立美学室后，由于主任齐一（老干部）放任，实际确是我在主持。齐一是难得的好人，我2006年去三亚看望过他，也是我出国后看望过的唯一的哲学所的老人和同事。回想起来，当时主要做了三件事，都是有意识去做的。

一是主编《美学》杂志。一年一期或两期，当时大家的反响还是比较好的。挂的名是哲学所美学研究室与上海文艺出版社合办，实际没有什么编辑部，就我一个人在干，从策划到组稿到审稿到发稿。一个人做完全可以，人多反而扯皮。我那时不论门派，不看人，只看质量，无名小卒，只要文章好，我都用。大名人的文章，倒不一定。

三 美学热

马：《美学》是中国当代第一本专业美学刊物，非常有名，从创刊到停刊，历时八年，出版七期。后来为什么没有持续办下去？

李：这本杂志因为开本较大、每期字数多、影响大，人们称之为"大美学"。1980年出版的第二期，发表了从美学角度重新翻译的《1844年经济学—哲学手稿》，是朱光潜先生节译的，由此引发了美学界持续多年的《手稿》研究热，推动了中国美学的研究。后来逐渐感觉文章太一般化，而要深入下去，也不是短期可以做到的，于是就停办了。刘纲纪当时想接手，在武汉出版，由于种种原因，最后没有搞成。

美学译文丛书

马：另一事，应该是您主编"美学译文丛书"吧？它是最早的一套大型丛书，是新时期西学东渐的先锋，当年非常畅销，影响极大。计划出100种，实际只出了50种。

李：五六十年代大陆基本上看不到西方的东西，我倡议并着手这套丛书是在1980年第一次全国美学会议前后。今天难以相信，编这种与政治毫无干系的丛书，在当时仍要冒某种严重风险，现在的年轻人都不会理解。翻译西方的东西是禁区，是了不得的事情。一些人都好心劝我，翻译这些东西可能会是一个罪名，因为你是在贩卖资产阶级的东西。但我感到高兴的是，这几十来年，在好些有关美学、文艺理论批评以及其他论著中，常常见到引用这些丛书中的材料。这说明，尽管有缺点，这套丛书毕竟还是有用的，是有益于广大读者的。我坚持"有胜于无"的原则，虽多次被人严厉指责，也可以无悔了。

这里要说明的是，在当时艰难的情况下，滕守尧不但与我分担风险，而且大量组稿、约稿、催稿、审稿、定稿以及与各出版社打交道办交涉，种种学术性事务性的繁复琐细的工作，全由他一人包揽。其实，他也并不善于打交道、搞人际关系，这点和我有点相似，而且他的时间、精力也毕竟有限，真是难为他了。所以，这套丛书，主要是滕守尧的功劳，没有他，便不会有这套丛书。许多人不知道这一点，他也一直不吭声。我要他共署主编，他因顾虑客观环境，坚决不肯，这对我倒形成了"掠人之美"的心理负担，今天一吐为快。

这套丛书是所有丛书里最早的，进度却是最慢的。我多次称之为艰难牛步，但也没法，我们太不善于办外交了。可庆的是，其后不久，由年轻学人主持的各种丛书大量出台，许多大家、名作迅速译成出版，三联在这方面做了重要工作。"日月出矣，爝火自甘熄灭"，"美学译文丛书"的工作便自行停止。

马：也有人对丛书提出了不少批评。

李：这套丛书有很多不足，有好些重要著作，如杜威的《艺术即经验》，杜夫海姆的《审美经验现象学》，阿多诺的《美学理论》以及海德格尔、维特根斯坦、贡布里希、本雅明等有关论著，或因未找到译者，或因译者未完成译事，以致均付阙如。已出版的原作水平也参差不齐，有的质量颇差因某些原因勉强收入。有两种的译文质量曾受到批评甚至金戈铁马式的讨伐责骂。其中，有批评正确的地方，对此，我应承担一定责任。作为主编，我并没有审阅每部稿件，最多只是翻阅一下，好些未曾过目。除了懒惰之外，精力、时间和外语水平有限，都是原因，总之是失职，我谨在此向读者致歉。

但这套书中的某几种，并未征得我的同意（甚至滕守尧也不清楚），便被放进去出版了，出版后并未给我，有的至今我也未见到。

马：记得您还主编过一套《美学丛书》？

李：对，出了好几本。当时我还担任过《中国大百科全书·哲学》美学学科主编，副主编是马奇、蒋孔阳，成员有朱狄、刘纲纪、杨辛、张瑶、赵宋光等。我只写了一个总括性的"美学"条目。因自知能力有限，我以后坚决谢绝了各种担任"主编"的邀约。

三　美学热

与刘纲纪主编《中国美学史》

马：第三件事呢？

李：就是与刘纲纪先生一起主编《中国美学史》。1978年哲学所成立美学研究室讨论规划时，我提议集体编写一部多卷本的《中国美学史》。因为古今中外似乎还没有这种书。虽然，譬如美国的托马士·门罗在六十年代写过《东方美学》、日本今道有信著有《东方的美学》，但我总觉得不但许多看法和我们很不一样，而且都嫌太简略，如有的由先秦一下就跳到魏晋，根本不讲汉代，等等。总之，篇幅和分量都很不够，都不是一部真正的中国美学史。

尽管各种准备条件（如资料的搜集整理）还可能不够成熟，很可能要犯各种错误，但我想，无论如何，总该一试才好，即使积累一些失败的经验也值得。于是就不顾某些同志的不以为然，提出了编写本书的建议。室内、所内的同志和领导都欣然赞成，积极支持，把它列入国家重点科研项目，并要我担任主编。我和大家都很高兴。

为准备写作此书，我整理了过去的札记，出了《美的历程》，想粗略勾画一个整体轮廓，以作此书导引。室内外一些学者积极地分头撰写。聂振斌写了墨子、王充的初稿，韩德林写了孔子、孟子的初稿，陈素蓉写了庄子的初稿，郑涌写了荀子的初稿，韩玉涛写了孔子以前的初稿，刘长林写了韩非、阴阳五行的初稿，王至元写了老子的初稿，高尔泰写了屈原的初稿，只有我这个主编没有写。当然也动笔拟过一些提纲，对各章的基本观点、脉络提出过一些看法和意见，但还是"主"而未"编"。

马：刘纲纪先生当时在武汉大学，他如何成为《中国美学史》主编之一呢？

李：因为，我不久发现，由我做主来不断地确定许多人写作的内容、观点、格局、形式、进度，并把许多人的文章编改成一本系统的书，使其风格、观念大体一致，是件异常艰难、非我性格和能力所可胜任的事情。会聚多人编书，似乎是六七十年代的常规盛事，也成功地编写出版过一些著作。但我不自度量力，贸然承袭此风，却只有自讨苦吃了。加上自己还要忙于别的一些工作和写作，此书就一再拖延下来。幸亏1980年我已把刘纲纪拉来帮忙。开头他也只是分担部分章节，但他写得很快，也很系统，也非常赞同我提出的许多基本观念。于是，我就请他也来担任主编，出版社起初不赞同，经我说服同意了。

马：关于《中国美学史》，刘纲纪先生在几篇访谈中也谈到过。如他说："这部书的写作得到了李泽厚极热诚的鼓励、支持、帮助和推动，这也反映了我们之间的深厚友谊。"但他又讲：这部书是"中国社会科学院和武汉大学联合搞的项目"。"他（指李泽厚）把全书基本观点的提出都归到了他的名下，还引了我给他的信中的话为证。其实，那些话是我偏爱他、宠他，表达我对他的友情。真正说来，这书的许多基本观点是由我提出的。如他提到的'味美感觉''庄子反异化的人生态度'均由我提出。""他当时正在写收入《中国古代思想史论》中的文章，我后来发现他从我的文章中吸收了若干观点、材料。可以这样说，我这部美学史影响了他对中国思想史的看法。但由于他的论文的发表先于美学史的出版，人们就认为，美学史就是他的思想的发挥，其实不是这样。虽然大家是好朋友，但友谊归友谊，学术归学术。不少人认为刘纲纪是李泽厚思想的阐明者和追随者，这是我不能接受的，也根本不符合事实。"如此等等。

李：有人将刘的几篇访谈寄给了我，但事实不是他说的那样。撰写《中国美学史》的起意，与武汉大学并无干系，不是"联合搞这个项目"。关于这部书的编撰情况，两篇后记均有说明，如二卷后记："本卷由李、刘商定内容、观点、章目、形式，由刘纲纪执笔写成，李泽厚通读定稿。"刘对此一直未有异议。在通读定稿时，我从内容和文字上进行了某些修改，但的确不多，因事先已作了许多商定。也不强求全书必须完全贯彻我的观点，确如刘所讲的"即使我的观点与他的《美的历程》或后来的《华夏美学》的看法不太一样，他也不改，照样保留"。刘的观点和文字更多保存了革命传统，读者有意见，我不便多说，只好说文字不够理想，读者现在可自己去比较。我从不隐瞒我的观点或材料的来源，对刘纲纪所说，颇感奇怪，但他并未有具体说明。我的《孔子再评价》是1978年写定、1980年发表的，《中国古代思想史论》特别是庄子反异化等观点均酝酿成熟在我六七十年代大读西方存在主义时期，与刘没有干系，等等。作类似这种自辩，极感无聊，真是无可奈何。"及其老也，血气既衰，戒之在得"，孔老夫子真厉害，我常以此自警。

马：已出的二卷主编是您和刘纲纪先生，但此书实际上是由刘纲纪先生执笔写成的吗？

答：是也。刘纲纪在参阅其他人初稿的基础上，重新写出全书各章。所以我始终不把这部书列入我的著作中，尽管我提供了某些基本观点，功劳主要应属刘纲纪先生。记得在给刘的信中，我提出第三卷及以后各卷不必署我的名字了，将来全书大功告成，亦作为刘的著作。已出版的二卷的稿酬，我也分文未取，全部给了他。

后来我与刘的思想分歧愈来愈大，他笃信和坚持旧的东西，应为正统左派；不识外语，却一味排外。2009年我曾去武汉看望他，相晤甚欢，但心知分途已远，已无法讨论问题了。刘去世后，我那挽联"忆当年合作，音容宛在；虽今朝分手，友谊长存"，下联本是"惜晚年分手，友谊尚存"，但觉不妥，未用。

马：最近我看到东方出版中心出版的刘纲纪两卷本《中国美学史》，是个修订本，实乃您与刘纲纪主编《中国美学史》第一、二卷的再版，但删除了您的主编名及您所写的两篇后记；"绪论"增补了《中国美学史的回顾与展望》节，新撰《〈中国美学史〉第一、二卷修订本后记》（未完成稿）。刘纲纪先生重版此书时，是否征询过您的意见？

李：全然不知此事。一切都无所谓了。

马：很可惜，这本书只写到魏晋南北朝，没有写完。

李：后面几卷有的也已写出初稿，我也审读过。此书是哲学兼历史之作，但我总觉得以后写得越来越像文艺批评史，与我原拟的原则不符了。我曾提出以华严说唐，禅宗说宋，众多诗话词话中具有哲学意味的思想包括神韵、肌理、性灵诸说，应提炼到思辨高度来讲明清，避免等同于文艺批评史，并应着重挖掘、汇集、保存零星材料。出国的头几年，我还与刘纲纪就美学史的写作、进展通过信，后来此事不了了之。从八十年代到九十年代初，我与刘就《中国美学史》编撰事宜大约有过二百来封往来信件，有位热心朋友整理了出来。编撰真相，如看到我与刘的这些通信便清楚了。

马：这本名为《李泽厚刘纲纪美学通信》已由浙江古籍出版社出版，我看了，应该说全面而真实地反映了《中国美学史》的写作情况，与您在两篇后记中的陈述完全一致。如您信说："曹丕论气（不同于孟子）、陆机论文，均有开创性，似可更突出一点，魏晋似乃以儒说道，（包括《文心雕龙》亦然），以形成儒道融合。同时思辨水平大大提高，言意、形神等范畴是否应有专章或专节，请考虑定夺。我仍觉得文采比较起来是次要的，更重要的是理论的深度和论证的清晰性。魏晋玄学甚有新意，比文学应更突出一些，注意勿写成文艺思潮史。向（秀）郭（象）是否应讲？包括《世说新语》中某些谈论，核心似在理想人格的树立，如从美学角度阐发，大可补今日哲学史之不足。……二卷似宜在'细'字上作功夫，一则魏晋思辨本较细微，二则魏晋六朝文辞简洁，不详加介叙不易读懂。如王微、宗炳等文，均宜全文录入，分段讲解。所以一章似大不够。宗炳文似需结合《弘明集》中他的论文一并讨论。如二卷仍如一卷之评价和结构，则嫌过粗，而将贻笑于洋人。因他们对此有较细之研究，如宗炳一文，即有数种译本。文心、诗品、文赋等等，亦宜作些细腻之分析。"（1985）如刘纲纪先生信说："关于中国美学史，兄所言令我感动,又觉不安。无你对我之鼓励推动,以及你对中国思想文化所提出的重要看法,此书是不能如此之快地问世和引人注目的。"(1987)"三卷开笔。重阅《历程》之有关部分,再次叹服吾兄观察之锐敏深刻,'五四'以来,无一人能比!兄之思想实已有超过鲁、郭处。每思及此,甚感快慰!"(1988)"明清部分,多次告写者细阅《宋明理学片论》一文,将由此文之基本想法生发开去。明清美学真丰富,可讲者甚多。'片论'一文,深得其精要。"(1991)如此等等。这些信件很有史料价值。

李:因在国内外数次搬家,刘的信,遗失不少,不全。

四 美学三书

"令人叹为观止"

马：1980年后，美学热进入高潮，新时期的重要美学著作已大部分出齐，如朱光潜的《谈美书简》、蒋孔阳的《德国古典美学》、宗白华的《美学散步》和王朝闻主编的《美学概论》等。1981年，您的《美的历程》出版，算是第二次美学热的标志性事件。

李：这本书是在1978年写的，大概只有几个月就写完了，1979年秋天交稿。但思考的时间很长。前面讲过，五十年代我到敦煌考察了一个多月，还看了不少名胜古迹。故宫所藏名画如《清明上河图》等也早看过，还做了点笔记。中国文学读中学时便熟悉，一些看法早就有了。对中国历史我也很熟悉、很清楚。"从感伤文学到红楼梦"以及"明清文艺思潮"的大部分内容，五十年代我就已经思考了，在一些文章（如《审美意识与创作方法》）里都谈过。"盛唐之音"这一部分，是六十年代开始思考的，那时候我下放到湖北，在农田劳动，忽然间张若虚的《春江花月夜》就在脑际浮现。当时大陆对《春江花月夜》是批判的，认为是颓废文学，我觉得恰恰相反，它是"走向成熟期的青少年时代对人生、宇宙最初觉醒的'自我意识'"，是通向"盛唐之音"的反映。"青铜饕餮"是七十年代，也就是"文革"期间写的……根据许多年断断续续的思考，许多年陆陆续续写下的笔记，在短时间里就完成了书稿。

马：写此书的动机是什么？

李：我主要的兴趣在哲学，我认为哲学离不开"人"，离不开"人"的命运，也离不开"历史"。经过"文革"，我更不满足于当时大陆"僵化"及"割碎"的美学和文学史、美术史，《美的历程》就在这样的心情下动笔了。

马：记得出版前，前三章曾以《关于中国古代艺术的札记》为题刊载于 1980 年《美学》第二期，另在《文艺理论研究》《学术月刊》上也发表了三篇。

李：1981 年 3 月，该书由文物出版社正式出版。起初，文物社怕这书卖不掉，但另一个编辑说：卖不掉就堆到我办公室。结果很快就卖掉了，而且赚了钱。文物出版社有一位很好的编辑叶青谷（就是那"另一个编辑"），《历程》就是他多次约稿的成果，可惜他过早去世了，我却不知道，因一直忙于俗务，很少来往，我应在此深表悼念。那书后的图片也是我选的，当时文物出版社给了很多图片，我挑了一些。

马：书出版后，影响极大，好评如潮，至今也销得极好，算是您影响最大、流传最广的书了。海外有评论说《历程》是王国维《人间词话》之后的又一部名著。刘小枫说：《美的历程》"猛然改变了我对国人哲学的成见：这不就是我在欧洲古典小说中感受到的那种哲学吗？激动、兴奋在我身上变成了'美学热'，狂热爱上了'美学专业'"。傅伟勋说："《美的历程》一书，乃是他那独特的美感经验（感性），与深细的美学思维（理性）之间交相融化而积淀成的一部杰作；……令人叹为观止。《美的历程》可以算是李泽厚写作才华的巅峰之作。"张法说："《美的历程》超越了一种知识论上的学术史，而闪烁着一种智慧和美感的光辉。"意大利学者马里奥·佩尔尼奥拉在《当代美学》称：李泽厚"是二十世纪审美文化领域中伟大的思想家，……通过一种对整个社会所进行的简洁而翔实的历史分析,有关美学与文化之间关系的所有重要问题在他这里都得到了考察。并且,在这个过程中,李泽厚表现出了知识分子中极为少见的得体和优雅。他对中国文化思想的精妙之处的把握如此深刻有见地,同样令人惊叹。"等等。

李:但也招来大量的批评、责难、攻击,认为《美的历程》"属于基本史实的常识性错误就够怵目惊心了",写法也是"不伦不类",根本不该出版这种书,等等。总之就是惹恼了不少人。记得当时蔡仪主办的美学杂志便用整版封面刊登了一幅有大字的赵佶的花鸟画,配合专文批判我犯了"常识性大错"。有学者讲:"八十年代有人嘲笑说,《美的历程》算什么,既不是文学史又不是艺术史。有一位研究历史的朋友对我说,李泽厚这本书一锅煮。我说,它的好处就是一锅煮。"的确,说不清该算什么样的著作,专论?通史?散文?札记?……都是,都不是。外国好像也没有,我就不管它了。但这也正是它的特点所在。

马:冯友兰先生也给予了高度肯定:"《美的历程》是一部大书(应该说是几部大书),是一部中国美学和美术史,一部中国文学史,一部中国哲学史,一部中国文化史,这些不同的部门,你讲通了。死的历史,你讲活了。"(冯友兰:《谈〈美的历程〉——给李泽厚的信》,《中国哲学》第 9 辑,1983 年)

李:冯先生不搞美学,却是最早给予《历程》一书最高评价的人,点明了它的影响和意义,我非常感谢他。胡绳也很喜欢这本书,他给我写信,特别欣赏我对苏轼的论述。此外,章培恒等学者也都说了好话。但大多数学者则保持沉默。

马:我看过一些材料,许多作家、音乐家也说受过此书影响,如"著名作家陈忠实自言上世纪八十年代中期曾集中读过李泽厚的著作,当时一起掺和着读的,还有另一位学者谈人的文化心理结构的一本书。这两本书,陈忠实自称让他看到了文学的另一种表述可能"(《华商报》2010 年 6 月 18 日)。"著名作曲家叶小纲特别说明了《第一小提琴协奏曲》的创作经历。'这首作品是我青年时代迈向音乐的第一步。它的灵感来自对敦煌古乐谱的研究以及魏晋南北朝佛像雕塑。当时，李泽厚《美的历程》出版，他提出，佛像洞察一切的微笑是对苦难最大的蔑视，这给了我无垠的想象力。'"（中国新闻网，2016年1月25日）

李：哦，这我倒没料到。

审美趣味史

马：这本书在写法上很特别，之前的艺术史似乎没人这样写过。史、论、识三者融合为一，可读性极强。

李：《历程》不是艺术概括，不是一般意义上的所谓艺术史论著，而是美学欣赏，是"审美趣味史"，是从外部对艺术史作些描述，但又不是对艺术史作什么研究。

马："审美趣味史"？

李：是也。由于是趣味史，所以我从历史、社会、思潮等讲起。也的确没有人这样把文学、美术、考古统统放到一锅煮。有文学史、艺术史等各个门类的史以及美学史，就是没有《美的历程》这样的审美趣味史。有人把《历程》当作艺术史专著，那就完全搞错了。它只是一本欣赏书，而且是"鸟瞰似的观花"的笼统粗略之作，因此不可能作任何细部分析。

这本书的每章每节都是我想出来的，都有些新东西，在当时都是特意"标新立异"，很多提法、观点都是以前没人谈过的。像"龙飞凤舞"，本来现成的词语，用来讲远古，却是我想出来的。"儒道互补"也是我自己想出来的词（正如后来我提出的"儒法互用"作为中国政治思想的一个基本概念）。这种看法其实早就有了，但没人用过这个词，台湾一位学者写了本书，其中考证出这个词是我新造的。其实当时也并未被普遍接受,一位宗教所的老学者曾大怒说,儒道素来对立怎能说互补?但不久就被广泛使用和流行,却不知是我造的词。

写《历程》的时候,我就觉得这本书有意义,会有影响。这本小书十余万言,上下数千年,纵横数万里(从文学、各类艺术到历史和哲学),涉及人物、作品、事件、思想百十,自己并非专家(也不可能"专"那么多家),实不自量力,姑妄言之。书中各项主题如雕塑、绘画、文学(诗、词、曲)三类型三境界说、两种盛唐说、楚汉浪漫主义、魏晋文人的自觉、汉唐艺术比较、明清文艺思潮、龙飞凤舞、青铜饕餮("狞厉的美")等等,虽自矜属于创见,却可能贻笑方家。现在看来,这本书好像都只是常识,但在当时,每章每节都不是常识,都是跟当时的"常识"即主流意见相反的,这可以拿当时的那些书、文章对照。我记得书出版的同时,一个很有名的文学评论杂志上一篇文章说汉赋是我国文学的耻辱,这在当时是"常识"。

马:《历程》每章的篇幅大体相当,给人感觉是"收着"写。有篇文章说,当时出版社对篇幅有要求,所以您就压缩了明清部分内容,打算以后增补进去。

李:非也。记得一日本学者看了《历程》,认为明清时代材料多,可以多写一些。我不认同此看法,因就整体说,中国艺术的高峰并不在明清。出版社当时根本未限字数,我扔毁了一些资料和笔记,有点可惜。因现在想不起来了,当年记忆力仍甚好,不在意。但从未同意或打算"再版"时再加明清材料。我倒说过,当然可加,但那就不是《历程》了,即破坏了该书的整体布局。

马:《美的历程》文字非常优美,一直备受赞誉。蒋勋先生说:"李先生的思维、文笔、情怀,都让我相信,即使在'浩劫'中,仍然存在着这样宽阔、优雅、美丽而自由的心灵。……至今,《美的历程》仍是我常拿出来读的书,有时吟诵一两段,觉得像诗,不像论述。……因为有生命的关心,才能有美,也才会有诗。"刘绪源说:"大散文什么时候开始的？不是从余秋雨开始的，是从《美的历程》开始的，这个真的是大散文，它有观点，有创意。但又是文学性的文本，可以作为散文来读。所以，有的把它当文学看，有的当艺术史来看，也有的当资料来看。这本书影响特别大，一直受欢迎，这和它内容上的新奇、扎实，形式上的好读好看，既是理论，又是文学，同时又不是思想史论那样专业性的书，一般读者也能够读，都有关系。它的长盛不衰不是没有道理的。"

李：写作时，我从未去考虑什么"文学性"之类的问题。

"内篇"更重要

马：《美的历程》章节在杂志上发表时，曾注明它是"中国美学史"的"外篇"，而"内篇"是《华夏美学》，这本书又是何时写的？

李：1987年我到新加坡东亚哲学研究所作研究，在那里我完成了《华夏美学》。这本书在搞《中国古代思想史论》时已经写了一半，是和《美的历程》配套的，在构思上也是交错的。这是我一开头便承诺的谈中国美学的"内外篇"，内篇讲美的观念，外篇讲趣味流变。《华夏美学》1988年8月由新加坡东亚哲学研究所初版。

马：与"外篇"相比，您似乎更重视这本晚七年出来的"内篇"？

李：因为它更为重要，涉及的哲学问题比《历程》要多，这可能是由于自己偏爱哲学的缘故吧。书中提出中国美学仍以儒学为主流，这是颇有异于许多中外论著的。这些论著大都承认儒家在政治、伦理等领域是主流，但在艺术、美学中，却力主应以道家为主干。本书未能苟同这一流行看法。更为重要的是，本书强调了中国文化传统和文学艺术，既非模拟，也非表现，而是以陶冶情感、塑造人性为主题，也就是强调内在自然的人化和人的自然化。这种哲学—美学思想对今日和未来，对设想更为健康更为愉悦的社会生活和人生境地，希望仍有参考价值。

1987 年 12 月于新加坡

马：这本书香港版和北京版的封底印有一个内容提要，概述得相当精准，可以抄在这里："华夏美学，是指以儒家思想为主体的中华传统美学；它的悠久历史根源在于非酒神型的礼乐传统之中，它的一些基本观点、范畴，它所要解决的问题，它所包含的矛盾，早已蕴含在这个传统根源里。从而，如何处理社会与自然、情感与形式、艺术与政治、天与人等等的关系，如何理解自然的人化和人的自然化，成为华夏美学的重心所在。作者渐次论述了远古的礼乐、孔孟的人道、庄生的逍遥、屈子的深情和禅宗的形上追索，得出结论：中国哲学、美学和文艺，以至伦理政治等，都建基于一种心理主义，这种心理主义不是某种经验科学的对象，而是以情感为本体的哲学命题。这个本体，不是上帝，不是道德，不是理智，而是情理相融的人性心理。它既超脱，又内在；既是感性的，又超感性，是为审美的形上学。"

海外有篇《华夏美学》书评说："李泽厚的展望给人启发、让人鼓舞，如果'世界哲学'终有可能实现，很大程度上将归功于孔夫子与康德。至少《华夏美学》提供了一个富有吸引力的解释，为何中国哲学与文化是'审美的'而不是科学的、逻辑的。无论就其提出的问题、作出的回答，还是敞开的可能性来说，这都是一部精彩的著作。"（Marthe Chandler：《海外书评：李泽厚〈华夏美学〉英译本书评之一》，梵羽译，《中华读书报》2013年8月9日）

李：英译本2010年在美国出版。说到书评，想讲两句，我觉得海外书评常要言不烦，比较公允。国内此道却始终不兴，非虚词吹捧，即肆行谩骂，更多是不置一词，于是书籍成灾，好坏难分，与国外刊物大多每期都有书评，差别太大了。书评其实很重要，可惜无人注意。

马：这本书也讲到后来的"情本体"思想。

李：多处明确谈及情本体，如《形上追求》章："中国传统的心理本体……无目的性自身便似乎即是目的，即它只在丰富这人类心理的情感本体，也就是说，心理情感本体即是目的。它就是那最后的实在。"如结语部分："心理本体的重要内涵是人性情感。……这个似乎是普遍性的情感积淀和本体结构，却又恰恰只存于个体对'此在'的主动把握中，在人生奋力中，在战斗情怀中，在爱情火焰中，在巨大乡愁中，在离伤别恨中，在人世苍凉和孤独中，在大自然山水花鸟、风霜雪月的或赏心悦目或淡淡哀愁或悲喜双遣的直感观照中，当然也在艺术对这些人生之味的浓缩中。去把握、去感受、去珍惜它们吧！在这感受、把握和珍惜中，你便既参与了人类心理本体的建构和积淀，同时又是对它的突破和创新。因为每个个体的感性存在和'此在'，都是独一无二的。"

"你是有体系的"

马：在《美的历程》《华夏美学》之前，您出过一本《美学论集》（1980）。

李：这本书收录了我五六十年代的美学论文，还有几篇七十年代末的。五十年代的美学文章相当幼稚，不能再看，特别是文字嚣张浅陋，用词激烈，自己都觉得汗颜之至。今日看来，如强调从本质论和反映论谈美学、典型、意境等，似多可笑；但过来人则深知在当年封脑锢心、万马齐喑下，理论挣扎和冲破藩篱之苦痛艰难。从而，其中的主要论点又与后来的变化发展有一脉相承之处。我在首篇文章的补注中说：美学实际包括三个方面或三种内容，即美的哲学、审美心理学和艺术社会学，今日美学实际上乃是以审美经验为中心或基地研究美和艺术的学科。书中各篇也涉及这三方面。其中，《美学三题议》《形象思维续谈》，还有几个短篇较重要。

马：这本书也影响不小。

李：书一出来，一位好朋友说："你是有体系的。"我当时听到印象很深，因为还没有人这么说过，只有我自己心里知道。后来讲这话的人就比较多了，但也只是口头上讲讲而已。在书里，我讲了艺术不只是认识，讲了艺术创作的非自觉性等，突破了反映论。这在今日是常识，当时却是不得了的事，被斥为反马克思主义，蔡仪及其学生都在猛批。

还想起一事，上海文艺出版社的郝铭鉴先生，就是这本《美学论集》的责编，他后来曾提出过一个四卷本《泽厚文存》的出版计划，我没拿出选目。后来因出国回来搞古代，就放弃了。他责编的《朱光潜美学文集》五卷本出了。

马：五十年代您曾想写本《美学引论》，是否就是这个《美学论集》？

李：在1956年《论美感、美和艺术》的结尾，我曾提到要撰写一本《美学引论》，以后不断收到一些不相识的读者来信询问，也曾遭到蔡仪的讽刺（见蔡著《唯心主义美学批判集》）。其实，此书当年写成了大部分初稿，后因参加《美学概论》的编写工作，暂时停写。其中有些部分曾以文章形式改写发表，如《美学论集》里的谈艺术种类、典型、形象思维、创作方法、虚实隐显诸篇。

告别美学

马："美学三书"的最后一本《美学四讲》是最晚出的。

李：这书也是在新加坡完成的，当时新加坡方面曾希望我留在该地，我婉谢了，去了美国，到1988年底回京。经过香港，就先出了港版。1989年3月由香港三联书店初版。我的美学观点主要就在这本书里。

马：成书前，内容也发表过吗？

李：之前我做过四次演讲《美学对象和范围》（1980）、《谈美》（1984）、《美感谈》（1984）、《艺术杂谈》（1985），都发表过。《美学四讲》就是将这四次演讲记录稿加以调整连贯，予以修改补充，裁剪贴之而成，一应读者要求"系统"，二践出版《美学引论》之早年承诺。

马：与《美学论集》相比，《美学四讲》有哪些不同之处？

李：基本观点没有变化，如对美和美感的基本看法，如对那两派（朱、蔡）的看法。在书中，我对美学是什么、美是什么、美感是什么、艺术是什么这四个问题作了一些基本的说明，还是哲学美学。其中吸取了一些现代的成果，像分析哲学、格式塔心理学等等。对存在主义、弗洛伊德等，我都作了哪些赞同、哪些不赞同的说明。香港版的书店做广告说，它"回应了现时流行的中外各美学流派"。

当然，没有变化，是说基本观点没有变化，但就美在我的思想中的地位而言，就美学在我的理论结构中的位置而言，那是有变化的。因为后来我的美学思想成为我的哲学思想的一部分。这种变化与我后来研究康德哲学和中国古代思想史有关系。有人说，你又搞中国古代思想史、又搞康德哲学、又搞美学，弄不到一起呀。我呢，恰恰是思考哲学的根本问题时，三位一体了。所以，讲美的本质，后来就发展了。美与人密切相关，那么，回到康德的那些问题，它的哲学意义自然就增强了。再有就是美学的地位问题。在一定意义上，美学在我的哲学中是一种动力式的中心。西方所讲的美学，不管在哪个哲学体系中，都不是最高的层次。黑格尔讲的是艺术→宗教→哲学。克尔恺郭尔更如此，审美层次的地位很低。西方的最高层次都是那种与上帝交往的神学，是要回到上帝的怀抱。中国没有宗教，没有什么东西能够代替宗教的那个境界，所以我把美学摆的地位很高。中国的回到"上帝"怀抱则摆到美学层次上，讲天人合一，这种皈依感、归宿感可以同样充满宗教感情。这就是我在《四讲》里提出的"悦志悦神"境界。这些思想慢慢形成了一个完整的东西，一个哲学结构。

还有关于形式美的问题。五十年代我把它说成是自然美，但在《四讲》里，我认为形式美不是自然美，而是社会实践的结果。我把沃林格所说的"抽象"放入生产实践中。形式美不是对自然的美感形成的，而是在实践中形成的。这非常重要，但这不是基本观点的改变，而是深入一步，把基本观点推进得更彻底而已。

马：也论及情本体吗？

李：对。如提出建立"新感性"："也就是建立起人类心理本体，又特别是其中的情感本体。"又如书的结尾所讲："于是，回到人本身吧，回到人的本体、感性和偶然吧。从而，也就回到现实的日常生活（everyday life）中来吧！不要再受任何形上观念的控制支配，主动来迎接、组合和打破这积淀吧。……于是，情感本体万岁，新感性万岁，人类万岁。"这即是"情本体"思想。

马：《四讲》之后，您似乎就再没有碰美学了。

李：我告别了美学。我讲美感是情感的数学方程式，指的是由许多不同的心理因素，如理解、感觉、情欲、想象、期待、意向等结合而成的不同比例的结构体。但这只是一个相当空洞的设想，没法说服人。我只能这样冒然讲几句，不敢多讲。例如，看电影和欣赏书法，都有审美因素，但大不一样。这个不一样，就是因为心理因素的各种结构、关系、成分、比例不一样。但到底如何，恐怕一百年后才能弄清楚。美学作为独立学科还远未成熟，其成熟有待于心理学的发展，而心理学迄今仍处于婴儿阶段，之所以如此，是由于人体神经生理学主要是脑科学尚在起步时期，无法解释和阐发心理活动。美感搞不清楚，别的也就谈不上了。我只是在哲学上概括一些美学原理，很少谈具体的美学问题，不做具体的实证研究。我也只能停在这里，无法多言。我讲过，要么做艺术社会学研究，要么做审美心理学研究，但我自己不打算搞，所以就搞别的东西去了。《四讲》算是我第二阶段的终结。

马："美学三书"中，您更喜欢哪本？

李：后两本在学理上更重要些，但在当时没有引起注意，这两本书产生影响，那已是很晚了。八十年代出版的这三本（"美学三书"这个书名,是别人起的),不断重印,都译成了英文,有的还译为德文、日文、韩文等。

马:朱立元教授在一篇文章中讲:"我始终认为,李泽厚先生是当代中国成就最高、贡献最大的哲学家、美学家,他为实践美学创立了整个哲学框架,建构了基本的理论思路,提出了一整套学术新范畴,并做了系统、深入、严密的逻辑论证和阐述。"(《我为什么走向实践存在论美学研究?》,2018)有篇文章讲,李泽厚的实践美学"不仅推动中国思想界启蒙,而且为世界美学理论发展贡献了中国范式与思路"(王普明《国外实践美学研究述评》,2019)。能否在这里简要概述一下您的"实践美学"与传统的马克思主义美学有何不同?

李:传统的东、西方马克思主义美学有两个共同点:第一,它们都把艺术作为主要对象;第二,认为艺术与社会联系密切,重视研究艺术与社会的关系、作用、意义等。我的"实践美学"有所不同,它不仅是讲艺术,不仅是讲艺术与社会的关系,还从构造人类心理本体、情感本体来讨论。艺术作品的价值恰恰在于它是人类心理本体的对应物,同时反过来帮助人类心理结构的建设。我还把这与中国古典美学联系上了,因为中国古典美学讲究陶冶性情,提到哲学高度就是建立心理本体、情本体。

"美学是第一哲学"

马:九十年代以来,美学又有新的发展,出现了"后实践美学""生命美学"等,有人讲实践美学正受到挑战、替代。

李:我认为,"实践美学"还没有真正开始,应该把它努力做起来,所以大可不必担心"被替代"之类的问题。这不是谦虚,也不是夸张,这是现状。我只觉得,有时候好像在前进,而实际上是倒退。当然,我赞同有各种意见发表，但我更倾向更支持的仍然是实证研究。如新兴的"神经美学"（neuroaesthetic），就是实践美学所完全赞同、包容并寄予极大希望的重要方向，是实践美学所讲审美心理学的重大开拓。当然，对美感两重性与四要素集团说的研究方向并不只是神经美学，例如对儿童审美心理发展的研究就很重要。

马：2019 年，您出版了最新的美学集子《从美感两重性到情本体——李泽厚美学文录》。这本书呈现了从"自然的人化"到"人的自然化"、从提出"积淀说"到确立"情本体"及阐释"理性的神秘""美学是第一哲学"等人类学历史本体论美学的基本脉络，并最终走向理性与情感错综交织而成的"情理结构"，亦即"情本体"。读后，感觉较之《美学四讲》，在哲学探究上似更进一层。您告别美学已经三十年了，怎么会想到再出美学书？

李：我根本不情愿出这本书，但出版社坚持，并请出再复兄来游说，只好妥协，先出单行本，后又收到"中国现代美学大家丛书"。但既非出不可，就不应只炒冷饭，凑集几篇，那没意思，不如不出，我希望尽量编出点新意来。书中的六个专题二十二篇文章是经过摘录、组合、拼接而成的，倒突显了我的美学的哲学特质。我讲过，我的美学不是研究具体问题的，我的美学是哲学美学，是直接隶属于我的哲学构架（人类学历史本体论）的。辑六中的《作为补充的杂谈》和《关于"神经美学"》二文，都是 2019 年写的。但总之，这本书如"前记"所言，年老体衰，力不从心，得请读者原谅。

马：我注意到您在《关于"神经美学"》文中提出了"大美学"（the Great Aesthetics）这一命题，之前似乎没有？

李：是第一次提出，但基本思想之前都说过。"大美学"是在尼采宣告"上帝死了"之后中国哲学对世界文明所可能作出的重要贡献。

马：《作为补充的杂谈》讲"美学是第一哲学"，如何理解这个命题？

李：很早就提出了。这是一个非常深刻而广阔的哲学命题，可以从许多不同的角度和方面去探索。法国犹太学者列维纳斯提出"伦理学是第一哲学"，从者甚众。特别在中国，由于传统哲学基本上是伦理学，伦理学作为第一哲学似更是毋庸置疑。但如康德指出，"道德不可避免地走向宗教"，康德本人便以"道德的神学"替代神学道德论来作为最后的归宿。中国学人特别是儒学家们更是如此。由于中国没有高居哲学之上的宗教，经常是以一个似有似无的人格神的"天道""天命""天意"实则仍为纯理性的"道""命""性""理"来作为最后的统领或主宰，也就是"第一"哲学，并由它来推演出道德律令和规范。宋明理学的心性论便是如此。伦理学因此成为中国哲学的必要内容。写过《中国伦理学史》的蔡元培敏感到此，因而提出"以美育代宗教"，以求恢复感性的尊严。人类学历史本体论以"一个世界"观承接此意，提出"美学是第一哲学"，强调积淀的感性才是根本，应由理性的伦理道德和宗教上帝回归到世俗感性，并多次提出"以美启真"（认识论）、"以美储善"（伦理学）和"以美立命"（存在论），即对自身命运从肉体到精神的本体感受、关怀与行动。"第一"之义应指什么也就明白了。中国缺乏人格神的宗教信仰，实际是以宇宙自然为上帝、为依托、为归宿，既超道德又不脱离感性世界，既"视死如归"又"托体同山阿"（陶潜诗），所以美学能成为最高的人生境界，美学是第一哲学亦就此而言。原想写本小书谈谈这个问题，但干不动了，只好放弃，正如其他想做而无法做的事。

马：但目前走红的"第一哲学"是政治哲学（包括各种规范伦理学）。

李：对。这也仍然是在贯彻我的历史主义，我讲的美学作为"第一"只是未来式。《美的历程》结尾说："俱往矣，美的历程只是指向未来的。"政治哲学主要讨论个体与群体，却是当今至少几十年内最需要研究和解决的首要问题。"美学是第一哲学"主要是就个体而言，古今皆然，它将与各种宗教并行不悖，因为各种宗教将永恒存在。另一方面，中国传统的"宗教性道德",以天(敬天法祖)、地(厚德载物)、人(世间关系)的和谐来指导现代原子个人和契约基础上的"社会性道德",达到"乐与政通""乐以政成"的理想境地,又正是"美学作为第一哲学"构成中国政治哲学重要特色并对人类文明能作贡献之所在。

五　文化热

从美学热到文化热

马：现在回想起来，八十年代真是挺热闹的，"美学热"之后，又出现了"文化热"。

李：美学充当了思想解放运动的重要一翼，或者说发挥了思想启蒙的作用。思想启蒙没有满足于对"文革"历史悲剧的简单清算，而是向着民族的历史文化的深处挖掘，结果形成了"文化热"。从广义上说，"文化热"里也包括了"美学热"，或者说"美学热"是"文化热"的前奏。从"美学热"过渡到"文化热"，并不偶然，是有线索可求的。

马：八十年代中期产生了三个大的民间文化机构：以金观涛为主编的"走向未来"丛书编委会，以甘阳、刘小枫、王焱、苏国勋、赵越胜、周国平等为主力的"文化：中国与世界"丛书编委会，以汤一介、庞朴等为主力的"中国文化书院"编委会，您也是中国文化书院的主力。这三大文化机构的成立，可以说是"文化热"的标志。

李：我和三个文化机构都有联系，但都未深入参与。我既是"中国文化书院"的成员，也参与了"走向未来"丛书，主要是当时真正的主编经常来找我商量。《文化：中国与世界》创刊前也和我讨论过，这个名

80年代中国文化书院部分导师合影。前排左四梁漱溟，二排左四李泽厚

字还是我最后和他们确定的,但我没参加他们的活动。参加比较多的是中国文化书院的活动,常有"雅聚",交往较密,相见略多。当时有关中国文化书院的各种报道,也常常以汤一介、庞朴、李泽厚三人的名字出现。实际上我根本没与闻或过问任何大小"院务",包括鲁军先生闹分裂那件书院特大事故,我当时也未闻未问、不知不晓,后来从同住一楼上下的庞朴处,才略悉一二。总之我是各处被邀列名,但从不管事。

我在书院只讲演两次,一次是讲中国智慧,首次提出"实用理性"和"乐感文化"概念,一次是讲西体中用,这两次的讲演提纲后来铺衍成文发表了。印象最深的是,当时清华大学建筑系吴良镛教授,居然不计自己的身份地位,以普通学员报名来院听讲,使我大为惊讶,这在国外并不稀罕,但在论资排辈的敝中华却极为难得。这使我暗自佩服,认为颇值自己学习。

马:其实,您对文化的关注很早。如《中国近代思想史论》中的许多话题都涉及了文化,"后记"说得很明白:"之所以应该重视中国近代史的研究,也正是在于中国近百年来的许多规律、因素、传统、力量等,直到今天还在起着重要作用,特别是在意识形态方面。"

李:我八十年代的康德书、思想史书、美学书,讲的全是过去,试图从中国的角度反思历史和文化,起点却出于对现实的思考,所谈的问题都或多或少与现实有关联。

反传统的文化热

马:当时的"文化热"很热闹,但您是有所批评的。

李:我并没有极力反对,但有保留,不赞成。八十年代的"文化热"实际上是以文化代替政治,大家带着很大的激情讨论"文化问题",关注指向的其实是改革等方面的话题。当时的"文化热",是一种"反传统的文化热"，好像中国之所以这么差，就是中国人"丑陋"。我们这个传统要不得，干脆把它扔掉、粉碎。这看来很激进，实际上给真正阻碍我们发展的问题打了掩护，恰恰掩盖、取消了阻碍改革的关键所在。我们要切切实实地抓住那些真正阻碍我们前进的问题。有意思的是，如果说八十年代的"文化热"是把一切坏的东西都归咎于文化，归咎于传统，那么，现在的"国学热"，则完全不同，来了个 180 度的大转变。

马：您还批评"文化热"中空泛议论太多。

李：对。当时的所谓"文化热"中，中外古今大谈文化好像成了一种普遍的模式。有在半版报纸篇幅内就概括出中西文化几大"特征"的大作；有以数万字便判定中西传统优劣的"名篇"；也有讽刺别人以示高明却仍然是以空对空的评论。中国的才子太多，下笔千言，倚马立就，无须什么准备便可纵谈古今中外，且如数家珍。无奈读来却总使人感到模模糊糊，勉勉强强。有时则如坠五里雾中，我对作者们使用的那许许多多的基本概念、观念是否自己真弄清楚了，也颇为担心。

我当时曾特别强调要多搞一些专题的、微观的、实证的研究，主要力量应该放在这个方面才好。我讲，题目越小越佳、材料愈多愈妙。现在我也仍然这么主张。我想，中国人多，搞学问的也多，如果有五百个人几年内分头写出五百个文化小专题，例如有关中外古今的衣食住行各方面，包括制度、历史等，对饮食、起居、服饰、房屋、交通、婚姻、家庭、娼妓、流氓、侠客、文人、礼仪、风俗、迷信、僧侣……作出细致的研究，你攻一点，我钻一点，或描述，或记叙，或分析，或论说，把每一点的微观世界都搞得繁针密线、清楚翔实，那么，在这个具有广泛深入的专题研究探讨的基础上，再来从总体角度比较、论辩中西文化或传统与现代，那不更多一点客观真理性吗？这比大家挤着去做某些空洞而巨大的题目有意思得多。现在看来，近二三十年来已大有改变，这许多方面都有了一些很扎实、很细致、题目小而内容多的论著，这是学术的好现象。当然好的"宏论"还没有。

构建理性的形式

马：您讲过不能老停留在"五四"的水平上，甚至不如"五四"。

李：我曾对"五四"有个看法：激情有余，理性不足。有理性，但还不够强大。取得了成果，也埋下了祸根。表现为缺乏理性分析，以激情为内容的一切经验被当成革命的圣物，要求人们无条件地继承光大。"文革"不就是这样吗？"五四"当年否定传统、主张西化之激烈彻底，恐怕八十年代的激进者也不及。如"欲废孔子，不可不先废汉字"，"二千年来用汉字写的书籍，无论哪部，打开一看，不到半页，必有发昏做梦的话"（钱玄同）；"只有一条出路，必须承认自己百事不如人，不但物质机械上不如人，不但政治制度上不如人，并且道德不如人，知识不如人，文学不如人，音乐不如人，艺术不如人，身体不如人"（胡适）。我觉得当年梁漱溟反对学生火烧赵家楼、殴打章宗祥，认为是破坏法治，真是了不起，当时也是一片赞扬声，包括学术界和大学者们。

"似曾相识燕归来。"我所忧虑的是，在八十年代后期，从彻底反传统到倡导非理性主义和新权威主义，又成为时髦意识，似乎又一次重复着"理性不足，激情有余"。尽管它们也有某种理论形态作旗号，但许多时候却连形式逻辑的基本规则也不遵守，从概念模糊到论证过程不遵守同一律，以至"四名词"逻辑错误、自相矛盾，甚至不做任何论证，公开用"他妈的""操蛋"之类的词汇来替代说理，等等。在理论深度上，八十年代的彻底否定传统论者似也未能在实质上超过陈独秀、李大钊当年的水平，如陈、李曾指出的"宗法家庭本位"、农业小生产经济基础和为专制政治服务等等。

马：在一篇访谈中，您特别强调要"加深五四的科学精神，弥补五四的不足"。与当时弥漫着的非理性情绪相反，您一直特别强调要提倡理性。

李：准确地说，是建设的理性和理性的建设。发扬理性精神具体表现为建立形式。五四成就最大的正是白话文、新文学、新史学（如疑古）等现代形式的建立。可惜的是，在其他领域（如政治领域），五四以来一直没有建立这种新形式。我说，现在要真正继承和发扬"五四"的科学与民主精神，一是要提倡多元，多元并不简单，它不能是无序的混乱，而仍然是有理性有秩序的。它是一种自由的秩序、批判的理性。二是要提倡理性，包括民主，也需要理性才能建立，即寓科学于民主之中，使民主具有科学的形式，即理性的形式。

1989年4月我接受采访时讲，目前年轻人中流行一种彻底反传统的现象，在某种程度上与红卫兵现象近似，不能解决什么问题，很可能是一种破坏的力量。中国需要的是建设，而不是破坏。中国缺乏的是建设性的理性，而不是非理性。我还讲，像中国这样大的国家，没有中央的权威性，很容易封建割据，各行其是，或者又回到一盘散沙的过去。但我指的是建立现代法律的权威，这其实才是现代化的一个最关键的问题。记得采访稿刊登在《人民日报》和《世界经济导报》上，有案可查。同年5月，参加中国社会科学院举办的"'五四'七十周年国际学术讨论会"，我作了《启蒙的走向》的发言，这篇文章大家没怎么注意，其实很重要。其中强调今天应注意发扬理性，构建理性的形式，树立法律的权威。不赞成彻底否定传统和彻底否定现实的全盘西化论，无论在文化或政治上，都如此。应该努力造成一个"多元、渐进、理性、法制"的新时代，这才是现代化社会和走向现代化的真正健康的道路，才是五四精神的具体发扬，才是我所期待的启蒙在今日的走向。记得一家报纸是将我这八个字的手写体发表了。当时很多法律都没有制定，只好先由"法制"而进步到"法治"。

这种破坏性的非理性也反映在学术上，包括王元化先生提倡的所谓"否定的辩证法"，都不是理性地建立形式，而是情绪地否定一切。记得当时在给哲学所的同事写的一篇序文中，我强调要重视英美经验论传统，我觉得这种具有清晰的知性和不惑精神的经验主义，也许正是在文化上使英美避免欧洲大陆那种曾泛滥一时的法西斯非理性迷狂的重要原因之一。中国学人治西方哲学，一般更喜欢德国哲学，而常常轻视或忽略英美经验论，总觉得它们"不够味"，其实这并不见得是好事。在中国应多提倡一点英美经验论传统中那种细密的科学分析、怀疑精神，以及重视实证的态度、方法和精神，少来一点神秘、迷狂的酒神（实际是仿酒神或假酒神）精神，少来一点尼采、海德格尔那种充满情绪冲动和行动反应的刺激作用。此种作用的确是兴奋剂，可以起弱扶羸，但其中也含有某种中毒性的副作用，很有点像今日美国青年喜欢服用毒品一样：一针之后确乎畅快过瘾，自我扩张，似可摧毁一切……中国的起弱扶羸恐怕不能靠这些，而仍然要靠民主、科技和理性。

马：当时还出现过一股"寻根热"。

李：那是要回到民间，到民间去寻根，走向民间，而不是到孔孟那里去寻找。

六　思想史三论

"后人恐难以想象"

马：在七八十年代，您写了著名的"思想史三论"，最先出的是《中国近代思想史论》。

李：1979 年 7 月出版，与《批判》同年，但晚几个月。收的十篇文章，实际写于两个不同时期。三篇研究和孙中山文写成、发表于五十年代"大跃进"之前，其他各篇写成和发表于七十年代"文革"之后。尽管二者合成此书时作了一些统一修改，但毕竟各自带有时代的不同印痕。写于五十年代的大体坐而论道，从容不迫，分析较细，材料较全，一些人就很喜欢。而写于七十年代的则失之过粗，基本是些提纲性的东西，但搞现代思想史的金冲及先生，当时跟我说："你最近的几篇文章，比过去好。"历史学家赵俪生先生也曾当面对我讲，很喜欢这几篇提纲性的文章。

马：好几篇是发在《历史研究》上。

李：当时的《历史研究》是黎澍先生主编的，思想非常解放，应该算一面旗帜，可惜现在大家都不提，许多人也不知道黎澍，这太不公平了。我七八十年代文章发得多，各刊物报纸都有，但主要在《历史研究》。黎澍思想解放得比较早，比李慎之还早。黎澍对我的文章特别喜欢，我写辛亥革命的文章他是作为刊物头条登出来的。我的文章极少作头条，所以这篇（就是提出"救亡压倒启蒙"的这一篇）记得特清楚，当时有哲学所的同事提起，我也挺高兴。

也许，还可以提一下，黎澍是最早说我是"思想家"的人，是在八十年代。他是学界的领导人和老革命，太不容易了。金克木在文章里将我与冯友兰、梁漱溟、熊十力等人并列，何炳棣夸我是他见到的最聪明的学人，等等。好些长辈学者对我很好，我至今难忘。

马：这本书出版后，有振聋发聩之效，影响极大。陈思和先生说："许多地方都开启了我们对时代的看法。那时候'实践是检验真理的唯一标准'的讨论刚刚开始，思想解放运动刚刚开始，这本书发挥了巨大的启蒙作用。"（《我的私人阅读史》）雷颐先生说："《中国近代思想史论》使包括笔者在内的一代人获益之深，后人恐难以想象。"（《时代阅读与个人经验》）李辉先生也说："李泽厚这本专著出版，令人耳目一新……它奠定了我的历史观。"（《走在美的历程上——与李泽厚往事》）

李：现在看来就是很普通的一本书，但在当时却颇为轰动，在"三论"中影响最大，此已难为今人理解了。出版者曾亲口说，假如差半年就出不来了。时值"文革"刚结束，人们思想似一片茫然，这本书通过近代思想人物的论述，提出了一些看法，其中好些的确是有所指而发。在封闭多年、思想阻塞的年代里，这本书算是起了开风气先的作用。例如，现在肯定王国维、梁启超算什么呢，都是平淡无奇的常识，但在当时就不是常识，他们都是几十年被骂倒的人物，当时的"常识"是彻底否定，所以《近代》书肯定他们，是石破天惊的颠覆，是非同小可的危险话语。

马：作家王兆军在一篇文章中谈道："上世纪八十年代初，有幸购得李泽厚先生的《中国近代思想史论》，如饥似渴地读了。……虽然现在已不能详述该书内容，书中的思想光辉却一直给我温暖的照耀。该书首篇关于太平天国"其兴也勃其亡也忽"的论述,对我产生过具体的指导作用。那篇文字,我读了不下五遍,从中看到了农民革命战争诸多规律性现象,并将多年郁积于心的一个农民形象点化为活的人物,让我写出了中篇小说《拂晓前的葬礼》。这篇小说虽然文字上不无粗糙,但书中的主要人物田家祥却有意无意地带有近代思想史的余晖。王蒙先生看了那篇小说,辗转找到我单位的电话,特别给予赞扬。后来该小说获得中国第三届优秀中篇小说奖。"(《思想的快感:我的启蒙书》)现在看来,这似乎就有点不可思议了!

李:哈哈,有这事。王兆军当时上门找过我。我问是受哪一篇的启发,他说是太平天国,我就笑了。也听到过其他一些作家、艺术家说,这本书影响了他们的创作。我简直不能置信,如此枯燥的学术论文,文艺家们如何可能去读?我很惊讶,印象颇深。其实,这是因为那个时候还没书可读的缘故。

并未过时

马:读这本书,总给人一种非常强烈的现实感。最近偶然看到一条微博,一位教授向读书节推荐了五本书,其中就有您的这本《近代》,有人留言:"李泽厚先生的这本最近刚看,确实振聋发聩。"教授回复:"可能比八十年代还振聋发聩。"这就很有点意思了。(笑)

李:研究中国近代思想史上的人物和问题,不只是对过往思想的单纯复述或史实考证,而是还能联系到现实的身影,与现实有着深刻的联贯关系。这里并不需要故意的影射,而是昨天的印痕本来就刻记在今日的生活和心灵中,是历史的"客观规律"使类似现象重复出现。中国近现代的关系尤其如此。于是,对此作出认真的自我意识的反思研究,就是一件很有乐趣、很有意义的事情。

但这种意义的真正发现却是在"文革"前几年和"文革"之中。民粹主义、农民战争、专制传统……无不触目惊心地使我感到应该说点什么。而这点"什么"恰好可以与自己关于近代思想史的研究结合在一起。我在"后记"中讲:"死人拖住活人,封建的陈垢阻挠着社会的进步。""人民民主的旗帜要在千年封建古国的上空中真正飘扬。因之,如何在深刻理解多年来沉重的经验教训的基础上,来重新看待、研究中国近代思想史上的一些问题,总结出它的科学规律,指出思想发展的客观趋向以有助于人们去主动创造历史,这在今天,比任何时候,将更是大有意义的事情。"所以,我似乎因三十年前盲目闯入近代思想史的这个偶然性,终于取得它的规律性、必然性的路途而感到某种慰安。特别是好些青年学者或当面或写信来说明他们感受的时候。

记得在《章太炎剖析》(1978)一文中,我把章太炎以道德的十六个等级来划分社会阶层等讲出来之后,好些人都很惊奇,觉得与我们那个年代确实太像了:都把道德视为社会的根本,都如此激烈地反对资本主义,都崇拜农民,都觉得知识分子和工农相比,道德太差。所以知识分子甚至工人(在南京)也必须下放劳动,"向贫下中农学习"。这是中国现代民粹主义的传统。

马:王元化先生对《近代》这本书评价很高,多次推荐《论严复》《章太炎剖析》等文,说"目前我们还很缺乏这种文章"(《文学沉思录》)。但也有人说,毕竟时过境迁,书中很多观点现在已是常识,因而这本书已完全"过时"。但我发现,后来的《中国现代思想史论》,很多观点在《近代》这本书里就有了。

李:我听说王更欣赏五十年代的那几篇,不知谁说的对。《近代》的确蕴含了后来在《现代》等书中展开以及至今尚未展开的好些思想、观点、看法,如提出"救亡压倒启蒙"、"法国式"与"英国式"之分等。这本书许多地方只是点到为止,不多发挥,都是提纲性的。因为是在"四人帮"倒台后不久交出去的,不能多说,只好如此。记得《批判》和本书出版后,好几位同仁问我:为什么好多重要论点都一笔带过、语焉不详?但后来也有一些人告诉我他们还是"侦破"了。

我并不认为此书已经彻底"过时",它的好些历史观察和价值描述至今仍然有其意义。最近有人告诉我,重读此书,仍有强烈的感慨。遗憾的是,现在年轻人对七十年代末八十年代初的情况似已相当隔膜,完全不能体会此书和其他一些事、一些书的真实情况和作用,因此他们的评论就抓不住要害。

刚才你提到《论严复》文(载于《历史研究》1977年第2期),这让我记起一事来。"文革"后,美国第一个访华学术代表团看到此文中居然引用了当时著名的史华兹的《寻求富强:严复和西方》而大为惊讶(正如后来台湾看到《美的历程》一样),他们以为中国大陆的学者都被封闭和禁言了。此事当时登在某内刊上,引起了胡乔木等人的重视。

马:《近代》这本书主要谈了晚清的人物、事件与思潮。顺便问一下,您如何看"康乾盛世"?

李:我很反感那些清宫剧、辫子戏,里面充满了奴才观念和愚昧意识。对康熙、乾隆我也持否定态度。我认为清朝的统治,使中国历史发生了倒退,我对清朝入关的评价是负面的。六十年代刘大年写过一篇《论康熙》的文章,发表在《人民日报》上,他极力歌颂康熙的功绩,我当时就极反感。清朝使中国历史大倒退,在农业上厉行小农政策,外交上闭关锁国,文化上大搞文字狱和思想钳制。但这一切都搞得很高明。例如修《四库全书》,既笼络、收买了大批知识分子,又销毁、篡改了大量书籍。当时不许思想,所以考据风行。明代中叶以来礼教崩坏得厉害,商品经济、思想文化本来有良好的发展前景,清朝的入主使这一切被中断,退回到小农社会的闭关状态。"三言二拍"中所反映的浓厚的市民风尚、气息都消失不见,盛行的是伪古典主义。清朝入关带来的是落后和倒退,从政治、经济到文化都如此。我认为清朝的"功绩"可能就是扩大了中国的版图,但若因此就对清朝、清帝国全面颂扬,我不赞成。

可捎带讲一下,我对慈禧太后的看法跟别人也许不一样。废除科举就是慈禧太后做的,这需要很大的胆识,斩断了以前读书人做官的途径,等于斩断了皇权制度的基础,谁也不敢做,她做了。我觉得慈禧死得太早,若晚死十年,中国完全有可能走上立宪道路。要么她早死十年也好,戊戌变法就成功了。可她偏偏死得不早不晚。所以嘛,历史有很大的偶然性,我不赞成"一切都是必然",没有那么多必然,历史上的偶然因素特别多。领导人的个人品质、性格都能影响历史进程。

马:所以您在《近代》后记中说:"偶然与必然是需要深入研究的历史哲学的最高范畴。"

李:对。这里可以再讲几句。从"偶然性"看,最高层政治人物在创造历史上起极大作用,所以中外历史从来主要都是帝王将相史,主要都是这些人的生平、事迹、方略、政策以及思想和私人生活等等,因为它们可以主宰、支配以至决定绝大多数"人民群众"的生活、生存以及生命,造成历史的前行、停滞或倒退,当然,其他因素也在起作用。从深层说,是人民大众的生产活动在创造历史,我这里讲的只是从政治哲学的角度来看,这就不是"人民群众创造历史"所能替代了。只有人民真正议政、主政,才可能尽量避免或减少种种可怕的偶然性的发生。可见偶然性之重要大矣哉。

"有突破之功"

马:您是何时开始考虑中国古代思想的?

李:从五十年代开始,我便有两个研究领域:美学和中国近代思想史。在研究中国近代思想史时,也在考虑中国哲学史上的一些问题,对中国古代思想也形成了一些看法。七八十年代我出版美学书,但同时也在继续进行五十年代开始的中国近当代思想史的研究,并且由近当代扩展到古代。中国近代思想史的主题之一是革命,因此在告别革命之后更需要从积极方面去研究和认识中国的传统,这个传统在以前是被革命所轻视或否定或摧毁的。

马：《孔子再评价》是您的第一篇中国古代思想史文章？

李：文章写于1976—1978年，1980年发表。我提出孔子的仁学模式由四因素构成：血缘基础，心理原则，人道主义，个体人格。最为重要和值得注意的是心理情感原则，它是孔学、儒家区别于其他学说或学派的关键点。四因素的互相制约，构成有机整体，其精神特征是实用理性。血缘、心理、人道、人格形成了这样一个以实用理性为特征的思想模式的有机整体。建立在血缘基础上，以"人情味"（社会性）的亲子之爱为辐射核心，扩展为对外的人道主义和对内的理想人格，它确乎构成了一个具有实践性格而不待外求的心理模式。孔子通过教诲学生，"删定"诗书，使这个模式产生了社会影响，并日益渗透在人们的生活、关系、习惯、风俗、行为方式和思维方式中，通过传播、熏陶和教育，在时空中蔓延开来。对待生活的积极进取精神，服从理性的清醒态度，重实用、轻思辨，重人事、轻鬼神，善于协调群体，在人事日用中保持情欲的满足与平衡，避开反理性的炽热迷狂和愚盲服从等等，它最终成为汉民族的一种无意识的集体原型，构成了一种民族性的文化—心理结构。孔子于是成为中国文化的象征和代表。

马：我看过冯友兰先生给您的一封信，讲"此作对于现在中国哲学史的研究有突破之功，佩甚"，并建议可将题目改为《对儒家的再评价》。

李：我将《孔子再评价》打印稿寄给冯先生，这是他的回信。当时还开了个会，于光远主持的，一些老先生，王明、容肇祖、张岱年等，他们说"唯物""唯心"此文一字未提，阶级斗争也未提，大有问题，冯当时因"四人帮"问题受牵连，未能参加，但眼光毕竟比他同辈人高。该文的确影响很大，说"突破"非夸张。

这里还有个插曲，黎澍主编的《中国社会科学》本来要将《孔子再评价》和顾准的文章一起发在创刊号上，好些人反对，创刊号就没发成。后来在胡乔木的支持下，发在了第二期上。顾准的遗文后来就一直没在那刊物上发出来。我的《宋明理学片论》（1982）、《秦汉思想简议》

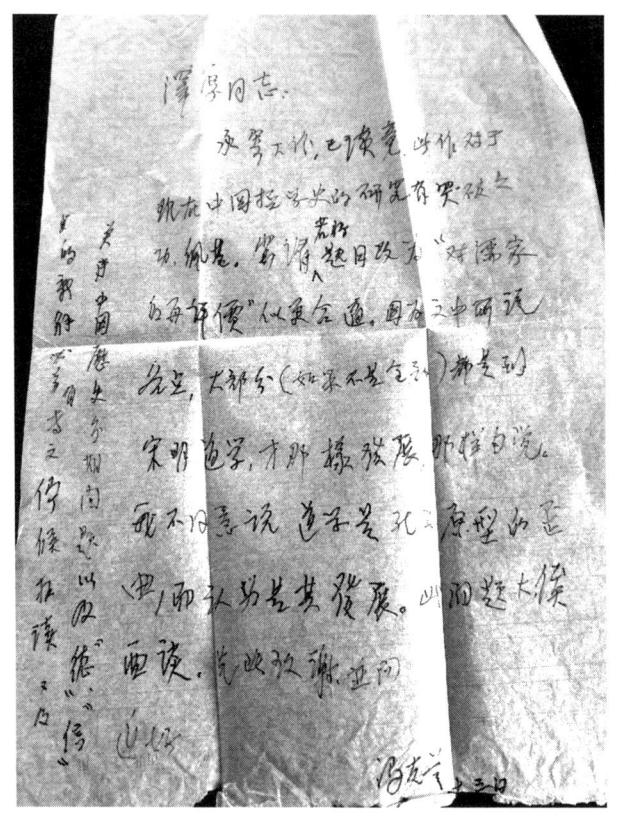

冯友兰读《孔子再评价》致函李泽厚（80年代初）

(1984)、《漫述庄禅》(1985) 诸文也是发在《中国社会科学》上。

马：编《中国古代思想史论》时，您又在此文后增补了一节《附论孟子》。我印象很深的是您所讲的孟子那奇特的"养气"说：理性凝聚（"集义"）为意志，人凭这种凝聚了理性的感性（"气"）能与天地相交通。

李：我对孟子的讲法也与历来特别是当下的讲法颇为不同。我强调的是孟子"大丈夫"的"自由意志"，否定各种先验的性善论。学人们至今都认为人性中有某种天赐的或自然生成的"善"，并认为这是人类伦理—道德的根源，说法虽多种多样，但总是说不清楚。而我一直认为动物中就有同情、合作、怜悯的方面，也有争斗、厮打、杀戮的方面，到人类，前者便"文化"为所谓"善"，后者便是"恶"。所以我赞同由伦理而道德的荀子，提出"人性"乃塑建而非天生的教育—心理路线。现在学界特别是儒学研究中，讨论极为热烈，我则岿然不动。还是康德深刻：内在道德之路必然走向道德的神学和宗教。

马：论孔子这篇文章当时反响很大。郭齐勇教授说您"是最早给孔子平反的学者，标志着哲学思想史界拨乱反正的开始"。杜维明先生说："李先生后来写了《孔子再评价》，在学术界引起了很大震撼。因为当时大陆学者即便不说反传统，在思想上与儒学也是有相当距离的，而李先生居然提出对孔子要重新评价，等于把整个儒家传统从正面重新来考虑，所以当时很多人对他有很大的质疑。"（《统合孟荀与儒学"第三期"》，2018）

李：文章发表之初，很多人不以为然；但情况很快就改观了，也变得比较能够接受了。《孔子再评价》实际标志着以原典儒学来吸收融会康德和马克思，以眺望未来。

我四次访日，规格最高的是会见太平首相和与日本学士院有泽广巳、末延三次等顶级学者进行学术交流的那次。印象最深的是最后一次与桑原武夫握手告别时，他说"最大的学者还是出在中国"，当时贝塚茂树、岛田虔次等均在场。我讲《孔子再评价》（正要发表），这些大学者都在记要点，大概我讲仁是四要素组成的文化心理结构让他们很感兴趣。美国的狄百瑞教授还将《孔子再评价》收入他编写的《中国传统的来源》（*Sources of Chinese Tradition*），我们有过许多学术交往，他曾两次邀约我参加夏威夷会议。从国内说，此文至今恐仍未"过时"，在《论语今读》新版中，我仍附录此文。四十年过去了，令人叹惜。

马：这篇文章里蕴含的一些思想，直到九十年代您才做了一些具体发挥，如情本体、巫史传统等。

李：我的"情本体"也可以说源起于此文。文中提出"仁的结构"中的"心理原则"，突出的恰恰是"情"而非"理"。人性是人心的情理结构，而不只是理性。我至今仍然坚持"仁"是这个四方面的结构体，即由"血缘基础、心理原则、人道主义和个体人格"所形成的人性结构，也就是《论语今读》所提出的"情理结构"（emotional-rational structure）即"情本体"（emotion as substance），其中的情理交会既区别于动物，也区别于理性机器，这是我数十年没有变动的人性论的观点圆心。九十年代我将它展开为"两德论""情理结构"（参阅《历史本体论》《论语今读》等）的伦理学论说。

我还把巫术和礼仪连在一起讲。文章一开头就讲这个"巫术礼仪"的问题，并与当年对少数民族鄂温克人的调查研究相比较，认为周礼是通过"祭神（祖先）"的礼仪扩而成为社会组织、生活规范的整套规范，其中包括了政治经济制度、贵族生活规范、社会等级规则等。是从巫术到礼仪。但是我当时拿不准，没有讲，后来越想越清楚，1999年发表的《说巫术传统》更具体地展开了一些。

1985年我将八十年代陆续发表的有关古代思想的九篇文章汇集成册，出版了《中国古代思想史论》。

十几万字就打发掉了

马：《中国古代思想史论》在人们还"沉没"于唯物唯心的对峙中难以自拔的时候，就开始用"文化—心理结构""实用理性"来解读孔子和宋明理学家，用"瞬息永恒"等词汇来描述庄子和禅宗的意境，等等。这种解释的新颖与敏锐足以引起人们的极大兴趣。

李：这本书就是要试图改变一下几十年来中国哲学史只是简单地分割、罗列成唯物主义与唯心主义的斗争史的陈陈相因的面貌。我想从中国文化心理结构等角度进行研究，希望这种研究能略有新意。比如孔子，可以说有多少种哲学史，就有多少位孔子，每个人都有自己所理解的孔子，并且都认为这才是那个"真正的"孔子。我的兴趣不在这里，而主要是想探究一下两千多年来已融化在中国人的思想、意识、风俗、习惯、行为中的孔子，看看他给中国人留下了什么痕迹，给我们民族的文化心理结构带来了什么长处和弱点。这个孔子，是活生生的，就在你我他以及许多中国人中间。我认为发掘这种结构，将人们的无意识唤醒为意识，了解其中长久维系这个具有巨大人口的文化体的"精神"，将有助于中国的现代化。这也是我的"西体中用"的重要内容，即在输入西方现代化的科技—经济以及政治体制的同时，能使它们在中国很好的运用和实现，还需要了解中国的文化传统或哲学精神。这种精神也呈现在中国思想家的经典文本中。

马：但整本书给人的感觉还是太简约了一点。

李：因为是集中在中国文化心理结构这个概括性的主题之上，我就只能选择一些最有代表性、最有实际影响的人物和思潮，弃而不论许多比较起来属于次要的人物、学派和思想，例如先秦的名家以及其他好些非常著名甚至非常重要的思想家；也舍弃了所论述的人物、思潮中离这一主题关系较远的方面、内容和层次，当然更完全舍弃了一些属于考证范围的问题如人物生平、史料源流、版本真伪等等。总之，这只是一种十分粗略的轮廓述评，我也丝毫不想以齐备为目的，只望能在舍弃中更突出所要研讨的主题：在构成中国文化心理结构中起了最为主要作用的那些思想传统。同时在论述中尽量注意详人之所略，略人之所详，以避开重复。我与侯外庐、冯友兰等人不同，他们都是写"史"的，我是写"论"的，而且我写的是"思想史"，不是"哲学史"。

马：都是提纲性的东西？

李：是也。上下数千年，九篇文章、十几万字就打发掉了。自己写作时便深感底子太薄，功力不够，知识太少，不可能也不应该驾驭这么大的场面，甚至暗暗发誓"以后再也不写这种东西了"。但结果居然还强如人意，在海内外的反应都不坏，不断被人提及甚至还受到赞赏。我自己也比较喜欢这一本。原因是尽管材料少、论述粗，但毕竟是企图对中国整个传统作某种鸟瞰式的追索、探寻和阐释，其中提出的一些观念和看法，如"乐感文化""实用理性""文化心理结构""审美的天地境界"等，我至今以为是相当重要的。

这本书可发挥填补的地方还很多。比如书里讲了许多儒家，其实我的兴趣更在老庄玄禅。这本书都是提纲，其实我更想对其中的一些问题例如宋明理学的发展行程作些细致的分析。我常常想，只要在上述题目中选定一个，在我原有基础上，搞它十年八载，大概是可以搞出一两本"真正"的专著来。如今垂垂老矣，却始终没能那样做。

乐感文化与实用理性

马：您在这本《古代》书里，总结出了哪些中国文化的性格？

李：九十年代我写过一篇文章，讲儒学的"表层"与"深层"结构。

所谓"表层"结构，指的便是孔门学说和自秦汉以来的儒家政教体系、典章制度、伦理纲常、生活秩序、意识形态等。它表现为社会文化现象，基本是一种理性形态的价值结构或知识—权力系统。所谓"深层"结构，则是"百姓日用而不知"的生活态度、人生意义、价值观念、思想定势、情感取向；它们并不纯是理性的，而毋宁是一种包含着情绪、欲望却与理性相交绕纠缠的复合物，基本上是以情—理为主干的感性形态的个体心理结构。当然，所谓"深层""表层"的区分并不容易。第一，"深层"是由"表层"经历长久的时间积淀而来，其中包括自觉的文化教育（如古代的"教化"政策）和不自觉的风俗习惯。中介既复杂多样，自觉不自觉也交错纠缠，从而很难一刀两断，截然划开。第二，"深层"既然包含无意识和感情，也就很难用概念语言作准确表达。它与"表层"的区分只能大体点明一下。

那么，什么是这个"深层结构"的基本特征呢？《古代》一书论述过的"乐感文化"和"实用理性"，仍然是很重要的两点。它们既是呈现于表层的文化特征，也是构成深层的心理特点。将这两点归结起来，就是我在九十年代常讲的"一个世界（人生）"的观念。

马：先讲讲这个"实用理性"吧。

李：以前我阐述康德时，讲过"客观社会性"，现在我明确它为经验合理性，实用理性正是这种"经验合理性"的哲学概括。中国哲学和文化的特征之一，是不承认先验理性，不把理性摆在最高位置。理性只是工具，"实用理性"以服务人类生存为最终目的，它不但没有超越性，而且不脱离经验和历史。它认为没有与"人道"分离的"天道"，"天道"与"人道"一致，而且是"人道"的提升（不是由天而人，而是由人而天）。

历史意识的发达是中国实用理性的重要内容和特征。所以，它重视从长远的、系统的角度来客观地考察、思索、估量事事物物，而不重眼下的短暂的得失胜负或成败利害，这使它区别于其他各种实用主义。先秦各家如儒、墨、老、韩等都从不同角度表现了这种历史意识。到荀子、《易传》，则将这种历史意识提升为贯古今、通天人的世界观。把自然哲学和历史哲学铸为一体，使历史观、认识论、伦理学和辩证法相合一，成为一种历史（经验）加情感（人际）的理性，这正是中国哲学和中国文化的一个特征。

我讲过，实用理性与中国的四大实用文化即兵、农、医、艺有密切关系。中国兵书成熟极早，中国医学至今有效，中国农业的精耕细作，中国技艺的独特风貌，在世界文化史上都是重要现象。它们与天文、历数、制造、炼丹等还有所不同，兵、农、医、艺涉及极为广泛的社会民众性和生死攸关的严重实用性，并与中国民族的生存保持直接的关系。所以，我在《古代》书中曾不断指出老子之于兵、荀易之于农、阴阳五行之于医、庄禅之于艺（首先是技艺）的联系。因为研究不够，可能有些牵强，然而中国实用理性的哲学精神与中国科学文化的实用性格，我以为是明显有关系的。

当然，实用理性也有缺失。八十年代以来我多次指出孟子论辩违反形式逻辑。荀子反对纯粹思辨，说"言无用而辩，辩不惠而察，治之大殃也"。庄子是"六合之外，圣人存而不论"。中国智慧强调的是"理论联系实际""以实事程实功""实践是检验真理的唯一标准"等，并经常由"度"直接走向"中""和""阴阳互补""天人合一"，完全缺乏脱离经验现实的抽象思辨的思维模式和习惯。中国先秦一些非常杰出的名家、逻辑学家，如公孙龙、墨子后学，都没能得到发展。古代中国的技艺非常发达，但科学并不发达，始终没能产生古希腊的数学公理系统和抽象思辨的哲学。科学上不可能出现牛顿、爱因斯坦。中国的数学和科学都是直接服务于现实生活的技艺，而不是独立于人事的非社会功利的真理探究。但也因为它的实用性格，当它发现抽象思辨和科学系统有益于人的时候，便会注意到自己文化的弱点而努力去接受和吸取。

马：顺便问一下，实用理性（pragmatic reason）与实用主义（Pragmatism）有什么同异？

李：简单来讲，相同点是：第一，两者都反对先验主义，都认为人的认识、道德、审美均由经验而来。第二，都以人类的物质性生存为基础和目标。第三，都非常强调人的操作实践活动，认为理性由此出，理性只是工具，都面向未来。

相异点是：第一，实用理性强调人类生存和活动的超生物性，与生物适应和控制环境有根本的不同，这不同起源于使用—制造—更新物质工具，实用主义漠视这一点。第二，实用理性强调历史的积累和文化对心理的积淀，认为从这里生发出客观性及普遍必然性的绝对标准和价值，重视历史成果，所以叫人类学历史本体论。实用主义不然，认为有用即真理，一切皆工具。第三，实用理性设定物自体（天道）作为经验来源和信仰对象，提出"宇宙与人协同共在"，实用主义不认同这些。当然，这是相当简单化的比较，而且这里的实用主义主要是指杜威。

马：再说说"乐感文化"。

李：简单说，即中国文化心理不以超验世界为指归，它肯定人生为本体，以身心幸福地生活在这个世界为理想和目的。在中国意识中，天虽大，人也不小，人要去参与天地的工作，所谓"参天地，赞化育"，天地没有了人就失去了意义，可见人在中国思维传统中的地位很高。

中国传统的知识分子（士大夫）对鬼神多采取孔子"敬而远之""祭如在"（举行仪式时假定神的存在，即采取一种敬畏的情感态度）；在老百姓，另一世界只不过是生活在这个世界的死后延续，从古至今，人们都会做出各种日用家具、食品、房屋甚至钞票等埋葬或焚烧给死者。"乐感文化"重视灵肉不分离，重视感性心理和自然生命，肯定人在这个世界的生存和生活。即使在黑暗和灾难年代，也相信"否极泰来"，前途光明，"留得青山在，不怕没柴烧"，这光明不在天国，而在这个世界。

所以，中国哲学追求的是知与情，亦即信仰、情感与认识的融合统一。实际上，它乃是一种体用不二、灵肉合一，是一种既具有理性内容又保持感性形式的审美境界，而不是理性与感性二分、体（神）用（现象界）割离、灵肉对立的宗教境界。它所指向的最高境界是主观心理上的"天人合一"。到此境界，"万物皆备于我"（孟子），"人能至诚则性尽而神可穷矣"（张载）。人与整个宇宙自然合一，即所谓尽性知天、穷神达化，从而得到最大快乐的人生极致。是审美而不是宗教，因此成为中国哲学的最高目标。这也许就是中国乐感文化（以身心与宇宙自然合一为依归）与西方罪感文化（以灵魂依归上帝）的不同所在吧？包括鲁迅，也终于还是不喜欢陀思妥耶夫斯基，这大概不会是偶然吧？

但"乐感文化"并不是"忧乐圆融"的"喜淘淘"。我以为中国的"儒""道"均源于"巫"，"天道"都由"人道"提升建立而成，由"伦常日用之道"上升为"于穆天命"的"道"。这"提升"当然是一种"假设"和"约定"。我以为最值得重视的是这种"假设"和"约定"使这本体和人生具有了十分浓重的悲剧性质。人生一无所本，被偶然扔掷在此世间，无所凭依，无所依归（因为没有人格神），只能自己去建立依归和根本，比起有一个外在的上帝，这岂不更悲苦、更凄怆、更艰难？充满人文精神的中国乐感文化，其实有这样一种深层的悲剧基础。但这要点一直没有被充分阐释，这个悲剧性的方面经常被引向敬畏的"天命"的准人格神方向，或引向所谓"忧患意识"的政治社会方向。只有在《古诗十九首》之类所谓"一字千金"的人生咏叹中，才约略展示出这种深深的人生无所凭依的本体悲哀。

"乐感文化"也有不足的一面，比如满足、停滞在一种虚幻的原始的圆满中，它回避了激剧的痛苦、灵魂的冲突，在很大程度上回避了苦难、死亡和丑恶，缺乏由这种苦难、死亡和丑恶所激起的更强大的精神要求和冲击力量。

兵家是中国哲学第一家

马：您讲过，关于中国古代思想史，自认为有三大重要创获。

李：除了提出"实用理性"、"乐感文化"、对荀子的评估、说庄子哲学是美学等之外，至少有三个重要创获，它们都是假说，有待今后科学论证其真伪。一是"巫史传统"（巫的理性化），二是"情本体"，三是

"兵家辩证法"。这三点在《古代》一书中都或明（"兵家辩证法"）或暗（"巫史传统""情本体"）地讲到。

马：您的"兵家辩证法"观点影响很大。李零教授说："1984年，李泽厚先生写了篇文章，叫《孙老韩合说》……李先生说，《老子》受《孙子》影响，《易传》受《老子》影响，只是假说，未必被普遍接受，也很难被证明，但在以往的研究中，这是最高屋建瓴、洞察隐微，启发我们做深入思考的卓见，难怪屡被引用。"（《兵不厌诈·自序》）

李：我说过，兵家是中国哲学第一家。要真正了解中国古代辩证法，要了解为什么中国古代的辩证观念具有自己特定的形态，应该追溯到先秦兵家。兵家把原始社会的模糊、简单而神秘的对立项观念如昼夜、日月、男女即后世的阴阳观念多样化、世俗化了。它既摆脱了巫术宗教的神秘衣装，又不成为对自然、人事的纯客观记录，而形成了一种在主客体"谁吃掉谁"迅速变化的行动中简化了的思维方式。它所具有的把握整体而具体实用、能动活泼而冷静理智的根本特征，正是中国辩证思维的独特灵魂，而构成中国实用理性的一个重要方面。

马：这个"兵家辩证法"有哪些特点？

李：第一，一切以现实利害为依据，反对用任何情感上的喜怒爱憎和任何观念上的鬼神"天意"来替代或影响理智的判断和谋划。只有在战争中，只有在谋划战争、制定战略、判断战局、选择战机、采用战术中，才能把人的这种高度清醒冷静的理智态度发挥到充分的程度。第二，必须非常具体地观察、了解、分析各种现实，重视经验；第三，在这种对现实经验和具体情况的观察、了解、分析中，要迅速地从纷繁复杂的错综现象中抓住与战争有关的本质，尽快舍弃许多次要的东西，避开烦琐的细部规定，突出而集中、迅速而明确地抓住事物的要害所在，要求以一种概括性的二分法即抓住矛盾的思维方式。第四，客体在这里作为认识对象不是静观的而是与主体休戚与共的，是从主体的功利实用目的去把握的。其实，毛泽东军事思想的哲学明显地近似或符合中国的兵家何炳棣致函李泽厚（2001年6月4日）："你我背景不同，但都在搞最基本性的问题，习惯上都是真正独立思考。今后如能经常交谈，甚至切磋，当为人生一大乐事。"

辩证法。这个辩证法是与主体实践密不可分的辩证法，从而它也是认识论，即毛的"实践论"。

马：与西方辩证法对比，有何不同？

李：大体说来，西方的辩证法从语言论辩中产生，是思维的艺术、思辨的智慧；中国的辩证法从战争兵法中产生，是生活的艺术，生存的智慧。前者锻炼培育了人们的思辨理性，产生了高度抽象的理论科学，为中国传统所远远不及。后者锻炼培育了人们的实用能力，产生了众多的技术发明，培育延续了一个人口众多、疆域广阔、文字统一且历史悠久未断的巨大时空实体。

马：何炳棣先生很重视您的"兵家辩证法"，他说："当代思想史家中，李泽厚先生对中国文化积淀往往有新颖深切的体会，而且能把深邃的道理做出精当易晓的解释。他认为先秦思想流派中最先发展和应用辩证思维的是兵家，因为战争事关生死存亡，'略不经心便可铸成大错，而毫厘之差便有千里之失'……笔者觉得这一现象从李泽厚的宏观论断中可以得到合理的解释：《老子》谈兵部分确有不少处可认为是《孙子兵法》的延伸和概括，但《老子》之所以富原创性，正是因为它能把《孙子》军事辩证法提升到政治和形上哲学的辩证层次。"（《有关〈孙子〉〈老子〉的三篇考证》）

李：何炳棣先生晚年是通过任继愈先生联系我的。我到美国后，何先生想与我合作写思想史，因为我们的好些观点相当接近和一致，可惜年岁都大了，又分两地，不可能弄了。何先生曾手书《孙子》《老子》两书里的辩证词组寄我，后来我影印到我的一篇讲演稿中（《阴阳五行：中国传统的宇宙观》）。何是我很尊敬和看重的海外学人之一。他在美国学界地位非常高，担任过美国亚洲学会会长，治学严谨，材料扎实丰满，见解重要。如他的"墨子源于孙子说"，认为墨子秉承孙子，懂兵书，能守城，曾为秦（时国势尚弱）守城拒魏，其后，墨家融入法家。我赞同此说，认为墨子"尚同"，墨家钜子制度等均取自军队，入秦后墨家思想学说中的"兼爱""非攻"等下层性质消亡丧失，而"尚同""力田"等则为法家吸取，成为耕战体制、绝对专制的重要思想来源，这才是郭沫若所提及过的"墨法在秦合流"。但"兵—墨—法"这一线索却从未为治思想史者所注意，拙文《墨家初探本》《孙老韩合说》亦未能涉及。我曾特将何这一重要论点补注于《新版中国古代思想史论·"说巫史传统"补》中，以明墨家思想之来龙去脉，再次确认兵家在中国古代思想史上的源头地位。而且我认为，现代中国曾以新形式再现了"兵—墨—法合流"，具体可参阅拙文《再谈马克思主义在中国》（2005）第一部分。

马：这真是一段学术佳话！可谓互启互用，相得益彰。前几年，我还读过《中国文化》杂志上刘梦溪先生的《读〈漫述庄禅〉致李泽厚》，信中说："我无法描述读了《漫述庄禅》的喜悦心境……我不仅在思辨上、在道理上同意你对庄玄禅的论述，在实感上、在审美上也被你的论述征服了。……我认为你这篇文章的价值、意义，真是不可估量——它将为思想史的研究、传统美学的研究，开一新生面，引入目的性和规律性合一的科学途径。"

李：那是他八十年代写给我的信，我从美国回来，还给了他，他就登出来了。这些年，我将许多人过去写给我的信，陆续送还给他们，包括我的弟弟、妹妹。

有人跑来质问我

马：《古代》一书因对传统思想多有肯定，当时也招来了不少批评。

李：书里所想讲的，与我所接触的年轻大学生中的两种不同意见有关。一种意见要求彻底打碎传统，全盘输入西方文化以改造民族；另一种希望在打碎中有所保存和继承。前者认为后者在客观上将阻碍现代化的进程；后者认为还应该看到后现代化，要注意高度现代化了的欧美社会所面临的精神困扰。我没有参与这一争论。我仍然深信当前中国的社会前进首先还是需要基础的变动，需要发展社会生产力、科学技术以及改变相应的经济政治体制。在意识形态领域，首先要努力配合这一变化，同时也应该为整个人类和世界的未来探索某些东西。

从前一方面说，中国民族的确是太老大了，肩背上到处都是沉重的历史尘垢，以致步履艰难，进步和改革极为不易，"搬动一张桌子也要流血"（鲁迅）。在思想观念上，我们现在的某些方面甚至比五四时代还落后，消除革命带来的后遗症候的确还需要冲决网罗式的勇敢和自觉。所以我在书中反对准宗教式的伦理主义，揭示了儒、道、墨等思想中的农业小生产的东西，并以《中国近代思想史论》一书作为本书前导。从后一方面说，比较起埃及、巴比伦、印度、玛雅等古文明来，中国文明毕竟长久地生存延续下来，并形成了世罕其匹、如此巨大的时空实体。历史传统所积累成的文化形式又仍然含有值得珍贵的心理积淀；并且百年来以及今日许多仁人志士的奋斗精神与这文化传统也并非毫无干系。所以这本书仍然较高估计了作为理性凝聚和积淀的伦理、审美遗产。这实际也涉及历史主义与伦理主义的二律背反问题。历史本就在这种悲剧性矛盾中行进，这是一个深刻的问题。这本书的目标之一，就是想把这类问题（不止这一个）从中国思想史的角度提出来，供年轻读者们参考、注意和研究。

马：赵士林教授讲过一个细节，八十年代他在您那里读博士，有一天，一个年轻人跑到美学室来质问："你是我们思想解放的旗帜，为什么你那么追捧孔子？"

李：哈哈，有这事，想起来蛮有趣的。反传统是当时的主流，但我写这些书的时候从没有想过要迎合读者，我只按照自己的看法写。由于《古代》对传统文化作了相当多的肯定，与新儒家有相近的地方，当时不少青年学子认为它背离了《近代》反传统的批判精神，说我"转向"了、倒退了，认为我自相矛盾——《近代》反专制、反传统，《古代》却大说传统的好话。因此，此书被激烈攻击，一些年轻人感到失望，我被视为保守、陈旧。

当时有四大名将，他们各自从启蒙主义、科学主义、基督教、尼采来批孔和反传统。因此当时《古代》这书没什么影响，真正有影响是以后了。

马：记得当时您还专门写过一篇《关于儒家与"现代新儒家"》来澄清。

李：对，主要阐释了《古代》与港台"新儒家"的区别。这本书并不与《近代》相悖离，恰好相反，是以之为前提的进一步探索。我以为，八十年代是中国第一次真正走向世界，和西方文化进行交流。要更好地了解西方文化，就必须对本民族的文化有一个清醒的自我认识。我希望在未来的世纪里，中国文化传统在东西方人文世界进行真正深入的对话中，能有自己的立场和贡献。

马：如此说来，《古代》书似乎比《近代》《现代》具有更深一层的目标和含义。

李：这也正是中国现实的深刻"吊诡"和关键所在。如上所说，一方面，中国要进入现代化，当然要在一定程度和一定意义上反掉某些前现代的传统；但今日中国又是在看到后现代的前景下进入现代，从而才可能尽量避免或减轻现代化所带来的种种灾难、弊病和祸害，因此，注意保存传统又成为非常重要的事情。也许这样，才能尝试走出一条既现代又中国、既非过去的"社会主义"又优越于今日资本主义的创造性的道路来。

"救亡压倒启蒙" 惹争议

马："思想史三论"的最后一部是《中国现代思想史论》。

李：1987年出版的，收文八篇。按自己原来的计划，最早在1990年写成。但我当时怕搞得太慢出不了，这一点当时也和一些朋友说过，于是便在 1986 年就匆匆交稿。书出版后，有人说：你看，李泽厚又回来了，回到《近代》的立场上了。也有人说，三本思想史论正好是"正一反一合"。哈哈，我觉得挺好玩的。

马：在"后记"里您讲，相比前两本，《现代》比较"单薄和浮泛"。

李：这是个太艰难的课题！所以，这本书有意地更多采取了摘引整段原始资料的方式。一则为了给某些资料立案备查，留待以后填补发展；二则希望通过原始资料，由读者自己去欣赏、判断。但由于几乎每天四小时五千字的进行速度，摘引之匆忙、叙述之草简、结构之松散、分析之粗略、文辞之拙劣、思想之浮光掠影，看来比前两本思想史论更为显著。

马：尽管如此，此书当时似乎仍广受欢迎。

李：《现代》一书之被接受，甚至为某些青年所偏爱，主要是当时在"文化热"的高潮中，人们（特别是青年一代）对未来中国的走向有着巨大的关怀，特别是当时要求政治民主的思想情绪正日益强烈，反思过去使他们对《现代》一书提出的一些现实政治问题发生了极大兴趣，于是此书不胫而走。

马：首篇《启蒙与救亡的双重变奏》提出了解释中国近现代思想史上许多错综复杂现象的基本线索和框架，在思想文化界引起巨大反响，毁誉参半，争论至今。

李：这确乎有点意外。这篇文章是 1985 年 8 月在庐山开完中国哲学史会议回来后写的，是应《北京社会科学》杂志之约，为纪念"文革"结束十周年而作。写得很快，两三天就写完了。写的时候段落都没分，可说一气呵成。先交给《北京社会科学》杂志，被压了好久，最终不敢刊用，退给了我，后来才发表在民办刊物《走向未来》创刊号上（1986年 8 月）。给《走向未来》发表时只分了段，小标题是到出书时才加上去的。

还发现一个未曾料到的情况,即"压倒"一词所引起的情绪反应。本来,我使用"压倒"一词以及"救亡压倒启蒙"的表述,纯系描述历史事实的中性用法,并无褒贬含义。我想说的是,在近代中国,特别是自三十年代以来,在由抗日所掀起的救亡图存的浪潮中,以捍卫个人的权益、自由、理性为内容的近代启蒙精神被搁置到非常不重要的地位。我曾指出,这有其历史的合理性与必然性。从思想史看,从19世纪末起,包括严复、孙中山、陈独秀等这些熟知并赞同西方近代自由、民主、理性、启蒙的著名知识分子,也同样强调国家的富强、"国家的自由"高于个人的利益、个人的自由,便是这一中国近代历史特征之反映。但我的这一看法,却一再被认为是"一个带有明显褒贬意味的表述"(顾昕:《中国启蒙的历史图景》,第39页,香港牛津大学出版社,1992年),甚至引申出我主张宁做亡国奴也要个人自由等荒谬批判。

有意思的是,这样一种中性的历史描述竟被当作某种"褒贬"的价值判断,并作出如此强烈的情绪反应。为什么?是不是这个有关"国家、社会和个人"的问题本身,在今天仍有太强的现实意义呢?果真如此,则讨论和研究它就更为重要了。

还有,很奇怪,当年有人以救亡中有扫盲、识字运动来证明并未压倒启蒙,直到今天还有名学者仍如此说,真有点匪夷所思。难道西方的启蒙运动、中国的"五四",只是识字运动吗?

马:这篇文章还引出另外一桩公案。杜维明等人认为,您这个观点是美国学者舒衡哲(Vera Schwarcz)最早提出的,您只是沿袭了舒的观点。这种说法在学术界似乎亦很流行。而当事人舒衡哲教授在其《美国历史学教授舒衡哲口述》(2018)一书中也是这样陈述的,并且提出"中国六代知识分子"也是你们一起讨论出来而被您拿去使用的,如此等等。这些说法,我认为是完全不符合客观事实的,为此,我写了一篇《"救亡压倒启蒙"与"中国六代知识分子"之"发明权"考释》的万字文章(见本书附录一)。

李：舒的这本口述，有朋友寄给了我。情况完全不是她讲的那样。这种所谓"发明权"之争，是很无聊的事，双方的书都在那里摆着，大家可以自己去比较、去判断。

最看重的是另一篇

马：启蒙与救亡这篇影响最大，也挨批最多，但您讲过，自己最看重的却是另一篇《试谈马克思主义在中国》。

李：所以，我就很奇怪，启蒙与救亡这篇为什么影响会那么大，根本没料到，其实我很早就明确说过这个思想。谈马克思主义在中国这篇反而没有多少反响，客观效果跟主观意图可以很不一样，可能还是现实的需要吧。当然，"启蒙与救亡"文我也看重，所以才放第一篇嘛。谈马克思主义在中国这篇1988年北京三联书店还出过单行本。文章开头，我就讲，没有哪一种哲学或理论，能在现代世界史上留下如此深重的影响有如马克思主义；它在俄国和中国占据统治地位已数十年，从根本上影响、决定和支配了十几亿人和好几代人的命运，从而影响了整个人类的历史进程。这一事实在中国是如何可能的？它显然是一个具有头等意义的现代思想史课题，它关系着中国今日和未来在经济、政治、文化上的走向。而且，较之西方马克思主义各派理论，马克思主义在中国或者说中国的马克思主义具有由实践行动所提供的大量现实的经验和教训。因之，对马克思主义在中国的历史命运的研究，对了解整个马克思主义或许将有所裨益。

八十年代胡在访美之前，曾索要《中国现代思想史论》一书，他当面跟我讲："你对毛泽东的研究，经纬度很准。"斯图尔特·施拉姆，就是那位西方著名毛泽东思想研究专家，当时访问中国社会科学院，胡乔木接见并让我陪同，这让许多人大为不满。

噢，还记起一件事来，八十年代李锐先生到我家……

马：哦，哪个李锐？

李：作家李锐曾给我写过几封信，寄过他写的小说。但不是他，是革命家李锐，当过中央委员、中顾委委员。当时李锐先生爬五楼到我家，那时他已经七十多了，我当时对他身体如此壮实，极感惊异，至今仍有印象。他主要是希望与我合作搞一些研究，当然是看了我的《现代》书来谈的。但那时我正要出国去新加坡，就没有合作研究成。除吃饭同席外，我也去过李锐家多次。

马：您谈马克思主义在中国，《现代》一书有两篇，除了这篇，还有《青年毛泽东》（1987）；2005年又写了《再谈马克思主义在中国》；2018年再作《三谈马克思主义在中国》。这四篇互相衔接、层层递进，对诸多话题，均有深刻的阐述，读后使人豁然开朗，对许多重大问题有了清醒的认识。只可惜最后两篇许多人读不到。

李：《再谈》文承续了前一篇的基本观点，但更直接、更深入，2005年曾编入我的一部专题文集《马克思主义在中国》。其中的二、三部分，后来又收入2006年天津社会科学院出版社的《李泽厚近年答问录》，其实我就是为了这篇文章才出这本书的。《三谈》文，不是很长，六千余字，是香港版《马克思主义在中国》英译本的新序，看法又有许多不同，但这里不能说了。

我大半辈子的生活和工作都笼罩在这个题目之下。我想此生不应该糊里糊涂地被打发掉，在思想理论上清理一下，至少对我本人是必要的。前面讲过，"文革"中我曾拟了几个提纲，其中一个就是关于马克思主义的，本想结合中国经验写本像科拉柯夫斯基《马克思主义主潮》那样的书，也收集了一些资料，但毕竟自己基础太差，主客观条件限制太大，始终无法动笔，只陆续写了这几篇谈马克思主义在中国的文章，但都非常重要，我认为我讲到位了，但人家不识货，那也没办法，总是要么被人骂，要么不吭声。

马：这些文章我都认真研读过，不少论点非常精彩，譬如关于毛泽东思想形成的关键点，就精准有力。

李：我在《再谈》中讲过毛泽东思想是三个方面组成结构的。但这一结构的形成是如何可能的？这才是关键。虽然国内外也有论著直接间接论述到，但这结构的关键点依然没有被足够重视。

马：这个"关键点"是什么？

李：就是毛泽东思想是在长期革命军事战争中发展形成的。这是不同于列宁主义、斯大林主义的重要之处。从三十年代的三次反围剿到1949年前的三大战役，毛泽东运筹帷幄，取胜千里。他那些"以十当一""伤其十指不如断其一指"的"人海战术"、《矛盾论》中"抓主要矛盾""矛盾的主要方面及其转化"，都首先是从战争经验中提升出来的。他由军事而政治，搞了一整套战略策略，包括"统一战线中的独立自主，又团结又斗争""联合中有斗争，斗争中有联合""先斩后奏，先奏后斩，斩而不奏，奏而不斩""有理、有利、有节"，等等，所有这些与唯物史观并无关系，都是在与国民党的革命斗争中（首先是战争中），所总结的思想成果。其中特别重要的是，在组织上他抓得极紧的是"党的建设"，具体办法是"支部建在连队上"，即紧紧从思想政治上掌握广大的基层，这就大不同于俄共红军只派政委而已。毛泽东以"支部建在连队上"来彻底实现党对军队的绝对领导。以后又把军队中这一套行之有效的办法不断扩展，一直笼括整个社会。党组织成了整个社会的骨脊血脉，上下贯通，坚固持久，效率极高。中共党组织力量之强大，是任何其他政党包括苏共所不能比拟的，而这却正是产生在长期战争的军队基础之上的。

马：那篇《略论现代新儒家》您似乎也很重视？

李：这篇算是大陆学人第一次概括性评述现代新儒家，其中也批评了正红火的牟宗三。当时我在新加坡，一位韩国老教授看后说，这是篇非常好的导论。但在大陆并没有引起学界任何反响。

马：我个人很喜欢《二十世纪中国（大陆）文艺一瞥》这篇，觉得从某种意义上，它像是《美的历程》的"续篇"。搞现代文学的黄子平教授曾说：李泽厚的《中国现代思想史论》，"我经常看，他里面有一篇《二十世纪中国文艺一瞥》，三个人费劲地弄（按：指钱理群、陈平原、黄子平所著《"二十世纪中国文学"三人谈》），他一瞥就完了，我们非常震憾。"

李：《近代》一书提出了"中国六代知识分子"的分期，这篇"一瞥"文就是从这个角度来谈二十世纪的中国文艺。

"西体中用"是第三派

马：除了"救亡压倒启蒙"，在"文化热"中，"西体中用"也遭到了极大的批评，它也出自《现代》。

李：大多数人对"西体中用"都摇头。"西体中用"不是我发明的，黎澍先生曾提出过。最近查了一下，发现熊梦飞、黄仁宇也先后讲过"西学为体，中学为用"，但他们讲的与我讲的还是不同。有兴趣的可再查核。1986年1月，在上海的一次会议上，因为不赞成"中体西用"论，为造成一种语言上的对立感，我提出了"西体中用"。杜维明他们都反对。记得那次俄国汉学权威齐赫文斯基说"'西体中用'，应改为'马体中用'"，现在想起来真好玩。（笑）

"中体西用"郑观应等人早就提出过，当时有很大的进步作用，这我已在文章中说明过。但从改革开放的八十年代到今天，这种"中体西用"仍大有市场，只是表现形式有所不同罢了。他们认为，中国的一切已经很好了，只要引进点科学技术再加上经营管理制度就行了。其实这还是张之洞所说的"法"可变而"道"不可变。近年来这种论调更大行其道，以复兴儒教等方式出现，还似乎很有"理论水平"，其实腐朽之极。

马：许多批评者说，为什么还要使用"体""用"这种早已过时的语言、词汇？这些语词太古老、太不科学了。

李：的确，"体""用"是中国古典哲学的传统术语，含义模糊，缺乏严格的定义或规范。那为什么我还要使用这种语汇？简单说来，就因为它还有生命力，有现实针对性。我的"西体中用"本是针对"中体西用""全盘西化"（也就是"西体西用"）而提出的。如果没有"中体西用"和"全盘西化"这两种思想、语词，我也就不会提出和使用"西体中用"。我认为，张之洞的"中体西用"是保守主义，谭嗣同的"流血遍地"是激进主义，那么，处在两者之间的康有为，恰好可算是"西体中用"的自由主义。张之洞强调的是维护专制、捍卫传统三纲六纪的等级秩序，谭嗣同要求以激烈方式打破这种既定秩序，强调人人平等。那么康有为则更多立足于个体自由，主张渐进地改变现存秩序。我是赞同第三派意见的。

马："西体"和"中用"具体指的是什么？

李：我讲的"西体"，实质就是现代化。我用的"体"一词与别人不同，它首先指的是社会本体，因此主要是指物质生产和日常生活。这是从唯物史观来看的真正的社会本体，是"人活着"的根据。现代化首先是这个"体"的变化，在这个变化中，科学技术扮演了非常重要的角色，科学技术是社会本体存在的基础，因为由它导致的生产力的发展确实是使整个社会存在发生变化的最根本的动力和因素。至于说"西学为体"，就是以产生在西方现代化社会存在本体上的本体意识来作"学"的主体。现代化的这个"体"（指社会存在、现代生产方式和生活方式、日常生活）和本体意识（指现代科技理论、政经理论、文化理论等），用到中国来，就当然有一个中国化的问题。"中用"就必须考虑到国情和传统。正是在这种形式的改变、转换与内容的选择、取舍中，包含着复杂的"体""用"关系问题。一方面不能生吞活剥，食洋不化，画虎不成反类犬；另一方面又得注意橘渡江而成枳，西体、西学搬进中国完全变样，被顽固强大的中国传统力量给"化"掉了。

马：您主张的"西体中用"与传统的今天的"中体西用"是对立的，但您在一篇文章中又讲过"'西体中用'竟可通过'中体西用'而实现自己"这样的话，令人费解，能解释一下吗？

李："体"既为科技工艺和生产力及方式，则"中体西用"论者因允许和推行"西用"，其"中体"也必不能坚持而将逐渐改变，不论其是否自觉与自愿。而逐渐改变（改良而非革命）却又正是"西体中用"论所主张的。于是，"西体中用"竟可通过"中体西用"而实现自己，如此吊诡，岂非黑格尔所谓"历史之狡计"和可悲可喜之时代迷藏？也就是说，"西体中用"通由"中体西用"的方式和理论以实现自己，整个"中体西用"成为"西体中用"之"中用"过程中的组成部分或阶段，此非始料所及，却成为历史曲折前行的实然。但历史不会止步于此，"中用"会继续创造出适合于"西体"（即现代化的物质生活，它由百余年向西方开放而输入）的更佳的新形式。

马：也有人批"西体中用"说是在提倡"全盘西化"。

李：恰恰相反！我一直不赞同"全盘西化"，如同一直反对"中体西用"一样，"西体中用"是不同于这两派的第三派。中国要走一条自己的路，不能盲目地学习西方。中国如何吸收西方的长处，目前这仍然是基本的、主要的方面。如何结合现实和传统做出转化性的借鉴，创造出拥有自己的新经验的体制，这才是好的。"自由、平等、人权、民主"都是普适的，这毫无疑问，但在具体制度的建构上，不必也不能完全照搬，可以添加中国元素。比方说中国传统比较讲人情、讲协调、讲不伤和气，夫妻闹别扭、朋友闹纠纷不一定上法庭。现在西方占主导的是"公共理性"，这仍然是中国目前极为缺乏而非常需要的方面，必须具体落实到有操作性的法律层面上，但可以逐步加入中国"情"的元素。比如2010年公布的《中华人民共和国调解法》就说，首先建立在允许人家上法庭的基础上。愿意调解的可以调解，不愿意调解的仍然可以上法庭。这个前提非常重要，这也就是我说的"西体中用"。

六 思想史三论

"转化性的创造"

马：前面您说康有为算是"西体中用"的先驱？

李：是也。但他缺少了"转换性创造"这一重要概念。他没认识到"中用"不是策略，不是用完就扔的手段，而应成为某种对世界具有重大贡献的新事物的创造。即由"中用"所创造出的"西体"，不止于符合普遍性的国际现代化准则或原理，而且将为此国际现代化（也就是全球化）增添新的具有世界普遍性的东西，无论在经济、政治或文化上。例如，并不像康有为《大同书》那样，即家庭未必废，"公养""公教"未必可行，而以家庭血缘情感纽带为核心的儒家教义和由此而"充之四海"的仁爱情怀，如果去掉千年蒙上的尘垢污染并加以改造，未必不可以具有世界普遍性，未必不可以不亚于基督教而具有广泛的伦理和美学价值。康有为在"骨子里"是西化普遍性论者，却矛盾地处在救亡图存而又十分保守落后的中国环境中，他只好以坚定的传统护卫者的面目出现。康有为的"废家"（大同思想）、"立教"（现实实践），他的学生甚至认为"孝""慈"可废，说明他的"西体中用"未得"中用"三昧，没重视中国传统的价值，没认识"转换性创造"之特别重要。其实，包括熊十力、傅斯年等人都认为"家乃万恶之源"，可见康有为《大同书》如我曾说的"废家界作天民"乃核心的判断准确。与今天这些大讲传统的"孝"如何之好相比，今人对传统的实际了解实在太差了。

马：所以，您才提出"转化性的创造"这个概念？

李：这个词语来自林毓生教授提出的"创造性的转化"，我把它倒了过来。为什么倒过来？我以为尽管林毓生的原意不一定如此，但"创造性转化"容易被理解为以某种西方既定的形式、模态、标准来作为中国现代化前进的方向和所要达到的目的，即中国应"创造性地""转化"到某种既定或已知的形式、模态中去。我讲的"转化性的创造"恰恰不是这样，而是要根据中国自己的历史情况和现实情况逐步创造出一些新的形式、模态来，走出自己的路来。它的前景是 open 的。

马：如果说人们普遍认同现代化，那么"西体中用"的关键就在"用"。

李：对。关键在于如何使中国能真正比较顺利、健康地进入现代社会，如何使以个体为单位，契约原则为法律，市场经济为基础的近现代社会生活在中国生根、发展，并走出一条自己的道路。一百多年来，各种方法都试过，包括辛亥革命的激烈政治变迁、五四运动的激烈文化批判和此后一系列激烈的社会革命，但是中国仍然落后于先进国家许多年。"西体中用"与"中体西用"的主要分歧就在于前者要求政治改革而后者反对。所以，"西体中用"不是主张不进行政治改革，而是主张创造新形式，逐步进行改革。

"怎么能用这个标题？"

马："思想史三论"中您最喜欢哪一本？

李：记得当时一位日本教授对我说，当他发现写这些思想史著作和《美的历程》竟是同一个作者时，非常惊讶，简直不敢相信。因为领域差异如此之大，风格也迥然不同。《美的历程》抒情地谈论中国古典文艺，《近代》《现代》却激愤地评点中国现代政治。

据朋友们说，除《美的历程》外，三本思想史论是我的著作中流传最远、影响最广的。他们说，《批判哲学的批判》一书的影响是深度，《美的历程》和这三本思想史论的影响是广度。在海外，无论是美国、欧洲或日本，人们常提到的也大都是这三本书，而少及其他，思想史可能比哲学特别是美学，在国外要更受重视。有趣的是，我收到的反应，也包括我故意问过好些人：这三本书中，你最喜欢哪一本？或者你认为哪一本最好？奇怪的是，答复完全不同，可说人言言殊。有偏爱现代的，有称赞近代的，有选择古代的。人们反问我，我只好说，满意的还没写出来，虽然内心更重视古代。这三本书，从内容上看，除可能有试图从"文化心理结构"角度去处理由孔夫子到毛泽东这样一条似有似无、尚未定形的线索外，其他无论是问题、风格、体例和处理方式都各不相同。但总览全书，从古到今的中国思想史上的一些最重要的问题和人物毕竟都或论述到或接触到了。

马：1986年三联书店出的杂著集《走我自己的路》，影响也不小。

答：我称之为"乱七八糟"集，大小论著、散文、杂文、演讲记录、记者访谈，应有尽有，很有点不伦不类、不知是什么东西的感觉。但它存录了我的一些感触、感慨、经历和故事，也许能在极小的镜面和限度中，反射出那十余年中国大陆的时代历程。

记得当时安徽有位素不相识的大学生曾特地复制了一份我几本书的后记和一些小文，合订在一起寄给我，还替我设计了封面、取了书名，叫"李泽厚序跋随笔集"。这真使我又惭愧又感动。但"走我自己的路"这个书名曾引起过麻烦，它本是我一篇文章的标题，刊出后单位一位领导跑到我家对我妻子说："怎么能用这个标题？这还了得！"我妻子以为大祸临头，我当时在国外，也不知道出了什么乱子。这本书很多人愿意甚至喜欢看，似颇有影响，记得香港一位女记者告诉我，她最喜欢《走我自己的路》和《美的历程》。我也注意到还常有文章征引这本书。

马：八十年代您出版的"美学三书""思想史三论"等，至今仍在不断重印，销路依然很好。您的全部论著，卖得最好的恐怕仍是这些老书？

李：这使我既始料未及又感到高兴。记得五十年代哲学所同事周礼全对我说，一本人文社科书籍能维持20年的生命，便很可以了。我始终记得这句话，并以之为奋斗目标。"美学三书""思想史三论"和"康德书"等,似乎成了我的"代表作",居然维持了三十多年,至今还不断被人评述、提及,还不断重印。盗版也不少,港台和大陆的我就见过好多种。这确乎使我有点惭愧也有点自豪:"自豪"的是,这些几十年前的老书,居然还有人在买、在提及、在研究;"惭愧"的是,这些论著离自己的愿望还相距甚远,远非"代表"。

七　八十年代拾遗

"两代人中间的李泽厚"

马：八十年代您很红，用何兆武先生的话讲，"几乎是独领风骚，风靡了神州大陆"。但您似乎一直处在各种争议、批评、指责的境遇中。

李：哈哈，至今依然。

马：说来听听。

李：七十年代末到八十年代中期，是一个刚刚觉醒但日益强烈地要求从政治重压和旧有秩序中解脱出来的艰难时期。此时春寒犹重，时有冷风，社会思想还相当沉闷、保守。当年我穿一件带不同颜色的夹克衫去参加一次专家学者云集却一律蓝灰服（甚至没人穿西服）的会议时，被许多人侧目甚至怒目而视，不由得使我颇感孤独和惶恐。这一情景至今记忆犹新。

当时青年们刚刚起步学飞，备感压抑、苦恼，处境比我更为困难。于是我便为青年们鼓噪呐喊，反对各种权威和阻力，目标集中在旧势力、旧标准、旧规范。记得我的《破"天下达尊"——贺〈青年论坛〉创刊周年》就得罪了学界不少人，还被邓力群点名批评，后来邓还说我是与他们争夺青年一代。我听后大高兴，太夸张了，哈哈。

但自八十年代中期特别是 1986 年下半年以来，情况有了很大不同，学术氛围和文化情绪开始急剧变易。不但青年一代崭露头角，显示身手，各种书刊、丛书层出不穷，主编或实际负责者都是青年学人（研究生或大学助教），其言论之大胆，表述之自由，议论之广泛，都是空前绝后的。只要比较一下当时与今日的文章论著，便可具体知晓。而且当时随着所谓"文化热"的讨论高潮，激进青年们那股不满现实的反叛情绪，便以否定传统，甚至否定一切的激烈形态，在学术文化领域中出现了。论证失去逻辑，学术不讲规范，随心所欲地泛说中外古今，主观任意性极大，学风文风之肤浅燥热，达到了极点。青年们一片欢呼，好些人风头十足。对这些，我是颇不以为然而加以讥弹的。于是，我被视为保守、陈旧。

马：记得当时《人民日报》有篇文章——《中华民族需要建设性的理性》，副标题就叫"两代人中间的李泽厚"，一些人觉得您走得太远，一些人又觉得您太保守，两面不讨好。鲁迅诗云："寂寞新文苑，平安旧战场。两间余一卒，荷戟独彷徨。"这似乎就是您的写照。（笑）

李：我接受了这一挑战。从此，就变成了两面应战：一面是正统"左派"，一面是激进青年，腹背受责，既获罪于左派巨室，又得罪于青年朋友。前者批判我是"崇尚个体、贬低总体"，是存在主义；后者批判我是"崇尚总体、贬低个体"，是固守传统。唯一相同的是两者的批判同样激烈凶猛。对前者，我一仍旧贯，韧性斗争；对后者，我也毫不客气，给以回敬。我主张要"学点形式逻辑、平面几何"，便是对这些激进青年学人们的半忠告半嘲讽的答复。我强聒不舍地论说学术要重视微观研究，要注意理性训练等等。我说，今天的中国需要理性而不是非理性，如果没有科学与理性，只剩下情绪性的原始吼叫，是很危险的。我主张应该多做具体的事，多做实证的、科学的、细致的专题研究，尤其是抓住一些改革的具体问题进行深入研究。都是针对当时那股风尚而发，我担忧那种反理性的情绪泛滥成灾。

马：1986年有人发表了《选择的批判——与李泽厚对话》，这是一个重要的文化事件，表明一些人正试图突破、超越您。当时为什么没回应他？

李：他的文章我认真看过，当时有朋友劝我写文章答复，我没写。原因我说过，因为他所反映的是非理性的情绪，这种情绪有一定程度的合理性和正当性。所以尽管"粗暴"，我可以理解和容忍。但从学术性来讲，他的文章没有什么价值。有人告诉我，此人公开对好些人说，他写文章要打倒我就是为了出名，既然这样，就没有什么话可说了。他大量歪曲我的观点来批评我，这使我想起"文革"中有一种"抹黑战术"，想不到此人把这战术用到"学术讨论"中来了，那我何必去上当呢？还有，他的文章不讲逻辑，古今中外，无所不知，无所不谈，但遗憾的是概念模糊，论证混乱，知识欠缺，仅以情感辞藻的语言迷宫来打动和迷糊读者（这一点与高尔泰相同），他所强调的挣脱一切理性的感性，说白一点，就是动物性而已。他脱离开具体的历史过程，极其抽象地谈论个体、整体、人性，便没法把问题讲清楚。

马：记得他还在一篇文章的结语说："孔子死了。李泽厚老了。中国传统文化早该后继无人。"（《中国》1986年第10期）

李：哈哈，其斩钉截铁不容分说的风采确实惊人，但记得我当时看了，却高兴得跳起来：居然把我和孔子直接拉在一起了，真是何幸如之！我当时想到的只是，他的结论未免太匆忙、太狂妄了；来日方长，我虽然老了，中国传统文化的承继者必大有人在。

所以，对我来说，此人够不上理论挑战，只是情绪发泄，真正算得上"挑战"的是刘小枫。

刘小枫变化太厉害了

马：刘小枫那时出了一本《拯救与逍遥》，影响极大，有学者说这是

"与李泽厚的潜对话"。(夏中义《新潮学案》)

李：刘小枫那篇在《读书》杂志发表的关于《金蔷薇》的书评(《我们这一代人的怕和爱》)，文字漂亮，思想深刻，我非常欣赏。他的一些看法，例如认为理性并不是人的终极目标等，我认为是对的。人不能只有理性，光有理性就成了机器人，我在以前的文章里十分强调偶然、感性和个体，其实我是在"文革"后最早提出这一点的。

刘小枫提出五四的一个主要问题是，不该提倡科学民主，而应该提倡宗教。他认为中国传统缺少宗教精神，应当把基督都搬过来，这似乎也是五四运动的西化主张中没有过的(当时也有人提过，但影响甚小，也没做多少理论论证)。他自己就说信基督教。他说是为了"护教"而批判我。刘小枫认为中国现在要建立终极价值，要提倡基督教，要求人们去崇拜痛苦，去信仰神，认为在苦难中人的精神可以升华，达到最高的境界，即得到神的拯救。我认为他在理论上还比较能成立，至少比那位"文坛黑马"强多了。但我相信中国人不会接受，他的理论太脱离中国实际，中国缺少对人格神的归依和屈从。在这点上，他当然跟我冲突，我不认为基督教能救中国，终极价值也不只基督教才有。假如他只认为人的终极价值不是理性，这跟我在理论上便没有什么冲突。

中国没有宗教，但人们需要追求最高目标，确实需要一种比理性更高的东西。没有基督教，但也可以达到同样的准宗教境界，新儒家的意义就在于此，他们(如牟宗三)较深刻地挖掘了中国自孔孟到程朱陆王的这种心性论的准宗教境界，但仍然不是宗教，因为它们仍然重视感性，不主张灵肉分裂，不像希伯来和基督教，也不主张理性和感性分离，不像希腊。中国文化重视感性，不强调灵肉分离，它肯定人可以去寻找感性的快乐。好些宗教是要求牺牲感性的快乐，甚至通过摧残肉体以追求灵魂的超升与心灵的拯救。这一套，说实话我个人也很欣赏，但中国传统不讲这些，中国讲的是全身保生，长命百岁。

马：您在《论实用理性与乐感文化》(2004)里讲过刘小枫的那个"手"，很有意思。

李：刘小枫在其《圣灵降临的叙事》一书结尾说："'我信基督之外无救恩'的认信确认的是：我能够排除一切'这个世界'的政治、经济、社会的约束，纯粹地紧紧拽住耶稣基督的手，从这双被现世铁钉钉得伤痕累累的手上，接过生命的充实实质和上帝的爱的无量丰富，在这一认信基督的决断中承担起我自身全部人性的欷然情感。"

我就讲，在刘小枫这或可煽起浓烈感情的华美文辞中，这个"上帝的爱""基督救恩""生命的充实实质"和"全部人性的欷然情感"其实是非常抽象和空洞的。它作为超绝尘凡的圣洁情怀常常只能是未必持久的短暂激动，仍要落实到"这个世界"中继续生存。从而刘所谓的这个"能够排除一切'这个世界'的政治、经济、社会的约束，纯粹地紧紧拽住耶稣基督的手"的手，恐怕只能是"一只黑猩猩的手"。因为人不可能"排除一切"，除非你不活。包括上述种种"上帝的爱""全部人性的欷然情感"等，也都仍然是这个世界的政治、经济、社会的历史约束下的意识产物。很多人讲，你这个太厉害了，我就只这一句话嘛。

马：关于刘小枫先生还可再多谈几句。因为进入新世纪后，他开始转向，提出了国父论等，引起学界一片哗然，武汉大学邓晓芒教授还与他有过争论。

李：刘小枫的转向，作为一种现象颇值得研究。他最有名的还是《拯救与逍遥》。那时候，很多人都着迷了，但后来一看，高度就没有了。现在看，他最好的书，还是这本。后来的再版，他说是修改，我把两本书一对照，发现完全是重写，但他的基本的东西没法变。他原来从孔子、庄子、屈原直批到鲁迅，全部被他否定掉了。后来他觉得不能这样极端，但基本观点在那里，都骂了，屈原、鲁迅也不行。"反传统"那是反得最厉害的，但现在他却又大讲中国传统。

他变化得太厉害了，从一个基督徒，从一个主张离世的人，居然走向"国父论"。所以我说，如果有人写本书专讲刘小枫，写成学术专著，就从他第一本书（《诗化哲学》）开始，把他前后讲的引出来，对照一下，从他的文字里把他的变化过程梳理一条线出来，那会很有学术价值的。但没有人做这个事情，不知道研究刘小枫有价值。

马：您可以写呀。（笑）

李：我如果年轻三十岁，就会做这个事。因为书要写得好，站得住脚，要花时间，浮皮潦草是不行的，要认真看他的东西。发现他的思想矛盾是怎样转弯的，一步一步怎样变成这个样子的。因为他的"国父论"不是突然出来的。

马：刘小枫近些年一直大讲卡尔·施密特。

李：施密特是最有名的纳粹法学家，他反对议会制度，反对英美民主，而主张重要的是"善恶永远的斗争"。他强调要斗争，认为分清敌我是首要问题。这已经不是一般的阶级斗争。我并不反对适度的阶级斗争，但目的是为了达到和谐。施密特宣扬基督教就是上帝与魔鬼的永恒斗争，强调行动、冲突，这套东西你搬到中国来讲是什么意思？从海德格尔到施密特，西方这个线索很清楚，尽管海德格尔不信上帝，其实他背后也有上帝的因素。刘讲过朝鲜战争，又讲过卡尔·施密特，这是有线索可循的。这些都可以联系起来，写一篇很好的文章。

马：我看过一篇文章，作者说："有一次，我读他（指刘小枫）的书，忽有感觉，遂发去一个短信：'近重读大著，今日读的是您写徐梵澄一文，忽有顿悟，您的所有学问，一言以蔽之：侯王之学。不知对否？'他回短信说：'没错，光祖兄。'"（杨光祖《夜晤刘小枫》，《华夏文明导报》2016 年 1 月 14 日）

李：这正是要害所在。所以，我说如果写刘小枫的这本书能出来，会是一本很有意思的书，对中国学术界是有贡献的。

马：您说"中国有些学人六神无主"。"六神无主"，这个词画面感太强了。（笑）

李：启蒙尽管有重大缺失，但仍将在全世界凯歌行进，任何时髦的反启蒙、反理性、反现代、反改革恐怕很难阻挡得住。我宁要"浅薄""过时"的洛克和康德,也不要"时髦""高深"的两施(卡尔·施密特、列奥·施特劳斯);宁要由神到人,自己做主,也不要再由人回到神,服从上帝。中国有些学人六神无主,唯洋是从。一会儿伯林,一会儿施特劳斯,一会儿施密特,并把它们硬嫁接到中国传统上,反复无常,千变万化,在一定时期内也都能吸引、惑动一批年轻学子。原教旨主义(包括革命原教旨和传统原教旨)与后现代主义联手共舞,反对普遍价值和启蒙理性,是当今中国学界奇观,但我以为终究经不起推敲,在理论上是要失败的。

当时我没有感觉

马:多年前我收集整理过一份资料——《百名学人眼中的李泽厚》,摘录了中外147位学者、教授的176则评语,四万余字,赞扬的、批评的都有,前者更多一些。记得还给您寄去一份。

李:讲好听的太多了,不必,也没意义。倒应该多点批评、批判甚至谩骂的。我不在乎这些。毁誉由人,自知在我。

马:"思想领袖,青年导师"——这是对您在八十年代大陆思想文化界所处地位、所起作用的一个集中概括。有段学者评价,我很认同,他说:"百年来的中国思想界,如果没有康有为、梁启超、胡适、鲁迅,20世纪下半叶如果没有李泽厚,整个中国现代思想史就是另一种状况。……我一直认为,李泽厚是中国大陆当代人文学科的第一小提琴手,是从艰难和充满荆棘的环境中硬是站立起来的中国最清醒、最有才华的学者和思想家。像大石重压下顽强生长的生命奇迹,他竟然在难以生长的缝隙中长成思想的大树。在我从青年时代走向中年时代的二三十年中,我亲眼看到他的理论启蒙了许多正在寻找中的中国人,并看到他为中国这场社会转型开辟了道路。"(《用理性的眼睛看中国——李泽厚和他对中

请听北京街头书摊小贩吆喝声
"李泽厚、弗洛伊德、托夫勒……"

新华社北京12月13日电 （记者吴锦才）李泽厚、弗洛伊德、托夫勒……这些作家的名字以首都街头书摊小贩的口中吆喝出来，听来好拗口，但是书贩们确实在重新考虑自己的摊子上该摆点什么。

人们一度习惯将这些书贩与金庸、梁羽生、琼瑶等港台通俗文学作家的名字连在一起。这类作家的书如今仍占据书摊上较大的地盘。然而书摆得住往往是由于销售不畅。书贩们发现前些时他们对"琼瑶热"、"金庸热"的估计过于乐观了。现在武侠、言情小说的销售已开始冷下来，一些学术性强的著作转而成为热销书。近几个月销得快的书籍有《宽容》、《海明威谈创作》、《中国古代思想史论》、《美学的历史》等。

北京街头的小书摊对畅销书屡有加价出售的现象，但这些小书摊又以翻阅自由、营业时间长等方便的服务赢得顾客。冬夜街头，路灯下书摊前人头攒聚的景象到处可见。

1986年12月14日《人民日报》的报道

国的思考》）

李：太过誉了，实在不敢当。

马：这不是个别人的看法，类似的评价还有很多，应该算是学界的一个普遍共识吧。比如："对'文革'后最初几届大学生有笼罩性影响"（甘阳）；"全局性影响的就这一个"（钱理群）；"在相当长的时间内，他实际上成为中国人文学科领域中的一个思想纲领的制订者，他的哲学、美学、思想史著作影响了整整一代人"（陈燕谷、靳大成）；"李泽厚是照耀我们精神暗区的一个引领者。在思想和理论层面，他奠定了八十年代文化启蒙的基础"（孙郁）；"中国思想界一位承前启后的枢纽性人物。……李泽厚无疑是一个巨人"（何新）；"一个时代的精神教父"（夏中义）；"是寥落中的一颗晨星"（章启群）；"不少学说都打上了他的烙印"（易中天）；"作为1949年后中国大陆最知名的哲学家之一，他曾经极大地影响了中国知识分子和大学生"（［日］石井刚）；"他是中国八十年代思想的一面旗帜。借用福柯的说法，他是一个话语的发明人"（刘康）；"他是我们学科里这五十年甚至这一百年来最重要的学者"（陈明）。还有人说："邓丽君是情歌的启蒙老师，李泽厚是思想的启蒙老师。"还记得当时有篇文章的题目干脆就是《青年一代的美学领袖与哲学灵魂》。如此等等。那时您真是风光无限、如日中天呀！

李：这些话都说过头了、夸张了。形容词太多了。不好，很不妥。说句老实话，这个情况其实我并不很清楚，是后来批判我的时候才逐渐知道的，当时我的确没有感觉。我既没权也没势，自己就是一个普通人嘛，根本没有什么精英心态。我对自己一直不自信，自我感觉从来不好。我是A型血，非常典型，挫折感、失败感很强，小事都会有挫败感，对缺点感受很强烈，总是对自己不满意。一个朋友说："你总是不快活。"

八十年代，社科院还把批判我的文章作为院的特刊登出来，那是一些水平非常低的文章，那是什么意思？那个时候没感觉我很得意，只感觉人家在骂我。我开玩笑说，如果早知道是那样，当时我就应该到高校多走走。（笑）我印象很深也很欣赏的，倒是八十年代国内一个评论家说我是"静悄悄地工作"，因为我始终不喜欢参加活动，不喜欢参加各种会，很少去演讲，不爱交往，喜欢独处，只愿意自己静静地工作。我的书都是静静的推出，开始并没人注意，后来注意的人愈来愈多。

而且，我从来就怀疑一切，对很多事情持怀疑的态度，也怀疑我当时的影响有多大。我不大受环境影响，不管你对我说好话也好、坏话也好。我很小的时候就有很多人夸我，好话听得太多了，所以后来好话对我没有什么影响，我不会飘飘然。我也从来不以为自己的东西有什么了不得。你骂我呢，我也不在乎。骂我小时候很少听到，这几十年倒是听得不少。

但现在碰到好些像你这岁数上下的人，都对我如此说，而且的确对我很好，使我感动，从而也相信了。特别还有些人专门从外地跑来看我。现在回想起来，我也只在当时默默无闻的大学生、研究生和年轻教师中有些影响，当然也使好些人吃惊，侧目甚至怒目而视、不以为然的人更多。说我"如日中天"，也不符事实。当时不只是我一个人吧？还有好几位作家、理论家名气也很大，倍受人们重视，是可能影响更大的风云人物。只是他们影响的时间也许稍短一些，影响的对象狭窄一些而已。

这里，可顺便更正一事：有人给我看过徐友渔先生的一篇文章，其中写道："他（指我）在九十年代曾说，那一代大学生都是看他的书成长起来的。"虽然徐说过我的好话，但这句是瞎编的，我从来没有讲过这种话，这与我的性格根本不符。

马：八十年代您曾被誉为"当代梁启超"。

李：能够得到这么高的评价我很高兴，我不愿意掩饰。愿意被承认、不愿意被漠视当然是人之常情，我也不会矫情到这个程度。但另一方面也感到实在不敢当。这个说法最早是香港有人在文章中提出的，说我是当代梁启超。

马：有篇报道说："在李泽厚去美国讲演时，哥伦比亚大学夏志清教授称赞他：'每一代人总要有几个人，钱锺书那一代有他，而你这一代有你。'"

李：有这事。当时我受宠若惊，连说三个"不敢当"。

马：华东师大哲学系郁振华教授回忆他经历的一事："我想起 1985 年李先生到华东师大来，那时候我是华东师大哲学专业的本科生，关于那个秋天的下午，我的记忆是一路狂奔。一开始，会场安排在办公楼小礼堂，大家都知道，那是很小的一个地方。一会儿会场就挤满了人，很多人在外面进不来。当时的组织者马上就安排转移会场，转到科学会堂，到了科学会堂，我们刚坐下来，又挤满了，那么多人在外面，走道里都站满了人，根本没法进行。最后，组织者决定转到大礼堂。当时我们年轻，是大一的学生，就狂奔，奔过去要占一个位置。"有人回忆，八十年代您去北京大学哲学系座谈，然后在学校食堂就餐，结果引得万人空巷，食堂里的长方桌旁围的是里三层外三层的大学生。

李：特殊时代啊。在那时，中国的公共生活还没有娱乐明星，生活单调，刚刚解冻的人们对现实、未来充满了探索的激情。每个大学生都是问题青年，都洋溢着一种青春的气味和对思想的渴望。粗朴而贫乏的物质生活反而更容易催生一种精神的追求。

马：不只在大陆，当时在台湾，您的影响也很大。我买过一本旧杂志，台湾著名的《文星》，那一期是以您为封面人物，配的文字是"大陆学界的思想导师"。台湾学者熊自建在《当代中国思潮评述》（1992）中也说："对台北的学术界来说，李泽厚是声望最高的大陆学者。不仅李泽厚的全部著作在台湾地区都有翻印版，而且报纸杂志也常刊登有关李泽厚的评论文章。"

李：傅伟勋后来告诉我，当年（八十年代）你若到台大去，"台大女生会把你撕碎了"。我说那太好了，可惜我已经老了。（笑）1993 年我到

台湾《文星》杂志（1987年12月）

台大去,没答应讲演,只回答问题。满教室连地上都坐了人,那当然男女同学都有了。

"纵容你去敞开思想"

马:胡绳先生一直很器重您吧?有篇文章说,"文革"后期,邓小平主持工作,胡绳也解放了,学部要办刊物打算与"四人帮"把持的《红旗》杂志叫阵。编辑部拟了一批组稿名单,其中有任继愈、唐弢等大名家,可胡绳看了还不满意,认为一流作者太少。问他还要增加谁,他说:"请钱锺书、何其芳、李泽厚嘛!"

李:哈,那是太抬举了,我怎么能和那两位比?胡绳在胡乔木之前当过院长,胡乔木之后又当了院长。最早见到胡绳,是1950年还是1951年,他到沙滩北大的大操场做报告。那是建国初期,他说:"共产党不是'共产共妻'(国民党一直如此宣传),是共同生产大家都来劳动!"这个印象非常深。那时多年轻啊,他才30岁。1956年,我到他办公室去,他那时在中共中央政策研究室当主任了吧,谈什么全忘了,印象最深的是他的那张桌子特别大,比一张床还大,把我羡慕得要死。后来到他家里也看过他几次。他原住史家胡同,后来搬到安定门内,再搬到木樨地,他的房子很大,书房就有几间,真是书满架满室。记得挂着好几幅外面看不到的毛泽东的书法真迹,我知道他和田家英熟。到反"两个凡是"后,换下来了。他对我一直很好,九十年代在文章中批评我时还称我是他的"老朋友"。

还记起一事。八十年代亚洲协会在美国芝加哥举行盛大的年会,并邀请海峡两岸学者参加专门讨论关于辛亥革命的分组会。大陆方面派出了由胡绳任团长,李宗一、赵复三、章开沅等学者为成员的代表团。胡绳拉我为成员之一,并说把我作为储备用的"重武器"等等,这话我印象很深。当时,我已在纽约,就向会议提供了《章太炎剖析》文。但好些活动,我未参加。台湾方面派出了曾任国民党中央副秘书长的秦孝仪为团长的代表团。这是两岸中国学者第一次正式会晤,引起国内外广泛关注,《人民日报》有报道。

马:哦,对了,又想起一事:八十年代您还差点被提拔吧?(笑)

李:当时胡乔木、邓力群他们确实想提拔我当哲学研究所所长和社科院副院长,但我兴趣不大。前面不是讲了嘛,我一直不愿从政、做官,只是一个书生。

我和许多大人物,尤其是一些领导人,交往非常少。社科院的领导中,最重要的,大权在握的,应该是秘书长吴介民,我就不认识,一次面都没见过。副院长刘国光,很有名的经济学家,我也不认识。胡乔木、邓力群、于光远倒见过。二胡和邓、于,对我都不错。

马:1979年您就被评为研究员,在同辈人中算是最早的。

李:是胡乔木、邓力群当院长时把我从助理研究员提到研究员的,主要是胡乔木,那是越级提拔了。记起一事,胡乔木曾对我说:"你是我们很好的同路人。"列宁曾称马雅可夫斯基是同路人。我当时吃了一惊。(笑)

我是1955年进的哲学所,到1986年才分给我宿舍(皂君庙)。宿舍也是胡乔木当院长时分给我的,不是所里给我的,所里对我一直是压制的。1979到1989年,《哲学研究》(哲学所的刊物)每年12期,加起来120期,一共只发表过我两篇文章,有案可查。我既无权又无势,记得当时有人写信给我,还以为我是哲学所的什么重要人物,希望我在《哲学研究》上给他发篇文章,好像只要我说一句话就能做到;他不知道我自己的文章在《哲学研究》可能都发表不了。(笑)他们不向我约稿,我知道我交稿子他们也不会用,就不敢给他们,怕退回来,但别的刊物会用。

马:1981年,国务院学位委员会发布了首批博士生指导教师名单,共计1196人。他们是自19世纪末西方教育制度引进中国以来,中国大

1987年李泽厚和他的学生们。从右至左：赵汀阳、杨煦生、赵士林、彭富春、黄梅、周晓燕。缺刘东和早期学生滕守尧、徐恒醇、王至元、刘韵涵、孙非等。

陆历史上的第一批博士生导师。首批博导的遴选程序极其严格，列名者堪称一时之选，一定程度上代表了当时中国学术界的最高水准。社科院首批博士生导师共23名，您是其中最年轻的，其他人应该都是您的老师辈了。作为博导，您第一届招了几个学生？

李：第一次评博士生导师时，美学就我和朱光潜有资格带，我跟朱光潜是在哲学组里评定的。我最早有资格，但是我拒绝带，第一届博士我就没招生。哲学所的领导到我家动员我，我才带。

我只带了两届硕士生、两届博士生，现在看来这是一大失误，收学生收得太少了，我要带个五届八届就好了。（笑）国外有人说我的欠缺是没带多少学生，可以支援你的思想学说，的确现在好些学者、教授到处带学生，然后徒子徒孙一大堆，成了一股势力，一个派别，于是名声大振。我并不要我的学生，包括赵士林、滕守尧、赵汀阳、彭富春、杨煦生等在文章里称赞我。所以很多人都不知道他们是我的学生。

马：赵士林讲，当学生时，您基本上不管他们，"是自由开放的教学方式。像我做论文，他就说你做什么我都不管，你坐着写躺着写跑着写都无所谓，只要最后的观点能达到我的标准就行"。"他认为老师和学生之间完全可以平等讨论问题，各自保留不同意见，我们这些学生和他争论是常有的事。这种平等、民主体现在他与学生关系的各个细节上。……李泽厚也从不指示学生帮他干活，一条资料都没让我们帮他查过。"在一篇访谈中，赵汀阳说："在准备考李泽厚的研究生时，我也问过要看什么书的问题，李泽厚回答说'所有书'。"记者问赵汀阳从李泽厚那里得到的最大收益是什么？赵回答"自由"。赵说："李泽厚老师从不做指导状，只是老谋深算地纵容你去敞开思想。和李老师讨论问题，都是直接切入问题，他也并不在乎你是否同意他的观点，一个回合结束了，原来讨论的问题没有解决，但收获了更多问题。李老师似乎很满意让问题结束在新问题那里。"

李：所以嘛，我说我第二个失误是从没有向学生宣传自己的思想，

赵士林夫妇（左右）赴美看望导师李泽厚

而是要学生发挥自己的思想。两大失误。(笑)我从来也不讲,"你们要看我的书",我也许太自由化了,所以也不好。我的学生也的确都没怎么看我的书。现在觉悟已经晚了,也没有学生了。(笑)如果现在有学生的话,也许我要讲"你去看看我的书",但我这个人很不习惯这个。所以我从来没说过我有大本领,因为我没有那个心态。假如那时叫我的学生按照我的思想写,可能他们会搞出更多一些东西来,很遗憾,我就没这么做。

马:虽然对学生"自由",但您指导研究生还是很认真、很负责的。滕守尧在《审美心理描述》后记中说:"本书的写成,与李泽厚先生对我的热切鼓励和具体指导是分不开的。李泽厚先生对青年人一向寄予厚望。要求严格,又不求全责备;只要文章言之有物,有新的见解,就支持发表。正如许多青年人所说,李先生真是我们青年学人的好开路人。对于本书,李先生断续读过一、二、三、九、十章和附加篇的初稿,对其中出现的问题,均有所匡正。其中第三章的图表,还是他亲自设计的。"滕的这本书当时影响也是很大的。

李:滕守尧刚读研究生时,我就给他讲,不要一开始便陷入国内关于"美是什么"的无谓争论中,要大量阅读国内外哲学、文艺学和美学名著,在此基础上选择某家某派作深入研究,逐步由点到面。他遵守了,他当时翻译了不少外国美学名著如《艺术与视知觉》《视觉思维》《艺术问题》等,他的《审美心理描述》,资料很丰富,算是比较扎实的一本,后来重印了。

马:彭富春在回忆您给他们上课的情景时说:"李泽厚一年给我们开设了两门课。一门课是美学史,大家自学,主要是阅读'英国美学杂志'和美国的'美学与艺术批评'杂志,并要写文章摘要,最后提交一篇论文。另一门课则是他主持的哲学与美学讨论班,他从来没有单独讲过课,而是邀请北京地区一些中青年学者来讲授他们各自的研究领域,包括尼采、胡塞尔和海德格尔等人的哲学思想。这在当时中国学术界还相对封闭的状况下给我们描述了一些哲学景观，或者说给我们绘出了西方现代哲学的导游图。每一次讲课，李泽厚教授都会给他们提问题，来引起大家的讨论。比起那种照本宣科，这种教学方式更具有创意。后来我才知道这是一种西方大学教育，尤其是研究生教育所普遍采用的讨论班。在这样的教学中可以达到教学相长，使人们沿着思想自身的道路不断前行。"（彭富春：《漫游者说》）您这教学方法在八十年代是很新颖的。

李：我注重启发，注重开拓学生的视野，一直不喜欢刻板的填鸭式教学。

马：说到您招考学生，赵汀阳还讲过一则趣事：到了考场，他发现整个教室69人全都是报考您的研究生，听说别的教室还有，这只是一个考点，全国还有很多考点。拿到试卷，他吃了一惊，"他规定答每道题不许超过500字，超过者不判分"。为什么会有这样"苛刻"的要求？（笑）

李：500字还说不清楚，证明这个人脑子之糊涂。

马：赵汀阳还说，考上后与您商量，其实自己想做的是哲学，而不是美学。您说，那就更好了。赵非常感慨地说："他要我们独立思考，而不是简单追随他的思路，这种态度非常了不起。"

李：我跟他讲过，重要的是要有创见，要是没有，就不用来考了。

"您立了功！"

马：《中国哲学如何登场》有一幅您与钱学森先生的合影，这个可以说一说。

李：1982年我在《文汇报》上写过一篇没点名但不同意他的文章《科学应该是真正的理论思维》。他支持气功、特异功能，我不赞成在这上面花太多精力，尤其不赞成意念制动、耳朵听字之类的东西，文章署了我的真名。但他好像并不计较。1984年,钱学森看了我谈形象思维的文章(《形象思维再续谈》)后,就来我家找我,聊了一会儿,还一起合影,他的秘书照的。后来他开一些思维方法的讨论会,也一直请我去,我去过一两次。但我从来没去看过他。其实按道理应该去看看,就是懒得去,个性使然。

我的《漫述庄禅》(1985)发表后,钱学森看到了,给我写信,其中讲:"看来西方国家继承希腊一派传统,只强调抽象思维,说什么思维就只有抽象思维,语言是思维的基础。而我国却有另一派,'庄禅派',强调又一个极端,只有形象思维,甚至排斥语言文字。为了批评前者,举出后者,作为我国先哲对人类文明的贡献是大为必要的。您立了功!"钱为人很严谨,讲话也严谨,你看他的信,写得一丝不苟。他说我"立了功",这倒是没人这么说过的,我更不敢给人看了。他把我的这篇文章收到他主编的一本书里去了。他当时还办了一个《思维科学》的杂志,每期送我,也希望我写稿,我没写,因为写不出什么来。但我认为,真正的科学不能光靠直观、顿悟或灵感,也不能眼见为凭,必须经过严密的逻辑的思维,通过经验可重复验证。当然,钱是同意我这些看法的,记得他要我一起参与他组织的关于灵感思维的讨论。

马:您家里还挂有一幅冯友兰先生的书法对联。

李:冯先生给我写了一幅大字对联:"西学为体中学为用,刚日读史柔日读经",都是把传统说法反过来的,本是"中学为体西学为用","刚日(单日)读经柔日(双日)读史"。上联是张之洞的学说;下联好像是曾国藩的。"经"是十三经,儒家经典,最为重要,所以要摆在月之始(初一)开读。冯先生的《新事论》我读过,他送我对联,我想到了他的书。他是赞成我的。

马:冯先生的女婿蔡仲德教授在一篇文章里说是您向冯先生求的字。

李:否。这副对联是冯先生主动(非应我要求)送我的,1986年,他91岁了,字很有笔力。我一辈子从不求人写字,也不求人画。尽管我

钱学森来和平里九区一号院李泽厚家中（1984年），左右为李氏夫妇（摄影者为钱的秘书）

李泽厚同志：

　　昨天收到《中国社会科学》1985年1期，得拜读尊著《漫述庄禅》，深受启迪，非常高兴！

　　看来西方国家继承西腊一派传统，只强调抽象思维，说什么思维就只有抽象思维，语言是思维的基础。而我国却有另一派"庄禅派"，强调又一个极端，只有形象思维，甚至排斥语言文字。为了批评前者，举出后者，作为我国先哲对人类文明的贡献是大为必要的。您立了功！

　　我们现在搞思维科学要综合两者。

　　我现在正为上海人民出版社搞《思维科学文集》，拟将《漫述庄禅》收入。谅您默许，您如不同意，再告我。　　此致

敬礼！

钱学森
1985.1.25

钱学森读《漫述庄禅》致函李泽厚（1985年1月25日）

认识的画家和书法家不少，我家里却没有什么收藏。事实是冯先生听说我提出"西体中用"的说法，很高兴，冯先生的女儿冯宗璞打电话给我，说她爸爸给我写了字，问要不要，我说那好极了，当然要，就去取来了。当然，求字也不坏，而且我去求字也符合情理，是一件好事情，但这件事确实不是那样。现在冯先生的这幅字还挂在我的客厅里。在一篇文章里，我讲过冯先生主动送字给我，当时冯先生还在世。

已记不得帮助过谁了

马：最近，我看了一篇报道，在一次学术研讨会上，上海大学金丹元教授"声情并茂地追忆自己的学术经历。金丹元自诩是哲学家李泽厚启蒙了他的美学研究，他记得自己还是一个籍籍无名的青年学者时，曾经写信给李泽厚，并寄文章请他指教。虽然金丹元自觉文章不成熟，没想到李泽厚专门回信并把他引荐给了上海的徐中玉先生，这让金丹元十分感佩。因为李泽厚的引荐信，徐中玉对他刮目相看，从此金丹元的美学研究之途更有了信心。"（《新晚报》2019 年 5 月 14 日）

李：金丹元？……完全记不起此人了。

马：您帮助、支持、提携了不少青年学人，有的还未曾谋面。真是一大功绩呀！非常难得。

李：谈不上什么功绩，这一切都无所谓，我已根本记不得帮助、提携过谁了。

马：刘笑敢教授回忆："1983 年笔者的文章《〈庄子〉内篇早于外杂篇之新证》在《文史》辑刊第十八辑发表，李泽厚看到了，就对中国社会科学出版社的编辑黄德志女士说：'有一个年轻人，我认为他是年轻人，写了一篇关于庄子的文章，很好。你们应该找他写一本书，十几万字，我写序，你们出。'当黄德志知道我正在写博士论文后，就建议我将

80年代的李泽厚（丁聪画）

博士论文交给他们出,由此又引出了后来的博士论文文库。这里特别令人感念的是,当时李泽厚先生全然不知道我是谁。"(《关于考据方法的问题——〈庄子哲学及其演变〉再版引论》,《湖北社会科学》2010年第2期)

李:难得他还记得,我全忘了。

马:读过武汉大学陈望衡教授的一篇文章《访李泽厚教授》,讲在美国看望您的情形,还回顾了八十年代您对他从事学术研究的鼓励和引导,写得很动情:"'我今天也多少有些成绩了,然而如果没有您的指导和帮助,我不可能有今天。您是我的恩师!'说到这儿,我有些动情,有些哽咽。李老师则笑了,说:'是吗?'我肯定地说:'是的!'李老师似乎不很记得如何帮助过我了,我就挑了几件事说了说。我的第一篇美学论文《试论马克思实践观点的美学》是在朱光潜先生的指导下写成的,时为1979年冬。1980年开春,周扬来湖南,我托人将此稿转呈于他,想请他指导,不想周扬将此文带到北京,给了李泽厚。大约是五月初的某日,我收到来自中国社会科学院哲学研究所的信,拆开一看,是李泽厚老师的信。信中只有一句话:'望衡同志,您的大作周扬同志已经转交给我了,决定在《美学》第三期刊用。李泽厚×月×日。'说这件事,李先生点点头,似有些印象。"还讲到您当时建议他还是研究中国美学史合适,"指明了我以后治学的方向"等等。

李:前几年他来美国时看过我。他是《李泽厚哲学美学文选》的责编,那时他在湖南一家出版社,这书是八十年代出的,似乎还产生了一些影响。

马:还有何新先生,他在2018年的一篇短文中写道:"李泽厚在建国后第一代人文学者中实乃极为杰出佼佼者,文思如泉涌,创见甚多。平生为人不拘小节,乐于助人。早年我在社科院遭遇困顿时,对我提携甚多,有知遇之恩。"(《关于致李泽厚的一封信》)

李：当年我是他职称晋升的推荐人之一。

马：萧功秦教授回忆说："八十年代初，李泽厚在《中国社会科学》上发表了他的那篇《孔子再评价》。我读了如获至宝，非常兴奋。……我就非常冒昧地给他写了封信，谈了他的结构主义方法对我的启示，他来信说，欢迎我到北京来，我们可以见见面，他对年轻人这点非常可贵。说来也巧，正好 1981 年的时候，元史研究室有个机会，要我这个研究生到北京出差，我就找到李先生家里去了。他就住在煤炭部的宿舍，院子里很乱，只记得他家里有一个大床，唯一记得那个大床是铜的，其他的都忘掉了。我从他那里学到了很多东西，尤其是方法论方面的东西。后来我在研究生阶段写了'大蒙古国的皇位继承危机研究'，采用的就是这样的方法。多年来，我对思想中的结构的重视，就是深受李泽厚的结构系统论方法的影响。"（《超越左右激进主义：走出中国转型的困境》，2012 年，第 330 页）

李：不记得有此事了。但他说的那个大铜床，倒是真的，现在还在北京家中。

马：类似的事情还不少，您可能大都忘记了。

李：这都是过去的事了，再提已无意义了。

愉快的回忆

马：八十年代还有哪些印象深刻的回忆？

李：记得当时我到一些地方讲演，一走上去，总听到一阵"好年轻呀"的窃窃私语。因为当时我的岁数和我的形体、我的名气完全不成比例。还有一次比较受感动，就是我在一个地方讲演，就不讲具体地点了。讲完散场，人都快走空了，我也准备走下讲台，发现有四个女生一排站在那里不动，呆呆地看着我。我以为她们有什么问题要问，站在那不走。但等我在台上准备下台阶走向她们时，她们却一哄而散，就像突然醒来一样，一下子就走了。这让我印象太深了，我永远也不会知道她们是谁，她们也会完全忘记这件事。人生本是虚无，但也美丽。

马：这个就是您的魅力呀！（笑）

李：这种事发生过好几次。七十年代末有一次讲到我1956年写的文章，记得下面一阵窃窃私语，这私语竟成了很大的声音，我在台上也能听见，他们说："他多大？多大？"（笑）因为我讲1956年写批评文章，这在他们看来，讲演时还相当年轻。这是非常愉快的回忆，比发表文章愉快得多，当然也更使今天的我悲哀，青春毕竟是留不住的。

还有一次，是九十年代初，那是我第一次去台湾，在最南边颇为奇特的垦丁公园里，遇到了一批南来度假的女大学生，她们笑语连连，任情打闹，那快要满溢出来的青春、自由和欢乐，真使我万分钦慕。如此风光，如此生命，这才是美的本身和哲学本体之所在。当同行友人热心地把我介绍给她们时，除一两位似略有所知外，其他大都茫然。那种茫然若失、稚气可掬的姿态神情，实在是太漂亮了。这使我特别快乐，难以忘怀，却说不清楚是为什么。也许，我不是作为学者、教授、前辈，而是作为一个普通的老人，与这群年轻姑娘们匆匆欢乐地相遇片刻，而又各自东西永不再见这件事本身，要比其他一切都更愉快、更美丽、更富有诗意？那么，我的这些书的存在又有什么价值、什么意义呢？……我不知道。

第四篇

"人类视角，中国眼光"

(1992—2021，上)

一　在美国教书

"似春水，干卿何事"

马：九十年代初期，您成了国内思想文化领域被重点关注的对象之一，那时被批得很厉害呀。（笑）

李：主要批我三个问题：一是"西体中用"，二是"主体性哲学"，三是"救亡压倒启蒙"。报刊上批判我的文章，我记载的目录有 60 多篇，有人说有两百来篇。此外，当时还召开了两次全国性的大型批判会议，发过两个"纪要"。在单位里，一些人见了我也远远躲开，怕惹麻烦。那几年我很少参加会议，一是因为邀请少了；二是自己本身就懒于应酬。但使我既惊且感的是，几次外出总受到各种热烈欢迎。或自发鼓掌，或招待周全，真是令人"别有一番滋味在心头"。

马："纪要"那可是一种会议级别很高的文件形式。

李：所以嘛，我讲，我能成为"会议纪要"的主题，也真有"历史意义"。（笑）人活在世上并没有多少年头，何必如此瞻前顾后、战战兢兢呢？一生所望唯真理，虽不能至，心向往之，如此而已。

马：如何看待针对您的这些批判？

李：我最感到困惑的是，为什么这种人老是以马克思主义者自居，他们无论从文章、学问或人格说，都与马克思毫不相干。我对批我的，除了极少数几个品质太坏的人外，从心理上对他们无敌意或恶感，只是他们写的东西实在太差劲了，不堪卒读。

马：听说胡绳先生曾专程登门劝您作检讨？他那时已是社科院院长、全国政协副主席了。

李：有这事。胡绳到我家里来过，没有电梯，爬五楼，敲门进来。他是来叫我检讨的，说不检讨也可以，只要表个态。我没答应。他后来一抬头，看到墙上冯友兰那副对联，他不同意，抗战时他就写过有分量的批冯的说理文章，就和我辩论起来。这一辩就辩了两个多钟头，他没有说服我，我也没有说服他，叫我检讨的事也没再提，大概是忘记了。（笑）我送他下楼的时候，庞朴看到了，很惊讶：胡绳怎么会上你家来？他当时是院长，我只是个普通研究员嘛，还比他年轻十多岁。

马：这可传为学界佳话。（笑）王蒙先生在一篇文章中讲过一事，说胡乔木认为您是搞学术而被卷到政治里的，不要随便点名云云。

李：胡乔木当时几次要家人打电话给我，叫我不要紧张，他会为我说话的。

马：但在您的论著及文章、谈话中，也经常就政治、历史、社会问题发表一些见解，影响也很大，安乐哲和贾晋华就说您是"当代中国最知名的社会批评家之一"。

李：我虽极关心政治，也发表过一些议论，但从不主动参入政治，不参加任何政治活动。本来1949年后，我就从不愿与政治活动和政治组织有接触，不管哪个方面的。在海外三十年，我只参加学术活动，而不介入任何政治。我是第七届全国人大代表，还是文教委员会委员，可列席人大常委会。1992年出国后，又成为第八届全国政协委员。但无论大会小会我都很少参加，也不大发言。

我真要搞政治也可以，并不是说没有这个能力，我对有些事情的判断还是相当准确的，但我的个性是不愿意跟人来往，喜欢孤独，那搞政治怎么可以呢？当然，尽量避免与人打交道，在某种程度上也是一种自我保护。2008年我引过龚自珍的词："纵使文章惊海内，纸上苍生而已。似春水，干卿何事。"

三个冒险

马：后来，为什么要选择去美国？

李：我是1992年出去的，62岁了。我出访的目的是进行学术交流，纯粹是学术性的。

马：那是当时最好的选择吗？

李：现在也不后悔。我可以留在国内，也许还会被捧为大师。（笑）但我不羡慕。商人好利，学人好名，我承认我二十多岁时也好名，也不是说现在完全不好，但已经不怎么好了。演员主要靠表演，做学问主要靠经得起时间的考验。

马：您去美国时年纪毕竟不算小，对您来说应该是一次很大的挑战吧？

李：对我来讲，到美国有三大冒险：第一个是62岁的年龄要学开车，很多朋友包括美国年轻朋友都劝我不要学，但是我没有办法啊，在美国那种环境里，不会开车就没办法走路。学车我用了比别人多三四倍的时间，算是学会了。第二个是必须讲课，我毕业之后就分到社科院，从来没上过课，到了大学里我就必须讲课。第三个是最大的冒险，就是必须用英文讲课，没有办法，我硬着头皮去讲了。你听我讲普通话有口音，我讲英文也有口音。这三大冒险我总算都闯了过去，想起来不容易呀！（笑）

李泽厚在美国科罗拉多大峡谷（1997）

不图名，只图"利"

马：在美国教书，您都走了哪些学校？教过什么课程？

李：换了好几个地方，先后到过德国图宾根大学（汉学系）、科罗拉多学院（哲学系）、威斯康星大学（历史系）、密歇根大学（人文研究所）、斯沃斯莫尔学院（比较语言和文学系）等。但主要在科罗拉多学院教书，待了五六年，时间最长，那个学院在美国排名是相当靠前的。我最后教书的斯沃斯莫尔学院，也是很有名的学校，在美国学院里排名一直没有出过前三。

我在美国一年开三门课：中国思想史（分古代和现代），美学，《论语》也开过几次。或者上学期开两门，下学期开一门；或者相反；或者开两门课再加一门研究生讨论课。总之一个正教授每年要上三门课，一般都是这样。我还教过两次伦理学。讲伦理学我很有兴趣，而且他们认为我讲得还比较成功。

马：喜欢上教学了？

李：并不喜欢。那是没有办法，因为教学，钱能赚得多一些。中国一般所谓去外国"讲学"大都是"访问学者"（Visiting Scholar），不必讲课。我当时与外国教授一样必须正式授课，是"访问教授"（Visiting Professor），前者钱少，后者钱多，相差可以很大。我所在的科罗拉多学院和斯沃斯莫尔学院是私立学校，学费很贵，学生富有，教师待遇也好。我说我学陈寅恪，他晚年给傅斯年的信里说"不求名，只图利"，哪里钱多去哪里。

马：是在践行自己提出的"吃饭哲学"？（笑）

李：哈哈……可以这么认为。我去国即任教，收入不菲，以后陆续受聘，从未失业，生活一直优裕。当时我还寄三千美金给我妹妹。以前在中国生活的时候，我靠的是稿费，到了美国，就要靠自己奋斗。我太太一生没有为钱烦恼过。人活着必须吃饭，但吃饭不仅仅是为了活着。这就是吃饭哲学的真谛。（笑）

马：只是上课会牺牲很多宝贵的写作时间，有些可惜了。

李：开始那几年，精力都花在备课和讲课上。其实，教课倒不占用我很多时间，我的准备时间很少，但心里还是紧张的，心理负担很重。一心不能二用，我就没法集中写大块文章，就只能零零碎碎搞《论语》。《论语今读》就是那时的讲稿，但上课讲不了那么深。课一不教了，我就写了《己卯五说》《历史本体论》。假设不教书，那段时间我会写多一点书。等我教完书，都快 70 岁了，精力已经不行了。

学生的掌声

马：美国学生最爱听您讲什么？

李：讲中国思想史，学生最爱听。一是"阴阳五行"。二是《庄子》中的"鱼的故事"和"蝴蝶的故事"，前者即庄子与惠施辩论"子非鱼，安知鱼之乐？"——逻辑推理与直观移情，谁更"可靠"？后者是庄周梦蝶还是蝶梦庄周——到底谁真实？提出人生意义何在？三是"见山还是山，见水还是水"，三重境界说。我与西方的理性思维作对比，他们听下来，感到新鲜和有益。

我讲，世俗眼光是"见山是山，见水是水"。宗教是"见山不是山，见水不是水"，在第二层，认为俗世是不重要的、不美好的，在灵魂上把这一层去掉才是美好的，天国在另一世界。禅宗和儒家的思维又回到第三层，"山还是山，水还是水"，而又不是原来的山水，在有限中见无限，在世俗中得超越，这对他们似乎也是闻所未闻，觉得有意思。

"阴阳五行"也是这个道理，他们的思维是上帝跟魔鬼不两立，但中国的思维不是上帝跟魔鬼，阴和阳不是哪个好哪个不好，而是可以相互渗透和补充，阴中有阳，阳中有阴，同一个人对你来说是阳，对他来说就是阴，非常灵活。不是一边是绝对圣洁一边是绝对邪恶。我还画了相生相克的五行图，我说这就是你们常讲的反馈系统，又形象又复杂，他们感到好玩极了。

庄子和惠施的辩论，按照逻辑，是惠施赢了。本来，鱼怎么叫快乐，这在分析哲学看来，是讲不通的。可它只是一种审美的移情和心境的表达。从我的教学中，他们看到中国的语言方式、思维方式和他们不同，这使他们很感惊异和兴趣。

另外，我把中国儒家的诚、孝、悌、学、义、仁、庄、敬等，和《圣经》中的主、爱、信、罪、得救、忍受、盼望、全知全能等，和古希腊哲学的实体、存在、理式、质、量等，进行对比，这也很受欢迎。因为这些范畴带着不同文化的基本特色，可以较快看出中西的同异。这其实是一个非常重要的大问题，当时我只能随便讲讲，其实值得深究。

马：面对一群外国学生，用英语讲中国哲学，对您来说算是一种挑战吧？

李：出国时，我英文也不好，最怕听不懂学生的提问，因为教的都是美国本地学生，爱提问，你没讲完他们就问。有人说，你讲课不要太在意英文语法错误。你就这么讲，别人能懂。讲是主动的，不行的话我可以换一种方式换一些词汇讲；听是被动的，听不懂就是听不懂。但还好，只有一两次，没听懂，我一问，他再一讲，就懂了，最后居然被我应付下来了，自己也感觉很惊讶。还碰到过两个学生到我办公室跟我争分数，说我打分打低了，我坚持，没有改，也把他们说服了。

教授们夸我英文好，我的确讲得很流利，语速和中文一样，相当快，用的是许多专业词汇，也讲究点修辞。但这些教授们根本不知道，我一到商店或碰到中小学生，便话都讲不出来了，因为那些日用品的名称，各种玩具、用具以及相关的动词等等我一个也不会，真可笑之极。

马：学生反映如何?

李：我讲课，一是给学生们许多真正的东西，他们感到每次听课传授知识多，很有收获；一是逻辑性非常强，一层扣一层。这方面，我还是很有自信的。我也讲马克思主义，讲马克思、恩格斯、列宁、托洛茨基、布哈林，一直讲到毛泽东。他们觉得我讲得很清楚，而且抓住了要害。记得在一个学校，我与同校另一位教授同时开中国近代思想史课，全校学生选。任何课的最初三个课时学生可以自由选，然后再定，最后还是选我的多，尽管另一位是本国老师，他的教案做得也不错。记得有个菲律宾学生还说，我是她"最喜欢的老师"。美国大学有对教授的考核，老师不在场，由系里向学生发问卷，提一些问题，问这个老师怎么样。我是很晚才知道的，不过还好，学生对我的评价很高。

马：您还得了一个名誉博士学位，是因为讲课讲得好吧?（笑）

李：我在美国教了七八年书，对美国学生了解中国起了些作用。在科罗拉多学院，没有中国学生，都是美国学生。我居然能够教下来，而且教得还不错，好几次整个课程结束时，学生们一起鼓掌，一个个前来握手表示感谢，这在学校是极少有的。1998年科罗拉多学院授予我一个名誉人文学博士学位，大概是认为我的教学对该院有些贡献吧。（笑）在威斯康星那一次，课程结束时全场鼓掌，都是对本科生的 lecture（讲课）。我后来问林毓生，他说这在该校很少见。我十分高兴，高兴的不是我英文好，而是我英文不好但经奋斗后能有效果，我为这个冒险的成功而高兴。两次在学期结束时还要作对全校师生开放的公共讲演，也相当成功。

1993年3月，林毓生在AAS（美国亚洲学会年会）申请、组织了一个"与李泽厚对话"圆桌讨论会，参加的有史华慈、狄百瑞、林毓生、余英时、张灏，还有汪晖等人，我讲的也很成功。我在国内从未用过英语讲话，可惜一丢十多年，现在英文水平又回到出国之前了。

马：对了，您那些年的英文讲课稿留下来没有?

李：我讲课或讲演从无稿子，只有几句话的提纲。2001—2002年我在香港城市大学做过十次讲座，也没有稿子，当年曾想结集出版，书名都想好了，就叫《香港十讲》。后来自己否定了。不过其中有些被人整理出来发表过，如《阴阳五行：中国人的传统宇宙观》《由巫到礼》。

海外汉学一瞥

马：您在海外生活了近三十年，接触了不少海外学者，能在这里给大家捎带着介绍一下吗？

李：我了解的情况非常有限，要谈也只是一点点印象，难免有不妥之处。

马：那就简单说说。

李：我与华人学者交往并不多。他们搞的领域，包括他们的成就，是不完全一样的。刘广京、林毓生、余先生、杜维明、张灏、成中英、汪荣祖等，这么一批人吧。杨连升、萧公权等上一辈大都已经去世了。总的来说，余先生被公认中学功底非常好，远远超过其他人。他的文章大部分是用中文写的和出版的，英文的当然也有。我常说，君子和而不同，这话我对他当面说过，因为我和他也有好些不一致的地方，例如对康有为、对鲁迅、对马克思的看法。余回答说，"我们和得很"，雍容大度，儒者气象。我在美国，余先生也帮过很多忙，我在一篇序文中曾正式表示过感谢。我批评较多的是杜维明先生，他鼓吹儒学三期说，我是不赞成的。当然我对他个人毫无意见。杜中文写得少，英文写得多一点，在洋人中间比较有名。他经常参加各种会议。Pope（教皇）搞的世界宗教对话，请了六七个人，他是被邀请者之一。杜先生是很热心的人，他负责的哈佛燕京学社经常邀请中国学者去那里搞学术交流。林毓生先生是我的老朋友，我1992年能去美国，他出了不少力，我至今感谢。林主泽厚先生：

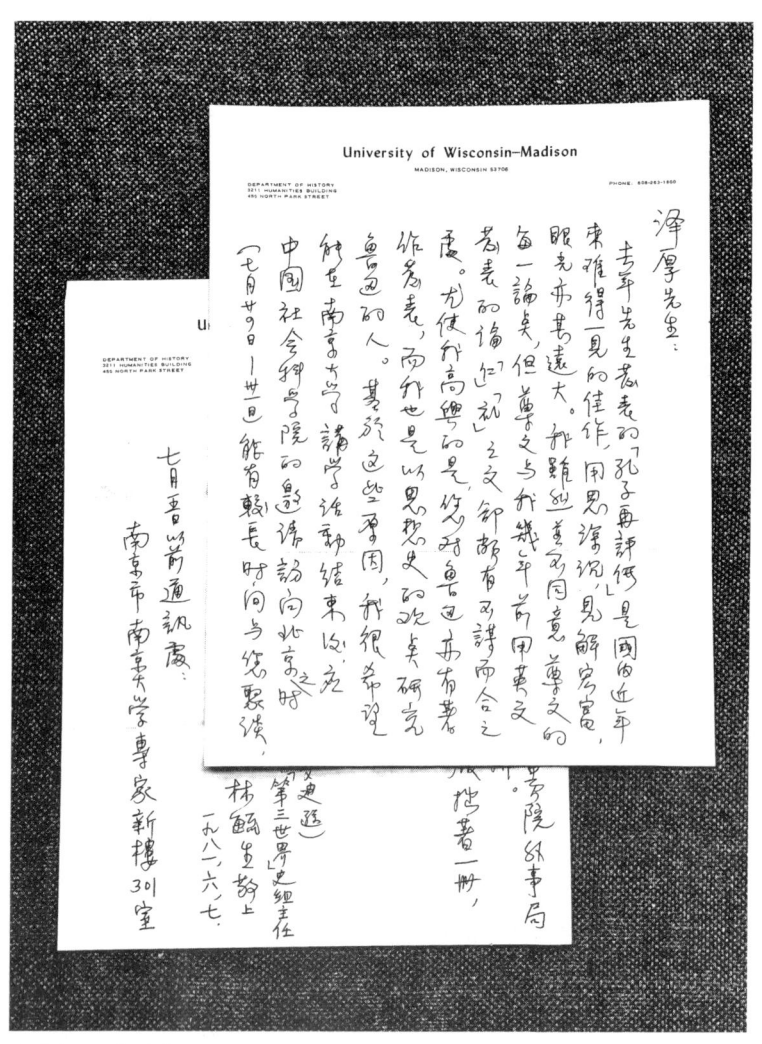

去年先生发表的《孔子再评价》是国内近年来难得一见的佳作，用思谨饬，见解宏富，眼光亦甚远大。那虽然是我们同意尊文的每一论点，但尊文与我几年前用英文考表的论《仁》之文都有可议而合之处。尤使我高兴的是终对鲁迅有甚研究作为表，而我也是以思想史的观点研究鲁迅的人。其次这些年来周、林很希望中国社会科学院的邀请访问北京时能去南京大学讲学论著结束以后（足迹）能有较长时间与您晤谈。

（七月廿日—卅日）

林毓生 谨上
一九八一、六、七。

七月至暑前通讯处：
南京市南京大学专家新楼301室

林毓生致函李泽厚

要是搞政治学自由主义，在台湾有影响。他是哈耶克的学生。哈耶克当然是了不起的。林的某些自由主义的基本观点，我也非常赞成，当然也有不同的地方。许倬云先生也是帮过忙的。张灏先生是搞中国近代思想史的，学问相当不错。总之，我跟他们都是朋友，特别是林、余。其他的华人学者接触极少，就谈不上什么了。我觉得，大陆的希望比海外大，不管怎么说，大陆人多，人多总会有好东西出来的。

马：日本一直非常重视汉学研究，日本汉学界是个什么状况？

李：日本以整体力量分工协作从事汉学研究久已形成传统，他们对一些具体课题的梳理研究，其精细程度非但欧美难望其项背，国内也远远不及。这是他们的优势，值得认真对待和学习。但因此也导致他们在研究上过于拘谨，深度不够，见解难有过人处，我想这可能是忽视宏观研究的缘故，"只重树木，不见森林"。当然也不能一概而论，日本也有很有见地的学者，如沟口雄三就是。我也注意到日本现在已有一批年轻学者开始发挥影响，他们重视宏观，重视观点，突破了过分重视资料、考据的习惯。相信他们一定会为日本未来的汉学研究带来更多的活力。

马：您与沟口雄三先生有交往吗？

李：见过多次面，1992年他还邀我和史华慈教授去开过会，对我似乎很客气。但他的思想我不太赞成，如所谓的亚洲表述——中国近现代的历史是内因推动的历史，不是外因推动的历史。我以为他基本上还是在转述柯文（Paul A. Cohen）等人的后现代看法，强调态度、立场、方法，忽视了历史发展的客观事实。许多海外汉学家的中国近代史常以明代为起点（如史景迁），不无道理，这就是国内以前讲的所谓"资本主义萌芽"，它甚至可以追溯到北宋。但我仍以为，以鸦片战争为起点的各种纷至沓来的外部刺激改变了中国，才真正开启了中国历史的新篇章。这是一个非常重要的事实。费正清（John King Fairbank）则忽视内在因素，把外部刺激说得太绝对，有他的片面性，但柯文、沟口雄三更片面。比较起来，我觉得费正清的表述更准确一些。我不愿赶时髦。

一 在美国教书

马：欧美汉学情况如何？

李：感觉上欧洲汉学研究有老化的趋向，人数很少。老的逐渐凋谢（如英国的葛拉汉过早去世，史华兹强调中西哲学之同，葛更重视其异。我更偏向于葛，以为葛讨论更深），后备力量不足。卜松山（Karl-Heinz Pohl）和过世的鲍吾刚（Wolfgang Bauer）都非常不错，是德国汉学界的佼佼者。按说欧洲的汉学研究传统很悠久，但现在年轻人已经不及他们的前辈，口语倒是远超前人（就一般而言）。

美国汉学界的力量要强于欧洲。总的印象是发展得比较全面，各方面都有人，微观宏观研究都有，一批年轻人在迅速崛起，而且其中不乏佼佼者。老一代汉学家，如史华慈、狄百瑞去世前仍非常活跃，经常参加各种会议，而且屡有新著问世。

马：您对史华慈的评价似乎很高。

李：美国汉学界不乏标新立异之人，有的因此而非常出名，但照我看来，像史华慈这样高水平的汉学家并不多。史是美国数一数二的汉学家，我和他有过一些重要的交往，他曾多次要我去哈佛。史华慈的特点是没有模式，多元，开放。当然我也并不完全赞同他的许多观点和看法。

马：感觉美国汉学界明显地、自觉地关注中国近现代问题更多一些。

李：也许是比较好搞的缘故吧。（笑）当然，这也同美国各种基金会的态度有很大关系，特别是有政府背景的资助汉学研究的机构，出钱是要为其政策服务的，所以我就开玩笑说，美国有一批人是靠中国吃饭的。当然这只是就总体倾向而言，其实如史华慈、狄百瑞等就一直侧重于中国传统哲学的研究，他们的弟子做古代题目的也不少。新一代汉学家中就有人在专门研究诸如《文子》《抱朴子》等课题。另外，即便是专攻近现代的，如研究康有为、王国维、胡适等人，也离不开对中国传统问题的探讨。欧美很多汉学家的研究领域很广，从孔夫子到邓小平，并不限于一人一地一时的微观研究，这一点上与日本很不一样。

李泽厚先生:

现在奉上正式的邀请信,请查收。邀请日期因为必要超过九十天手续就很麻烦,所以改为八十九天了。请恶读,送到日本大使馆办手续付,请先在"招聘保证书"上两目已填字生日、九手经付,请先在"招聘保证书"上两目已填字生月。

我拟在八月二五日率领学生到北京,住在友谊宾馆六号楼

④ 九月三日辞别社科院文学研究所,六日回国。我已经请吴良春先生,替我按排见您的时间。现在盼望在北京领教的日子!

专此 奉闻 即颂
夏安!

伊藤虎丸
一九九二年八月十三日

日本学者伊藤虎丸致函李泽厚

马："汉学"目前在整个西方学术界处在一个什么样的地位？

李：从某种程度上说，只是个小角落，整体水平也不见得很突出。中国在西方人心目中影响实际上不大。在这样的情况下，不可能指望他们的汉学研究能在他们的整个人文研究领域占重要地位或很大比重。美国的汉学系都很小，东方问题或汉学问题研究所规模也十分有限。这一点不如日本。中国学或者说汉学要想在西方真正得到重视，最终要依赖中国的发展与强大。

回国跟人聊天

马：您是哪一年退休的？

李：1999年我卸去美国斯沃斯莫尔学院教职，正式退休。我在国内没开过课，开始在美国讲课时，很兴奋，热情很高，认真负责，学生也说我是一个 serious teacher。但几年下来后，兴趣大减，因为讲课内容许多是重复的，重复两次就没兴趣了，不是越讲越多，而是越讲越少，以至不大愿讲。我非常佩服那些教了一辈子书的老师，真是诲人不倦，我没那种精神。所以钱攒得差不多后，就干脆不教了。

退休后，我就搬到科罗拉多州波德小镇（Boulder）。我太太和孩子都愿意住在科罗拉多。虽比较偏僻，但对老人健康很好，阳光很多，说一年300天有阳光是夸张的，至少200多天有阳光，自然环境太好了。

马：1993年您第一次回国，以后几乎每年回国一次。

李：主要就是跟人聊天，调节一下。我回来也不吱声，越到后期，找上门来的人越多，都传开了，有相识的，有不认识的，古今中外，天南地北，无拘无束，经济、政治、世俗、学术，什么都谈，能得到许多交流、了解和相互沟通的人际快乐，尽管意见可能不同。这在异乡他国是难得的，这也就是所谓的"乡情""故土之思"吧。来聊天的五十到八十年代生人都有，又以年轻人居多，有一个是 1986 年的，他读我的书，读得津津有味，就来找我。不久前还有 1997 年出生的大学生和我通信。但由于年纪大了，今后回国的机会可能越来越少，最近的一次是 2017 年。我太太完全反对我回来。不回来太寂寞，回来又觉得太热闹。（笑）

马：您在美国待了那么久，可以写写这方面的东西嘛，随笔呀、散文呀、杂感呀之类，一定会很有市场。（笑）

李：有人写文章，有人写书，我从来不写这些。我出书从没有想过如何去迎合读者，我从不会为了讨人喜欢而出书，我只按照我的计划、想法去写。其实像《美的历程》那样的书，我还可以写一两本，讲讲中国诗词等等，也容易写，我就是不写。

二　七十岁以后的著述更重要

"同心圆"的伸延

马：1994年，安徽文艺出版社出了《李泽厚十年集》，算是您八十年代著述的一个汇集、一个总结。那篇总序，很短，写得真好！

李：这个集子分四卷六册，共九种论著。出版者是冒着极大风险的（我正在被猛批）。编辑曾建议将书名改为"李泽厚文集"，我不同意，我说要出就出《十年集》。这是我学鲁迅，鲁迅有《三十年集》，他自己编的。我的1979—1989是很重要的时期。当时流行"文集"这种书名，我回信说如改掉"十年集"三个字，我就不出了。最后出版社让了步。我是有意如此总结的。

马：不久，十卷本《李泽厚论著集》也在台湾出版了，基本上保留了《十年集》的内容。

李：那是1996年三民书局出的。就多了一本1980年的《美学论集》（并增补了一个"论集续编"），《走我自己的路》也增补了出国后的一些文章、访谈之类。

我的书在台湾一直有市场，但盗版、错漏、改窜，相当严重，并且零零碎碎，各上其市。《论著集》共十册，以哲学、思想史、美学、杂著四部分相区分。有朋友告知,现在已印到了第三版。在台湾出这套论著集,是我平生第一次签出版合同,之前在大陆出书,从来没有签过,所以,那时我对版权问题很不熟悉,认识极差。

马：出国后,您的思想仍然是围绕着那个"同心圆"而展开的吧?

李：是也。五六十年代的"前奏"不计,我这个"同心圆"陆陆续续也画了六十年。我的哲学、美学、中国思想史、康德、伦理学,都是围绕着同一圆心,相互支援,相互补充,渐渐完善,圆越画越大越圆而已。虽历经风雨,遭到各方面的各种凶狠批判,我却圆心未动,半径不减,还是按照原来的思路陆续伸延。例如,美学上仍然坚持"自然的人化"的唯物论和实践论;哲学上仍然是人类学历史本体论和个体创造论("以美启真""以美储善"等);中国思想史方面依旧是实用理性和乐感文化说,等等。

记得出国后我在给刘纲纪的信中说:"我仍一切如常,极少受环境影响,出来后虽受外界吹捧,邀约者甚多,但我心寂寂,依然如故。仍谢绝大多数交往,只教书上课,想些问题而已。"但也有一个重大的变化,就是关于不可知的"物自体"问题,以前否认,后来承认,当然与康德的"物自体"仍不相同,但毕竟大不同于《十年集》中的了。但我的哲学基本观点未变。

马：记得您在一篇访谈中说,七十岁以后的书也即出国后写的书更为重要?

李：是也。不少人认为我八十年代的书最有价值,其实我 70 岁以后写的书,虽然篇幅也不大,但分量比以前要重,如《伦理学纲要》《人类学历史本体论》等。

为自己编个"纪念品"

马：《伦理学纲要》先出的单行本(2010),后收入《哲学纲要》一书中。对了，2010 年您怎么会突然想起要编这么一本《哲学纲要》?

李：那时我八十岁了，我想很快要死掉了。《哲学纲要》就算编个纪念品吧，"总序"里我不是讲了嘛，"三书均系旧货，并无新作，……告别人生、谢幕学术、留作纪念是实"。

这书 2011 年由北京大学出版社出版。"总序"里提到的《人类学历史本体论》，是我 2008 年在天津社会科学院出版社出的，收入了《哲学探寻录》《历史本体论》《论实用理性与乐感文化》以及一些哲学、伦理学答问录等。《哲学纲要》就是在天津版的基础上，为一更醒目之书名，重新组装出版而已，只是我的一些视角、看法，仍然远远没有展开。其实它可以写成好几本书。

马：除了这本"留作纪念"的《哲学纲要》，《南方人物周刊》(2010 年 6 月 14 日第 20 期)还以您为封面。封面上的文字也很有意义："八十李泽厚：寂寞的先知。不再是青年导师，早已告别革命，中国最有原创性的思想者，还有什么预见。"

李：这些词句是编辑部写的，这也大出我意料。当时我写过自寿联："惜彼春华，苍惶避豺虎；抚今秋暮，白眼看鸡虫。"

马："豺虎"和"鸡虫"指什么?

李：前者，指反右、"文革"；后者，泛指自以为了不起的那些人，而且主要是指学界。

马：这本纲要后来得了个华东师大第二届"吕思勉原创奖"(2013)，还是作为第一名。评审专家认为：本书是作者走其自己路的思想结晶，集其在伦理学、认识论和本体论方面一系列全新命题之大成，争议中现原创，"纲要"中见神髓，在国内和国外，学科内和学科外，产生了，产生着，并将继续产生广泛和深远的影响。

李：得不得奖无所谓，主要看书是否真正有价值。我觉得有点不伦

《南方人物周刊》(2010 年 6 月第 20 期)

不类，因为其他获奖书都是很专业的，都是历史、文学等专门学科的。他们告诉我，推荐了你好几本书，有人推荐这本，有人推荐《美学四讲》，有人推荐《华夏美学》，还有人推荐《中国现代思想史论》。结果，最后确定是《哲学纲要》。他们告诉我说，程序非常复杂，但都公开，你这本书是唯一没有人反对，得到全票肯定的。我也很惊奇。

马：《哲学纲要》2015年由中华书局再版，2016年又改名为《人类学历史本体论》由青岛出版社推出新版，2019年再由人民文学出版社以"人类学历史本体论"为总书名，分《伦理学纲要》《认识论纲要》《存在论纲要》三卷出版。十年间已出了五个版本。

李：青岛版就是《哲学纲要》，只是恢复最初天津版用的本名，除了有所修订、增删外，体例相同，基本保持原貌。青岛版印制精美，但书又大又厚，像块砖头，阅读不方便。人文版在青岛版的基础上，又有所增删，并应出版社要求分为三册。

马：您这本书主要讲了什么？

李：简单说，这本书以"人类视角，中国眼光"，抓住中华文化之"神"，创造了"巫史传统""一个世界""实用理性""乐感文化""情本体""度的本体性""价值与事实同源"等概念，以孔子来消化康德、马克思和海德格尔等，希冀通过"转化性创造"，对人类未来有所献益。全书强调制造—使用—更新工具的社会实践基础上的文化心理结构，亦即个体心灵的情理结构问题。

其中，《伦理学纲要》是从我著作中有关论议伦理学的部分摘取汇编而成。从"人之所以为人"出发，将道德、伦理作内外二分，由伦理而道德，道德又外作传统宗教性与现代社会性二分，内作能力（意志）、情感、观念三分，并以此为基点，讨论伦理学的一些根本问题，而不断有所明确、补充和扩展。如确认道德心理和行为中，理性为动力，情感乃助力；人性能力在道德领域乃（自由）意志，等等。

《认识论纲要》为对应《伦理学纲要》而拟，只是对认识论某些问题的看法而已。由于是"生存的智慧"，我一直认为中国的实用理性有忽视逻辑和思辨的缺失而颇待自我改善。"度"作为第一范畴在认识论需重视"数"的补充，阴阳、中庸和反馈系统的思维方式需强调抽象思辨之优长以脱出经验制限。在理论上，"默会知识""秩序感""形式感"与"以美启真""自由直观"等，更需要作深入探究。

《存在论纲要》将拙作中有关"人活着"及某些宗教—美学论议摘取汇编，与前二《纲要》合成三位一体，为本无形上存在论传统的中国"哲学"，开出一条普世性的"后哲学"之路。

若再更简要地概括一下，即：此书采取积淀论的哲学心理学的独特方向，熔中国传统、康德、马克思于一炉，以"人活着""度的本体性"等的重构建设，反对流行的后现代主义，凸显出当今人类与个体的命运问题。

指向一个共同的方向

马：您在1981年的一篇文章中说："我对中外哲学史和美学的研究，其目的仍在为以后的哲学研究做些准备工作。因此，已出的四本书，似乎题目很散，但也有有心的读者看出它们指向了一个共同的方向。"（《走我自己的路》）这个"共同的方向"，现在应该非常明确了，就是构建"人类学历史本体论"。所以，是否可以说，这本书是您的集大成之作，是您一生研究的结晶和最满意的代表作？

李：什么叫"结晶"？……我的"代表作"还没出来呢，也没有最满意的。我这既不是谦虚，也不是自夸，好像故弄玄虚地说有重要的著作要出来，不是这个意思。前面讲过，我是A型血，从没对自己满意过。我总看到自己文章里面的毛病，哪些句子不好，本应该表达好的，如此等等。所以不大愿意再看。

马：可否在这里极为简略地概述一下您的哲学大纲（人类学历史本体论），给读者一个大致的印象？

李：可以说的是，在我的研究中，不管是美学、哲学、思想史还是伦理学，里面有一以贯之的东西。我提出和回答的是三大问题。第一，人类如何可能？答曰：使用—制造—更新工具的历史经验产生了理性。第二，什么是人性？答曰：情理结构，自然情欲与理性的各种矛盾融汇。第三，人为何在中国传统中位置较高？答曰：巫史传统、一个世界之故。

我的哲学不是超然世外的思辨，也不是对某些专业题目的细致探求，而是在特定时代和宏观环境中与各种新旧观念、势力、问题相互交错激荡的产物。我从"人活着"就要吃饭，就要使用—制造工具、产生语言和认识范畴开始，通过"为什么活"即人生意义和两种道德的伦理探求，归宿在"活得怎样"的美学境界中，并提出"经验变先验，历史建理性，心理成本体"。美学、哲学、历史（思想史）在我的"人类学历史本体论"发展中形成了另一种"三位一体"。德勒兹的《哲学是什么》一书认为哲学是制造概念以思考世界。我通过制造"自然的人化""积淀""文化心理结构""人的自然化""西体中用""实用理性""乐感文化""儒道互补""儒法互用""两种道德""历史与伦理的二律背反""理性化的巫传统""情本体（情理结构）""度作为第一范畴"等概念，为思考世界和中国从哲学上提供视角，并希望历史如此久远、地域如此辽阔、人口如此众多的中国，在"转换性的创造"中找到自己的现代性。

马："人类学历史本体论"与"积淀论"是什么关系？

李：积淀论主要讲人类学历史本体论的内在方面，即文化心理结构，亦即人性问题。它分为"理性内构"（前用"理性内化"）、"理性凝聚"和"理性融化"（前用"狭义的积淀"），由之而有人的"自由直观""自由意志"和"自由感（享）受"。人类学历史本体论还有其外在方面，如"两种道德"论的伦理学，从而也包括"和谐高于公正""儒法互用"的政治哲学等等。它们都是历史的而非先验或超验的，都是人类学历史本体论的重要内容，贯穿着"情本体"这根主线。这主线当然以更为复杂丰富的形态展现在审美和艺术中。

马：与"主体性实践哲学"的关系呢？

李：二者异名而同实。略有差异的是：第一，前者更着眼于包括物质实体在内的主体全面力量和结构，后者更侧重于主体的知、情、意的心理结构方面。二者的共同点在于强调人类的超生物族类的存在、力量和结构。第二，主体性更突出个体、感性与偶然。尽管这些都必须以人类总体存在为条件、为前提，但它们将愈来愈重要和突出。

"吃饭哲学"

马：您还将自己的哲学称之为"吃饭哲学"，尽管您多次讲，这是针对那些鄙视物质生存、日常生活，侈谈精神生命、灵魂拯救之类的理论学说而言，是为了在语言上造成刺激功能，但是仍招来学界不少争议、嘲笑和批判。

李：这个说法，一些人或大为不解，或觉得这也太庸俗了，甚至有学人斥责这是在"恶搞"唯物史观。我在《批判》书里宣讲关于"使用-制造工具的劳动实践"或"生产力-科学技术是整个人类社会的基础"这一根本观点。马克思说："为了生活，首先就需要衣、食、住以及其他东西，因此第一个历史活动就是生产满足这些需要的资料，即生产物质生活本身。"这话是非常准确的。这也就是人们仅仅为了能够生活，也必须每日每时都要进行的（现在和几千年前一样）一种历史活动，即一切历史的一种基本条件。这也就是我强调的"人活着"作为哲学第一命题，以及我的"吃饭哲学"的主要含义。伟大的真理常常非常简单。1992年我的一篇短文题目就是《"左"与吃饭》。这个吃饭哲学看来简单，其实复杂；看来平常，其实深刻；看来非常一般，其实十分重要；看来人所共知，其实远非如此。当然，我的"吃饭哲学"始终只是一种通俗说法，是故意采取这种"粗鄙""庸俗"的用词，其本名仍应是"人类学历史本体论"。

马：这个"吃饭哲学"与马克思主义唯物史观有何不同？

李：归结起来，第一，"吃饭哲学"突出的是"人活着"这一基本事实和哲学主题，唯物史观则将这一主题完全纳入生产力—生产方式的哲学—社会学原理中，以至这个实在的、具体的"人活着"看不见了。在人"如何活"必须使用—制造—更新工具，以及"人活"在一定生产力—生产方式中，这两者是完全一致的。但"吃饭哲学"的"人活着"由于强调实实在在的每个人那不可替代的"活着"，从而更为重视感性现实的个体存在和个性的全面展开与实现。唯物史观虽不否认这一点，但一定程度上被上述社会学的表述遮蔽了。第二，"吃饭哲学"强调"吃饭"是为了"活"，但"活"不是为了"吃饭"，亦即"如何活"并不能解决"为什么活"（伦理学）和"活得怎样"（幸福问题即美学、宗教问题）。唯物史观把它们都放置在"如何活"中，认为它们是一定经济基础的上层建筑和意识形态，"吃饭哲学"则强调它们独立的价值和意义。"吃饭哲学"有唯物史观所忽视和缺少的伦理学和心理学的哲学理论，从而不能等同于唯物史观。

总之，作为哲学，"人类学历史本体论"不等同于唯物史观，而是将唯物史观吸收融入，作为它的基础。

人类学历史本体论与唯物史观的差异固然可以说是后现代与现代的时代差异，同时更有其传统背景的重要差异。马克思的背景是希伯来和希腊传统，特别是黑格尔哲学，恩格斯加上了一些现代科学的实证色彩。"人类学历史本体论"以实用理性和乐感文化的中国传统为基地和背景

（这一点具有根本性），坚持在人本、历史、积极入世的基础上去反思过去、展望未来、把握现在。

马：与西方自由主义又有哪些不同？

李：为简明起见，可用一张表来做对比。

序号	中国历史主义	西方自由主义
Ⅰ	由**大我**（The Great Ego）：远古、古代、中世纪的 clan, tribe, nation, religion, etc. 到**小我**（small individual）	**自我个体**。上帝创造亚当、夏娃，特别自路德新教个体能与上帝直接沟通后。
Ⅱ	**实用理性**。理性从经验中的合理性而来，是历史积淀的心理结构。自由、平等、人权、民主均是具体环境下的历史产物。在近现代，以市场经济、契约原则等为原则，远古、古代并无此。 人类历史因使用制造工具即科技（从原始石器到今日高科技）为经济发展的核心和动力，总体是向前发展的，但有时会出现倒退，所以不是经济决定论。但"如何活"仍然比"活的意义"（"自杀"是哲学的首要问题）要优先。	**先验理性**。无由来，超人类，乃"至上"如天赋人权、人生而平等；以"无知之幕"为前提的设定等。 理性价值主宰、支配一切，忽视人性的陶冶和成长，人作为动物存在又不同于动物的诸多方面，如理性与情感的交错结构，因之常使知识（科学）与信仰（宗教）对峙、分裂、纠缠、困恼。哲学走向碎片化（科学式的专题细节探索）和抽象化（往返在非日常语言的思考论讨中）。
Ⅲ	**客观社会性**。从而重视偶然性。重视命运（人类、民族、国家）以及个体存在（从出生到死亡的整个人生），均具有一定的偶然性。如何抓住有利的偶然性、避免不利的偶然性至为重要。认为探寻关系亿万人群的"人（我）活着"等根本疑难更应是哲学主题，其中包括历史与伦理的二律背反、历史积淀为心理的自由意志诸问题。	**普遍必然性**。从而重视决定性。认为历史和现实将普遍遵循理性之路，线性进展，轻视多元传统、精神生活对物质生活的相对独立性。 命运由上帝决定，与哲学可以无干。

序号	中国历史主义	西方自由主义
IV	**关系主义，两德论**。伦理（社会）与道德（个体）区分的必要，重视中国传统伦理的**社会角色关系**（**五伦**）转化为指引和范导现代社会性道德中的**个体情感关系**［情感中的角色，如平等的兄弟之爱也有兄友（more tolerant）弟恭（more respect）的差异等］重要性质。朋友要"拜把"才成兄弟。	**个体主义，一德论**。一方面是将政治与道德脱钩。以原子个人为主体的现代社会性道德，被视为只是政治哲学，可以与道德无关。另一方面基督教爱的传统也以平等的个体为基础。所以也可以混同两德。《**正义论**》（A Theory of Justice）中谈到情感的 Sense of Justice 章，兄弟之间也只是平等的爱。
V	**一个世界**。有情宇宙观。设定对那不可知的物质宇宙为何存在的"物自体"（亦即"天道"）的肯定性情感信仰。哲学追求在人道中呈现"天道"，历史进入形而上学。个体追求与大自然融为一体，美学成为第一哲学。	**两个世界**。基督教，伊斯兰教……以至各种邪教。哲学追求永恒的 Being，成为形而上学。个体追求灵魂不朽、归依上帝、进入天国，强调人对自然的征服，美学是与感觉相关的低级认知学科。
VI	**结语**：两者有差异却并不对立。相反，历史主义反对尼采以来反启蒙、反理性的后现代主义思潮，高度肯定自由主义的伟大贡献和至今具有的现实价值，并吸收、消化自由主义和启蒙理性的世界成就和优长，去其弊病，不断发展自己。		

注：此表主要是简略陈述我的"人类学历史本体论"哲学，对西方自由主义的概括非常粗漏浮浅，很不准确。现在就总体来说，应与自由主义联盟，以对抗总体绝对主义、各种新权威主义和政治宗教。至于自由主义内部保守与激进之分以及各种分歧、冲突和争斗，则不在此表范围之内。

"跳出三界外，不在五行中"

马：关于您的这个"人类学历史本体论"，学术界一直存在很大争议，甚至是尖锐的两极化。

李：这是一个很有趣的现象：海内批我是"反马克思主义""自由化"，海外（当然也包括一些"海内"）批我是"死守马克思主义""保守派"。于是，是"马"非"马"，真"马"假"马"，我也只有茫然了。前面不是谈过"腹背受责"嘛，从七八十年代开始就一直如此。两个方面都是武林名派，气势吓人，闵余小子，夹在中间，背负双重高帽，岂不可悲可惧且孤立？只是我蠢笨如昔，对所有批判，几乎已心如木石，无话想说，无动于衷，仍然是左摒右挡，"走我自己的路"。与弗雷德里克·杰姆逊的对话中，我早强调"马"已多元，无须统一。唯一感慨的是，至今为止仍然被一些学者借势（什么势不必说了，大家心知肚明）来贬低、无视、批判、抹黑。这大概也没有办法，只好永远各行其是了。

马：八十年代，您在一篇《是马非马》的小序中讲："'呼我牛也而谓之牛，呼我马也而谓之马'，又有何不可？"最近偶然读到美国汉学家安乐哲的一段话：李泽厚"对康德很了解，可是他不是康德主义，对马克思也有了解，可是他不是马克思主义。他对儒学也一样，可是他是他自己，他是李泽厚，他是个哲学家，这就是他"。（安乐哲：《文明互鉴视域中的夏威夷儒学：安乐哲教授访谈录》，中国社会科学出版社，2020年，第166页）

李：所以，我说过嘛，我是"跳出三界外，不在五行中"。（笑）

马：暂且撇开别人的各种说法，您认为自己还是马克思主义者吗？

李：Yes and No.

马：哦？请具体解释一下。

李：这里不展开说了。有兴趣的可看2016年我在上海《社会科学报》上发表的那篇《康德新解》英译本序。现在可说的是，我宣布撤消以前自封的"马克思主义者"的头衔、称号，我不够资格。如有何反响，年已九旬，不作复了。

马：在"人类学历史本体论"的思想系统里，您制造了不少与西方完全不同的新命题、新概念。您的这些颇具原创性的思想，在国际上已经产生了重要影响，在中国和西方的思想之间搭建了沟通桥梁。

美国当代著名文学批评理论家文森特·利奇（Vincent B. Leitch）教授主编的《诺顿理论和批评选集》，甄选、介绍、评注从古典时期至现当代的世界各国批评理论、文学理论的权威性著作，所入选的篇章皆出自公认的、有定评的、最有影响力的哲学家、理论家和批评家。本书已成为当今西方世界一部最全面、最权威、最有参考价值的文艺理论选集。在 2010 年第二版，您是唯一入选的中国学人。第三版（2018）增删更替十余名，您仍被保留。"李泽厚"被列入三个条目之下：（一）"美学"，（二）"马克思主义"，（三）"身体理论"。其中，"美学"类最引人注目。《美学四讲》在与刘勰《文心雕龙》、陆机《文赋》和叶燮《原诗》的比较中居然取得头筹。此类仅收入十三位学者，皆是西方哲学史上具有赫赫声名的大哲学家，如休谟、康德、莱辛、席勒、黑格尔等，您是其中唯一的非西方哲学家。《诺顿选集》讲："李泽厚是当代中国学术界的一个奇观！在中国的新时期（1977—1989），即毛泽东去世之后的改革开放时期，李泽厚在哲学和美学方面的著作以及他对中国文化和社会的观察吸引了整整一代知识分子。"顾明栋先生说，这就"足以使他当之无愧地跻身于世界最伟大的文艺理论家之列"。这些，是否标志着您已经"走进"了世界？

李：不能这样讲。我希望抓住一些根本性的问题，这样才能真正走进世界与西方沟通。从王国维到冯友兰、牟宗三，都是"走向"世界，我希望将来能"走进"世界。我的这些命题、概念，不仅中国可以用，西方也可以用。

马：八十年代您还当选著名的巴黎国际哲学院院士。享有这一荣誉的都是当代国际上最杰出的哲学家，如伽达默尔、哈贝马斯、利科（P. Ricoeur）、斯特劳森（P. F. Strawson）、奎因（W. V. Quine）、戴维森（D. Davidson）。您成为二十世纪下半叶唯一入选的中国学者（上半叶冯友兰曾当选）。这是对您哲学、美学成就的高度肯定。

2015年10月在夏威夷大学举办"李泽厚与儒学哲学"。这是第一次以健在的中国大陆学人为题的国际学术研讨会

李：那是很早的事，大概是 1988 年。当时他们来征求我的意见，我无意见，但未去参加他们的任何活动。现在，那个机构已经相当滥收了。

马：2009 年您还入选《哥伦比亚二十世纪哲学指南》（*Columbia Companion to Twentieth-Century Philosophy*）。此书是一部面向哲学研究者和研究生的权威性著作，是第一部全面覆盖二十世纪哲学的指南，出版以来深受好评，被称为"为一个极其重要的世纪的哲学史提供了珍贵无比的评述和全景视角"。所收中国哲学家分为两类。第一类是"新儒家"，共七人，有梁漱溟、熊十力、牟宗三、唐君毅、冯友兰、钱穆、徐复观。第二类是"马克思主义的改革者"，共两人，您是其中一位。而且在九人中，介绍您的篇幅最长。

2015 年 10 月，由 The World Consortium for Research in Confucian Cultures 主办，在夏威夷大学中西研究中心召开了题为 "Li Zehou and Confucian Philosophy"（"李泽厚与儒学哲学"）的国际学术研讨会，中、美、德、加、日、韩、波兰、斯洛文尼亚等国学者参加。据说这是第一次以健在的中国大陆人文学人为题的国际学术研讨会。安乐哲和贾晋华在其主编的会议论文集《李泽厚与儒学哲学》（上海人民出版社，2017）"导论"中说："李泽厚是一位具有广阔的全球兴趣的、自成一格的哲学家……是一位在哲学最宽广范围内汲取自己哲学思辨资源的世界哲学家。"

还有澳大利亚梅约翰（John Makeham）教授 2003 年编的《新儒学》（*New Confucianism: A Critical Examination*）一书中，选了熊十力、梁漱溟、冯友兰、牟宗三和您五个人。

李：梅约翰的书将我列为"新儒家"，有点意外，（笑）我怎么算新儒家呢？但他开头也解释了为什么要把我编进去。记得一次会上杜维明问我，到底怎么称呼你：马克思主义者？"后马"？康德主义者？新儒家？……我说，名号无所谓，我自己什么都不称呼，你们叫我什么都可以。

三　伦理学新说

比美学更重要

马：前面您说，出国后自己的思想、观点没有变。但毕竟是到了一个全新的环境里，总该有些新思考、新想法吧？

李：我说的是基本观点和思想一直没变，但比起八十年代来，确又有了一些变化和一些更明确、更发挥了的地方。

马：哪些变化？

李：例如，前面已提过的"物自体"的哲学问题；又如推崇改良过于革命；解释历史重积累、轻相对（时代性、阶级性）；多谈偶然，少讲必然；提出宗教性私德与社会性公德的区分；以巫史传统为根源来说明中国的"一个世界"观；也包括对马克思主义的认识，如此等等。同时，认为今日许多流行理论的根本毛病，在于忽视"吃饭哲学"和心理建设。在形式上，则故意捣乱，主张承继汉唐注疏和宋明语录，以短记、对话和老百姓的语言来反抗"后现代"的"学术规范"——那玄奥繁复的教授话语的通货膨胀。凡此种种，都是逆时髦风头而动。我以此反动来迎接二十一世纪，目标在于走出语言，建立心理，回归古典，重新探求人的价值，幻想也许应当为中国以及人类寻求一条转换性的创造道路，如是云云。但这些也都是我七八十年代提出的课题的展开，是"同心圆"的顺延。我知道，所有这些，对于今日中国年轻或并不年轻的前卫教授群来说，只是陈旧可笑、不值一提、"毫无学术价值"的痴人说梦而已。尽管如此，我仍不想做什么改变。痴呆且任时人笑，后世相知或可能。可能吗？也并不见得，真是"浩歌天际热"，"篇终接渺茫"。

马：我留意到，九十年代以来您学术研究的一个非常重要的走向，就是集中思考伦理学问题。刘绪源先生说："李先生对伦理学的重视，我在2010—2011年与他作哲学对谈时就已发现。因看到我对'情本体'的热衷和对伦理学的隔膜，他语带微讽道：'文学家不喜伦理学，此当然事耳。'又因我对他的美学很熟悉，读伦理学则时有困愕，他断然说：'我的伦理学的重要性，肯定在美学之上。'"（刘绪源《重建中国的道德哲学》2015）

李：我确实非常重视伦理学。我认为认识论到维特根斯坦已告终，包括我所重视的"默会知识""秩序感"等非逻辑思维，也将归于认知科学，即在脑科学基础上的经验心理学，神经美学即其一例。近年人工智能的突飞猛进更显示出这一趋向，当然，恐怕一二百年后才能取得全面、成熟的结果。目前的哲学只是指示和范导这一唯物主义（或称"自然主义"）的发展方向而已。从而，也就使政治哲学处于哲学的核心位置，这也正是我从康德研究、美学研究转向中国传统以及晚年以伦理学为思考主题的重要原因。

多年来，我被戴上所谓"美学家"的称号或"帽子"，虽然我提出了"美学是第一哲学"且迄今未变，但好些朋友却以为拙作中伦理学比美学部分更重要、更有现实性，如安乐哲教授和国内好些学者对我提出的"两德论"的重视或批评。我自己也如此认为。

区分"两种道德"

马：那就接着讲讲您的这个伦理学吧。可先从"两德论"开始。首先，何谓"两德"？

李：所谓"两德"，一是与政治哲学相关的现代社会性道德，它是建立在现代社会的个体单位和契约原则上的自由、平等、人权、民主，以保障个人权益，规范日常生活。一是与宗教、信仰、文化传统相关的传统宗教性道德，它有关终极关怀、人生寄托，是个体寻求生存价值、生活意义的情感、信仰、意愿的对象。两种道德都是自己给行为立法，都是理性对自己的感性活动和感性存在的命令和规定，都表现为某种"良知良能"的心理主动形式，不容分说，不能逃避，或见义勇为，或见危授命。但现代社会性道德是公德，是公共理性，看似相对，却要求群体的每个成员的坚决履行，应该普遍遵循，而无关个体状况；传统宗教性道德是私德，是个人意识，看似绝对，却未必每一个人都能履行，它有关个人修养水平，可以各自选择。对个体可以有"宗教性道德"的期待，却不可强求；对个体必须有"社会性道德"的规约，而不能例外。一个最高纲领，一个最低要求。借用康德认识论的术语，一个是范导原理，一个是构造原理。

当然，两种道德的区分，"善恶"与"对错"的分家，也只是一种"理想型"的理论构建。在实际运行和现实生活中，两者的相互影响、渗透和难以分割，又是非常突出的。有时判然有别，并不沟通；有时相互重合，似为一体。经常可见的是，人（特定群体）的规范以神的旨意出之，"社会性道德"以"宗教性道德"的名义出现。这在没有宗教的中国式"政教合一"的传统中，特别突出。正因为这样，强调这种区分与分家，才有重要的意义。但更要看到，它是一桩艰难而漫长的工作。特别是历史经验说明，具有根深蒂固传统的宗教性道德，可以以原教旨主义或强势意识形态等形式，与一定社会、集团的实际力量相结合，常常蛊惑、控制或发动某种"群众运动"，使很不容易争取来的个人自由一夜之间"改变颜色"，踪迹全无。这是我九十年代就说过的。

马：您主张哪个优先？

李：我主张由现代经济生活决定的权利优先，也就是现代社会性道德优先，即我讲的"权利优先于善"。中国今天最需要建立的是现代社会性道德。所以我现在不愿大讲"情本体"，哲学上提出这个观念是必要的，可落实到眼下现实，真没到时候。

马：所以您才说念公民课比念《三字经》重要得多？

李：对。公民课是灌输现代社会所必须遵循的行为规范、伦理秩序及其原理，培养孩子从小讲理性、守秩序、护公物、明权界、别公私，以及自由、平等、独立、人权等观念。然后再加上《三字经》等传统典籍宣讲的孝亲敬师、长幼有序、勤奋好学、尊老扶幼、阅读历史、重视经验等，使二者交融汇合，情理和谐。二者不免有差异或冲突，其中一部分可以作出新解释，例如传统大讲君臣，在现代可以转换地改变为上级发号施令，下级服从执行，但双方的人格和人身却是独立、平等、自由的。上级可以"炒鱿鱼"，下级也可以"拂袖而去"。这是以现代社会性道德为基础，却也符合原典儒学"君臣以义合"的"教义"，而不是后世专制政体下"君不君，臣不可以不臣"的绝对服从与无条件侍奉和依附。其中有些是不可调和的，那就应该明辨是非，以符合现代社会性道德为准。

总之，我反对由各种宗教和传统文化来构建现代政治和现代伦理道德，不以现代生活为基础和依据，不通过现代法治和现代社会性道德，而想以某种宗教性道德来整顿人心、安邦定国。新世纪以来，鼓吹儒学实际是倒退，两德论就更重要了。有些遗憾的是，"两德论"说了二十多年，就是没人注意。

范导和适当构建

马：您明确区分两种道德，强调"权利优先于善"，但又指出传统宗教性道德可以作用于现代社会性道德，这如何理解？

李：我主张政教分离，但同时也清醒地意识到，各种宗教和文化传统仍将以各种方式作用于社会性道德，这不可避免而且可予以适当认同。这就是我所说的宗教性道德对社会性道德的"范导和适当构建"。我没有具体展开说什么是"范导和适当构建"，如何能"适当"，以及各种宗教、文化、传统又有何差别。这些都异常复杂多样，我以为它们属于各种政治哲学和规范伦理学的范围，规范伦理学又有各种应用的、职业的伦理学，以及环境伦理学、描述伦理学等。我的哲学伦理学只需提出"两德论"这一点就可以了，更具体的分析和论证应由政治哲学、规范伦理学等来承担。

能说的是，这个"范导和适当构建"，主要指传统宗教性道德至今所具有的积极因素，如中国一个世界的情本体。其中的关键是"适当构建"中的"适当"，这很难掌握，而必须根据各种具体"情境"，作出"度"的把握，其中特别是不能全面或过分构建，让情感替代了公共理性。想以传统宗教性的礼教教育来替代或全面构建现代社会性道德之路，如某些学人所设想，是行不通的。这种"适当构建"需要长期的经验积累，因此现在只能做一种比较抽象的、原则性的提示。

在欧美，无论是功利主义、自由主义还是后现代思潮，都是个体主义和理性主义，有如麦金太尔所说，缺少对人作为动物一环的依赖性、脆弱性方面的关注，从而也需要传统宗教性道德即讲情爱的基督教的范导，所以两德论虽产生于中国现代，却对世界有普遍性格。

马：中、西传统宗教性道德的"范导和适当构建"有哪些不同？

李：我以为"孝—仁"与"博爱"、"大同理想"与"千年王国"，可能是中西宗教性道德对社会性道德"范导和适当构建"的主要差异。这也就是中国更讲究"由近及远""己立立人"，一直到"仁民爱物""民吾同胞，物吾与也"的"孝—仁"，不同于远近如一、一视同仁的"博爱"；追求世间生活及其细节（如中国人很爱看、西方人不屑一顾的《红楼梦》）中人际情理的和谐均衡，不同于在人人平等对个体的最后审判中使灵魂永生进入天堂。

三 伦理学新说

和谐高于公正

马：您还提出过"和谐高于公正"的命题。陈来教授给予很高评价："'和谐高于正义'应该是李泽厚对照'权利优先于善'提出的,这是李泽厚后期伦理学提出的最重要、最有价值的命题和口号,具有重大的意义。"(《论李泽厚的伦理思想》,2019)

李："公正"作为西方政治哲学的最高范畴,是理性的是非判断。理性、言语(语言)占据西方哲学形而上学和本体论的中心,即使在情感上,基督教和希腊哲学的结合,使"最后审判"和"道成肉身"的爱,也具有了理性的 Logos 特征。上帝、耶稣的爱是原动力,是第一位的。中国则强调"道出于情",不以"理"而以"情理"(合情合理、情理和谐)为基本准则,形成了以"天人合一""乐与政通"为最高理想的方向和心理。孔子说："听讼,吾犹人也;必也,使无讼乎。"这就使"讼"即有关公正的判决居于次要地位,而"和谐"(人际关系的和谐、人与自然关系的和谐、人的身心和谐)则成为最高准则。我以为,这可以为中国的现代社会性道德、为中国的现代性之路创造出某种既具民族资源又具人类普遍性的新东西。这就是我所讲的中国传统的宗教性道德对现代社会性道德的某种"范导和适当构建",也就是"西体中用"和"转换性创造"。

马：既讲"权利优先于善",又讲"和谐高于公正",岂不矛盾吗?

李：前者是现代社会性道德,是全面构建,后者是传统宗教性道德,只是范导和适当构建,两者可能发生矛盾,但也可能相辅相成,如何协调与磨合,既需要优美的政治艺术(度),更需要艰难的历史过程。我所赞成的自由主义(整体为个体存在、个人权利优先)只是我的历史主义(历史发展到一定时期或阶段的要求和产物)的呈现。自由主义从属于历史主义，历史并未终结于资本社会和自由主义。既要强调权利与公正，又以"有情宇宙观"的"和谐高于公正"作范导，以走向一个更为理想的未来，这就超越了自由主义。

而且，我讲的"和谐高于公正"，是就人类未来远景和中国对未来世界的贡献而言的。作为它的哲学基础的"情本体"是我在上世纪就提出的。但从当时至今日，我一直认为，中国首先要重视的，还是公共理性、权利、公正、现代社会性道德在中国政治和社会生活中的缺位，所以仍然要强调"权利优先于善"（指优先于各宗教、文化、哲学所宣讲的善恶观念），尤其要警惕以各种"性善论""和谐论"来掩盖、贬低和阻挠以"公正"为基本准则的现代社会性道德特别是其制度的真正建立。

情本体的"外推"

马：这就涉及政治哲学方面了？

李：是也。"情本体"内推为"美育代宗教"的宗教哲学；外推就是"乐与政通""和谐高于正义"的政治哲学。"情本体"绝不只是内向体验和个体心理问题。如果只有内向、内推，就不是儒学的"道始于情""礼生于情"了。所以，我的"情本体"还包括了将来运用到"外王"、创造出一条不同于西方的中国自己的政治哲学之路。例如我将汉代以来的"原心论罪""屈法伸情""重视行权""必也无讼"等作历史经验的参考，主张以"情本体"对"公共理性"的"外王"（其中包含现代社会性道德）作"范导和适当构建"，将重视人际和谐、群体关系、社会理想以及情理统一、教育感化、协商解决等特色，融入现代民主体制的建构中，使之更多注重同情、感化、和睦、协调，防止理性强制的泛滥，注意避免因追求抽象形式、理性、本质而带来的在原子个人主义基础上的人情淡薄、政治冷漠等等。

所以，我先后提出了"和谐高于公正""新一轮儒法互用""历史与伦理二律背反中的度"等。具体的也多次讲过，比如讲关系主义，讲和解、协商的居民委员会，讲可以尽量避免家庭、邻里的纠纷上法庭（"里仁为美"），等等。当然，在传统的熟人社会转变为现代原子个人的陌生人的社会过程中，如何能维持"里仁为美"，还相当艰难，还需要多作尝试和探求，我提出"情本体"与"两德论"也正是为此。

马：这么说来，您的人类学历史本体论里包含有政治哲学的子系统？

李：两德论是政治哲学的基础。两德关系是今日中国的关键问题之一，无论在理论上还是实践上，都如此。我没专门研究过政治学，但我提出的"历史与伦理的二律背反"（1980）、"历史在悲剧中前行"（1999）、"两德论"（1994）和"经济发展→个人自由→社会公正→政治民主"四顺序论（1995，1999）、"要社会理想，不要理想社会"（1994），以及"欧盟是走向世界大同之道"（1992、2002）等等，可以在我的人类学历史本体论基础上展开政治哲学系统。

这里，可提一事，伊朗霍梅尼革命对我影响很大，正是我为何要将"社会公正"放在"政治民主"之前的"四顺序论"和提出"两德说"的起因。

马：霍梅尼革命发生在1979—1980年。

李：是呀，转眼四十年过去了！它使社会停滞、倒退了几十年，许多革命也如此。霍梅尼革命还使我意识到伊斯兰问题将是一个世界性问题。八十年代我就讲过，二十一世纪的主要问题是伊斯兰的问题。这个话，我自己都忘记了。汪晖提醒过我，他说"你跟我讲过这个，在八十年代"。

马：能否在此细说一下您的这个"政治哲学系统"？

李：没能力做了。我的《再说"西体中用"》（1995）、《从两德论谈普世价值和中国模式》（2011）、《关于"中国式自由主义"》（2012）等文已讲过一些，有兴趣的可以找来看看。

这里可以简单提一下我讲过的"中国式自由主义"。它有三个特点。第一，是历史性的自由主义。西方自由主义认为自由、平等、人权、民主是天赋的。中国的自由主义不认为是"天赋人权"——不是"by nature"，也不是"given by God"，不是上帝给予的，也不是自然就有的，而是历史进化而来的。康有为的"三世说"，由据乱世、升平世到太平世，强调要经过"据乱"与"升平"。所以，中国的自由主义是历史的、改良的、渐进的。康有为把每"世"又划分为"小三世"，步骤很多很慢。他还认为"人权""民主"是现代经济的产物，把个人自由与现代大工业生产联系了起来，对人民群众的衣、食、住、行的不断改善，康有为讲得很多。我认为这正是儒家讲的"生生之谓易"在现代的发展。他把儒家与自由主义很好地结合了起来。

第二，是理想性的自由主义。西方的自由主义认为，资本主义就是最好的社会，就是"历史的终结"。中国的自由主义不认同历史的终结，认为还有更好的社会，会有超越资本主义的新社会。康有为的《大同书》认为西方资本主义世界并非完美无缺，不能停留在那儿；现代资本主义社会的自由、平等、人权、民主，都是在保护私有财产这个基础之上的；而将来会是公有财产，人人平等，没有官员、军队、等级、政府，只有大仁人、大智人，更没有资本家。当然，是不是这样，还可以讨论。所谓"均贫富"，在相当漫长的时间里，都是一种空想。但至少是比现代社会要好得多的"大同"社会。康有为的《大同书》第一章就说，众生皆痛苦，包括皇帝也有苦。人们当时觉得很荒唐，说皇帝哪有苦。也就是说，康有为是有理想的。

第三，是情感性的自由主义。西方是启蒙理性，而中国传统是强调情感的。康有为的哲学是"仁"，二十世纪五十年代我专门讨论过。所以，我讲"情本体"，讲两种道德，讲情感信仰。

总之，在这三点基础上，也许能慢慢创造出新形式。我依然赞成邓小平的"摸着石头过河"，要积累和总结现实中的各种正负经验和尝试错误，来开拓道路，而坚决不要那种种书斋里的设计空想。这是一个艰难、曲折、需要时间和韧性奋斗的过程。

三 伦理学新说

马：这个"艰难、曲折、需要时间和韧性奋斗的过程",也就是"寻求中国现代性之路"。对了,您不是还有与此同名的一本书?

李：八十年代我不是当过中国文化书院的所谓"导师"嘛,前几年他们来约稿,由东方出版社出了一本《李泽厚卷》(2019),收入"中国文化书院八秩导师文集"。后来出版社又出了一个精装本,改名《寻求中国现代性之路》。但这个书名我并不大赞同。

马：为什么?"寻求中国现代性之路"我觉得很不错呀。记得1998年您在《卜松山文集·序》中讲过:"十余年来,在我的思考和文章中,尽管不一定都直接说出,但实际占据核心地位的,大概是所谓'转换性创造'的问题。这也就是有关中国如何能走出一条自己的现代化道路的问题,在经济上、政治上,也在文化上。以中国如此庞大的国家和如此庞大的人口,如果真能走出一条既非过去社会主义也非今日资本主义的发展新路,其价值和意义将无可估量,将是对人类的最大贡献。而且,在当今世界,大概只有中国还有这种现实的可能性……因此,我觉得中国人文领域内的某些知识分子应该有责任想想这个问题。"这段话与书名非常贴切呀!

李：书名题大论小,文不称题,似有欺世盗名之嫌。但选编者认为好,坚持要用,我就妥协了。这个"之路",其实包含着两重含义:一是我的寻求"之路"已近完结,所以才有此从孔夫子到《伦理学新说述要》等;当然,主要的含义还是中国寻求现代性"之路",不过这条路还远在艰难曲折之中。

与罗尔斯的不同

马：陈来教授近年写过一些研究您的文章,他在《李泽厚"两德论"述评》(《船山学刊》,2017)一文里说:"李泽厚的两德论的主题思想是

受到了罗尔斯《政治自由主义》一书的牵动而发展出的一个结果。"（内容摘要）

李：否。实际情况是，我最初提出"两德论"是在《哲学探寻录》中。这篇东西是 1989 年春天开始写的，与第四个提纲几乎同时，1991 年春写定，1994 年春改毕并发表于 1994 年香港《明报月刊》（第 7—10 期）。我一直认为，中国传统自古迄今，始终有一个中国式的"政教合一"即宗教、伦理、政治三合一的问题，经常表现为一种泛道德主义，影响甚大，严重阻碍现代民主与现代道德观念的建立和传布，应予以解构，即把道德与政治分开来，解构之后再重建。而解构的途径就是区分两德。罗尔斯那本书出版，当时我并不知道。

我提出两种道德的理论后，不久高兴地读到罗尔斯的《政治自由主义》，感到他的"重叠共识"理论（即与传统脱钩）与我有近似处，要求"公德"从各种文化传统、宗教、主义中脱离出来。这种看法似乎以前没人提出过，受到了学界的重视，被称之为"脱钩论"。"重叠共识"成了常见的术语，我也非常赞同。因为脱钩，才能把"两德"分开，不脱钩，不就变成"一德论"了？

马：您的"两德论"与罗尔斯的"重叠共识"完全一样？

李：尽管赞同，但我的"两德论"与之仍有很大区别。我认为罗尔斯没有交待这种"重叠共识"有何基础、如何可能及有何来由，而"两德论"对此有所阐释。我认为"重叠共识"的基础和来由是因为现代大工业生产、市场经济发展至今，日益全球化，从而以个体为单位、以契约为原则成了各个地区各种社会结构和制度体系的共同走势和"重叠"的"共识"。它与众多民众广泛而迫切地要求改善"人活着"（衣食住行等物质生活和与之相应的精神生活），有直接密切的关系。正是这一点使它的普适性无法抗拒，而或迟或早会冲破各种阻挠，曲折、反复而艰难地成为现实。这是第一点区别。

第二点区别是，罗尔斯在脱钩后，避而未谈"传统宗教性道德"与

"现代社会性道德"的关系,似乎要将政治与道德完全割开,以至有人讥之为"无道德的政治"。其实,我认为罗尔斯讲的那些公共理性等规范正是今日的现代社会性道德,问题在于这种新道德与传统道德之间有何种或应有何种关系。罗尔斯没谈,而我的"两德论"恰恰非常重视,认为二者可以"脱钩"即区分,但不能完全脱离,并提出传统道德对现代社会性道德的某些部分(主要是情感部分)可以起到某种"范导和适当构建"的作用,使众多文化、民族的道德观念与行为规范仍然同中有异,各具特色。

马:梁启超《新民说》云:"人人独善其身者谓之私德,人人相善其群者谓之公德。"也提出区分两德并以"公德"为主。

李:二十世纪初,敏感的梁启超便提出要分辨私德(宗教性道德)与公德(现代社会性道德)。但不久,梁从美国回来后,却来了个几乎是180度的转弯,即仍然合并两德,并以"私德"为主。直到十几年后,在陈独秀发出"伦理的觉悟是最后的觉悟"和五四运动"提倡新道德、反对旧道德"的高昂呐喊中,追求"公德"即个人自由、独立、平等、人权的思想、行动,便风靡一时,而直接与传统的道德礼教相冲突,揭起了现代启蒙的狂潮。有意思的是,一百多年后的今天,又有好些学人如当年的梁启超一样,八十年代倡导"公德",如今却又以"私德"为主。

在丽娃河畔讲学

马:2014年您出版了《回应桑德尔及其他》。这本讲伦理学的书是如何出来的?桑德尔在世界包括在中国都非常红,您这有点赶时髦呀。(笑)

李:这本书完全是偶发性的,根本没有计划想写这些东西。我从来就不赶时髦,中国学术界才真是赶时髦呢。因为当时我觉得很奇怪,桑德尔在中国几进几出，到处演讲，时髦得很。居然没有学者写本书好好回应回应他，不觉得这是悲哀吗？他讲得很没道理嘛。他问中国学生：天灾时是涨价好还是不涨价好？这问题在方法论上就错了，就没有一个人站出来说你这个不对。大家都跟着他跑，都捧着他。我看他的《公正》，先是偶然在 iPad 发现的，把他的英文原著看了，觉得他讲了那么多，实际上没有定论，总是模棱两可。他反对自由主义，我认为罗尔斯比他强。功利主义也不是完全不对，到现在为止，功利主义仍然有用。因为功利主义本来是政府制定政策的一种原则，桑德尔把它推到个人身上，那怎么行呢？政府的政策制定与个人的行为准则是两回事，怎么能混在一起呢？

这本书采用的还是我所喜爱的答问体。本来，写这种书应该是中国年轻学者干的事，却让我这个八十几岁的来回应。这本书既是反对桑德尔，也可以说是借题发挥，主要倒是讲自己的伦理学，就是想把"两德论"等讲得更清楚一点。桑德尔不重要，我尽量讲中国的东西，从西方讲，我还是认为康德比较重要。

马：2015 年，您还出了一本《什么是道德？》。

李：也是意料之外的产物。华东师大的书记童世骏先生是很好的学者，他来邀请。特别是杨国荣教授，几次要我去讲，我答应了，但一直没去。2014 年 5 月，第一次讲的时候，我说我是来还债的，因为我答应人家四次，我就讲四次。我已多年没走进大学课堂了，那本书就是课堂实录，将我的伦理学"三要点"作了相对集中的论述。

马：这次在丽娃河畔的讲学，引起学术界和媒体的极大关注，成为 2014 年中国思想界、文化界的标志性事件之一。

李：原来我只想搞个小型的，十几个人，大家一起交流一些看法，看能不能集中讨论一两个问题。我提出问题，让同学回答，然后再发表意见。研讨班结束后，华东师大他们将讨论录音整理出来，我说上课时间太短，讨论没有深入，没有展开，没必要出版。他们坚持，认为有意义，那就只好出版。我的习惯是，别人的话我一句都不改，我只改自己讲的。这是我遵循的对话原则。

马：上述两书后来收进了《伦理学纲要续篇》。

李：2017年我把《什么是道德？》和《回应桑德尔及其他》合起来，又补充了两篇新文（《伦理学补注》《举孟旗行荀学》），共四篇作品，由三联书店出了本《伦理学纲要续篇》，以较具体事例，论说《伦理学纲要》所提观点（即伦理学三要点），以及不赞同社会生物学、自由主义、社群主义等，继续贯彻儒家情本体（情理结构）和历史——教育是塑建人性关键的总论点。

由外而内的伦理道德二分

马：2019年出版的《伦理学新说述要》，不到七万字，但我读后，认为非常重要，觉得它可以排到您众多论著中的前几位。

李：最早，我是想写一本七八万字的小书，将已提出的伦理学总结概括一下，但年纪大了，写不动了。这篇《述要》如我在"结语"中所言：乃"拆散旧著，摘要组接，剪贴裁拼，再加补益，新意无多，新貌或显，似略成统系，乃谬称新说"。之前，我出过的三本伦理学书，重复甚至词语雷同处可能不少。这些重复雷同展现出新说的思路过程，例如，如何处理康德（理性主义）与休谟（情感主义）的某些动荡、取舍、摇摆，便涉及有关伦理学关键问题的探索、困惑和理解，即使重叠唠叨，亦不足惜。

我很重视这本小书，它简明扼要地阐述了我的伦理学"三要点"：由"导论"讲康德绝对律令混淆伦理内容与道德形式开始，主张将二者作外（外在规范）内（内在心理）二分的必要，并提出"由外而内"讲道德的源起，是为第一章。第二章讲道德三要素（意志、观念、情感），调和康德与休谟，认为理性为主，辅以情感。第三章讲传统宗教性道德与现代社会性道德的区分和相互关系，主张以"情本体"的中国哲学来解决当代既人欲横流又理性跋扈。但所有这些都只是概括性的哲学提出，具体探讨仍留待有关学科。

马：为什么叫"新说"？

李：因为我所提出的伦理学三要点，既承续传统又突破之，言前人之所未言，有异于古今中外之诸多论著，而对现实及未来却具有重要意义和价值。可惜知音者少，识货者稀。

马：在该书的"导论"中，您对康德的"绝对律令"作了独特分析。

李：这个"导论"是从《回应桑德尔及其他》一书中摘出来的。我对康德伦理学三条"绝对律令"（Categorical Imperative）一直有一个新的解释，之前似乎未见有人这样讲过。我认为，康德的绝对律令中的"人是目的"是现代社会性道德，是具有现实内容的时代产物：每个人都是目的而非工具，不能把任何人作为工具对待、使用、相处等等。这是历史发展到一定时期后所产生的社会理想。正如"天赋人权""人生而平等"一样，"人是目的"并不是自古就有的先验原理，也不是能够普遍立法的自由意志。而"普遍立法"和"意志自律"（或称"自由意志"）这两条实际可归结为一条，即人有能普遍立法的自由意志。"你的行动，应该把行为准则通过你的意志变为普遍的自然规律。"（苗力田译文）它实际揭示的是一种普遍性（古今中外都有）的人类独有的文化心理结构、形式、定势、框架，是任何道德（无论是传统宗教性道德还是现代社会性道德）都必须具有的心理形式。康德提出这三条都极为重要，非常了不起，是对人性（内）和人文（外）两方面的重要建设，但他把内（道德心理，即"普遍立法""自由意志"）外（社会伦理，即"人是目的"）混在一起讲，便使人弄不明白了。

马：这种新阐释，是要区分伦理内容与道德形式。但"伦理"

(Ethics)与"道德"(Morality)二词在中外古今一般都是混同使用，而且常常是约定俗成，不作区分或极少区分。

李：西方有区分，但没有我这样分的，我分得很严格。西方恐怕以后才能接受，现在很难接受。美国著名作家、哲学家乔治·桑塔亚那也作过区分，但与我的区分完全不同。其他学者也如此。我所用的"伦理"一词包含很广，指的是人类群体或社会，从狭小的原始人群到今天的全人类的公共规范，先后包括了原始的图腾禁忌、巫术礼仪、迷信律令、宗教教义一直到现代的法律法规、政治宗教，也包括各种风俗习惯、常规惯例，都属于我所使用的"伦理规范"这个词的范围。总之，伦理规范是群体对个体行为的要求、命令、约束、控制、管辖以及正面提倡，多种多样，繁多复杂。

我所用的"道德"一词，则指个体的自觉行为和心理，从自觉意识一直到无意识的直觉。而且道德不能只是观念，不能只是"善念"，而必须还是"善行"，即实践、履行、落实这种善念（观念）。当然，"道德"一词含义很广（"泛化"），要注意它在具体应用上有很不相同的涵义，不能在同一个"道德"的词汇下，把许许多多完全不同的道德行为和心理不加区别地混为一谈。总之一句话，伦理是外在的规范和风（俗）习（惯），道德是个体的行为和心理。

马：做这种区分有何意义？

李：有利于澄清好些说不明白的伦理学问题，如刚才谈到的康德道德律令。再者，可明晰表达我的伦理学的一个基本看法，即由外而内，由伦理而道德，可称之为历史—教育路线，这是我的历史主义人性积淀说哲学的重要部分，而根本不同于"道德从哪里来？"的动物本能说和先验人性说（这是当今伦理学的特色和主流）。这里我愿强调一点的是，这个由外到内，由伦理到道德，是一个严厉强迫的过程。我在《孔子再评价》中就引过刘师培讲的"礼出于俗"，在其他文章中也反复讲过，这里就不谈了。

道德心理三要素

马：您的伦理学"新说"有三要点，前面已经讲了两个，下面再谈谈"道德三要素说"。

李：这在我有关伦理学的文章、对话中已讲的够多了，不想再重复了。简单说，"意志"，就是理性凝聚的自由意志，即理性对感性的主宰、支配，它是社会的。"观念"，也即善恶观念，是一定社会、时代、环境和制度的产物，它是社会的、理性的。即使观念的具体内容可以非理性，例如认为必须听从神的旨意杀人以祭祀才是善，它也仍然是社会的、理性的，动物便没有。"情感"，是对动物性自然情欲的理性化的发展和培育，虽有社会和理性各种不同程度不同层面的渗透和干预，却不纯是社会的，也不纯是理性的。

前面提过，"道德三要素说"是调和康德与休谟，认为理性为主（动力），辅以情感（助力）。任何一个具体的伦理实践或道德行为，都是由意志、观念、情感这三个要素组成的，这是一个非常复杂和重要的结构。我以为以前的伦理学没有像我讲得这么清楚，但以后还应仔细探究这结构的多样性和复杂性，例如它们在不同的具体情景中比例次序的差异等等。情感便是一个问题，西方伦理学讲的人的"基本情感"也各有不同，而且是人兽不分，我至少分为人与动物共有的"情绪"和人所独有的"情感"。道德心理学便应仔细研讨这些问题，我的哲学伦理学只提出"三要素"谁主谁从就可以了。

马：有两个问题想请您再解释一下：之前您是将"意志"表述为"人性能力"；还有，将情感作为"冲力""动力"改为"助力"。为何？

李：在《伦理学纲要》一书中我常用的是"人性能力、人性情感、善恶观念"，在后来的论著中则常用"意志、情感、观念"，因为"人性能力"不止于伦理道德,在认识、审美方面也有"人性能力",在伦理道德方面的"人性能力"主要就是"意志",用"意志"替代"人性能力",完全是词语变动,与所指内容无关。

另一个重要的词语改动,是最初我将"情感"也作为道德的"冲力""动力",后来一律改为"助力",认为只有理性才是"动力",情感是重要(但非必要)的"助力",这把我承传康德的关键处更突出了,它与"情本体"的关系也就远为深刻复杂了。我说情感不是必要的"助力",并非说道德行为和心理中没有任何情感,那人就等于机器了,而是说道德行为和心理不是由情感主宰和决定的,特别在康德看来,由情感出发或主宰、决定而形成的道德行为不能称为道德,我同意这一观念。以为讲情本体就是以情感作为道德的动力,是非常浅薄幼稚的理解。理性绝不能成为情感的奴仆。理性是道德的动力,情感只是助力。

伦理学总览表

马:《回应桑德尔及其他》里面有张"伦理学总览表"(后来又略有修订),勾勒了您的伦理学概貌,您还专门写了篇《关于"伦理学总览表"的说明》(2018)长文加以阐释。

李:那个"伦理学总览表"(见下图),仍然只是描述整个伦理道德的形式结构,仍然只是哲学伦理学,而非某种具体的规范伦理学。从人类学历史本体论看来,各种规范伦理学和政治哲学由于时空条件的不同,便会有各种对社会伦理准则和个体道德义务的不同规范,也就是说,它们都属于我所说的道德三要素中的"观念"范围之内,"情感"也因之可以变易,唯有自由意志即坚持的自觉选择而行动这个心理定势可以不变,但自由意志总是必须有观念内容,如两德论等,所以伦理学总览表是康德+黑格尔,而非纯形式主义。

伦 理 学 总 览 表

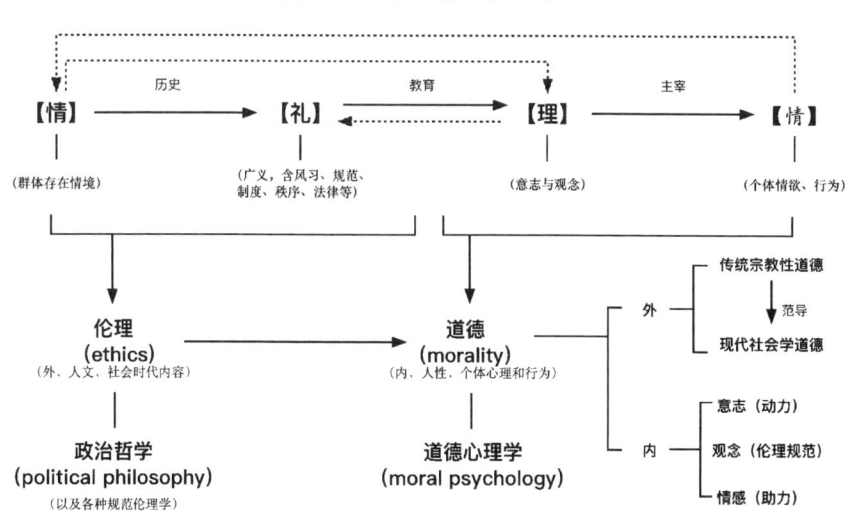

```
【情】 ──历史──→ 【礼】 ──教育──→ 【理】 ──主宰──→ 【情】
(群体存在情境)    (广义，含风习、规范、     (意志与观念)         (个体情欲、行为)
                 制度、秩序、法律等)
```

伦理	道德	外 ─ 传统宗教性道德 → 范导 → 现代社会学道德
(ethics)	(morality)	
(外．人文．社会时代内容)	(内．人性、个体心理和行为)	内 ─ 意志（动力）／观念（伦理规范）／情感（助力）
政治哲学	道德心理学	
(political philosophy)	(moral psychology)	
(以及各种规范伦理学)		

马：您写了不少伦理学方面的文章，结集出版的已有《伦理学纲要》《回应桑德尔及其他》《什么是道德》《伦理学新说述要》四本，加起来有五十多万字。但它们与当前的各种伦理学学说、学派似毫无干系。

李：刚才说了，我主要是讲整个伦理学的哲学构架形式，并未落实到伦理学所讲的内容中去。我以为先确定整个形式结构是重要的，它们是研讨伦理学各种具体事项、问题和理论学说亦即各种规范伦理学的前提。

马：您如此重视伦理学，最后想请您再概括一下您的这个"新说"，给读者一个较完整的印象。

李：可以。概括讲来，其"新"有三：第一，主张在学术概念中，伦理与道德两词严格区分并强调由外而内说。第二，承续并发展中国传统的心理主义的哲学特色,重视各心理因素的复杂关系,特别是塑造建设"人性"的重要,提出自由意志论。第三,提出情本体(情理结构)外推的政治哲学即两德论。但要说明的是,伦理学和政治哲学均庞大无边,论著万千,自己才疏学浅,衰龄颓笔,更不及细说,只好如此献丑学界了。

四 "要启蒙，不要'蒙启'"

"五四"仍然了不起

马：在您的伦理学新说中，现代社会性道德与自由主义和启蒙理性是密切相连的。

李：是也。我讲传统宗教性道德对现代社会性道德有"范导和适当构建"的作用，但我同时也指出了现代社会性道德对传统宗教性道德的禁欲、顺从等负面因素的冲破和新的积淀的必要，也一直认为这一方面对当今中国更为迫切和重要，只有这个文化心理结构的更新和改变，才是实现中国现代性的充分条件，只有踢开为传统宗教性道德所支撑的现代政治宗教，才可能使物质生活现代化的必要条件充分实现，这也就是我多年讲的"西体中用"和新的"内圣外王之道"。这几十年的努力使必要条件（无之必不然）相当具备，而充分条件（有之必然）却严重不足，便是当前关键所在。所以，不能附和西方的后现代思潮，八十年代的启蒙呐喊并不落后。

马：八十年代您那篇讲救亡与启蒙的文章，记得在杂志上发表时的副标题是"五四回想之一"。九十年代以来，您对"五四"的看法有改变吗？

1998年在泉州晓风书局与青年座谈

李：没有改变。在诋毁"五四"、盛行尊孔并成为时尚的今天，我更顽固地坚持原有的看法："五四"了不起！胡适、陈独秀、鲁迅之大功不可没！谈论中国近现代史，特别是近现代文化史，前不可能绕过康、梁、严，后不可能绕过陈、鲁、胡，他们是重要的文化历史存在。"五四"突出个人，张扬个性，可惜后来"个性"又被消灭了。"五四"了不起，在于它的主题鲜明，击中要害，中国缺的正是个性和个体独立的精神与品格。

马："五四"批孔，"文革"也批孔，有什么不同？

李：前者是"启蒙"，后者是"蒙启"，两者在精神上是背道而驰的。汉代"独尊儒术"以来，唐、宋、元、明、清都尊孔，其中的确有维护传统专制统治的方面。康有为的变法改制还必须打着孔子的旗号，可见走向现代化，举步维艰。直到"五四"才直接挑战孔子，结束了两千年一贯的尊孔历史。"文革"时的批孔则背离了"五四"精神。第一幕是了不起的悲剧，第二幕是可笑的闹剧。记得李大钊等人当年说过，他们批判的孔子，是宋明道学家塑造的孔子。其实只有批判掉这个孔子，才能恢复原典儒家的孔子，只有批判"存天理灭人欲"、专重心性修养的孔子，才能恢复重视情感、重视物质生命、重视现实生活的孔子。

"五四"反对的是在孔子名义下的君臣秩序、父子秩序、夫妻秩序以及所延长的妇女"节烈"观等（连僻远山区如张家界也可以看到贞节牌坊）。这一套确实非常不符合现代社会的生存发展，是"五四"发出了第一声强烈的抗议呐喊。启蒙就是"启"的这个"蒙"——蒙昧、愚蠢、平庸之恶。

马：鲁迅一直斥责、批判传统，死后却被尊为"民族魂"，这似乎有点矛盾。

李：我觉得对中国文化，鲁迅是得其"神"，不在乎其"形"。他身上恰恰体现了中国文化的主体精神，也就是"天行健""天地之大德曰生""生生之谓易"的总精神。凡是有益于这一目标的他都吸收，凡是不利于这一目标的他一概批判。鲁迅说过，凡是阻碍中国人生存、温饱、发展的，无论是古是今，是人是鬼，是三坟五典、百宋千元、天球河图、金人玉佛、祖传丸散、秘制膏丹，均一概打倒。看似激进反传统，却抓住了中国文化的根本，这比那些大喊国粹至上、国学至尊的古今名士要高明得多。是鲁迅而不是那些国粹派才真正是中国的"民族魂"。

马：您八十年代讲过，鲁迅"提倡启蒙，超越启蒙"，他比胡适（包括陈独秀）具有更深沉的力量、激情和智慧，胡适的思想和作品今天已基本过时不需要重读了。但现在的情况却是，胡适的作品在出版界仍然很热。这是否折射出胡适的思想精髓仍然对当下中国有针对性和适用性？

李：胡适提倡自由主义精神并身体力行，平和宽容，平等待人，没有精英思想，不居高临下，这些正是中国今日缺乏的气概和作风，非常难得，很有价值。胡适许多贡献是建设性的，例如提倡白话文，写新诗《尝试集》，写《中国哲学史》等等。当然，胡适也很浅薄，他提出的"五鬼闹中华"，这算什么？

厌恶所谓的"政治儒学"

马：您赞同有人提出的"少儿读经"吗？

李：我不欣赏"少儿读经"之类的笼统做法或提法，它很难与当年袁世凯的"尊孔"彻底分清。有学人公开谴责蔡元培先生当年取消读经。在我看来，如果"五四"那批人是启蒙，那么现在一些人就是"蒙启"——把启开过的蒙再"蒙"起来。

我是主张培育宗教性道德的，但我不赞成不分青红皂白地提倡"读经"，那样可能会从小就培育传统政治体系所需要的奴性道德。儒家经典中的许多道德是与当时的政治、法律体制和生产、生活方式联系在一起的，它产生在已有严格等级的氏族社会中，发展在专制政治体制的传统社会里。所以,"天尊地卑,乾坤定矣;卑高以陈,贵贱位矣","天王圣明,臣罪当诛"等等便是这种道德的核心内容。"经"也有一大堆,"四书"、《诗经》以及《周易》《礼记》可以选读一些,但《尚书》《春秋》也要人去读去背吗?《仪礼》《周官》《尔雅》呢?需要人人必读吗?我以为不需要。

马:最近,我看了葛兆光先生的文章《异想天开——近年来大陆新儒学的政治诉求》(《思想》第33期),文章分析了当前某些急于介入现实政治的大陆新儒家呈现的整体取向。

李:有人也给我转来此文。读后,觉得打中要害,非常支持。葛反对当下儒学等,我是赞同的。但我与他没有联系,也不赞成他那《宅兹中国》轻视儒家作用的总观点。

马:对蒋庆先生提出的"政治儒学",如何看?

李:完全不同意甚至厌恶。很早以前我看过他的《公羊学概论》,里面讲"儒学是种信念",我觉得既是"信念",那就没法跟他讨论了。蒋庆根本否认现代社会性道德,似乎硬要回到"君、父、夫"具有绝对权威、绝对统治,"臣、子、妻"必须绝对服从的传统道德。三纲六纪是传统道德的核心,张之洞、陈寅恪等很多人都讲过。"中国首重三纲而西人最明平等"是严复的名言。看来,梁启超、严复,更不必论胡适、鲁迅,统统是"跟着西方走",都应该是蒋所猛烈讨伐的对象。

马:2004年由许嘉璐、季羡林、任继愈、杨振宁、王蒙等一大批著名人士发起《甲申文化宣言》,其中说到,注重人格、注重伦理、注重利他、注重和谐的中国传统文化是西方文化的解毒剂,对"物欲至上、恶性竞争、掠夺性开发"有一定的启示。您是否认同中国传统文化的这个功用?

李:很多名流都参加了。理论根底是文化相对主义,这是西方后现代的理论,是一种否定普遍性的国际时髦。它强调的是一种特殊性,是可以不顾普遍性的特殊性。好像什么都可以自己搞一套，我是怀疑这个东西的。我不赞同用"相对主义"来否认或忽视人类仍有共同的普遍性的价值和原则。我反对认为文明并无进步落后之分、原始文明与现代文明价值等同的文化相对主义。以最时髦的西方理论来捍卫最保守的传统事物，这倒可与蒋庆相呼应。

他们这种希望的实现，也许在二十二世纪，绝不在"当今"。而且，如何解读"中华文化"也颇值探究。难道其他文化就没有那种品格（注重人格、注重伦理、注重利他、注重和谐）吗？完全不是嘛！

马：您更注重普遍性？

李：各种民粹主义的东西我是非常警惕的，特别是在国家强大走向未来的时候，搞儒学应该怎么个搞法，值得好好考虑一下。当然，大家知道我不是只讲普遍不讲特殊，我恰恰是讲特殊讲得多的。所以有人就嘲笑我，说钱锺书讲什么中西，都是相同的，李泽厚讲什么中西，都是不同的。

马：您对孔子、儒学一直评价不低。那么，从传统文化中，可以开出尊重个人自由与权利、宽容而多元的现代文明之花吗？

李：不经改造，无此可能。我仍然坚持"西体中用"。其实今天争论的关键并不在应否提倡传统、提倡道德，而在于如何阐释这些道德和应否以此来排斥、反对、贬低建立在现代生活基础上的社会性道德（自由、平等、独立等）。我的"两德论"就是为探求这个问题而提出的。我以为今天中国需要的还是"德先生"与"赛先生"，这些现代观念是从现代生活中产生出来的。但是除了现代观念，中国还需要其他的东西。对于传统，我主张承继中国传统的"神"，而不求形似，更反对复古，主张"人类视野，中国眼光"。中国文化仍大有希望，孔子提供这个民族赖以生存的智慧，其中包括生命价值、人生态度、道德理想、境界情操以及勤劳、乐观、坚持不息等等，它具有一种普遍性，但不能代替我们的现代创造。我一直强调这一点。

我与"国学派"的不同

马：如何看待目前国内出现的"国学热"？

李：什么是"国学"？我的著作中从来不用这个词，因为这个概念本身不清楚。八十年代的"文化热"，人们喜欢将自己的"事事不如人"全归结于"文化不行"，于是反传统；现在的"国学热"，又开始吹嘘自己的传统文化如何了不起。这两次我都不赞同，所以说我拧，不合时宜嘛！

有位华裔学者曾说，当年"五四"反传统的人物，都是饱读旧籍、深知传统的人，而今天某些提倡传统的人，从他们的言谈论著、行为活动中，看不出一点传统的影子，看不出一点孔子那种"温良恭俭让""知之为知之，不知为不知"的道德、风貌。剩下的便只是激情口号、妙论奇谈，很可笑，也很危险。

现在一些人大搞复古主义，结合各种民间迷信，花大量钱财，建庙宇，立巨像，搞祭拜。知识人也开始大倡立孔教，办国学，穿汉服，贬五四，骂鲁迅，反对过圣诞，要用七夕代替情人节，用孟母节代替母亲节，甚至用孔子纪年代替公元纪年，形形色色，热闹得很。我说干脆星期六、星期天也不要过了，那也是基督教的嘛。我反对"国学热"，这些对建设公共理性都没有帮助，甚至可以说整个"国学热"都是在宣扬和巩固旧有的东西。

有一次我看国内的电视，宣传一个地方"绣龙"（号称"龙乡"的某地，数十人同时在一大幅布面上绣出龙的形象），说开工那天和完工那天，都下了雨、雪，而那个地方那个季节是极少下雨下雪的，说得神经兮兮，大有天人感应、神龙显灵的味道，而这正是在宣扬"传统""国粹"旗号下进行的。我当时立即觉得还是鲁迅棒，现在仍然需要鲁迅。

马：您研究中国传统文化，与"国学派"不同之处何在？

李：我自以为不像他们那样从"礼""仁""德""道""理""气"等古代文献和范畴出发，不是从"子曰诗云"出发，而是从这个民族生存发展到现在这样一个巨大"时空实体"何以可能和问题何在这个历史与现实出发，从这样的角度去探讨"中国古典思想"，去看孔、孟、老、庄、荀、韩、程、朱、陆、王，主张回归和发展原典儒学（巫史传统之孔孟荀、竹简、三礼），建立中国自己的现代性（包括制度）和生活方式。当然也不是凭空立论，仍然有文献和考古的依据。这大概就是我不同于"国学派"的地方，也就是我多次讲过的，我重视的是儒学的"神"而非"形"。

马：现在学术界有个现象，中国哲学研究人很多，也很热，西方哲学研究有所衰微，这与八十年代完全相反，现在盛行的似乎是民族本位主义。

李：那不奇怪，最近这一二十年，中国富强起来了，学人们也跟着转向。八十年代，激烈反传统的学人现在大都变成激烈拥护传统了。这其实是错误的方向，以为不需要向外学习了，孔子高于一切了，这是完全错误的。

建"儒教"不符合儒家精神

马：现在国内一些人提出要建"儒教"，我知道您一直不赞同。为什么？

李：我非常讨厌搞什么儒教啊、祭拜啊之类。我认为建儒教（孔教）恰恰贬低了儒学的普遍价值。儒学来自巫术礼仪，对人有"终极关怀"和"孔颜乐处"的人生境界的追求，具有神圣的宗教性，但又并不是宗教。儒学没有人格神，没有"天国""西方极乐世界"的愿景，也没有特定的宗教组织和仪式，与基督教、伊斯兰教、佛教、印度教等迥然不同。

建儒教者是想建立一种与基督教、伊斯兰教并驾齐驱的宗教和宗教组织，以宣扬儒学经典。但我以为儒学早已植根在中国人的价值观念、风习、心理、情感方式、人生态度中。这是一种活生生的还存在着的中国人的"情理结构"。

各宗教都讲心灵拯救，儒学讲"修身"，儒学的"修身"是在塑造"人之所以为人"的"自然的人化"，而不离开肉体。儒学对人类有一种相当准确的历史学的描记，具体地以有巢→燧人→伏羲→神农→黄帝的文化演进秩序来呈述解说，并不认为上帝造人。并指出"既济"之后有"未济"，乐观地奋力追求和探索人往何处去的命运。儒学对人从何处来和人往何处去的这种探索，远比其他宗教的"选民论""末世说"更具有全人类的普适性。儒学讲求的是"道在伦常日用中"。过去，它以亿万中国人勤劳、勇敢、自强、韧毅的长久生存延续，抚平了各种内忧外患；现在和未来，它更将以自己十四亿人口的健康繁荣的生存态度、生活价值来影响世界。这种生存延续，这些态度和价值，恰恰是儒学的基本精神。它远远高于组建一个教派去与其他宗教相比拟、相抗衡。

我在美国上课的时候，一个美国学生问我：你们中国人没有上帝，怎么还能生存那么久？他很惊讶。这问题提得非常好，我始终记得。中国为什么始终是多神的？我就讲中国的礼教代替了这个东西。所以礼教不简单，它是世俗生活的规范，但它也有神圣性。所以在中国你要搞一个"孔教"恰恰不符合儒家精神。儒家的精神就是你拜祖宗和天地，你信什么教都可以。这是儒家很了不起的地方。

马：有人说儒家伦理在日本和亚洲"四小龙"的崛起中，起到了非常重要的作用。

李：我认为儒家伦理并没起什么根本作用。日本文化和中国文化，我以为是根本不同的文化。我那篇《中日文化心理比较试说略稿》就讲过个问题。日本文化有它自己的精神——大和魂、武士道精神，它与儒家根本是两回事。日本有个特点，很善于吸收、接受、同化外来文化。它先后吸收了儒家（唐代）、西方（近代）、美国（二战后）不少东西。

至于"四小龙",那倒的确是儒家文化。韩国的国旗是八卦,但他们现代化的成功主要不是靠儒家。香港地区和新加坡,我以为主要是英国文官制度起了重要作用。台湾地区、韩国也各有其经济制度、教育成果和时代环境上的重要原因。但这倒可以证明儒家文化并不像全盘西化派所说的那样,对现代化完全是负面的作用。

马:但您不也说过中国文化可以调节文明的冲突吗?

李:中国没有像犹太、基督或伊斯兰那样的宗教,因此不会僵硬地执着于某一种特定信仰和教义。在缓和、解决全球化过程中的各种问题,在调解那些执着于一神教义的各种宗教、文化的对抗和冲突中,中国在非常强大之后很可能会起到某种积极的缓冲、调解作用。中国文化具有包容性、变通性和坚韧性,中国以前有过三教合一,没有发生过宗教战争;中国知识人多信奉儒学,却可以"不以孔子的是非为是非"。这样一种文化,不是最好的和事佬吗?

《礼记·礼运》讲:"大道之行也,天下为公。选贤与能,讲信修睦。故人不独亲其亲,不独子其子,使老有所终,壮有所用,幼有所长,矜寡孤独废疾者皆有所养。男有分,女有归。货恶其弃于地也,不必藏于己;力恶其不出于身也,不必为己。是故谋闭而不兴,盗窃乱贼而不作,故外户而不闭,是谓大同。"联合国成立时,中国政府以这段话书赠,意义很大。这大概是儒家最高最大的理想,"丘未之逮也,而有志焉"。这也是"天下一家""四海之内皆兄弟也"的中国大小传统的共同精神,是中国人对整个世界的远景眺望。

启蒙理性并未过时

马:如果说中国八十年代充满了启蒙精神,那么九十年代以来则大不相同,大量搬来了西方后现代主义和各种反理性主义,从而反对启蒙、反对理性似乎成为一种时髦和潮流。正如徐贲《与时俱进的启蒙》(上海三联书店，2020）一书所说："从 80 年代末至今，……中国启蒙经历了从热到冷的变化。一度澎湃的启蒙热情已经不幸转化为对启蒙的怀疑、摒弃和唱衰，体现在一系列思想、政治、社会议题，及其讨论方式和取向上。"您一直认可启蒙理性和自由主义的一些基本观念，反对所谓"后现代"，可否在此谈一谈？

李：问题太大了，不是这里所能讨论的，只简单说一下。"启蒙"是一个极为复杂的问题，历史上不同国家的启蒙也多种多样，其中的差异、矛盾、冲突和不同面相，异常明显。我仍分其为苏格兰的改良路线如亚当·斯密、休谟等与法国卢梭的激进路线，赞前而贬后。当然各种启蒙也都带有自身的弱点和缺陷，所有这些都给自尼采始的后现代主义反启蒙者带来了攻击、污蔑和摧毁启蒙的借口。

马："自由主义"呢？

李：启蒙与以个人为本位的自由主义的关系密切，所谓"自由主义"也是多种多样，花色极多，有关书籍汗牛充栋。启蒙理性张扬个性，崇尚自我，反对盲从与迷信，是历史产物，在当时以至今日都有非常积极的效用，它使科学、人本（以个体的人为本）、进步（包括物质生活和精神生活）大踏步地发展，造成空前的伟大功勋，不仅需要继承，而且应予发扬。启蒙理性和自由主义本身的缺陷、弱点以及留下和种下的后世灾难，属于次要地位，但也应予重视和努力解决。我所持仍是一种历史主义的立场、观点和方法，而我之提出情本体和中国现代性（现代性≠现代化）也正是为此而发。

马：史蒂芬·平克在《当下的启蒙》一书中为启蒙理性辩护，痛斥后现代反启蒙，认为自启蒙运动以来，人类历史的主线是进步的。

李：在基本观点上，我非常赞同并多次提过史蒂芬·平克，我与他的许多论点包括对尼采等人的责难贬斥，非常一致（但完全不同意他的语言本能的看法）。自由主义曾多次被宣告死亡，但至今并未被消灭，相反，想取缔它们而以传统宗教性道德如当今所鼓吹的传统儒学来作为现代社会性道德和政治体制，却无疑将被否定。多少年后，时间会作出证实。我一直认为，现代人文学院内反理性、反启蒙、反自由主义的巨大思潮，其实正是现代自由主义的弑父情结的亲生子，导致对非理性的崇拜和追随，所谓"后现代"不过是现代主义直线演绎的"极端现代"（见《美学四讲》）。

过犹不及

马："我注意到在《伦理学新说述要》里，您特意列出一节，谈现代社会性道德的"过犹不及"，比如"阿拉伯之春"。

李："阿拉伯之春"我认为是失败的。把发达国家的现代社会性道德及其民主政治、法律观念强加于传统宗教性道德仍然占据统治地位的国家肯定要失败。这也就是现代社会性道德之"过"。这个"过"，有"外"与"内"两个方面。"外"的方面，是向政教合一或两德尚未具备分离条件（这条件不仅指经济基础，且包括文化传统坚韧性的强弱等）的地区、国家输出政治民主等现代社会性道德观念，反而会引起动乱、战争。

马："内"的方面指什么？

李：在社会现实状态中，自由、平等、人权、独立的现代社会性道德也催生出各种激进主义和无限制的相对主义等等。以美国为例，各种异常激进的女权主义者，激进的同性恋和激进的反同性恋者，各种种族、宗教的原教育主义者，"反拥枪"和"主拥枪"者，"自由"地结成各种"独立"的群体组织，"平等"地互相对骂，加上各种政治党派、经济利益集团和媒体的介入与兴风作浪，使现代社会性道德逐渐陷入崩毁离析，争斗不休，尖锐分裂，以致严重影响和破坏了社会稳定、人心安宁、秩序维护、人际和谐等等。

马：中国呢，也存在"过"的问题吗？

李：当然不存在，相反是"不及"。我说过，当今许多中国学人崇尚时髦，东施效颦，邯郸学步，所谓"反启蒙""反理性""反现代的现代性"等等，无一不是从当代西方直接贩来的现学现卖，表面上激烈反西方，实际上是对西方亦步亦趋，盲目迷信。在西方，这些"反"是有意义的；在中国却迎合着旧的东西，非常现实地损害着中国现代性的进程。

所以，我曾提出"要警惕后现代与前现代合流""中国到底要哪种现代性？"（1995年在中山大学的座谈会）这些尖锐问题。是要那种"反现代的现代性"实际是反对启蒙理性而与前现代势利合流的现代性，实即"中体西用"的现代性呢？还是我所主张的，接受、吸取启蒙理性并以之作基础，加上中国传统元素如"情本体"的现代性，也即"西体中用"的现代性呢？现在学术界出现的以维护、发扬传统为旗号的全面复古思潮，就呼应着反启蒙、反理性、反进步、反个体价值的西方后现代思潮，要以前现代的传统伦理道德作为今日社会生活、政教体制的规范和法则。原教旨主义（包括革命原教旨和传统原教旨）与后现代主义联手共舞，反对启蒙理性，以致反启蒙成了学术主题，反理性成了主调，后现代与前现代便合流一致，构成当今中国学界奇观，实际上是前现代的沉渣泛起。

自由派与民粹派

马：从九十年代至今，大陆一直有"自由派"与"民粹派"（新左派）的对垒，您如何评价？

李：自由派的主要谬误，我以为有两条。一是它的根本理论有问题，它那"自由意志"的个体存在及"社会契约"，以及"自由选择""自我决定""原子个人"等等，都是非历史的社会观和历史观。我也不同意他们主张当时就要搞普选（现在又过去了几十年，未必不可慢慢试行）。第二个毛病在于不顾中国实际,忽视市场经济和全球化进程中的种种祸患,对如此众多人口和如此急骤地走入现代化的今日中国来说,这是需要特别小心应对的严重问题。自由派主张完全仿效西方的现代化之路,与我一直说中国应"走自己的路"是相当对立的。

但自由派的长处在于它积极肯定科技和现代经济政治体制,肯定历史向前发展的合理性与进步性,重视社会物质生活的根本价值,强调自由、人权、民主。特别是在认真介绍西方自由主义理论上,作出了成绩,我非常赞成。尽管这些根本理论有问题,但在今天的中国仍有重要的现实意义。例如,"人(个人)是目的,不是手段",在过去革命(特别是战争)时期从来既不可能,也不必要,甚至有害,但在今天却是非常重要的启蒙话语。个体的"自我决定""自由选择""独立自主"等,亦同此。市场经济、自由竞争和从身份制(中世纪)到契约制(现代)的转换,在今天中国已成为不可阻挡的历史潮流,一切传统的观念、伦理、习俗都在循此潮流不断变化,自由派许多主张与这客观的历史走向合拍一致。

自由派的缺陷,却是民粹派的优长。民粹派充分估计和揭示资本主义带来的种种祸患,抨击当前的种种黑暗和不公,重视平等甚于效率,反映了多数群众的心声,抵制那"无可避免"的市场经济及全球化的历史趋势,从而客观上发挥了重要的解毒和制衡的作用。中国要走一条自己的路,现代化不是美国化。

民粹派的根本问题在于,与自由派一样没有客观地深入中国今天的实际,只是大量搬用当前西方流行的各种反资本主义的学院话语,生硬移植于中国,从而过分夸大了资本主义以及国际资本在中国的现状和比重,批判多于建设,除表达道德义愤的伦理主义精神外,不能提供任何积极可行的理论模式或正面主张,而且容易滑向重提阶级斗争和无产阶级全面专政的老路。

民粹派当年坚决反对中国加入WTO,而我则坚决赞成。记得当年我与在西雅图的汪晖电话中争论了两个小时。还有好些新左派学者,他们都认为中国经济一定会因为加入WTO而垮掉,我说绝对不会垮。当时在美国不是还有学者出了本影响很大的书叫《中国在崩溃中》嘛？现在看，中国经济非但没有崩溃，反而成为世界第二大经济体，这不是中国在融入全球化的过程中发生的事实吗？民粹派实际上是装糊涂。他们后来走着走着就不对了。目前的情况是，民粹派搞文化相对主义，否定普遍价值，向民族主义靠拢，跟老左派结合了。我所讲的走中国道路，恰恰不是这种。

马：有人讲，当今市场经济环境下，道德沦丧，亟待拯救。您怎么看？

李：这很复杂，里面有好几个问题。第一，人类道德是否在整体倒退？我已多次说过，不然。"人心不古，道德沦丧"其实已经喊了几千年。就中国说，从先秦韩非以来许多人都予以驳斥过。就总体说，人类的社会伦理和个体道德都在进步。例如自由主义倡导突显的个体自由、人格尊严、独立自主，包括妇女、黑人的人权平等，便极大地推进了社会生活的改善和发展，使整体社会道德水平远超以往年代。

第二，在社会前进的转型时期，"道德沦丧"之所以突出，是因为现代新秩序新道德尚未真正建立，而旧秩序旧道德却日益崩毁，人们的行为活动失去了可以遵循的规范准则而花样百出、美丑并行，特别是陈腐的旧观念旧秩序通过新形式造成了各种日常行为、活动中的扭曲和丑陋，更使人难以接受、不可相信、无所适从，以致造成道德虚空。

第三，今天人们对权钱交易、贪污腐败和官本位特别愤恨，这不是桑德尔讲的等价交换的市场对道德一般侵害的问题，而是体制中的特权霸占市场、垄断交易，进行"超经济剥削"（马克思语）即前市场行为的问题，但它们竟可以通过市场交易的形式畅行无阻地出现。而这主要就是因为现代社会性道德尚未落实在法律层面，特权行为可以任意作为。无法可循、有法不依和执法不严，才是今天面临的问题。

由于中国是第二、第三混在一起，情况便更为复杂、严重。前现代与现代交错，使道德标准混乱、败坏分外突显。

历史与伦理二律背反

马：您还提出过"历史与伦理二律背反"。

李：一批教授提倡自由主义，另一批教授则坚决反对，他们提倡后殖民主义、反"东方主义"等等，强调资本主义带来了严重的贫富分化、社会不公、传统丧失。我没有参加这一争论，但从哲学上做了评论。我1981年提出、1998年说明了"历史与伦理二律背反"概念，认为历史前进与伦理道德对人类生存即"人活着"都具有重要价值，但二者经常（特别是在社会转型期）处在尖锐的矛盾冲突中。文明进步带来了生态环境、社会公正和精神生活中各种严重的损害和灾难。但从庄子到卢梭以及后来的各种浪漫派所进行的批判和反抗，尽管具有深刻价值，提高了人的精神地位，却丝毫阻挡不住残酷的历史发展。人总是活在这个无可逃避的痛苦悲剧之中。

"历史与伦理二律背反"是承接康德—黑格尔—马克思的传统而来，但我结合中国传统，增添了两点补充。一个是"度的艺术"，在二律背反的悲剧进程中强调主动掌握不同时期、不同国家、不同情况、不同层次、不同方面的合适的"度"，使这两方面取得一个比较合理的配置关系，即将社会整体结构中的诸多因素调整到一个比例适当的"度"。有一个前后的次序和比例的轻重，处理好这个次序和轻重，并随时间和情况做出不断的调整，便可能适当减轻痛苦，使无可避免的悲剧降到较低水平。另一个是融合"太上立德"的中国传统回归康德，突出道德有独立的绝对价值，而不同于黑格尔、马克思把道德归属于历史的伦理相对主义。个体小我也将在这里更加显出自己的光辉。所有这些，正是我的实用理性和历史本体论哲学的推演。

马：在欧美，为反对自由主义弊端，八十年代出现了"社群主义"（Communitarianism），您如何看？

李：社群主义强调有优先于个体的人群共同体的利益，反对自启蒙时代以来的以理性为唯一标尺的现代个人主义。它出现在资本主义高度发展的欧美，没有染上传统农民国度要求避免资本主义所特有的"民粹"色彩。但它反对原子个人，强调社群和美德，对于有着强大的传统伦理（人在"五伦"关系中）和革命伦理（"人是社会关系的总和"）的中国知识分子来说，无疑具有很大的吸引力。它在中国很可能有较广泛的被接受性。但是，社群主义对启蒙理性的彻底否定，在理论上是值得怀疑的。特别是它是否会以新的形式，重复从卢梭的"公共意志"到群众专政等以众欺寡，即以大小社群单位来主宰、控制个人，以及引起各种不同社群之间的纠纷冲突，甚至是否会与前现代的"中体西用"论合流，如此等等，我以为是值得警惕的。

马：您提出的"关系主义"（Guanxism）也是要替代和否定个人主义？

李：否。提出"关系主义"并不否定立足于现代生活之上的个人主义，只是针对着重人的分离性的西方现代个人主义和自由主义而已。这个词非我生造，梁漱溟就说过，"人生实存于各种关系之上，此种种关系，即是种种伦理"，"伦理本位者，关系本位也"。我用"关系主义"一词，则是与"情本体"相联系，并以之区别于"个体主义"和"集体主义"。人们常用"集体主义"或"整体主义"来讲中国，我以为很不准确。个体的平等组合也是"集体"，中国重视的恰好是个体间以血缘为轴心纽带非平等地开出的由亲及疏、由近及远从而各有差异的"关系"。这"关系"是理性秩序，更是情感认同，"关系"产生于情境。

许多社群主义者如麦金太尔和桑德尔都赞赏和倡导亚里士多德的美德伦理，中国传统当然也是美德伦理，但二者很不相同。关键仍在这个"关系"与"个体"的不同。这可联系我提到的"情"和"欲"。"欲"与个体感官、身体的苦乐感受有直接联系，梁漱溟说"肯定了欲就肯定了个人"，因之，在理性思辨上可以将之提升为绝对的、先验的、与他人分离的"自我""原子个人"等纯理性原则，这就是现代个人主义。"情"

虽然常以"欲"为基础，却更是与他人和物的相互关系的心理反应，在理性思辨上便可将之提升为"情理结构"的关系主义。"关系主义"可以作为中国传统宗教性道德对现代社会性道德中的个人主义的范导和适当构建。比起许多宗教和主义以上帝、神意、社群或历史必然来范导和构建，"关系主义"似乎更适宜于中国，而且具有扩而充之及于四海的世界普遍性。

落到制度上才算数

马：您还多次强调，启蒙必须落到制度上才算数。

李：对。启蒙不是要谁启蒙谁，而是要大家运用自己的理性去争取自由、人权、民主等。启蒙要落实到制度上才算完成。八十年代末期，我跟王元化先生有很大分歧，他说要再来一次启蒙运动，还出了《新启蒙》刊物。当时我就不赞同。我说，现在主要不是唤起群众，关键是怎样逐步进行制度性改革，要构建理性的形式，构建现代化国家所需要的制度形式、法律形式。这也是我在《启蒙的走向》等文章中多次强调的"建设的理性和理性的建设"。

西方早已经把自由、民主、人权、平等在一定程度上落实于制度、法律了，后来发现这些制度带来了不少问题乃至严重缺失，后现代才掀起"反启蒙""反理性"的潮流。我们不能跟着潮流跑。

马：所以，您才一再高度评价五四，反对西方的反理性思潮，反对国内的复古思潮，提倡两德论？

李：是也。在现实的日常生活中，随着契约原则和市场化的扩展，中国社会并没有在这些学者和"学说"面前低头让步，而是仍然向前迈进。现代社会性道德在社会各阶层中日益扎根，维权意识日益普及，从城市到农村，从普通干部到打工仔，特别是在青年一代中，尽管曲折艰难，有各种严重的干扰和打压，却阻挡不住这股自我觉醒的历史洪流。现代社会性道德迟早将在中国全面贯彻和实现。当代学人似乎喜欢论证黑格尔所说"现实的都是合理的",却忘了黑格尔还说过,"合理的"一定会成为现实的。

当然，在全世界许多地方，传统宗教性道德至今仍以各种变化了的方式在顽强地反对、抗拒、阻挠现代社会性道德的实现。包括近年的"基地"组织、"伊斯兰国"以歪曲《可兰经》的方式在作殊死斗争，由于社会公正远未解决，政教分离不能一蹴而就，"阿拉伯之春"的必然失败，便迅速蔓延起一股反动浪潮，造成世界历史的可悲倒退。某些伊斯兰地区不许儿童接受现代学校教育，只读《可兰经》，与十多年前一些中国学人倡导不上公立学校只读经书的活动何其相似乃尔！历史具有各种偶然性，有曲折，有倒退，倒退可以是几年、几十年甚至更长，但对人类总体来说不过一瞬，或迟或早，人们还会回到"经济发展→个人自由→社会公正→政治民主"的正轨上来。

总之，我承继启蒙，反对假"儒教""国学""文化传统"和各种反理性主义的理论学说之名来"蒙启"。另一方面，又强调要超越启蒙，主张以儒学为主体的中国文化传统（如"情本体"），来纠正启蒙在根本理论和现实实践中的诸多重大缺失，以走出一条有普适意义的中国自己的路。因此，我总是两面不讨好。康德讲真理常在中点，我很欣赏。

五　重释《论语》

《孔子再评价》的继续

马：1999 年您出版了《论语今读》，至今已有六个版本，卖得相当不错。我很好奇，当初您为何会想起去搞这个《论语》解释？

李：选择做这项工作，实际是继续作八十年代《孔子再评价》一文的工作，即更具体地阐释孔子。在最近两版的附录中，收录了《孔子再评价》一文，以表明《今读》由来有自，即在不断反传统中力求再证传统，而非赶今日"儒教""国学"之时髦。

这本书着手于 1989 年秋冬，时断时续，于 1994 年春完成。所以并非一时兴起，偶然为之；也非客观原因，借此躲避。尽管我远非钟爱此书，但它偏偏是有关中国文化的某种"心魂"所在。我一直奇怪港台新儒家如牟宗三等人花大工夫翻译康德，却不作他们信奉的孔子。我至今以为，儒学（当然首先是孔子和《论语》一书）在塑建、构造汉民族文化心理结构的历史过程中，大概起了无可替代、首屈一指的严重作用。《论语》这本书所宣讲、所传布、所论证的那些道理、规则、主张、思想，已代代相传，长久地渗透在中国两千年来的政教体制、社会习俗、心理习惯和人们的思想、言语、活动中了。所以，它不仅是"精英文化"和"大传统"，同时也与"民俗文化"和"小传统"紧密相连，并造成中国文化传统的一个重要特点：精英文化与民俗文化、大传统与小传统，通过儒学教义，经常相互渗透、联系。尽管其间有差异、距离甚至对立，但并不是巨大鸿沟。它就是中国人的"文化心理结构"的重要内容，应该好好研讨。

马：您如何看待当代出现的"《论语》热"？

李：我写书的时候甚至出版时，此"热"尚未兴起，是于丹等人掀起的。说起来原因也简单，在革命时代过去之后，人们想追求某种信仰以安身立命、处世为人。我说过现在是"四星高照，声色犬马"，声就是music，色就是 sex，犬就是宠物，马就是汽车。这就是现代生活，无可厚非。但是在这样的状况下，大家又都很迷茫，怎样安身立命？怎样为人处事？中国没有《圣经》，大家就到《论语》中去找了。

二十多年前我对抗当时的反传统热，开始写作此书，返回孔子。现在尊孔成了时髦，我就不再谈了。因为讲孔子成了掩盖、冲淡和转移我们现在所需要的最基本的东西的手段。我不赞成的是复古主义、民族主义的孔子。汉代有素王的孔子，宋儒有圣人的孔子，近代有康有为民主的孔子，孔子的形象一直都在不断地塑造过程中。

马：参考了哪些前人的论著？

李：古今有很多对《论语》的注疏、研究、解读，但发现"论语今读"这个书名竟没人用过，便很高兴。《今读》引用最多的是程树德的《论语集释》；朱熹的《集注》简明精锐，极有深度；杨伯峻的《论语译注》，文字好懂，但没有观念，只是语词注释。钱穆强调了"情"的特征，但由于钱是历史学家，他没有从哲学方面加以引申发挥，也未很好地贯彻在他的《论语新解》中，相反，他的《论语新解》倒塞满了好些似乎原封未动但早已陈旧迂腐的传统道德教义。

马：前几版为什么都标有"初稿"字样？

李：我在 2015 年中华书局版的序文里说明了缘由，可抄在这里：

"1998年初版于香港天地图书公司，台北允晨、安徽文艺、天津社科、三联书店、江苏文艺相继出版并多次印行。各版正文前均冠有'初稿'字样，盖表不甚满意而拟作补改修订之意。岁月迁延，迄今廿载，心多旁骛，精力日衰，虽各版有二三补改之处，均零星偶发，不足提及，而原拟参阅《孔子集语》、《孔子家语》、出土简帛及近年出版之各种《论语》译注、研究，对《今读》全书特别是'译'做一较大修订之计划，已难履行，实成泡影。从而'初稿'字样此次新版便应撤除，虽又增一人生大憾，却无可如何也矣。"

哲学读法

马：《今读》分为"译""注""记"三部分，其中的"记"，很有特色。

李："记"就是我的评论、札记和解说。长短不一，品类不齐。或讲本文，或谈哲学；或发议论，或表牢骚；或就事论理，或借题发挥；并无定规，不一而足。所有这些札记，仍然围绕今日如何读《论语》这个中心来展开。

马："之乎也者"也用了不少。

李：《论语》原文我尽量翻译成现代白话，但我的札记则常常变成了通俗文言。这不是有意为之，而是信笔造成，并不十分自觉。为什么会这样？我也想了一下。除了行文惰性、文言比白话毕竟可以少写许多字之外，一个很大的可能是自己在下意识地反抗时下某些理论家们那种弯弯曲曲、模模糊糊、拗口难懂、似通非通的流行文体。我称之为堆新词，如鸟语，构造语言迷宫以自迷迷人，可谓教授话语的通货膨胀。我以为如其那样，不如干脆"恢复固有文化"，即使"之乎也者"，也比那些弯曲文句明白痛快，更接近日常语言。但是，我也并不赞成当下学人以文言代白话的写作趋势。

马：《今读》对很多问题一带而过、点到为止，没有展开来讲。

李：主要是发表我的一些哲学观念，留下了很多空白。读《论语》有各种读法，有历史读法、哲学读法，其实还可以有崇拜读法、批判读法、消闲读法，等等。自由选择，多元并存。至于说怎么读最好，我没有能力回答，也不喜欢回答这个问题。但是要说读《论语》一定要弄清楚孔子是什么人，他的原话原意是如何，我看这个可能性也不太大。因为《论语》与孔子的关系就并不很清楚。传统的说法，《论语》是孔子弟子（曾参和有若）的弟子的记录，再传弟子传太老师的话就未必准确，又是一派弟子传的，就更难全面。所以康有为说，假使由子张的学生来记录，孔子和《论语》的面目就大不一样，因为曾参和有若强调修养（内圣），而子张是强调政治的，《今读》也解说了这个问题。所以我虽极重考证，爱看考据文章，却不迷信、崇拜考据。

三个要点

马：刚才您讲《今读》主要是发表自己的一些哲学观念，这在书中是如何呈现的？

李：《今读》与我的哲学是联系在一起的。读《论语》还是要从今天的现实出发，所以我提出重意义的普遍性，即古今中外都适用的原理原则。

第一，孔学特别重视人性情感的培育，重视动物性（欲）与社会性（理）的交融统一。我以为这实际是以"情"作为人性和人生的基础、实体和本源。它即是我所谓的"文化心理结构"的核心即"情理结构"。人以这种"情理结构"区别于动物和机器。除"仁"之外，《论语》和儒学中的许多重要概念、词语、范畴，如诚、义、敬、庄、信、忠、恕等，实际均具有程度不一的这种情感培育的功能或价值。今天如何从培育人性情感角度来探索、考虑、论证《论语》、孔学、儒家，便是值得研究的命题。

第二，孔学极重道德，它将政治、伦理、宗教三者交融混合在道德之中。从而在后世使意识形态、宗教激情、专制政体、家族威权、个人修养融合混同，形成中国式的政教合一。虽经近代西学冲击洗刷，却未能真正解体，而成为走进现代国家的某种障碍。如何从孔学教义中注意这一问题，并进而区分宗教性私德与社会性公德，使之双水分流，各得其所，从而相反相成，范导构建，似为今日转换性创造的一大课题。

第三，孔学强调"知命""立命"，即个性的自我建立，亦即个人主体性的探索追求。这样才可能使自己在这个偶然存在的人生道路和生活境遇中，去实现自己超感性的实存；使自己这个感性生命不再是动物性的生存，同时也不是那玄奥而实枯槁的道德理性，而是真正融理欲于一炉的情感本体：即在日常生活中，在道德义务中，以及在大自然中，在艺术中，所可把握、体认到的人生境界，也就是人生的价值、意义和归宿所在。哲学不是思辨的认识论或本体论，也不是语言治疗的技艺，而是在这个人生—世界中的"以实事程实功"的自我建立。但这建立并不是康德的道德理性，而是包容量度更广的情感本体。这也正是不同于西方基督教"罪感文化"、日本大和魂"耻感文化"的华夏"实用理性"和"乐感文化"的实现。

以上三要点是我所理解的《论语》的一些基本精神。其详，则见各章句的"记"。总之，培育人性情感、了解和区分宗教性私德与社会性公德、重视和把握个体命运的偶然，乃《论语今读》三重点。

马：《今读》前言指出，儒学、孔子和《论语》具有"半宗教半哲学"的特征。这如何理解？

李：儒家是哲学还是宗教？这是有争论的问题。前面讲过，儒学缺少一个人格神的上帝，缺乏特定的组织、仪式和信仰，而所有这些对宗教来说经常是不可或缺的。在儒家思想中不存在神圣与俗世、灵与肉、此岸与彼岸之间的紧张冲突，而类似的紧张冲突在诸多宗教中则是明显可见的。中国从来没有真正的宗教战争，便是世界文化史上的一大奇迹。

之所以能如此，我以为与儒学的包容性有很大关系。儒学不重奇迹、神秘，却并不排斥宗教信仰；在"三教合一"中，它不动声色地渗入其他宗教，化为它们的重要内容和实质成分。而儒学之所以能如此，其原因又在于它本身就远不只是"处世格言""普通常识"，而具有"终极关怀"的宗教品格。它执着地追求人生意义，有对超道德伦理的"天地境界"的体认、追求和启悟。从而在现实生活中，儒学的这种品格和功能，可以成为人们（个体）安身立命、精神皈依的归宿。它是没有人格神、没有魔法奇迹的"半宗教"。《论语》有点像《圣经》，在传统中国社会里，尤其在士大夫中间，儒学所发挥的作用是一种准宗教的作用。

　　同时，它又是"半哲学"。儒学不重思辨体系和逻辑构造，孔子很少抽象思辨和"纯粹"论理。孔子讲"仁"讲"礼"，都非常具体，很少有"什么是"（what is）的问题，所问特别是所答总是"如何做"（how to）。但这些似乎非常实用的回答和讲述，却仍然是一种深沉的理性思索，是对理性和理性范畴的探求、论证和发现。例如，"汝安则为之"，是对伦理行为和传统礼制的归依论证；"逝者如斯夫，不舍昼夜"，是对人生意义的执着和追求；"吾非斯人之徒与而谁与"，是对人类主体性的深刻肯定。而所有这些都并非柏拉图式的理式追求，也不是黑格尔式的逻辑建构，却同样充分具有哲学的理性品格，而且充满了诗意的情感内容。它是中国实用理性的哲学。正因为是靠理性、哲学而不靠奇迹、信仰来指引人们，所以孔子不是耶稣，《论语》并非《圣经》。也正因为不是空中楼阁或纸上谈兵，而要求并已经在广大民众的生活中直接起到了现实作用，所以孔子不是柏拉图，《论语》不是《理想国》。

　　儒学、孔子和《论语》这种既非宗教又非哲学或者说"半宗教半哲学"的特征，我认为是真正的关键和研究的起点所在。但在今日中国学术界却很少被注意和强调。

　　马：您还提到，对这一"半宗教半哲学"的文化神髓，需要做既解构又重建的工作。那么，如何解构？如何重建？

　　李：这是个很大的问题。我曾在书中谈了一些看法，这里就不讲了。

我还想说的一点是，《论语》不单是一个阅读的文本，更重要的是落到实践上。《今读》曾引用程颐："读《论语》，未读时是此等人，读了之后又是此等人，便是不曾读。"读《论语》，更重要的是落实在自己的身心上，这也是《论语》的特点，不同于亚里士多德、柏拉图的"哲学"。但是孔子又不是神，他说的话并非句句真理。

《周易》比《论语》还重要

马：完成《论语今读》后，您还说过想搞一本《老子》注释，为何最后没写？

李：本来还想做的是关于《老子》《中庸》《周易》三书的今读，也做了一些准备，结果都没有做，年纪大了，搞不动了。其中《周易》最重要，比《论语》还重要。因为正是它首先突出了"历史进入形上"。《易》最后两卦是"既济"和"未济"，永远指向开放性的未来，亦即"人活着"的命运未来，其中如"潜龙勿用""见龙在田""或跃在渊""飞龙在天""亢龙有悔"，指明由潜在的可能，实现为一番功勋事迹，然后飞黄腾达，功业圆满，最后"盈不能久"，稍一过"度"，便"有悔"无遗了。这不正是历史经验和教训的"天道"准则吗？这不正是"历史进入形上"和"天人合一"吗？这种"客观的人道＝天道"，才是人生的基础，个体心理的依据。

马：《礼记》也很重要，以前没有想过为之做今注？

李：《礼记》当然太重要了，但篇幅太大，学问太大，我肯定做不了，以前也不敢想。我认为《礼记》是后人写不出来的，可能有些后来添加的东西，但一定有很多是原始的。所以，许多"伪书"并不是伪书，这就要靠判断。五六十年代我就讲过这话，我认为《礼记》是和《荀子》比较接近的。

六　巫史传统

了解中国思想和文化的钥匙

马：1999年您还出版了《己卯五说》（香港版名为《波斋五说》）。刘绪源先生非常赞赏此书的文字表达，认为比《美的历程》还好："那种极端的凝练，没有一句废话，把思想用最简要的方式说出来，在这点上，真是炉火纯青。……那本书里要表达的东西确实非常多，而且思路清晰，第一遍看，也能马上抓住人。粗看好像很浅近，细看才知不简单，越咀嚼越有体会。但要是看得太快，立刻就不消化了，就咯住了。所以，貌似清浅，其实误人，一定要细读慢读才行。"（《登场》第22—23页）

李：这本书的主题是人类学历史本体论，是我在新世纪来临之际的一个学术发言，它涉及中国文化未来的发展方向等问题。这本书里，我把过去讲的几个看起来没有联系的方面，如美学、康德、中国思想史等，明白地联系在一起了，最后那篇文章从伦理学一直谈到美学。但遗憾的是仍是提纲，每篇都可以写成一本专著，我原来也是那样计划的，后来放弃了。

马：您似乎非常重视其中的《说巫史传统》，后来还写了《"说巫史传统"补》。您将"巫史传统"列为您中国古代思想史研究的三大重要创获之一。

李：巫史传统是我的一个非常重要的看法。八十年代，我写了三本中国思想史论，从孔子讲到毛泽东。出国后，我在中国思想史方面的研究，主要是研究孔子以前和毛泽东以后。孔子是传统的转化性的创造者，在孔子之前，有一个悠久的巫史传统。我认为，"巫史传统"是中国上古思想史的最大秘密，是了解中国思想和文化的钥匙所在。我以前曾提出"实用理性""乐感文化""情本体""儒道互补""儒法互用""一个世界"等概念来话说中国文化思想，现在可以用"巫史传统"一词统摄之，因为上述我以之来描述中国文化特征的概念，其根源在此处。

我在美国上课讲中国古代思想史时强调过，所谓汉族根本不是种族概念，不是血缘概念，所有汉族都是混血儿，都共同地具有这个文化心理结构。所以中国并非所谓民族国家。"汉"是一种文化心理概念。中国北方人和广东人的面貌差异远大于中国人和日本人，但文化心理结构却远同于日本，这就是"周孔教化"的结果，如此等等。

马：那就具体讲讲这个"巫史传统"。

李：我从历史积淀的哲学角度，提出"理性化的巫传统"来解释"实用理性"和"乐感文化"是如何形成的。为什么中国哲学不讲 Being，而重视生成、变易（becoming）？为什么中国不重视超越而重内在？为什么中国哲学不重视认识论和逻辑学，也不强调本体—现象的区别？对比基督教或伊斯兰教，为什么中国文化中人的地位很高，人可以参与神的工作？而天与人同处一个宇宙反馈系统中相互作用，天也只是这个系统的一个部分或要素，只有这个系统本身才是至高无上不会改变的上帝？……这些问题国内外学者都有所注意和描述，但没人解释这些特点是如何得来的，到底是怎样形成的，根源在哪里？

我的"理性化的巫传统"或"巫的理性化传统"对此做了回答。我以为，在长时期相当成熟的新石器农业文明基础上，巫的仪式活动在中国被理性化，变成一套神圣礼仪体制，是根本原因。中国上古由巫到礼是关键，这是一个极为复杂也极为重要的久远的历史过程。从上古"圣王"（尧舜）开始，到周公"制礼作乐"最后完成，即"内圣外王"之道。孔子再将巫术礼仪的内在心理加以理性化，使之成为既有理性又与情感紧相联系的"仁"，作为人性根本。这样，巫的内外方面都理性化了。巫未被理性化的部分则流为小传统，成为道教主干。

周公—孔子是中国思想史上的重大突破，他们奠定了中国哲学的基础，它就是"实用理性"和"乐感文化"的来由。这也是为什么中国是宗教、政治、伦理三合一，伦理秩序和政治体制具有宗教神圣性的根本原因。但也由于巫传统，巫通天（神）人，人的地位相对高昂，使中国文明对人的有限性、过失性缺少深刻认识，从文艺到哲学，缺乏对极端畏惧、极端神圣和罪恶感的深度探索。中国文化出不了以无休止的灵魂拷问求精神纯净的陀思妥耶夫斯基。中国更满足于肉体和心灵的愉悦、平静、健康、和谐。但由于没有对上帝的信仰，必须自求建立人生意义和生活价值，靠自力而不靠他力，那种"无"而必须"有"的艰难和悲苦，便也不低于有上帝做依托的西方传统。这正是"乐感文化"所探求和阐释的。

马："巫史传统"说是您九十年代的一个重要思想成果，但七十年代的《孔子再评价》一文似已经有了初步表述。

李：《孔子再评价》提了"巫术礼仪"，《美的历程》也提到"巫史文化"。《华夏美学》也有涉及，如："远古图腾歌舞、巫术礼仪的进一步完备和分化，就是所谓的'礼''乐'。它们的系统化的完成大概在殷周鼎革之际。'周公制礼作乐'的传统是有根据的。周公且总结地继承、完善从而系统地建立了一整套有关'礼''乐'的固定制度。……这在中国历史上确具有划时代的意义。"（第1章）。"把本来是维系氏族社会的图腾歌舞、巫术礼仪（'礼乐'），转化为自觉人性和心理本体的建设，这是儒家创始人孔子的哲学—美学最深刻和最重要的特点。"（第2章）等等。

六　巫史传统

一种哲学视角

马：《说巫史传统》的写法仍是哲学的路数。

李：对。尽管我根据的材料是历史的，但却是从哲学视角去看的。我不是搞历史的，张光直、李学勤、李零可能更有能力写这样的文章。所以，我只好尽量利用他们的学术成果，作我自己的发挥。我注意到苏秉琦、张忠培在新石器时代考古里就发现神权与王权是合一的。

我这篇文章主要讲了两点：一是巫君合一，一是巫的理性化，后者极为重要，又与前者不可分。很多民族文化里面都有巫，中国的特点就是理性化，巫发展为礼仪道术。李零《中国方术考》讲礼仪、占卜和方术都是从巫术中发展出来的。我看了高兴极了，正好可为我用。尽管他讲巫的地位很低，远在王下。这个没有关系，因为我不是讲"巫"这个词语的问题。在《孔子再评价》文中，我已经把巫术与礼仪联在一起，我现在讲由巫到礼，便更清楚了。关键在于由巫术（magic ritual），变为礼（ritual regulations），再变为德（magic moral），这就是理性化，是儒家所谓"内圣外王之道"的来源。

我对周公评价极高。中国为什么没有出现基督教、犹太教、伊斯兰教那样的宗教？为什么在中国人的地位一直那么高？刘小枫说，中国传统文化中，人是地位太高了，人应该跪在上帝面前请罪。在中国，人可以参天地，赞化育，可以参与上帝的工作，人是天地人三才之一。人道与天道合一，这个根源就是来源于巫。巫跟宗教的不同，韦伯、马林诺夫斯基、弗雷泽都说过，巫术是强调人去支配自然，强调人的主动作用。

我这篇文章就是强调分析巫的几个特征：除主动性之外，如动态性、过程性、情感性等。巫术本就是跳舞，在跳舞中神明出现。神明在这里不是对象化的存在，不是 object，它是在这个动态过程中，在人活动的过程中出来的。巫术活动当然充满狂热情感,并非冷静思考,情感性恰恰就是中国哲学的特征。为什么中国的情、理是结合的?从哪里来的呢?所有这些我觉得别人没有讲过,我把这一点讲了,当然也只是一个假说。这篇文章作为一个历史著作是不行的,因为材料太少、论据也不够,但我觉得从哲学视角来讲就可以了,相信不会大错。像李零讲三代的王跟巫是两回事,那很可能,但不影响我的论点。因为我并不扣住"巫"这个词作文章,我讲的是自新石器时代以来中国神权和王权的合一。为什么理性化?因为它和政治有关系,因为王能掌握神权,要服务于世俗的王事,以致形成政治、伦理、宗教三合一。巫后来演化为微不足道的小角色,但并不妨碍神权王权合一的悠久传统。李零的文章也讲,中国最早是崇拜天、地、祖,祖先也就是人。天地国(君)亲师的崇拜一直到1949年。

马:文章有何反响?

李:好像注意的人不多,虽然在海外也有好几位学者打电话来,重视这篇文章。我把这本书(《己卯五说》)寄给余先生,他回寄给我一篇英文文章,当时还没有发表,很长很长,有几百页吧。他认为中国文化的特点也是巫,根源是巫。他在电话里和我说,我们是不约而同。我当然非常高兴,都认为中国思想是从巫术出来的。当然他是历史学家,有很多材料。不同之处在于,他是遵照着雅斯贝尔斯的 break through(轴心突破)的说法。所以我讲,你是一步走,我是两步走。他认为自上古到孔子,来了一个大突破。我分两步,周公是第一步,孔子是第二步,没有完全遵循雅斯贝尔斯的说法。但重要的是相同之处,就是我和他都认为这个巫是中国文化和中国哲学一个非常重要的问题。"巫史"这个说法很早就有了,但是没有人很好地讲这个问题。余着重个体内心直接与天道的交通,我着重巫变为外在制度的礼,然后才转为内心,但仍不脱外在的制约,即由巫到礼,释礼归仁。

六 巫史传统

陈来教授觉得我跟他的那本《古代宗教与伦理》好像没什么区别，其实很不同。他认为巫术后来转化为宗教了，我认为在中国，恰恰没有。陈来讲巫术只是一个阶段，我则认为中国的巫并没有消失，中国始终没有建立那种唯一人格神的宗教崇拜。所以，在中国，"天"不是"天主"（God）而是"天道"。我认为中国的巫术，形式方面成为道教的小传统，精神则转化成中国独有的礼教传统。巫术特征保留在礼制—礼教中，没有变为宗教。所以中国没有产生也较难接受基督教、伊斯兰教等，特别是在上层社会。

汪晖教授的《现代中国思想的兴起》，书太厚，只看了与我有关的三节，即第一章的前三节。这可说是第一部接受我的巫史传统说，并加以具体论证的先秦儒学、孔子和汉代的中文文献。因此我很高兴。至于他批评不应讲"理性化"，那只是次要的语词使用问题。汪用"理性化"一词是从中世纪祛魅走向近代世俗这一西方含义，我讲的理性化泛指用理智、理解、认识去客观地规范、叙说原本与情绪完全混同而并无明确规则的一般含义。

周公、孔子和秦始皇

马：2015 年，您在三联书店又出了一本《由巫到礼 释礼归仁》。

李："巫史传统"提出后，学界寂然，这才又组编，出了个单行本，希望能引起注意和讨论。书名表达了"巫史传统"思想的基本观点：第一步是"由巫到礼"，周公将传统巫术活动转化性地创造为人际世间一整套宗教—政治—伦理体制，使礼制下的社会生活具有神圣性。第二步是"释礼归仁"，孔子为这套礼制转化性地创造出内在人性根源，开创了"壹是皆以修身为本"的修齐治平的"内圣外王之道"。这个"内圣外王"恰恰正是远古巫君以自己通神的魔法（magic）来统领部族特征的全面理性化。周、孔使中国传统从人文和人性两个方面在相当早的时代获得了一条实用理性之途。

马：周公和孔子对中华文明的塑建，起了巨大作用。

李：我认为周公、孔子，还有秦始皇，是对中国历史影响最大，也是最重要的三个人。

马：秦始皇？您将秦始皇与周公、孔子相提并论，给予如此高的评价，为什么？

李：我以前没有讲过，我不是研究历史的，发言权不够。秦始皇统一中国是了不起的事情。中国这么大，统一很重要。我最看重的是他搞了"书同文"。前面讲汉字在融化各不同种族、文化而形成大一统中国中的巨大功能。这里可再讲几句。汉字在维持中华民族的延续、发展和统一方面起了极大的作用。我认为汉字并不是口头语言的复写，和西方语言完全不同。但我不是语言学家，这只是我的一个看法，我觉得这个看法很重要。汉字怎么来的？来自结绳记事。所以汉字具有神圣性、可崇拜性。我小时候，经常看到墙上贴着一张纸，上写"敬惜字纸"。一张白纸，写了字，就应该爱惜它、尊敬它。没有汉字，中国很早就分成很多个民族国家了，就和欧洲分成那么多民族一样。而且，汉字控制着语言的发展，而不是语言控制文字的发展，直到现在都是这样。我是湖南人，八十年代有一次到广州，听不懂广东话，只好写字和人交流。但像香港报刊用广东话写下来的一些东西，我就根本看不懂，这就是文字跟着语言走。有了统一的文字，就避免了语言变化的困扰，这是秦始皇的功劳。西方恰恰相反，是语言控制文字的发展。要英国教授看懂十一世纪的英文，那是不可能的事情。但我们可以看懂孔子、孟子的东西。文字有这么强的持续性，语言受它的控制。

除了书同文，秦始皇还有汉武帝把六国开始的郡县制统一化、制度化了，建立了文官制度等，极其了不起。"车同轨"包括度量衡标准的统一，"行同伦"除制度外，对公私生活的影响和规范，都很了不起。以汉民族为主的中国各方面的基础都是秦汉时打下的。我重视秦汉与周、孔的传统延续的方面。

"一个世界"与"两个世界"

马：与上述巫史传统相关，"一个世界"的观念也是您九十年代提出的一个重要看法。

李：是的。对中西哲学的不同或者中西文化传统的不同，我有一个非常简单的概括：中国是一个世界，西方是两个世界。中国是一个世界，就是说，中国的天地人，是在一个世界里面的，所以才可能有人去赞化育，人道跟天道是一个道，是连在一起的。西方，不管是希腊也好，希伯来也好，都是两个世界，《圣经》是两个世界，希腊柏拉图也是两个世界，总有着现象与本质的两分，所以直到康德也是现象与本体的区分，总是要追求后面的那个东西。所以我觉得"存在"（Being）的问题跟这也有些关系。

马："Being"是一个非常大、非常重要的问题，您如何看？

李：老实说，我也没有专门研究，因为这需要对西方和中国有非常深入的研究之后，才能下结论。我这个提法只是一个"意见"而已，不能说有很多的研究。中国为什么没有 Being？当然这有语言方面的问题。我跟叶秀山讲，从语言的特点来研究哲学，外国那是很多了，但中国没有，这是一大缺陷，好像还从来没人这么干过，很奇怪。我只知道上海有一个申小龙，写过点这方面的东西，但我不认识这个人，还是好多年前注意到他有一两篇文章，想往这方面讲，但后来他好像也没有搞哲学，我不太清楚。我觉得这还是大有可做的。我在五十年代读到萨丕尔—沃尔夫的理论，沃尔夫是研究河比语的，认为语言对于人的世界观是有直接关系的。假如从中国这样一些传统来研究中国哲学的特征，不是很值得搞的课题嘛。我只能这样提出自己的一点看法或感想，因为我对这个也没有研究，那就真正需要懂甲骨文金文或小学的人来做一些基础研究，然后把哲学联系上去，这个工作是值得一做的。而我只能讲得比较空，就是说，为什么没有 Being，或者 Being 的背后是什么，可从语言这个角度之外来说。

马：这与"一个世界，两个世界"的不同传统背景有关？

李：在西方传统中，这个世界的后面还有一个世界，比这个世界更重要或者更高，所以总是分为经验界与超越人类的另一个世界。从这一点出发，Being 的问题，其重要性就在这里。所以西方会有形而上学。我跟叶秀山也谈到这个，希腊的两个世界是从哪儿来的？希腊的哲学与希腊的科学有什么关系？这个形而上学，我觉得中国基本上没有。形而上学是后物理学、元物理学，那个"元"是怎么来的？这个问题很值得研究。这就需要搞西方哲学特别是搞希腊哲学的专家，我很想听听他们的解释。我感觉，这就是 Being 和中国讲的 Becoming（生成）或"生生""生存"的不同。中国没有去追求那种不同于这个世界的另一个世界，中国没有那样一种追求。

我在美国讲课便直接从"文化心理结构"讲中国思想史，说这是一个 living tradition（活着的传统），有长处也有弱点，我不只是讲古人、死人的学说。我还讲西方犯人临刑前由神父主持忏悔以便灵魂超升，中国则是必须饱餐一顿酒饭再上路。学生听了便笑着领会了一个世界和两个世界的区别。

中国为什么没有产生这两个世界？中西都是从原始社会，从巫术、宗教里出来的，但是中国为什么没有走这条路？这是一个问题。我自己只能提出这个问题。

马：这也造成了中西的差异？

李：对。可用表格来展示，这样能一目了然。

西	中
太初有言 ↓	天何言哉（太初有为）↓
Logos（语言、逻辑、数学、科学宇宙观）↓	生活（行动、审美、类比与反馈、有情宇宙观）↓
原罪 ↓	性善 ↓
神魔斗争 ↓	阴阳互补 ↓
理性至上 ↓	情理结构 ↓
公正（justice）↓	和谐（harmony）↓
无限的追求（浮士德精神）↓	有限即无限（"悠然见南山"）↓
两个世界	一个世界（人生）

马：美国学者安乐哲教授的译著《Sun-Tzu：The Art of Warfare 孙子兵法》（Ballantine Books，Randon House 1993）"导论"中似乎也提过"一个世界，两个世界"的观点？

李：我于 1995 年正式提出此说，1996 年作了论述，当时并不知他的这本书。我逐渐展开这个命题，并认为它与巫史传统相关，非常重要。因多年未见安教授继续申论，我曾于 2014 年特地当面问他是否放弃了此说，他说没有。"一个世界"与"巫史传统""情理结构""两德论"等是联系在一起的、相通的。这些观念是我九十年代以来重点阐述的东西，但都是八十年代思路的延伸与扩展，圆心没有变。

感觉不错的三个翻译

马：刚才您说是 1995 年正式提出"一个世界，两个世界"观念，但读您 1993 年在斯德哥尔摩与高建平的哲学对话录，发现已经讲过这个观点，原话是："我对康德的批判，归结起来还是'一个世界（中国）或两个世界（基督教和希腊哲学的西方）'的问题。"到底以哪个时间为准？

李：哈哈，那就以查到的为准吧。说来真是一件滑稽有趣的事，我说我翻译康德的"位我上者，灿烂星空；道德律令，在我心中"名言是在《论实用理性与乐感文化》（2004）一文中，有朋友讲，我的"康德书"里就有了，我居然还否认，真是太可笑！

马：这句翻译在 1979 年版《批判》第 312 页："位我上者灿烂的星空；道德律令在我心中。"

李：感觉翻译得不错，这么漂亮的中文，老实说！吹牛皮啦，我有三个翻译特别得意：一个是康德的这个墓志铭；还有，我将杜威 *Art As Experience* 书名译为"艺术即经验"，也自以为翻得很好，以前包括钱锺书，都是译成"艺术作为经验"；第三个是"有意味的形式"（significant form）不是"有意义的形式"。这是话赶到这里，顺便一说。（笑）

七　儒学四期

为何不赞同"三期说"？

马：《己卯五说》序说："《巫史传统》《自然人化》拟究天人，《儒法互用》《历史悲剧》思通古今，《儒学四期》则统四说成一家言也。"在《说儒学四期》里，您首先拿杜维明先生"开刀"，这样做的意旨是什么？

李：不是拿谁来"开刀"，是因为三期说在杜维明先生的极力鼓吹下，在国内学术界影响很大，学人们都跟着跑，这就涉及中国文化未来的发展方向等问题。所谓儒学三期，即孔孟儒学为第一期，宋明理学为第二期，以牟宗三为核心代表的现代新儒学为第三期。我以为这一分期（当然关键不在"分期"，如杜维明讲"分十期也可以的"，而在分期所包含的意义），没有把"汉儒"如董仲舒包括进来。董是汉儒的著名代表，"始推阴阳为儒者宗"，这是《汉书》说的。

马：不赞同"儒学三期说"的依据是什么？

李：我认为它存在六个问题。这里只简单提一下。首先，在表层上有两大偏误：一，以心性—道德理论来概括儒学，失之片面；二，正因为此，抹杀了荀学，特别是抹杀了以董仲舒为代表的汉代儒学。其次，更为严重的是深层理论困难：一，主要代表牟宗三强调遵循宋明理学

"内圣开外王"的传统,论证从心性论的道德形而上学(内圣)开出现代社会的自由民主(外王),无论在理论上或实践上,都是失败的;二,"超越而内在"是更为重要且可说是致命伤的理论困难。因为按牟宗三体系核心的"内在超越说",就必然产生既超验(与感性无关,超越)又经验(与感性有关,内在),既神圣(上帝)又世俗(人间)的巨大矛盾。再次,实践方面也有两大问题:一,由于"三期说"大都是纯学院式的深玄妙理、高头讲章,至今未能跨出狭小学院门墙,与大众社会几毫无干系;二,与此相连,是倡导者们本人的道德—宗教修养问题。所以,"三期说"尽管被少数学者哄抬一时,却无论在理论上或实践上都不会有很好的发展前景。

马:您八十年代《略论现代新儒家》就讲,儒学要真正发展,还需另起炉灶。

李:这篇文章算是国内较早谈论现代新儒家的文章。三十多年过去了,我孤陋寡闻,很多书也没看,我就不知道这么多年来新儒家还开出了什么重要的成果超过牟宗三的。假使有人告诉我,我会很愿意去拜读。

马:我知道,对现代新儒学只强调"内圣"线索,您一直持不赞同的态度。

李:我仍愿再一次(已经不知多少次了)强调,除孔、孟、程、朱、陆、王这条"修心养性"的"内圣"脉络外,儒学还有孔、荀、董(仲舒)、王(通)、陈、叶、顾、黄等"通经致用"的"外王"之路。当然它们之间关系复杂,但现代新儒家撇掉了外王的东西,只是一种内圣之学,我认为这远不是儒学的全部。当然,"儒学三期"作为一个学派,可以向宗教性方面深入探求,但不要搞成一个"儒教"。

举孟旗行荀学

马:台湾政治大学刘又铭教授说:"李泽厚先生是我心目中属于'当

代新荀学'一路的前辈学者……在我心目中,'当代新荀学'的先驱有三个代表人物:胡适、张岱年、李泽厚。"(刘又铭:《政治大学96学年度[96/8/1—97/7/31]教授休假研究报告》)

李:刘在美国时,来看过我。确实,我在八十年代就很重视荀子下来的这条线索,儒学如果仅仅只有孟子这条线,中国早没了。没有荀子就没有汉儒,没有汉儒就没有中国文化。把汉代撤掉,我觉得既没有从历史上概括出儒学全部的面目或者说更为重要方面的面目,而且对现代不利。

1984年我在给金春峰《汉代思想史》写的序文中就讲:"中华民族之有今天,十亿人口,广大疆域,共同文化……难道不正是由汉代奠定其稳固基础吗?物质文明是这样,精神文明方面,例如中国民族的文化心理结构,不也正是基本形成在这个时期吗?所以我不同意大多数哲学史著作对汉代思想主流低估轻视、一笔带过或横加抹杀的流行看法,便写了篇《秦汉思想简议》发表了。"在思想史,我以孔—荀—董—朱为正统。当然了,我的思想并不只是荀学,但若单就"基本路线"来讲,说我是"荀学"一路也是可以的。

马:那您是"尊荀"而"贬孟"?

李:完全不对。我只是一直为荀子鸣不平,他自宋明理学以来,一直被压低,遭贬责,章太炎等人曾一度尊荀,后又没消息了。孟子和宋明儒学以天赐(先验理性)的"四端"来讲道德的渊源,以"不忍人之心"来推出"不忍人之政",我以为是错误的。宋明理学和当代新儒家将之抬入云霄,大讲先验或超验的天命、天理、良心、良知等,斥责和贬低荀子、董仲舒、王充、叶适等人,我特别不赞成,因之才充分肯定荀子以及后来的"外王"路线。而对孟子,我非但不"贬",相反,一直是高度肯定的。

马:您有一篇文章《举孟旗行荀学》(2017),好像还没人这样提过,这使一些学人大惑不解。

李：其实朱熹就是这么做的，当然朱并未意识到也不会承认这点。八十年代《孔子再评价》"附论孟子"节我就讲，孟子继承和极大发扬了孔子的"三军可夺帅也，匹夫不可夺志也"，"岁寒，然后知松柏之后凋也"（《论语·子罕》），亦即孔学"仁"的结构中的个体人格力量，对中国后世影响极大，成为中国历代士大夫与现代知识人的伟大传统和心魂骄傲，一直有着极为巨大的影响和现实意义。这是孟子的伟大贡献。

我认为，孟子将个体自由意志提到与天地相通的神秘而神圣的高度，便抓住了哲学伦理学的核心。荀子所树立和突出的"类"（人类）可以说是本体论，"大我"（类）确由"小我"（个体）组成，而且高于"小我"；但"小我"这种"浩然之气"正是使"大我"生存延续的重要条件。所以"太上立德"在"立功""立言"之上。"举孟旗"，就是要张扬个体的自由意志。就个体道德来说，我高扬孟子的"自由意志"；但就伦理学总体来说，我主张由外而内、由伦理而道德的荀学路线。我讲过"兼祧孟荀"。

马：可否再讲几句"举孟旗"？

李：可以。我非常重视"孟旗"的价值、意义、功能，这其实与我强调应以休谟来补充康德以及非常重视道德三要素的情感要素，乃同一问题。孟子把人的动物性的方面提高到人性本善的先验层次。我则把它归纳于"巫史传统"所具有的"有情世界观"中。"四心"并提，当然其中有理性在，如是非之心、恭敬之心等。有人强调主要是"恻隐之心"亦即仁爱或"仁"，我却认为孟子将此恻隐情感提升为"全德"的"仁"的基点和始端，实际是使人在有限人生的悲欢离合的历史行程中，满怀情感地去寻求、建立、体悟人生意义的"天道"。正因为此，历史进入形上而成为审美的形而上学。这也是对没有人格神的中国巫史传统的"有情世界观"的巨大贡献。今天的人类学历史本体论也可以于焉封顶。这对孟子的评价非常之高了吧？

现代新儒学四大家

马：1982年台湾"中国论坛"举办的"当代新儒家与中国现代化"会议，提到的"当代新儒家"是熊十力、梁漱溟、张君劢、唐君毅、徐复观、牟宗三、钱穆七人，而将冯友兰排除在外。其主要理由是：冯的政治人格（主要指"文革"中积极批孔）不符合儒家品德；二是以熊十力、梁漱溟、牟宗三等人为代表的"现代新儒家"均以活泼的生命或生命力作为儒学精髓，冯之纯逻辑的"理世界"的体系（《新理学》）有悖于此。您如何看？

李：不赞同。

马：为什么？

李：简单说，第一，学术与人格的某种分离乃自培根以来的现代世界性常见现象（是否应该如此属另一问题，我本人反对分离），海德格尔之例便很突出。尽管海氏之纳粹立场与其哲学有深层联系（我作如是观），但海氏哲学之价值仍然很大。冯之哲学地位当然完全无法与海氏相比，但冯之客观处境和心理状况却较海氏更为恶劣和复杂。一般而论，熊十力等其他新儒家的公德私谊也并非全无可议之处，有些情况较冯也只五十步百步之差。其中最为清醒卓越、律己甚严的梁漱溟也如此。毕竟人非圣贤，现代新儒家虽然所崇所奉者为圣为贤，但他们本身到底还是更为复杂的现代人物。当然，包括《三松堂自序》的有关部分，我觉得仍大有自我掩饰的成分，并未"立其诚"，但比海德格尔的"遗书"还是要好得多。

第二，如以主观心性论来界定"现代新儒家"，冯与熊、梁、牟、唐等确有根本不同，自可不必列入。不过此种界定过于狭窄，似乎"现代新儒学"便只是熊十力学派，而熊本人也并非专谈心性，从宇宙论到外

冯友兰题赠李泽厚的对联:"西学为体中学为用,刚日读史柔日读经。"国画为娄师白所赠

王学，他也谈了不少。心性论者仍志在外王，梁漱溟也如此。因此，这一界定似难成立。我所谓的"现代新儒学"含义不广不狭，较为确定，指的是"现代宋明理学"亦即 Modern Neo-Confucianism（张君劢译的是"宋明理学"，"现代"是我加上的）的准确意义。所以，正如即使奉陆、王或胡（五峰）、刘（蕺山）为正宗，仍不能将程、朱开除出宋明理学一样，"现代新儒家"又何莫不然？熊、牟承续开拓了陆、王，冯则明确宣称自己是"接着程朱讲"，事实也确乎如此。所以冯之属于"现代新儒家"，乃理所当然。

马：您认为冯友兰的主要学术贡献有哪些？

李：冯友兰是现代中国很少见的名实相符的哲学家。三十多年前我说过，冯的贡献不在《新理学》，而在提出"自然—功利—道德—天地"四境界说的《新原人》（我认为这是冯的主要著作）。冯晚年也有同样的说法。此外，抽象继承法，我以为也是冯的一大贡献。但由于他的哲学是"接着"程、朱讲的柏拉图式的"理世界"体系，他讲的"天地境界"便受此体系基本观点的笼罩制约。尽管他的"天地境界"不是基督教的天启、神恩，而是宋明理学的"孔颜乐处"；尽管他也强调在日常生活中尽伦尽性就可以超越道德，达此境界，但由于缺乏"人活着""情本体""形式感"等现实支撑，便一方面如冯所自承，进入神秘主义，并把这种较持续稳定的生活心境和人生境界与"瞬刻永恒"的感性神秘混为一谈；另一方面，由于没有上述物质性的本体论支撑，便很难使这"天地境界"具体落实到世间人际。冯不谈宗教，却不能以"美育代宗教"，不能张扬中国哲学特征的审美主义，特别是未能阐扬其与历史主义交融所形成的人的情感。中国审美主义的情感以深植历史性为"本体"，而非追求绝对的超验。同时，我以为这"四境"应任人选择，不必定出高下，强人所难。我还是"两种道德论"的观点，宗教性道德主要依靠情感教育，所以也才有"以美育代宗教"。

马：在八十年代的《略论现代新儒家》一文中，您认定的现代新儒家是熊十力、梁漱溟、冯友兰、牟宗三这四个人，与港台地区和海外并不完全相同。

李：如上所讲，我用"现代宋明理学"（Modern Neo-Confucianism）来定义"现代新儒学"，便一目了然，相当明白。这样，既避免了这概念的无限膨胀，把明确否认自己是"现代新儒家"的学者（如钱穆），把并非承续宋明理学的哲学家（如方东美）、史学家（如徐复观），甚至把仅仅研究儒学传统的人也通通囊括进来，使这个概念变得"毫无意义"（见《钱穆与新儒家》）；同时也避免了这概念的过分狭隘，只专指熊十力学派或牟宗三学派（熊、牟仍大有不同），因为熊、牟学派均不足以承担这么大的名称或帽子。

与台湾某些学者搞狭隘化相对应，大陆好些学者则拼力搞扩大化，"现代新儒家"一词竟囊括了上述所有反对或并不属于此派的学者。有的甚至还扩大到鄙人头上。（笑）我要再次声明：说我认同儒学可以，但决不认同"现代新儒学"或"现代新儒家"，即我不认同并反对"现代宋明理学"。

马：可否概述一下您所谓现代新儒学四大家（熊、梁、冯、牟）的基本观点？

李：熊十力完成了谭嗣同、章太炎未竟之业，将宋明理学的伦理学翻转为宇宙观和本体论。强调"体用不二"，即运动变化、生生不息的心物感性世界。梁漱溟从文化立论讲哲学，认为中西文化之分在于对待人生的不同态度和不同道路；强调理性与理知之分，情感—直觉的理性高于理知；儒学是世界文化的希望。冯友兰则构造了一个纯粹逻辑的"理世界"的哲学系统，强调要经过"思议""了解"后才能达到那"不可思议""不可了解"的人生最高境界。牟宗三认为陆、王才是孔孟正宗，程、朱的"义理之性"乃"存有而不活动"，从而失去道德自律的基础。牟强调"内圣之道"是直觉的体认、证悟，非思议、理知所能了解或达到。从而熊、梁—冯—牟，似乎是一个现代新儒家的正反合圆圈全程。

喜欢梁漱溟

马：这四大家中，您最欣赏和喜欢谁？……冯友兰？

李：梁漱溟。

马：哦，这我真没有想到。（笑）您与梁漱溟有过交往吗？

李：八十年代有过一些接触。记得1986年一次与梁漱溟赴中国文化书院，往返同车。梁在车上对我说，《光明日报》记者将他所说的"孔颜乐处"竟误记为"苦言乐处"发表了，颇为不满和恼怒，认为有损他的思想和声誉。后来又听说，他对《人民日报》报道中将他的名字置于冯友兰之后也很不高兴。冯比梁只小两岁，却是梁的学生，资历、操守也不如梁。梁素律己甚严，当时我想，即使圣人也难免有脾气啊。（笑）我一直尊敬梁先生，当时他可以上台讲演，他那念念不忘的出书却仍大不易，恐怕要八十年代中期才入佳境。1982年夏威夷召开的国际朱子大会，邀请了他和冯友兰，梁却未能成行，其实梁是颇想去的。当时大家对他总有点敬而远之的味道。记得一次北海聚餐我特意找他合影时，一些人都面露惊讶，但很快便有好几个年轻人也上来跟他一一合影。此情此景此意，今日读者大概是很难体会了。

马：为何喜欢梁漱溟？

李：虽然我看梁的书极少，看后也未留下多少印象，但今日看来，却最接近他。梁比较诚实，我就希望学习他的诚实。梁讲他有一个特点：愿意想问题。我也愿意想问题。尽管我批判梁的"民粹主义"，尽管他所留下的资源并不是很充分，但是他的《东西文化及其哲学》和《中国文化要义》两书至今还可看。我认为，梁漱溟把握住了真正的东西，他讲

1986年秋,李泽厚与梁漱溟合影于北海公园仿膳

孔子的思想不是一种学说，而是一种生活，这就讲到点子上了。他没有受过西方那套东西的训练，反而对中国把握得比较准确。梁把儒学与人生、生活联系在一起。梁恰恰注意日常生活，我恰恰注意人生在世的各种非常具体的状况和具体的情感性存在方面。但可惜他在哲学上讲得太浅了。

在台湾没去见牟宗三

马：九十年代初您去台湾时，牟宗三先生还健在，没有去见他？

李：那时台湾学者林安梧问我是不是要见见牟宗三，我说不见。所有到台湾的人，包括搞哲学不搞哲学的都要去见他，没有必要嘛，读他的书就行了。跟他讲话也不过就是书上那些东西，所以我就没去。但是我对他还是很尊敬的，虽然我一直批评他、反对他，也不喜欢他那种教主心态。我对拜访名人没有兴趣，包括梁漱溟，也没去拜访过。

马：但您却拜访了台湾著名的证严法师？

李：那也不是我主动要去的，是一个叫高信疆的朋友（已故），带我游台湾一周，第一站是花莲，证严法师在那里，他们关系很好，就带我去了。证严法师在台湾影响力非常大，是个真正了不起的人，值得去看。她说人死在家里比死在医院好，医院里是陌生人，家里是亲人。佛家讲脱离尘世，为什么还想要死在家里呢？因为是初次见面，我并没有问。但这给了我一个启发：连那样一个高僧都有这种想法，儒家的东西无声无息渗透到了佛教里面。

马：牟宗三先生在当代港台新儒家中的地位极高，台湾版《牟宗三先生全集》有33册之巨！

李：我曾讲过，牟宗三写了那么多书，可以砍掉一半，不会损害他的分量。在港台"新儒家"里,我只承认一个牟宗三。牟宗三理论贡献很大,思辨精深,论理清楚,见解重要,颇有影响。但是,他的基本观点,或他经常讲的"既超越又内在"作为"儒学精髓"或哲学特征,我是根本不赞成的。我同意安乐哲的评论,"超越"与"内在"不可并存。康德对此言之甚祥。简单说来,"超越"即"超验"(transcendent)即超越经验,它不同于"先验"(transcendental)之可以和必须结合经验。

这里的关键在于,康德承继西方"两个世界"的传统,强调区分本体与现象界。所以,在康德那里,上帝才有"智的直观",人类没有。牟把它搬放在伦理学内,硬说人类也有。这并不符合康德原意(康德主要在认识论内提出这一问题)。更严重的是,把西方"两个世界"的思路或模式硬加在"一个世界"的中国传统之上,恰恰背离了儒家的基本精神。当然,这也由来已久。宋明理学受佛教影响,早有此走向。王阳明提出"无善无恶心之体",与"天行健""人性善"的儒学原典便大有偏离。牟沿此路数,想在现代中国建立一套"道德的形而上学"并以之解释儒学传统,这比王阳明已更跨越了一步,实际是企图重建某种知识/权力结构,来统摄人们,因之才有那个非常矫揉造作的所谓经良知"坎陷"由"内圣开外王"说。如果真能运作在现实层面,这将是一条走向反理性主义的危险之路。

马:近来好像许多学人又在大讲牟宗三的"内在超越"?

李:2005年我有一篇题为《"超越"与"超验"》的对话(与杨国荣教授),指出牟讲的"超越"是西方的"超验",而不是一般的"超过""超脱"等含义。章太炎早就讲过,中国"国民常性……语绝于无验",我也再三讲过,没有两个世界,没有上帝天国,你超越到哪里去呢?康德强调"内在"与"超验"是矛盾的,在西方基督教看来这是邪教,牟的"内在超越"其实是将心性修养归宿为某种神秘经验,并以之来统摄"父母本生我时的面貌""喜怒哀乐之未发""无善无恶心之体"等等。现在大批学人又把这些拉出来热炒一番,实在没什么意义。

马：您在《美学四讲》里谈到审美的三个层次："悦耳悦目""悦心悦意""悦志悦神"——"悦神"不就是"超越"吗？

李：那也不算是。这里的"神"不是真正有个 God，我的"神"指的是爱因斯坦意义上的"宇宙"——其实康德也这么讲。中国的传统哲学里也有这么个意思——宇宙为什么存在？为什么这么有规律地存在？这是不可以理解的，是人的理解之极限，是所不能逾越、所不能达到的，可称其为"理性的神秘"，即我所谓的"神"。我在前几年的文章里详细讲过，不过没有引起太多注意。我说"美育代宗教"也是如此，以求达到一种新的境界——没有上帝的悦神的境界。

马：您的意思是说没有神的"超越境界"？

李：否。是没有神的"天地境界"，借用冯友兰的术语，我在《华夏美学》里就使用过了。

"五十年代便提了出来"

马：您讲牟宗三"内在超越说"时，曾屡次提到宋明理学追求超验理性的失败。

李：这是一个重大问题，在此不可能细说，只能简单提一下。我早讲过，宋明理学的矛盾就在于此，但是大家都不注意。宋明理学努力论证伦理道德之所以不能和不应抗拒，是因为它有超乎人（个体和总体）和超乎经验的依据和理由，这就是"天理"或"良知"。在康德，作为先验的绝对律令与经验世界毫无干系，本体和现象界可以截然两分。而在程、朱，由于中国长久的巫史传统，很难产生经验与先验、本体与现象截然二分的观念。这使得他们这个不同于"气"的"理"、不同于"情"的"性"，不仅没有摆脱而且还深深渗透了经验世界的许多特色和功能，所以，我以为宋明理学对超验的理性本体即所谓"天理""道心"虽然做了极力追求，但在根本上是失败的。他们所极力追求的超验、绝对、普遍必然的"理""心""性"，仍然离不开经验的、相对的、具体的"情""气""欲"。像"仁"这个理学根本范畴，既被认作是"性""理""道心"，同时又被认为具有自然生长发展等感性因素或内容。包括"天""心"等范畴也都如此：既是理性的，又是感性的；既是超自然的，又是自然的；既是先验理性的，又是现实经验的……本体具有了二重性。这样一种内在矛盾，但蕴藏着对整个理学破坏爆裂的潜在可能。它逻辑地导致"心不离身""即情即性""情性皆体"的王门后学，而指向了自然人性论，宣告了古典宋明理学的终结。我在五十年代便把这个线索提了出来。

马：五十年代就提出了？

李：对。原文是："王阳明哲学中，'心'被区划为'道心'（天理）'人心'（人欲）。'道心'反对'人心'而又须依赖'人心'才能存在，这当中即已蕴藏着破裂其整个体系的必然矛盾。因为'道心'须通过'人心'的知、意、觉来体现，良知即是顺应自然。这样，知、意、觉则已带有人类肉体心理性质而不是纯粹的逻辑的理了。从这里，必然发展出'天理即在人欲中''理在气中'的唯物主义。"（《康有为谭嗣同思想研究》，1958年，第89页）

马：没打算展开来研究？

李：当时本想将此线索写一本专著，可惜没时间作，就弄美学了。只是多年申说这一论断而已，却也一直为学人完全忽视。我至今认为，尽管体现了古典士大夫追求现世秩序的超越根源及其宗教情怀，但宋明理学追求超验（超越感性经验的天理、良知）作为本体是失败了。中国没有那种超验的"本体"，这仍然是中国思想史上最值得深入探究的重大课题之一，它涉及如何了解中国文化和哲学，也就是我后来讲的巫史传统。

马：之后您的论著中还申说过这条线索吗？

李：有呀，如《儒学四期》，又如《论实用理性与乐感文化》中还专门列了"宋明理学超验的失败"一节，很重要，但没人留意，几十年来就是没人做。我认为牟宗三的理论就蕴含着既超验又经验，既神圣又世俗的巨大矛盾，没有解决。

所以我不赞同"儒学三期"，我的讲法是"四期"。

我的四期说

马："哪"四期"？

李：孔孟荀是第一期；第二期是以董仲舒为首的汉儒；接下来宋明理学为第三期；如从康有为算起，现代是第四期。牟宗山、杜维明讲的第三期可以作为第四期中的一个派别，即"三期说"派，但仅仅是一个流派。四期中可以有许多不同的派别，百家争鸣嘛。

马：您在九十年代的一篇序文中讲："'现代新儒家'无论在理论框架上、思辨深度上、创造水平上，都没有越出宋明理学多少，也没有真正突破的新解释，更根本谈不上社会影响。所以就整体说，它只是宋明理学在现代的某种回光返照，并不会有太好的前景。"（郑家栋《牟宗三与当代新儒家》序）这一论评，特别是"回光返照"四个字，比较"刻薄"，会很得罪人的！（笑）

李：哈哈，这句话确实已得罪不少人了，但我仍坚持。

马：上述"四期"各自的主题是什么？

李：主题需要大家去解说，我的看法是，原典儒学（孔、孟、荀）的主题是"礼乐论"，基本范畴是礼、仁、忠、恕、敬、义、诚等。当时，个人尚未从原始群体中真正分化出来，但它奠定了"生为贵""天生百物人为贵"的中国人本主义的根基。第二期儒学（汉）的主题是"天人论"，基本范畴是阴阳、五行、感应、相类等，极大开拓了人的外在视野和生存途径。但个人屈从、困促在这人造系统的封闭图式中。第三期儒学（宋明理学）的主题是"心性论"，基本范畴是理、气、心、性、天理人欲、道心人心等，极大地高扬了人的伦理本体，但个人臣伏在内心律令的束缚统制下，忽视了"人的自然"。如果说前三期的主题分别是"礼乐论""天人论"和"心性论"，那么，对我来说，第四期的主题便是"情欲论"，它是"人类学历史本体论"的全面展开，仔细探究现代人生各种不同层次、种类的情感和欲望及其复杂的结构关系，它以情为"本体"，其基本范畴将是"自然的人化""人的自然化""积淀""文化心理结构""两种道德""历史与伦理二律背反"等。个人将第一次成为多元发展、充分实现自己的自由人。

马：除了"情欲论"，第四期就没有别的主题了？

李：它是开放的，应开拓成不同学派自由并存、切磋琢磨、众声喧哗的局面。

马：请再具体概述一下您这个第四期的要点。

李：它将以工具本体（科技—社会发展的"外王"）和心理本体（文化—心理结构的"内圣"）为根本基础，重视个体生存的独特性、阐释自由直观（"以美启真"）、自由意志（"以美储善"）和自由享受（实现个体潜能），重新建构"内圣外王之道"，以充满情感的"天地国亲师"的宗教性道德，范导（而不是规定）自由主义理性原则的社会性道德，提出中国"实用理性""乐感文化""一个世界""度的艺术""情理结构""历史进入形上""美学是第一哲学"等。可见，第四期与前三期的关系，在于儒学基本精神和特征的延续，而不在概念话语的沿袭和阐释，就是说继承的是中国传统的"神"，而不是"形"。

"上帝死了"之后，中国哲学登场。有如陈寅恪所说，"一面吸收输入外来之学说，一面不忘本来民族之地位"（《冯友兰中国哲学史审查报告二》），乃中国传统的真正精神。盲目自大，故步自封，并非出路。

只有吸收、消化才能发展

马：其实，纵观儒学的发展过程，就是一个不断输入、吸取、同化外来思想，不断创新发展的过程。

李：略为具体来说，文字（汉字）起了无可估量的重大作用。我曾再三强调汉字不是语言的复写，汉字从而汉语重语义而不重语音，正是它使汉民族能不断同化（汉化）不同血缘不同种族从而一统中国。因为自汉代整套郡县制文官体制，使在朝在野的士大夫阶层的交往联络，都必须讲话"文绉绉"，语音难懂，语义可通，实际是在用文字交谈，上行下效，加上儒学的风俗习惯、意识形态（书同文与行同伦），便不断地、长久地在同化（即汉化）不同血缘、语言、文字、风习（由"求同存异"而不断同化）的外来的和入侵的种族、人群，汉字在其中起了独特的重要作用，使这个"汉族"不断壮大。"中国"从来不是什么民族国家（nation state），这是一个以儒家传统为核心的文化（包括上述文官体制等）心理结构的巨大时空实体。汉字十分奇特，例如迴文诗，就恐怕是任何其他文字所没有和不可能有的。近现代以西方语言学理论套在中国语言文字上，我始终认为不大对头，但我不是文字学家，也不是语言学家，不敢多说，只是认为汉字是一个重大的艰难的学术问题，值得特别重视和研究。我一直反对用拼音文字代替汉字，认为这不可能。1982年在纽约我与人还辩论过这一点。

这里顺便说一件趣事。当年我一直反对所谓世界语，我认为语言是历史沉积的，不能人为地制造一种日常语言。王浩跟我说，相信世界语的人是智商有问题，哈哈，我不敢说这个话，这是私下聊天时讲的。要便于世界各国各民族的人学习、交流，世界语确实好学，所以二十世纪三十年代有一大批人在推行这个。全世界有大批进步人士在搞，但没有成功。

儒学成为中国传统思想主干的一个重要原因，如同中国民族不断吸收融化不同民族而成长发展一样，在于原典儒学本身的多因素、多层次结构所具有的包容性质，这使它能不断地吸取融化各家，在现实秩序和心灵生活中构成稳定系统。由于有这种稳定的反馈系统以适应环境，中国思想传统一般表现为重"求同"。所谓"通而同之"，所谓"求大同存小异"，它通过"求同"来保持和壮大自己，具体方式则经常是以自己原有的一套来解释、贯通、会合外来的异己的东西，就在这种会通解释中，吸取、模糊了对方的本来面目而将之"同化"。儒学二、三期均如此。汉代儒学，恰恰是董仲舒这些人，在根本上吸收消化了道家、法家、墨家特别是阴阳家，并把它们拉进来甚至成了建构新儒学即汉代天人论儒学的骨架。而"引庄入佛"最终产生禅宗，更是中国思想一大杰作。宋明理学，也是受到佛教的影响。民间的"三教合流，并行不悖"、孔老释合坐在一座殿堂里……都表现出这一点。

中国没有出现类似宗教战争之类的巨大斗争，相反，存别异，求共同，由求同而合流。于是，儒学吸取墨、法、阴阳来扩展填补了它的外在方面，融化庄、禅来充实丰富了它的内在方面，而使它原有的仁学结构在工艺—社会和文化—心理两个方面虽历经时代的推移变异，却顽强地保持、延续和扩展开来。而这也正是中国智慧中值得注意的一个特色。也许，这正是文化有机体通过同化而生长的典型吧。中国文明素来如此。

马：未来，儒学将如何创新与发展？

李：儒学仍然需要不断吸收与消化外来的东西。比如，中国实用理性的传统给中华民族的科学、文化、观念形态、行为模式带来了许多优点和缺点。今天，在保存自己文化优点的同时，如何认真研究和注意吸取像德国抽象思辨那种惊人的深刻力量、英美经验论传统中的知性清晰与不惑精神、俄罗斯民族忧郁深沉的超越要求……使中国的实用理性极大地跨越一步，在更高的层次上重新构建，便是一件巨大而艰难的工作，也将是一个历史的漫长过程。

八 "世俗可神圣，亲爱在人间"

还用不用"哲学""本体"这些词？

马：《己卯五说》之后，2002年您又出版了它的"补篇"《历史本体论》。

李：此书原是上海三联稿约，但稿子寄到上海后，他们却不愿出，最后由董秀玉在北京三联很快出了，一字未删。北京三联那批老人都是好人，尤其是董秀玉，忠诚待人，办事周到，自己不出任何风头，很了不起。董秀玉有胆有识，十分难得。无论是从事政治和经济，还是从事学术和出版，都需要胆和识。可惜多数人或有胆无识，或有识无胆，所以做不成什么事。秀玉二者兼备，便作出事业来了。

马：这本书篇幅仍很小，但似乎比较完整地勾勒出您的哲学系统？

李：全书七万字。原来的标题叫《己卯五说补》。因为《己卯五说》一书原拟作为封笔之作，不料写完之后，觉得还有好些话没说或没说完，又随手写了些札记、提纲，整理了一下，便成了这个小册子，以作为《己卯五说》的补充。之所以改题为"历史本体论"（原称"人类学历史本体论"或"人类学本体论"），则是因为这个词汇（指原称）在我多年论著中虽不断提及，却从未专门说明过。特别是作为这个"论"的要点那三句话——"经验变先验，历史建理性，心理成本体"，既然被人嘲笑，就似乎更有必要向读者交代一下，因之便改成了现在的书名和各章节；又因"人类学"三字易生误解，且为通俗起见，就由原称改为现在的简称，但意义未变。当然，这本书并非我这个"论"的全部或整体，相反，它实际上只是画个非常简略和相当片断的大体轮廓，还有好些话没说完。写得也粗糙之至，我以为重要的地方，如全书首尾两节，偏偏着墨太少，而好些部分又过分累赘，但都没有写好、写清楚。真个是仓促成书，因陋就简。

马：写法上还是您的老路子？

李：对。没有多少论证和引证，直接说出自己的观点，甚至是跳跃性的表达和书写。所以，如果本书被人认为根本没有"学术"水平，不符学术规范，应该批判或铲除，那我也心甘情愿，觉得没什么关系。表达上走的仍是简白通俗之路，采取了与当今哲学之晦涩艰深大相径庭的"大众哲学"的通俗路径。我以为，"历史本体论"本是平易道理，毫不高深，因之也就直白道来，而不必说得那么弯弯曲曲，玄奥难懂。这可能又会被人嘲讽为"落伍""过时"。可惜我素来不大理会这些，我曾想请朋友刻一"上世纪中国人"的闲章，加印在书的封面上，以验明正身：这确是落后国家过时人物的作品，绝非跨世纪英豪们"与国际接轨"的高玄妙著。

马：这本书的第三章《心理本体与乐感文化》就具体讲到"情本体"。前面您谈"儒学四期"时说第四期的主题是"情欲论"，它以情为"本体"。现在，可以聊聊这个"情本体"了。这是您晚年思考的中心问题，有时您也将自己的"人类学历史本体论"直接简称为"情本体哲学"。这里的"本体"是什么意思？

李：这里有一个问题，"哲学""本体""精神""物质"这些来自西方的概念，到底还能不能用？马一浮先生曾游学英国，能用英文，而且翻译了一些东西，但他自己讲哲学不用现成的英文词汇，而是坚持用中国的词汇，但终于还是行不通。所以，是不是要回到马一浮不用西方词汇，而用道呀、理呀、气呀这类说法？恐怕不行。中国没有本体、存在之类的概念，那又该怎么办呢？我觉得还是得用西方的词，还是要讲本体、现象、本体论。但在用的时候，要特别小心，譬如讲中国的philosophy，就要把中国文化的特征结合进去。我觉得这个办法可能比较行得通，就是一方面讲这个东西，另一方面又知道它不是西方的那个东西。如我讲的"情本体"之"本体"一词，便不是康德所讲的与现象界相区别的本体界。1988年我在《华夏美学》结语部分就讲过："什么是本体？本体是最后的实在、一切的根源。"

讲"情"还算哲学吗？

马：中外哲学史上，似乎很少有人如此讲？

李：是的。因此，一个问题是：讲"情本体"还算不算"哲学"？从西方哲学史看，自苏格拉底、柏拉图、亚里士多德到康德、黑格尔为顶峰，理性特别是知性思辨作为获取真理的途径，一直成为哲学的主要课题。亚里士多德界定人是理性的动物，中世纪通由逻辑论证上帝的存在，到近代，理性更成为启蒙的话语、事物的准绳。情感一般视为属于文学艺术和宗教，虽然某些哲学家如休谟也强调论说过情感，但始终未成为哲学的主题。到克尔凯郭尔等存在主义兴起后有所改变，但仍然是情感被化为理性抽象来做本体论说。

在中国，先秦孔孟和郭店竹简原典儒学则对"情"有理论话语和哲学关切。"逝者如斯夫"、"汝安乎"（孔子）、"道始于情"（郭店）、"恻隐之心"（孟子），都将"情"作为某种根本或出发点。此"情"是情感，也是情境，它作为人间关系和人生活动的具体状态，被儒家认为是人道甚至天道之所生发。但是，秦汉之后，儒学变迁，情性分裂，性善情恶成为专制帝国统治子民的正统论断。宋明以降，"存天理灭人欲"更以

"道德律令"的绝对形态贬斥情欲。直到明中叶及清末康（有为）谭（嗣同）和五四运动，才有自然人性论对情欲的高度肯定和昂扬，却仍然缺乏哲学论证。其后，它很快又被革命中的修养理论和现代新儒家的道德形而上学从实践和理论上再次压倒。可见，自原典儒学之后，"情"在中国哲学也无地位。

马：与您以"情"为本不同，现代新儒学大讲以"心""性"为本。

李：二十世纪五十年代著名的张（君劢）、牟（宗三）、唐（君毅）、徐（复观）四人文化宣言便明确声称："心性之学乃中国文化的神髓所在。"牟宗三更多次申言："中国人生命的学问的中心就是心和性，因此可称为心性之学。"（《中国哲学的特质》）牟的代表作《心体与性体》，如同冯友兰的《新理学》一样，都是运用西方哲学的理性框架和逻辑范畴，以理性或道德为人生根本，构建哲学体系，基本上没有"情"的位置。但"心性之学"真是中国文化或中国哲学的"神髓"吗？哲学必须以理性或道德作为人的最高实在或本体特性吗？我表示怀疑。

马：钱穆、梁漱溟似也不赞同"心""性"为本，提过中国文化传统中"情"的问题。

李：他们没有系统受过西方哲学训练，但对中国传统的特质和根本深有领会。梁漱溟说，"周孔教化自亦不出于理知，而以情感为其根本"，"孔子学派以敦勉孝悌和一切仁厚胅挚之情为其最大特色"。（《中国文化要义》）钱穆说："宋儒说心统性情，毋宁可以说，在全部人生中，中国儒学思想，则更着重此心之情感部分，尤胜于其着重理知的部分。我们只能说，由理知来完成性情，不能说由性情来完成理知。情失于正，则流而为欲。中国儒家，极看重情欲之分异。人生应以情为主，但不能以欲为主。儒家论人生，主张节欲寡欲以至于无欲。但绝不许人寡情、绝情乃至于无情。"（《孔子与论语》）"知情意三者之间，实以情为主。"（《论语要略》）我觉得这比现代新儒家们讲得远为准确和通俗。但是无论梁或钱，对此未有更多说明，语焉不详，没有从哲学上展开，大都一

八　"世俗可神圣，亲爱在人间"

带而过。

马：现在又有一些学者大讲"仁""仁体""仁本体"等。

李：文章和书很不少，但至今学者们讲仁仍然是混沌一团。孔子讲仁明明显示了仁的不同面向，今天学者们讲仁却似乎只是仁爱（"仁者爱之理"，朱熹的老说法，但好些人并不同意），或加上一点很不清楚的什么东西，有的讲得甚至不知所云，仁这个概念的内涵外延始终不明不白。"仁"不清楚，"仁体""仁本体"就更如此了。因而我始终不知他们到底要说什么。"克己复礼"为"仁"，"克己复礼"就是"爱"吗？1980年我在《孔子再评价》中将"仁"确定为由交叉错综的四个方面组成的"文化心理结构"。就个体说，也就是"情理结构"。这"情理结构"远不止于个体心理，它的内圣开外王便表现在政治上，这是我多次提及的新内圣外王之道，因尚待现实实践成果，时日尚早，所以我说只能以后再讲。朱熹还强调"仁"是"全德"，与我的仁的结构在形式上倒有接近之处。

马：您曾屡次提及郭店竹简，1998年还写过一篇《初读〈郭店楚墓竹简〉印象纪要》，为何如此重视它？

李：好多年前，哲学所的同事和朋友叶秀山听我讲"情本体"，他说："你讲情感，那还算什么哲学？"西方哲学的确不讲情感，然而到了中国哲学或中国思想（不叫哲学叫思想也行，我的三本思想史论都不叫哲学史），其特点就是要讲情感。特别是郭店竹简出土后，正好证实了老祖宗是支持我的观点的。我特别高兴，也很得意，我讲情感是在郭店竹简出土之前。竹简里有很多这方面的内容，像"道始于情""礼生于情""礼因人之情而为之"等等。庞朴对我说，那简直就是"情感主义"。所以，我讲"情本体"才是真正继承中国的传统。

"双本体"之间不存在矛盾

马：有学人很困惑，觉得您既强调"体"是生活，是工具—社会本体，但又说"心理成本体"，提出情感本体，这样不就有两个"本体"了？它们之间不是存在矛盾吗？

李：美国的林同奇研究我的东西，他就问我，你这两个本体怎么过渡。我那篇《哲学探寻录》就想回答他的问题，一个是生、生存，一个是生的意义。这是两个不同层次，所以有这两个不同的本体。

我讲的很清楚，归根到底，是历史本体，同时向两个方向发展，一个向外，就是自然的人化，是工具—社会本体；另一个是向内，即内在自然的人化，就是心理—情感本体了。这两个"本体"有先后之分。历史本体论以人类逾百万年制造—使用—更新工具来获取食物、赢得生存的实践活动，以及这种实践活动经验所构成语言中的语义（理性）、智力和感受（包括秩序感、形式感等）来论证人类如何可能，强调工艺—社会和个体心理作为生存本体即人文和人性的双向进展。其中关键是文化向心理的历史积淀所形成的文化心理结构。感性源于个体实践的感觉经验，知性源于人类实践的心理形式，对个体和后代来说的先验认识形式，是由人类前辈经验所历史地积淀而形成的。这心理积淀不只是认识（理性内构），还有道德（理性凝聚）和审美（理性融化），它们是理性与情感错综交织所构成的"情理结构"，此复杂的"情理结构"即人性。为对立于以心、性为本体而突出此结构中的情感（它在根源上与生理欲望相联系，但有不同层次，高层超脱此联系），亦称之为"情本体"。情本体只是心理本体的一个部分。心理本体还有认知等，而情本体是将情凸显出来。

所以，"双本体"在我这里没有什么矛盾，恰恰是构成了一个整体。《哲学纲要》"双本体说"中明确说过："双本体（两个所谓最终实在）又仍有先后，即吃饭在先、精神在后，自然在先、人类在后也。之所以说'双'，为突出后者之相对独立性也。"具有相对独立性的内在心理的情理结构，可以帮助而不是决定外在社会的人文—工具结构。

马：不是还讲过"度的本体性"吗？

李：我讲"度"具有人赖以生存、生活的本体性，说的是"本体性"，而不是"本体"。历史本体论以"度"，而不是如黑格尔那样以"质"或"量"，作为哲学第一逻辑范畴。"度"首先是人在物质生产的操作活动中所把握的尺度，也就是技艺。正是生产操作中的技艺即对"恰到好处"的"度"的掌握，使人类得以维持生存和发展。"度"当然也是人在社会生活关系中所把握的尺度，以协调各种人际交往，使人类生存获得秩序和稳定。正是"度"才使"人活着"得以实现。它表现为科技（从原始石器工具到今日的电子世界等）的发明和发展，也表现为生活（从人类原始群体到今日国际社会）的进步和丰富。它没有先验的配方，只是"人活着"所不断创造、发现和积累的经验合理性，也即实用理性。

马：您抓住"情"，单单把"情"作为根本的东西，取代其他心理要素，会不会有所偏颇？

李：我这里讲的"情"，并不是一种简单的情绪，更不是动物的情欲。如上所说，情本体也只是心理本体的一个部分。人类的各种心理认知、情感是在制造和使用工具的实践中产生和发展的，我特别关注的是理性和情感的结构关系。它们的关系非常多样、复杂，例如，认识中感情与理智的关系不同于道德，也不同于审美。所以我讲认识是理性的内构，道德是理性的凝聚，只有在审美的时候，我认为理性与情感才相互交融。从这个意义上讲的"情本体"，是人之为人的最高、最重要的一种成果，也是很具体的。此外，我讲的审美是在使用工具的活动中不断得到的感受，达到对形式美的一种掌握，以后通过艺术独立发展起来，最后也归结到"情本体"。"情本体"并不是与理性、意志相分离的，而恰恰是它们的个综合体。它不只是情绪或情欲，但又可以包容它们。而且在审美中生物性、动物性的因素即情绪、情欲所占比重很大，但它们不同于动物性而仅有理性或多或少的渗入和交融，如我多次讲到的性爱。

马：您是从"工具本体"讲起，以"情感本体"告终？

李：以前，也许强调实践强调外在工具本体多了一些，但那是一个基础，不然一切都是空中楼阁，而且是与五六十年代的语境相联系的。但我的目标不是工具，而是情感。从八十年代至今，讲内在自然的人化，讲情感本体、心理本体就多了些。以后随着社会的发展，心理的问题包括情的问题会越来越突出，越来越重要。实际上这就是我所讲的"走出唯物史观，而指向心理"，即通过唯物史观解决生存问题之后所要面临的心理科目。就全人类说，这还非常遥远，还有一个漫长的历史行程，马克思并未涉及或讨论。但我很愿意讲，人类的未来最终将寄托在心理学和教育学的研究基础上，来做诗意栖居和个性发展的大同之梦。

情本体的线索

马：您这个"情本体"思想是从何时开始思考的？前面讲过，您在1956年提出的美感二重性中，似已有"情本体"的萌芽了。

李：那只可算是依端。1978年写的《孔子再评价》一文初步提出了。之后，八九十年代的《华夏美学》、《美学四讲》、主体性系列提纲、《哲学探寻录》、《论语今读》等均不同程度地涉及"情本体"。在1988年的一次访谈中，我曾说："我很想写一本书叫《情感本体论》。我总觉得，情感本身高于一切。"

马：1989年第四个提纲中您说："历史积淀的人性结构（文化心理结构、心理情感本体）对于个体，不应该是种强加和干预，何况'活着'的偶然性（从生下来被扔到人生旅途的遭遇和选择）和对它的感受，将使本体的承受、反抗、参与，大不同于建构工具本体，而具有神秘性、不确定性、多样性和挑战性。生命意义、人生意识和生活动力既来自积淀的人性，也来自对它的冲击和折腾，这就是常在而永恒的苦痛和欢乐本身。"有一节的标题就是"于是提出了建构心理本体特别是情感本体"。

李：不能只注意"情本体"这三个字，而不留意这思想本身。1985

年第三个提纲里,我已经说过这样的话:"于是,只有注意那有相对独立性的心理本体自身,时刻关注这个偶然性的生的每个片刻,使它变成是真正自己的。在自由直观的认识创造、自由意志的选择决定和自由享受的审美愉悦中,来参与构建这个本体。这一由无数个体偶然性所奋力追求的,构成了历史性和必然性。"这里就突出了个体感性追求的本体价值,已有"情本体"了。

马:1994年发表的《哲学探寻录》也谈到了情本体。

李:这篇文章简略勾勒了我的哲学。其中我将过去提到的"情感本体"稍微展开了一下,说它一方面是中国传统的延伸,另一方面似乎又可与"后现代"接头。因为"情感本体"恰恰是没有本体,这个本体,就"在伦常日用之中"。它已不再是传统意义上的本体了。这个形而上学即没有形而上学,它的"形而上"即在"形而下"之中。情感是多元的,怎么能构造一种情感作为本体来统治一切呢?这是不可能的。这同所谓的"心体""性体"不一样。宋明理学讲"心统性情",其实还是以"性"为体。性即理,构成了一种权力/知识结构的形而上学统治着人们。中国儒家的精髓是"情",不是"性"。

马:2005年您出版了《实用理性与乐感文化》,其中首篇是写于2004年的《论实用理性与乐感文化》篇,非常重要,对"情本体"作了较之前其他论著更系统更具体的展开和论证,是《哲学探寻录》《历史本体论》的推进和深化。

李:2004年这篇收入书前并未发表过。这个7万字的提纲性文章分为上下两篇。"实用理性"是我在《中国古代思想史论》中提出来的,有人认为大逆不道。既然是我提出来的,我就有责任把它解释清楚。我反对一些人的哲学只讲虚玄的大字眼、大口号,"实用理性"的目的之一也是刺激他们。中国文化是一种"乐感文化",情本体是乐感文化的核心。我的哲学把审美放到很高的地方,中国文化极端重视以生理为基础的精神心理和自然生命,重视知与行、灵与肉融合的审美境界,表现出一种不同于西方的乐感文化。在中国哲学中，这是"天人合一"的成果和表现。从源头上说，"天人合一"缘于巫的理性化。由于中国传统文化中不存在至高无上的上帝，因此"审美"在乐感文化中有着很崇高的地位。中国人的忧患意识在于：正因为没有上帝，才需要自己掌握命运，所以中国人更感到人生的悲剧性。

填补海德格尔

马：《哲学探寻录》结尾有一段话，我印象特深："慢慢走，欣赏啊。活着不易，品味人生吧。'当时只道是寻常'，其实一点也不寻常。即使'向西风回首，百事堪哀'，它融化在情感中，也充实了此在。也许，只有这样，才能战胜死亡，克服'忧''烦''畏'。只有这样，'道在伦常日用之中'才不是道德的律令、超越的上帝、疏离的精神、不动的理式，而是人际的温暖、欢乐的春天。它才可能既是精神又为物质，既是存在又是意识，是真正的生活、生命和人生。品味、珍惜、回首这些偶然，凄怆地欢度生的荒谬，珍重自己的情感生存，人就可以'知命'；人就不是机器，不是动物；'无'在这里便生成为'有'。"这可说是一段关于"情本体"的抒情诗！最后那句讲"无"和"有"，是针对海德格尔的吧？

李：对。海德格尔也讲情，但情在海德格尔那里是一种盲目的冲动，他的情是空的，他把本真和非本真分开，那是一个错误。而中国哲学，本真就在非本真中，无限就在有限中。他定要两分，那就有问题。他只强调自我选择、决断、走向明天，但怎么走呢？所以，他的哲学很容易为纳粹所用，所以我说海德格尔之后该是中国哲学登场的时候了。现在也许还太早了一点？也许需要编造一套西方哲学的抽象话语，否则就不算"哲学"？我要说的是，且不必管这些，让哲学主题回到世间人际的情感中来，让哲学形式回到日常生活中来。虽知万相皆非相，道是无情却有情。以眷恋、珍惜、感伤、了悟来替代那空洞而不可解决的"畏"和

"烦",来替代由它而激发出的后现代的"碎片"和"当下"。不是一切已成碎片只有当下真实,不是不可言说的存在神秘,不是绝对律令的上帝,而是人类自身实存与宇宙协同共在,才是根本所在。海德格尔的Dasein,其实可以翻译成"去在(是)",或译为"达在"也好(这好像是赵汀阳的翻译),按中国解释学,就是"去活",也就是我讲的"人活着"。

在《第四提纲》(1989)中,我借用朱熹批判佛家的话——只有极少的人注意到了这个引用——它恰恰可以应用到海德格尔的理论上。怎么让"空""无"变成实的东西呢?佛知空而执空,道知空而戏空,儒知空却执有,一无所靠而奋力自强。深知人生的荒凉、虚幻、谬误却珍惜此生,投入世界,让情感本体使虚无消失。所以,回到这个世界,回到人情当中,就在日常生活中达到哲学一宗教境界。"朱熹评说佛家:'只见个大浑沦的道理,至于精细节目,则未必知。'这对今日的海德格尔等人也适用。这个'精细节目',就是对心理本体特别是情感结构的具体探讨。"我就是要以情本体来填补海德格尔。

马:如何填补?

李:就是要想一想,你选择什么、决断什么。不要怕被批评为"非本真",也不要怕被说成"浅薄"。因为:第一,人是被扔入的,不是自己选择被生下来的,而生下来就有一种继续活的欲求,这是动物都有的本能,无法逃免。第二,人活在一个"与他人共存"的世界里,而与他人共同活在世界上,这就是"日常生活"。它是"非本真",也是"本真",就看你如何对待。情本体就是日常生活的生物欲求中渗透融合了理性。人的本能是极其强大的,但将它们人化,便使这强大变得丰富复杂,成为多样的"情"。即使包括"理性凝聚"的道德能力,也常常需要有人性情感的特定助力才能实现。所以,"以美启真"与"以美储善"都在揭示出有非语言、非理性所能控制和囊括的人生奥秘。"不汲汲于富贵,不戚戚于贫贱","水流心不竞,云在意俱迟",这不只是理性命令(凝聚),而且是情感性的人生态度、生活境界。所谓情本体,就在这日常的生活中,在当下的心境、情爱和"生命力"中,也即在爱情、故园情、人际温暖、漂泊和归宿的追求中。人应该是丰富而多元的，只有多样化的生活、实践，才能使人把握偶然性，消除异化，超越死亡，实现人本身，并参与建立心理本体。我想，这也就是填补海德格尔的"空"了。其实，这也就是重视生命本身，重视日常生活，把日常生活提升到哲学的本体高度，心甘情愿地回归我们普通的日常的人生，在其中而不在他处去努力寻觅奋力的生存和栖居的诗意。

马：您曾提出人生的"审美境界"。

李：对。它可以表现为对日常生活、人际经验的肯定性的感受、体验、领悟、珍惜、回味和省视；也可以表现为一己身心与自然、宇宙相沟通、交流、融解、认同、合一的神秘经验。这种神秘经验具有宗教性，直到幻想认同于某种人格神。但就中国传统说，它并不是那种得神恩天宠的狂喜，也不是在宗教戒律中的苦苦追求，而仍然是某种"理"（宇宙规律）、"欲"（一己身心）交融的情感快乐。也许，这就是庄子所谓的"天乐"。这种快乐并不是某种特定的感性快乐，即无所谓快乐与不快乐，而只是一种持续的情感、心境、mood，平宁淡远，无适无莫，这也就是某种生活境界和人生归宿了。

马：要是非常粗略地概括一下，那么，所谓情本体哲学，就是当人告别了上帝，告别了神，告别了深奥繁复的理念世界，也告别了莫须有的外星人，也即当人一无依傍的时候，只有回到自身，回到凡俗世界，回到日常生活，脚踏实地，老老实实生活，认认真真生活。

李：所以，"情本体"没有什么神秘的，"本体"即在真实的情感和情感的真实之中，就是对世间人际生活的"珍惜、眷恋、感伤、了悟"。"情本体"的基本范畴是"珍惜"。"一片花飞减却春，风飘万点正愁人"。今日，声色快乐的情欲和精神上的无所归依，使"在时间中"有限生存的个体偶然性和独特性分外突出，成为现代人生的主题常态。在商业化使一切同质化，人在各式各样的同质化快乐和各式各样的同质化迷茫、孤独、隔绝、寂寞、焦虑之中，如何去把握住自己独有的非同质的时间性，便不可能只是冲向未来，也不可能只是享乐当下，而该是"珍惜"那"在时间中"的人物、境迁、事件、偶在，使之成为"时间性"的此在。如何通过这个有限人生亦即自己感性生存的偶然、渺小去抓住无限和真实，"珍惜"便成为必要和充分条件。"情本体"之所以不去追求同质化的心、性、理、气，只确认此生偶在中的林林总总，也是因"珍惜"之故。珍惜这短暂偶在的生命、事件和与此相关的一切，才有诗意地栖居或栖居的诗意。任何个体都只是"在时间中"的过客而已，只有在"珍惜"的情本体中才可寻觅到那"时间性"的永恒或不朽。从而，世俗可神圣，亲爱在人间。

情本体的"内推"

马："关于"情本体"，您还讲过"内推"与"外推"。

李："外推"前面讲两德论时已说，此处不赘。内推则为"美育代宗教"的宗教哲学，即现代人感受深切的个体自身的存在意义问题。在现代社会，要战胜基于生理本能的具有强大冲击力的自然感性和具有同样力量的非理性情绪，要战胜死亡的恐惧、情欲的动荡、生活的苦恼、人生的烦闷、存在的空虚……是非常不容易的，这些苦恼烦闷空虚是钻入人的骨髓的。

马："美育代宗教"是蔡元培先生最早提出的。

李：《华夏美学》有一节专讲蔡元培的"美育代宗教"，我的"情本体"哲学承接此意。"美育代宗教"，或者说以中国传统为基础的"情本体"取代宗教，那是很远很远的事，我只是在哲学上提示一下可能的远景罢了。威廉·詹姆士的《宗教经验之种种》，描述了各种宗教神秘经验。我相信有这种神秘经验（我认为它们将来都可由脑科学作出实验回答），但人们以这些神秘经验证明上帝的存在，我却不信。我提出"理性

1998年，李泽厚（右三）与赵士林（右二）等人在川西藏民家中

的神秘",就是为了与这些神秘经验相区别。

马:"理性的神秘"?什么意思?它与"美育代宗教"有何关联?

李:宇宙的存在和在根本上会如此这般的存在(即这存在为何在根本上具有规律性,也即我说的"协同共在")是不能用理性去认识、解说的(至于可经验的宇宙—自然存在的具体规律性,则是人的发明,即可认识、解说的)。这也正是我在《论实用理性与乐感文化》中所讲的"物自体"就是宇宙本身,正是它可以引发更深刻的敬畏感和信仰体验,也可以与"感性的神秘"即神秘经验相沟通会合。因之,所谓"理性的神秘",是说不能通由理性认识的,但理性可以设想和思考其存在,它指的是可由理性推导,但不是理性所能认识和解答的这个物质性巨大实体作为敬畏对象的感情存在。"感性的神秘"或神秘经验可以由未来的脑科学做出解说、阐明,甚至复制,它的"神明"也就很难存在,变得并不神秘。"理性的神秘"却不是脑科学和心理学的对象,也不能由它们来解答。"世界如此存在"不是神秘经验,即不是"感性的神秘",而是由于超出因果等逻辑范畴从而理性无由处理和解答的"神秘",这大概是永远不可解答的最大的神秘,也是将永远吸引着人们去惊异、感叹、思索的神秘。人不能设想"无",只能设想"有"。

我提出"理性的神秘",那是因为"情本体"哲学把这种"人类与宇宙协同共在"设定为一种形而上学的"物自体"。没有这个形而上学的设定,感性经验就没有来源,形式力量和形式感也无从发生。"物自体"是康德的概念,是一个不可知的概念。宇宙究竟如何?不可知。宇宙为什么存在?不可知。宇宙自然的秩序井然的各种具体规律性,实际上与人类实践有关;但它的存在性(本体性)是否与人相关联呢?这是没法回答的。所以我说:规律性可讨论,存在性是个谜。我是无神论,但要说什么是神,这就是神。这是我唯一信奉的神。神当然是神秘的,不可知的。

这一"理性的神秘"同样可以引出敬畏和崇拜的宗教信仰和感情,实乃审美中"悦志悦神"的境界和情怀。"悦志悦神"作为审美状态,远不仅指欣赏和创作艺术，而更指生活和人生，并以此达到和创造现实生活中的最高境界，即"悦神"的天地境界。这境界仍然不脱离感性世界和人间生活。神圣性的"有情宇宙观"，使美学可以成为人生归依和生活最高境界，而替代宗教，这也就是将自己融入"参天地，赞化育"使后人永恒记忆的历史洪流中，它与回归上帝怀抱相比，并不逊色。"先天而天弗违"多么好，人与宇宙协同共在便不需要任何一位发号施令主宰人们的上帝了。"敬畏"的只是这个"天"也弗敢违的宇宙合规律性运转的神妙。如你夜晚面对星空，就可能产生某种准宗教性的感受或感情。这种"理性的神秘"才是我们真正"不知道或没法知道的问题"（而那些神秘经验恰恰是我们所"可能知道的"），它所引发的情感才可能是充满崇仰、敬畏的宗教或准宗教情感，我曾举过日本人看日出的例子（见《中日文化心理比较试说略稿》）。要说取代宗教，我指的就是这种"理性的神秘"引起的情怀、心境，有可能在将来取代随着科学进步而地盘越缩越小的经验性的神秘。那时蔡元培说的"美育代宗教"便有可能实现了。

马：您讲的那个"人与宇宙协同共在"的"理性的神秘"作为不可知的物自体，被人批评为只是"物理学的共在"，不可能具有令人敬畏、崇拜的精神性，从而也就与情感、心灵、信仰无关。

李：不然。的确是没有此物质性的存在便没有"历史的人"，但将这个物质性作为不可知的物自体来对待，这本身便是人的一种饱含情感信仰与心灵追索的理性、理念、信念。我不是常谈起夜望星空的感受吗，它并非一种认识行为，也不是物理学的探询，而完全可以是人的一种精神寄托、情感诉求和心灵归依。宇宙整体是超出人的经验范围的，任何人不可能经验到整个宇宙的存在。但这个宇宙并不发号施令，并不言讲宣说。"天何言哉，四时行焉，百物生焉，天何言哉"（《论语·阳货》），这难道不奇怪之极而足以信仰、敬畏吗？"神秘的不是世界怎样存在，而是世界竟然存在"（维特根斯坦），这不可以产生某种深层的情感信仰吗？

马：刚才您说"可经验的宇宙—自然存在的具体规律性，则是人的发明"。"具体规律"是人的"发明"？这不成了主观唯心主义？

李：我在《哲学纲要》谈认识论的答问中有《发现与发明》一节，很重要，是《"美育代宗教"答问》的续篇。过去我没有公开说过，出书前也没发表，不想太引人注意。前面讲过，宇宙为什么存在，这个问题超出了理性范围，解决不了。宇宙存在本身只是设定它有规律性，各种具体规律都是人"找出来"的发明。所有的发现其实都是发明。你说地球绕着太阳转，可以；说太阳绕着地球转，也可以。这是不同的视角，是不同的模型。当代大数学家迈克尔·阿蒂亚说过：数学都是"发明"。既然如此，现在搞科技不能不用数学，谁还能说自己是"发现"？所以霍金讲"宇宙是靠我的模型存在的"。宇宙有各种模型，这都是发明。我不同意霍金的是：宇宙并不是靠某种模型存在的，它是本来就存在的，是不可知的，所以叫它"物自体"。说到底，人的各种解释都是发明，不断的发明，看哪个"发明"能说得更周全一点，涵盖力更广大一些。

"历史进入形上"

马：您讲的"历史进入形上"问题，也与"美育代宗教"有关吧？

李：我一再说"历史进入形上"，却没人注意，但我以为十分重要。尽管这个命题似乎荒谬，但与我反对超验却主张超越密切相关，超越一己的有限——一己的生存、生命、生活、苦乐、悲欢、功业、名利、关系……面对青山绿水，进入美育代宗教，所以我说过"中国的山水画有如西方的十字架，几乎无处不在"这句很要害的话。正是"历史进入形上"，才能以丰足富饶、人所独有的情理结构，使人与宇宙物质性的协同共在具有多样而深沉的心灵内容而成为本体。也就是说，历史绝不只是一堆僵化的文本纪录，不只是所谓事迹、人物、数字、符号，它实际容载着的是无数世代人们生存生活的悲欢离合、偶在实然。中国诗文中那么多的咏史感时、伤春悲秋、吟山叹水……，便是以历史时间所产生的时间性的心灵审美进入超越的天地境界，它不是心、性道德的固定管束，而是并无实体却与宇宙节律（春秋代序、山川风物等）协同共在的超道德的情本体。此之谓"美学是第一哲学"。

马：但人的历史加入进来后，便创造了许许多多的悲喜剧目、成败得失、离合哀乐、存废断续，而这些都与超历史的宗教性情感毫无关系。

李：物是人非的历史性的感伤，恰恰使这些剧目确认了人的有限性，从而去追求无限。历史在消逝，客观时间在消逝，人都会死，事业都会泯灭，"有"都会走向"无"。而在中国传统文艺中所表露、传达、寄寓的物是人非之感，却恰恰让这个历史的客观时间主观化为情感的时间性，从而使"无"又变成"有"。人对历史的存在与消亡的这种情感领会、心灵感悟，使人对"去在"（Dasein）的人生更加珍惜，使生命价值、人生意义和归宿问题变得更为凸显。

我的历史本体论，就是"历史进入形上"。也就是形上形下不割裂、不隔绝，道不离器，理不离气，天道不离人道，先验出自经验，理性建自历史。但它并不与对那不可知晓的宇宙物自体存在的敬畏相矛盾，反而是它的延伸。历史是亿万人众千百万种悲欢离合的活生生的生命、生存、生活，它不是某种固定僵死的心、性、理、气、道，所以才说情本体乃无本体，它以活生生而变易深沉的个体情感为本体实在，所以才眷恋、感伤、了悟、珍惜自己这脆弱渺小的生命，而赋予它以伟大的命运归宿。历史是悲欢离合的人的具体生活，这才是具体的历史，这不就是情本体吗？以"悦神"的审美情感作天地境界，这不就是"与物质性的宇宙协同共在"的心理感受吗？

马：那就不要宗教了？

李：真正要以美育代宗教，为时尚早，而且只能在少数人群中做到。活着，活下去，并尽量活得开心、充实，实实在在，心安理得，我认为这是中国的一大传统。所以我归结为八个字："衣食住行、性健寿娱。"

但对那些神秘的东西，我持开放态度，不反对一部分人沉溺、陶醉其中，追求那种神秘。相信某种人格神的宗教信仰也许很长时期都难以改变，也不必改变。所以我一点也不反对有人去信上帝或信佛，这对社会和个人都有好处。

马：《南方人物周刊》（总第638期）封面人物"九十李泽厚：情与理"网上发布后，反响很大，24小时内阅读量就达到"10万＋"，在众多留言中，有一则说："我是把李老师的书当《圣经》来读的，受益之深可以说得上是'得救'。"

李：哈哈，这太夸张了。

马：这种特殊的阅读感受和体验，大概是学者、教授们很少读出的吧？（笑）虽略嫌夸张，但我是比较认同的，因为我也有这种感受。读您的书，除了可获得观察历史、社会和政治等方面的独特视角和深刻启迪，似乎还能得到某种类似"宗教"的灵魂安抚和心灵慰藉，从而影响自己对人生价值和人生意义的看法。我一直把您的"情本体"哲学视为探寻人生之谜和终极关怀的瑰丽诗章，是在为中国人乃至人类探寻安放灵魂的"家园"。

李：也有人曾当面讲过类似的话。

马：我知道您能背诵《约翰福音》第一章。在您的一生中，有没有那么一刻，产生过有神的想法？

李：从未有过。命运是自己决定的，我从来不信神。

该中国哲学登场了？

马：您的这个情本体哲学构想，与国内思潮有关吗？

李：和国内的思潮没有太大关系，但和世界的思潮有关系。后现代哲学表现了目前人类生活中的一种困境：一切都撕破了，一切规则都打破了，尼采说上帝死了，福柯说人也死了，没有什么整个的人类，也没有什么整个的个体，连自我都没有了。那么，到底如何活下去？也就是说如何对待自己的命运，不仅个体，还包括人类、民族？人的孤单、无聊，人生的荒诞、异化，都达到了空前的程度。在这样的时候，面对种种后现代思潮，我提出情本体，也可以说是世界性问题使然吧。没有海德格尔，没有现在这种世界性难题，也不会有情本体。这正是情本体提出的前提环境，它既是现实生活的，又是哲学自身的。

马：存在主义也认为人生是偶然的、孤单的、荒诞的，只能自己做出选择。

李：但做什么选择不知道，所以是空的，那只是形式。中国式的情本体不是这样，它是有内容的，那就是对普通的日常生活的珍惜、眷恋、感伤和了悟。近日偶读罗尔斯生前未发表的"On My Religion"短文，深有感触，在失去信仰上帝之后，如何寄托此生？自由主义的政治哲学能替代或作为情感性的宗教信仰吗？哈贝马斯 2015 年在美国接受 John W. Kluge Prize（克鲁格奖）答谢词中也仍然显示出知识（启蒙）与信仰（宗教）在西方现代的纠缠难解。人"如何活"和"活的意义"的命运问题仍然是哲学难题，令人彷徨困惑，无所适从。这似乎更使人感到有"情本体"特色的中国哲学可以登场了。

马：情本体与英国经验派哲学的情感主义、心理主义以及法国的爱尔维修如何区别？

李：简言之，就是一从个体保存（自身）、感觉（快乐）、"良知"（第六感官）出发，一从人类总体历史性的积淀出发；一重心理经验内容，一重心理"先验"形式（情理结构）；一繁细描述和分类种种情感，一简要提出"三句教"（经验变先验，历史建理性，心理成本体）。

马：您的情本体哲学在中外哲学史上似没人这样讲过。我觉得，"情本体"虽根植于中国，却具有普世意义。

李：巫史传统以"一个世界"即充分肯定这个世界的生命、生存、生活而具有的积极乐观的正面情感，显出大不同于"万物俱空俱幻影""生而有罪待拯救""这个世界不值得活"等诸多宗教、哲理的中国特色。这个特色具有普世意义，会在未来随着中国的强大而被普遍接受。情理交融追求人与自然的和谐、人际和谐、身心和谐，会越过由于划分两个世界从而追求超越和理性至上而取得优势。由于有理性的渗透、参与，情更实在、多样、充实、复杂而细密。它是人类历史和个体教育的成果，即内在自然的人化，但仍然是人，而非先验或超验的理、神，也不是自然生理的动物本能。使人在这个世界的生命、生存、生活不断通由各种艰难困顿却依然坚韧续延，具有了神圣性质，且不把这神圣性归于彼岸天国，而是落实在此际人生。"情本体"以中国传统为基础，却是一种世界性视角。我希望在未来，中国哲学能走进世界、登场世界。

马：乐黛云先生几年前讲过："李泽厚是当代很重要的学者，……李泽厚提出'情本体'，引起西方学者很大共鸣。西方自文艺复兴后主要讲理性，可中国一再讲的是情理，有情有理，用情理代替纯理性。……我们首先需要一种新理论的崛起，李泽厚的'情本体'理论就是开始。"（《关于中国文化面向世界的几点思考》）但真要能被西方人接受，恐怕不是一件容易的事。

李：西方人对中国的了解太少了，正如他们看京剧，还停留在《大闹天宫》的水平。1992年我在《美的历程》德文版序中讲过这个问题。"情本体"的背后有个中国传统，就是我前面说的"天地国亲师"，要西方人信仰这样的东西是很难的事，我猜想可能要两百年以后吧。那也没什么，在人类历史上，两百年很短啊。当然啦，我还讲过，就是在中国要让人接受我的这套东西，也要有很长的时间。中国逐渐开始强大，国外迫切需要了解中国的思想，因为强大起来总有些原因吧。所以我就在笑，将来我的书留下来，恐怕首先是在西方，而不在中国。很有可能还是西方先接受，中国学人老跟着西方嘛。也很可能别的地方接受了我的理论，哲学界要到最后才接受。

与刘绪源的对话

马：我相信您的"情本体"定会登场世界。（笑）……对了，2011、2012年您不是出过以"中国哲学登场"为主题的两本对话集吗，一本是《该中国哲学登场了？》，一本是《中国哲学如何登场？》，反响很不错。

李：这是我和刘绪源先生搞的两次对话。刘比我小二十余岁。当时他正开始研究儿童审美心理的产生和发展，并从婴儿出生到四岁的仔细观察记录中，形成了关于人性情感源于动物性情绪渗入想象—认识等初步结论，出版了专著《美育幼童——从婴幼儿看审美发生》，与我提倡的实践美学极为契合。我曾说，期待二十年之后出现一个在儿童情感心理学领域的中国的皮亚杰（他主要是在儿童认识心理学领域），他却不幸于2017年突发癌症三个月后去世，至今想起，仍不胜伤感。

马：对这两本书，陈来教授有段评价："在这两部访谈中，他总结性地、集中地谈了自己的哲学要点，对中国哲学对当代世界哲学的可能参与，也提出了不少建设性的意见。我很赞赏这些对话，既欣赏这种谈哲学的形式，也欣赏李泽厚谈哲学的态度，欣赏他的哲学观，虽然我并不都赞成他主张的情本体哲学。他晚年的哲学访谈，摆脱了世俗哲学写作的烦琐无谓的论证和舞文弄墨的铺陈，以简白直接的方式，陈述其哲学要义，对中国哲学的当代建构提出了重要的意见和主张。总的来说，这些意见和主张是富有启发性的。"

李：谢谢他的评论。这两本访谈，乃我陈年旧说，旨意均在"走出语言"，指向历史构建之心理即情本体（情理结构）。

马：周汝昌先生也"听读"了（周已目盲，靠家人读）您与刘绪源关于《红楼梦》的对话，还专门著文《红楼美学真理真师》(《今晚报》2011年8月11日)。他说："我没有想到，李先生会对考证有很大的兴趣，他十分懂得考证是怎么回事。……李先生郑重指出：《红楼梦》中的感情是东方人的感情特色，西方读者就不容易体会得出来。这种东方感情的背后隐藏着一种深深的悲感。这些重要而复杂的问题，出自李先生之口，显得那么自然、通俗、明白、顺势，给人以心胸畅然称快之感。……同时还有一种语言表达的享受，就是'恳切'二字。语言的恳切是大学者和仁人君子的美德。什么是恳切？'恳'就是真诚，'切'就是渗透。……这回我才找到了真师和真理。"

李：周先生还托人转赠我一首诗。周的《红楼梦新证》，五十年代我就读过，一直很喜欢。我认为周是百年来红学研究最有成就者。我对《红楼梦》极有兴趣，也有很多想法。我觉得真假宝玉，可能是两代人，把两代人和事混淆在一起写，似假还真，似真又假。当然其中关键就是发生在乾隆朝的那件大案与曹家的关系，还没找出材料来。所以我可以澄清，说我对《红楼梦》不感兴趣，不对，我非常有兴趣。我感兴趣的主要还不是它的艺术方面，而是考证、探佚方面，尽管有些考证、探佚因未把握好"度"而失真，但还是有味道。可要是真钻进去了，一入侯门深似海，就迷在里边出不来了，别的事都不能做了。所以我只是看人家考证，自己不进去。这都是些闲话了。（笑）

第五篇

"原意难寻，六经注我"

（1992—2021，下）

一 "思想家淡出，学问家凸显"

正确的废话

马：九十年代，您提出的"思想家淡出，学问家凸显"，曾引起不小的争议。

李：那是1993年我给香港《二十一世纪》杂志"三边互动"栏目写的三百字左右信中的一句话，不是什么正式文章，后来很多人引用，但并不知道是我提的。用了一段时间以后才找到源头，原来在我这里。

我提出这个看法本是对当时现象的一种描述，并没有作价值判断，也没有说是好是坏。当时的情况是，九十年代初，流行钻故纸堆，避开政治思想，风靡一时的是"回到乾嘉""乾嘉才是学问正统，学术就是考证，其他一律均狗屁""只有学问家，没有什么思想家"等等。同时，陈寅恪、王国维、钱锺书被抬得极高，对胡适、鲁迅、陈独秀这批人的研究也没多大兴趣了。对此，我是不大赞同的。当然，这种现象有其客观原因，大家心知肚明。现在好多人已经淡忘或不知道这些事了。

马：王元化先生对您这个说法很有意见。

李：哈哈，我的那说法被误读了，以为我反对搞学问。王元化先生当时正在创办《学术集林》丛刊，同时也出丛书，是严格意义上的文史学术类集刊。他以为我是向他发难,于是在上海就提出"要做有思想的学问家和有学问的思想家"。其实与他根本无关,当时我在美国,也不知道他在搞《学术集林》之类。王元化的讲法,我觉得意义不大,有哪个真正的思想家没有学问作根底,又有哪个真正的学问家没有一定的思想呢?难道陈寅恪、王国维他们没有思想?难道鲁迅、胡适他们一点学问也没有?王元化的说法恰恰把当时那重要的现象给掩盖了。但王这句话后来被认为是定论,认为这才是全面的、公允的、正确的提法。

一位朋友说,实际上,王元化这句是"正确的废话"。(笑)正如以前我的一些朋友也是著名的学者如周策纵、傅伟勋,提出"中西互为体用""中学为体,西学也为体"等,来反对我的"西体中用",看来很正确、公允、全面,其实没有意义,等于什么也没说。

即使抛开九十年代初的具体情况来一般说,王国维、陈寅恪、钱锺书仍然很不同于胡适、鲁迅、陈独秀。尽管陈独秀的小学做得很好,胡适也搞过考证(但因此捧胡为国学大师,就非常好笑),鲁迅的《中国小说史略》也证明他有学问,但他们毕竟不是以这些学问而是以他们思想的广泛和巨大影响而闻名的。现代中国如果没有胡适、陈独秀、鲁迅,与如果没有王国维、陈寅恪、钱锺书相比,情况恐怕会大不一样吧?可见,这两批人之间有差别,或者说有很大的差别,"思想"与"学问"也有显著的不同。但王元化"要做有思想的学问家和有学问的思想家"的说法,一下就把这种差别、不同拉平了。这就没有意义了。

马:我读过《王元化晚年谈话录》,里面谈到过您。顺便问一下,有人说王元化先生给中国指出了一条更好的道路,对此您怎么看?

李:有人将谈话录的一些内容发给我,因目力不行,匆匆过目。可惜提及我的有关事情,均离真实很远,包括他以前发表在《九十年代日记》中的数则,也不知是有意还是无意记错。

王的书我是看的,人是一个好人,对我也不错,我去上海也看过他,但他到底讲了什么,我并不清楚。反正著作都在,人们可去细读而作出判断。

各有所长、各有其用

马：在您看来，"思想家"与"学问家"到底有哪些不同？

李：简单讲四点。第一，学问家需要基础扎实、厚积薄发，在知识结构上，思想家也许不如学问家精专，但在广博上则常有过之。思想家必须具有广阔视野和强有力的综合把握能力，才能从大千世界中抓住某些关键或重点，提出问题，或尖锐或深刻，反射出时代心音，从而才能震撼人心而成为思想家。可见，要求于思想家的这种种能力便是不可多得，而光有能力，没有足够的学识也还是不行。这就是为什么那么多的宏观论著，那么多想当思想家的人中，却只有极少数论著和人物能成为真正的思想论著或思想家的原因。古往今来的学问家何止千数，而大思想家又有多少？即使"小"却能真正长久广泛影响人们的思想家恐怕也为数不多。

第二，思想家不仅需要广阔的智力资源，在情感、意志、品格方面也有更多要求。人格中对历史和现实的承担意识和悲悯情怀，便常常是其创造性工作的原动力。学问家的工作一定程度上可以被电脑之类的机器所代替，思想家的工作则不可能。

第三，真正的大学问家又多少具备某些思想家的品格。他们的著作不仅有其专业领域内的价值，而且有时超出其专业，具有某种更广泛的"思想"意义。王国维的历史研究所采取的近代方法与他对西方哲学的兴趣有关，并渗透了他对人生的思索，具有思想史的某种意义。陈寅恪之所以能"较乾嘉诸老，更上一层楼"，也在于他有充满时代特色的文化感受、思索和判断，陈著以"思想"（观点、方法）而非"材料"胜。但他们仍然是学问家而非思想家。

第四，就社会作用或历史意义说，思想家与学问家也是大不一样的。设想一下现代中国如果没有鲁迅、胡适、陈独秀，情况会有怎样的不同？

李泽厚在北京家中

如果没有王国维、陈寅恪、钱锺书呢，情况又是怎样？今日看来，陈、胡算不上什么真正的"思想家"，但他们在思想史上的地位，却比王、陈、钱重要，尽管在学术史上也许相反。当然，如同学问家有大小一样，思想家也有大小之分，两者都有各种层次的差异和等级。此外，还有两者不同程度和形态的混合或突显，如所谓刺猬与狐狸，等等。

马：中国现在是需要思想家还是学问家？

李：各有所长、各有其用，互不可替代，不必一定要比个高低上下。不同时代需要不同的人，同一时代也需要不同的人，这样才有意义。我们当然需要有一些（数量不必多）年轻人去勇敢地创造大小"思想"。现在有一种观点，认为只有考据、微观、实证才是真功夫，"思想"则既不能称为学问，对社会也并无用途；而且似乎谈思想、搞宏观是非常容易的事，不需要下扎实的功夫，却可以名利双收，因此颇为鄙薄，这都是不对的。但是，我更强调的是，中国需要有大批（人数多多益善）从事各种专业研究的大小专家。我向来反对连基本的知识也没有，就去建构空中楼阁的思想体系和所谓的"思想家"。我早在八十年代就说过，中国在现代化进程中需要大量的专家，自然科学、社会科学是这样，人文学科也是这样，各种各样专家的大量涌现，是时代的需要。

马：但专家也有不同层次之分。

李：学术大师如王国维、陈寅恪就是大专家。他们从事于某个具体领域，做极精深的研究，进而为其所在的领域树立规范，其中也有人触类旁通，突破原有领域，从而成为规范一代学术的大师。学术大师是从专家中产生的。如陈寅恪、冯友兰、金岳霖、汤用彤、钱穆等，就是典型的由专家而成为学术大师者，他们分别在各自的领域中制定了学术规范。成就学术大师，和每个人的素质、条件、机遇有关，和时代条件和学术积累也有很大关系，而路还是要从专家之路走起，但这并不是说要终守一艺、自设樊篱、自我限制。现今学术发展最为需要的正是大量从事微观研究的专家，学术大师也只能从他们中间成长起来。这是我们这个时代的特点，也是我特别呼吁中国要抓紧培养自己的大量学术专家的一个原因。

马：哲学史、思想史、学术史三者的主要不同在哪里？

李：简单说，"哲学史"记载可独立于特定时空环境却具有启发思维、影响人生的长久（甚至永恒）价值的思想家的视角和命题。如柏拉图的共相、亚里士多德的个体、康德的知情意三分、黑格尔的逻辑、孔子的仁、老子的道、朱熹的理、阳明的心等等。"思想史"则须联结具体时空环境来阐解思想的当时意义和后世影响。"学术史"是某专业知识、创获、成就的历史。如经学史、史学史等，其性质与哲学史、思想史也不相同。当然，三者容有交叉相织处，如立于某一专业学术却获有某种普遍意义的成果，如此等等，但仍不应混而同之。且三者均有多种写法，亦应多元发展，不能一统江山。

马：思想史与政治史呢？

李：如果说政治史更多是在大量的事件、人物活动和各种机遇中展现出历史的必然与偶然，应该更多在史实的详尽活泼的剪裁记述中看出历史的前进或倒退；那么，思想史则将以更直接更赤裸也更枯燥的逻辑形式来表现出人类生存的境况和趋向。非必然性的许多东西，从人物的生平活动，到某些不相干的思想、学术，以及思想本身无关宏旨的某些细节等，都可以摈除在描写论述之外。黑格尔曾认为，哲学史和政治史相反，在后者中，个人的品格、天赋、气质是行动和事件的主体；在哲学史中，无个人特性可言的思维本身才是历史的创造性的主体。黑格尔这一观点虽然片面，即其"绝对精神"在作怪，思想仍有其偶然，但还是深刻的。微不足道的细节或人物有时可以在政治事件中起决定性作用，思想史则不发生这种情况。政治史中充满了繁复多变的偶然和机遇，思想史却不然，它指示着某种实然的行程。

不应追求成为"哲学王"

马：您曾提出，哲学家不能去做什么"哲学王"，也不应追求成为"帝王师"。

李：政治与学术，政治家与学者的关系，本身就是一个值得研讨的重要课题。我有一个观点，过去也曾经说过：理论家与实践家，哲学家、思想家与革命家、政治家，不能混为一谈，应该作出明确分工，无需集于一身。理论可以不计当前厉害，需要长期讨论和反复争辩，可以多种多样、百家争鸣；政治则需要根据当下形势、利害，尽快确定方案，鼓励执行，需要的是意志集中、行动统一，政治会对理论进行选择或折中，但经常只允许一种。二者在思维方式上是不一样的，若是同一批人，就会相互渗透和影响，就很可能使两个方面都发生误导。当然，理论家和政治家也有各种不同的层次和种类，也有互相交叉渗透的各种情况，这里讲的是一种韦伯所谓的"理想型"的划分。

马：但"学而优则仕"是中国传统知识分子的人生道路，"士"和"大夫"（有官职）总连在一起，所以从古到今，总有好些学人想着"应帝王"，做"帝王师"。

李：其实在近现代做一个独立学人就非常好。"河汾房杜有人疑，名位千秋处士卑"（龚自珍诗）。休谟靠版税，康德靠他艰辛的授课为生，他们在后世的"名位"已远远超过当年的公卿宰相了，何必再"学成文武艺，货与帝王家"呢？"帝王"愿意采用你的理论学说固然好，不用也自有其价值。即使用了，也可以由别人去做。做学问与做官僚，需要不同的本领，这我在五十年代便想清楚了。当然有人很愿意也很能够"双肩挑"，但却不必成为现代学人的榜样和方向。有人说过，西方有些哲学家也想作"帝王师",柏拉图、黑格尔、海德格尔便如此,只有康德例外。还是多元选择,自己决断吧。

想起贺麟先生一事。贺曾对我说,一个伟大的政治领袖一定同时有一个伟大的哲学家陪同,我至今记得贺麟和我聊及蒋介石接见他,拍他肩膀时的兴奋神态,说蒋对他远比对冯友兰器重。我认为贺虽然主要弄西方哲学,但还是中国"学而优则仕"的传统。包括冯友兰也如此。他们都是非常优秀的一流学者,却总有这种作大官的心态,当时非常奇怪,现在看来仍是孔老夫子的传统,不甘淡泊书斋过一生。当今中国好些学人何尝不是如此?

马:您与贺麟先生有交往吗?

李:我与贺交往很多,是老辈哲学家中最熟知的。他对我讲了许多至今未被披露的重要话题。

马:可细说一下。

李:不讲了,要讲那就太多了,包括与金岳霖等人的交往。贺先生多次到我家来聊天,其他老辈学人没有来过。贺诚恳老实,注重自我修养,是个好人。他译的黑格尔的《小逻辑》对我影响很大,超过了其他的书。我先读的就是贺的译本,看得早,也下了功夫。贺崇信马列,八十多岁还入了党。贺并没有提出什么东西,当然他说过:冯友兰是朱熹,他是王阳明。他是想,但没有找出什么东西。

马:能否请您对中国目前的文化思想领域的整体现状下一个简短判语——如那句著名的"思想家淡出,学问家凸显"一样?

李:我从不敢下所谓的"判语",那句话也只是现象描述。多年前我讲过,目前中国文化似乎是"四星高照,何处人文"?所谓"四星"者,影星、球星、歌星、节目主持人也。不是说"人文"没有了,而是到哪里去找人文？这是我愿意提出的一个问题。但我以为不必担忧。我说过，中国人多，现在硕士、博士也多，100个人文博士里有三五个愿意做点思想学术，就足够了。况且人文也不只是思想学术。

二　什么是哲学？

科学＋诗

马：有的人为名利活，有的人为儿女活，有的人为国家民族活，您为什么而活？

李：我的意愿是为人类活，所以我的书叫《人类学历史本体论》。我是一位国际主义者，不是民族主义者，我欣赏马克思的话，为人类而工作。我提出的情本体或者说人类学历史本体论，是一种世界的视角、人类的视角，不是一种民族的视角，也不只是中国视角，但又是以中国的传统为基础来看世界。所以我说我是"人类视角，中国眼光"。

马：您曾讲过，哲学是"科学加诗"。

李：我不认为哲学只是分析语言的学科，也不认为哲学只是科学方法论，不管这种方法论的范围如何广大，哲学始终是科学加诗。这个"加"当然不是两种事物的拼凑，而是指具有这两个方面的内容、因素或成分。它有科学的方面和内容，即有对现实（自然、社会）的根本倾向作概括领悟的方面，但并非某种科学的经验论证；同时它也有特定时代、社会的人们的意向、欲求、情致表现的方面，其中总包含有某种朦胧的、暂时不能为科学所把握所规定的东西，这些东西又总与人的本质、人生的价值和意义、人的命运和诗情纠缠在一起。每个不同的时代和社会，都会赋予这些永恒课题以具体的新内容。所以，真、善、美这些古老课题及其哲学探讨，既不断变化又万古常新，每一个时代、每一种学派都将对这些涉及人类价值的基本课题和语词作出自己的回答和应用。正因为这些回答和应用涉及的经常是整个人生和世界，它就影响、支配、决定了对其他许多问题的回答和探讨。

马：当今社会，哲学还有什么功能？

李：哲学的功能不在感染（诗），不在教导（科学），只在启悟。所以，哲学是智慧，这智慧不是知性认识，也不是情感陶冶，而是诉于情理结构整体的某种追求、探询和了悟，也即提供某种对世界和人生的意见、看法、视角、眼界、思路，从而可能给人提供某种生活和心灵的境界。

马：海德格尔提出"哲学的终结"，您怎么看？

李：海德格尔讲的是以希腊哲学为标本的、我称之为"狭义的"形而上学的终结，是从古希腊以来的哲学的本体论，或者叫存在论，那是用思辨的方式探索 Being（存在）的纯理性追求的某种"终结"。他认为从柏拉图到尼采，统统都是形而上学，都应该抛掉。所以他说哲学终结，思想开始。他说自己不是哲学家，而是思想者。他认为旧的形而上学没有了。像胡塞尔、海德格尔都认为希腊哲学才算哲学，这都指向超验的纯粹思辨。

马：2001年西方解构主义大师德里达访问中国时，讲过"中国没有哲学"，这令许多中国学人大为不满。

李：哈，其实，他是在推崇中国。德里达指的是"狭义的形而上学"，所以认为"中国没有哲学"。中国传统确实没有本质主义，没有二元分割，没有本体论（存在论），没有为后现代所反对的种种"狭义的形而上学"的特征。但中国一直有"广义的形而上学"，西方经常把它放在那种纯粹思辨的语言中处理。但语言、词语的普遍性意义究竟何在？翻译的可能性何来？也成了哲学问题。中国缺少遵循严格逻辑的抽象思辨，柏拉图学院高挂"不懂几何学者不得入内"，中国便无此传统。这当然是很大的缺点。但也有优点。现在西方的所谓"后哲学"，我认为就是想从思辨的狭义的形而上学转变到那种以生活为基础的哲学。中国有没有哲学呢？有，就是那种"后哲学"。生活大于语言，也大于几何学，语言的普遍性意义和翻译的可能性来自人类衣食住行的普遍性。所以我说中国哲学和后现代哲学在这里恰恰是可以接头的。

思索命运

马：那么，在您眼里，哲学应是什么？

李：哲学思索命运。

马："命运"？似乎没人这样讲过。

李：哲学到底研究什么？简单一句话说，我认为就是研究"命运"——人类的命运和个人的命运。人性、情感、偶然，是我所企望的哲学的命运主题。记得是1978年，于光远召集一个小型会议，会上谈到什么是哲学、哲学研究什么，问了许多人，各人有各人的说法，都大同小异。问到我的时候，我说："哲学研究命运。"他顿了一下，我也没有继续讲，别人大概也听愣了。（笑）

马：最重要的哲学问题是什么？

李：人类命运问题。我有世界主义倾向，不仅关注中国人的命运，也关注人类的命运。当然，中国人多，解决了中国问题，对人类有重大意义。

马：最重要的哲学概念是什么？

李：还是命运。它能成为今天的哲学"概念"吗？恐怕不可能。但我仍然认为，命运，也就是人（人类和个体）的"立命"问题，应是哲学的核心。

例如，今天人类面临着一个可以毁灭自己整个族类的时代。这就关切到人类的命运。过去，无论冷兵器时代、热兵器时代，都没有过，这是现代高科技迅猛发展的结果。为什么西方反科技的声音那么强，包括海德格尔要那么大声疾呼反对科技？就因为现代科技的确威胁着人类自身的生存。对核战争的担心就是一个例子。这个问题，哲学应该予以考虑，这也是一种"究天人之际"。

马：您讲"命运"的主题是"人性、情感、偶然"，它们确实很重要，特别是在现代。

李：非常重要。比如，到底什么是人性，或人性是什么，这是古今中外谈论了几千年而至今并无定论的大问题。我的哲学主题是以"人类如何可能"来回答"人性"（包括心灵）是什么，这也就是"双本体"（工具本体和心理本体）的塑建问题。几十年讲来讲去无非是这一主题的展开，这倒似乎是前人在哲学上没有做过的，而且还有现实意义，因为随"告别革命"之后的便是"建设中国"。如此巨大的时空实体，如何建设？对世界、对人类将有何影响？兹事体大，谈何容易。前景茫茫，命运难卜；路途漫长，任重道远。

再如，偶然问题。后现代哲学把它讲得很充分，我就不展开了，只简单说几句。《批判哲学的批判》和几个主体性提纲，就是强调偶然以对抗当时盛赞的必然性、决定性。在自然领域，有人胡说量子也有"自由意志"，其实说的就是这个"偶然"，量子力学不是机械力学和传统决定论所能解释的。但偶然又不是毫无因果、毫无秩序可寻。量子力学也有概率性的规则在。审美和艺术是自由性、偶然性最大的领域，我曾以DNA来比拟其多样、复杂和变异，但也仍然有秩序可寻。我在《认识论答问》（2008、2010）中又强调了秩序和秩序感的重要。我说"天地有生之德"的"生生不已"正是靠秩序而维持，"日月行焉""万物生焉""天地有大美而不言，四时有明法而不议"，这"行"这"生"这"法"这"美"便是秩序，却又充满着千变万化的偶然，所以才有"以美储善""以美启真"。"情本体"哲学指向的是这个神秘的宇宙存在及其秩序和偶然性。所以认识论不只是逻辑学，也不只是心理学。

历史更充满偶然。从人类看，所谓"必然"也只是从千百年历史长河看的某种趋势和走向，如工具的改进、经济的增长、生活的改善，但对一个人、一代人甚或几代人来说，却没有这种必然；相反，无不充满着偶然。人类的命运由人自己去决定、去选择、去成就。每个人都在参与创造总体的历史，影响总体的历史。从个体看更是如此。个体的命运愈益由自己而不是外在的权威、环境、条件、力量、意识所决定，从而偶然性愈益突出。在时间上，人将愈益占有更多的纯粹由自己支配的自由时间，不再终日停留和消耗在某种服务社会的机器里，这便可以愈益自由地选择、把握、支配、决定自己的行动和生活。在空间上，作为世界人，活动的空间急剧扩大，人际接触和交流愈益频繁多样，生活状态愈益多元丰富，不可控制、不可预计的成分也愈益加多，这也使偶然性急剧增大和变得非常重要。从而，人对自己的现实和未来的焦虑、关心、无把握感也愈益增大，也即命运感加重。求签卜卦的人会更多，人也会愈益深刻地感到自己被偶然地扔掷在这个世界中，孤独、荒谬、无可依靠、无所归宿，于是只有自己去寻找、去确定、去构建自己的命运。人生即在此偶然性的旅途中，自己去制造戏剧高潮。

可以是提纲，不必是巨著

马：从早年的《论美感、美和艺术》到后来的《批判》，可以看出您倾向于建立一个体系，但至今都没有撰写一部涵盖您思想各个方面的体系性的论著。

李：这要看你所谓的"体系"是什么意思。早年受黑格尔和其他一些哲学的影响,我对建立体系有兴趣。后来我反对故意构造体系。我不以为非要去构建一个无所不包的形而上学新理论,那个时代早已过去。体系总是试图给人一套规范式的东西,这套东西经常管制着人家,成为所谓知识—权力结构。

从内容讲,用过于清晰的推论语言和知性思辨的体系著作便无法真正把握哲学的精神,正如用理性来论证上帝的存在（已为康德所驳难）、用理论来解说诗一样,既不可能,也没意义。它们只成为解构的对象。从形式说,我不大喜欢德国那种沉重做法,写了三大卷,还只是"导论"。我更欣赏《老子》五千言和那些禅宗公案,《论语》篇幅也远小于《圣经》,但它们的意味、价值、作用并不低,反而可以玩味无穷。你能说它们没有"体系"吗？没有巨著就不是哲学吗？所以,从这两方面讲,我都认为哲学可以是提纲,不必是巨著。

马:但您的《人类学历史本体论》尽管由不同论著重新组装而成,却融会贯通,自成一体,难道不是一部系统性的哲学著作吗？有学者还将您的哲学分为"纯粹哲学""历史哲学""伦理哲学""政治哲学""文化哲学""美学哲学"六大块。

李:这本提纲性的书只是我的视角。当然,你硬要说它是所谓"体系",也无不可。

马:一个有趣的现象是,您晚年的哲学论述大多采用通俗答问体。

李:是也。这可能让许多学人颇不以为然。哲学本是从对话、答问开始的,老祖宗孔、孟和西方的柏拉图不都如此吗？《朱子语类》不就比《朱文公文集》更重要,影响也大得多吗？"通俗化"不是肤浅,它要求把哲学归还给生活,归还给常人。通俗答问体有好处,彼此交流思想,生动活泼,鲜明直接,却无妨深刻尖锐,不会成为高头讲章,不为繁文缛节所掩盖,也不会使人昏昏欲睡。真正重要的东西,常常几句话就可以讲清楚,不必那么烦琐。这跟学术界现在的学术规范可能很不符合,我就不管它了。

"思想者"李泽厚（约本世纪初）

费正清在晚年著作《伟大的中国革命（1800—1985）》中说，他不是写博士论文，罗列参考书目，说这不适宜专家，也无益于一般读者，说越宽广的著作越少精确性等等。我经常引费正清的这句话。我现在也不是做博士论文，所以我就不要引用那么多的文献、书籍作注了，也不用守那么多的学术规范了。这句话给了我很好的借口。（当然，年轻人还是要严格一点）文章主要是要真正有自己的东西，要么你有新材料，要么你有新见解，学术规范是第二位的。我不是写《批判哲学的批判》的时候了，我已年老力衰，旁征博引写严格的学术文章是做不动了，只能做这种聊天式的对话。

马：您追求的哲学风貌是什么？

李：我宁愿自己更"过时"、更"古典"一点，希望能学当年英美哲学的清晰明畅而无其繁细碎琐，能学德国哲学的深度力量而无其晦涩艰难，我以为这才是中国风格、中国气派的承扬，很难做到，心向往之。

马：美学家、哲学家、思想家，您最看重哪个"家"？

李："思想者"（thinker）。我同意海德格尔的观点。海氏说哲学已经专业化了，他愿意做思想者。美学家是不成立的，我最讨厌别人叫我美学家。

"粗"但不"空"

马：您的文章和书，篇幅都不大，基本都是"粗线条"的提纲，您自己曾戏称为"野狐禅"。

李：确实如你所说，我的文章和书都是提纲式的，很多就是提纲稍加充实拿出来发表。虽"粗"，但并不"空"。我喜欢先画出一个粗线条的轮廓，先有个大致的框架，也就是所谓"纲"，以后有时间和机会再去

"工笔重彩",细致描画。"先立乎其大者,则其小者不能夺也。"如《中国古代思想史论》就是极为粗略的宏观框架,既无考证,又非专题;既无孤本秘笈、僻书僻典,又非旁征博引、材料丰多。我想,这很可能要使某些专家不摇头便叹气的。不过这一点我倒是自甘如此,有意为之。"文革"中拟的那九个提纲,本来想变成书,结果提纲变成的还是提纲,变不成书。

我不求我的著作成为"绝对真理",永垂不朽,在微观研究尚不甚发达的情况下,去追求准确的宏观勾画是几乎不可能的事,而稍一偏离,便相去甚远。我后来采取宏观的方向和方法,主要是因为对当时好些大的理论框架,很不满意。一般说来,宏观勾画能突破或推翻旧有框架,启发人们去进行新的探索,给予人们以新的勇气和力量去构建新东西,只要做得好,仍然是很有意义的。而这,不也正是具体的哲学兴趣吗?

我以为,一方面确乎应该提倡狭而深的专题研究和狭而深的专家学者,另一方面也不应排斥可以有更高更大的目标,特别是对搞理论来说,更加如此。总之,研究题目、途径、方法可以百花齐放,不拘一格。

马:您晚年的东西,如《己卯五说》《历史本体论》《论实用理性与乐感文化》《伦理学新说述要》等,似乎更显得"粗"一些?

李:一是时间不够,在海外资料不好找;二是我比较懒,不想写。而且我认为搞哲学的人的著作,提纲不一定比专著差,主要看所提出的思想和观念。几十年作文下来,我发现写提纲时最愉快,因为是自己的"新意",但铺衍成文章,核资料,作论证,特别是要写一大堆话,就觉得很不愉快了。我爱看书,不爱写书。所以常常是"因陋就简",都是提纲,书中也多次如此交代。我对好些人每天必写(如冯友兰)很羡慕,但自己做不到。

马:但您一直很反对一上来就搞那些大而空的题目。

李:就我接触到的说,青年人的通病是开头就想搞很大的题目。八十年代我带过一个学生,他的毕业论文是《论艺术》,我看了大为生气,对他说，你还不如写个《论宇宙》好了。（笑）他听我说这一句就知道，我把他的整个论文都否掉了。读书要博、广、多，写文章我却主张先要专、细、深。从前者说是"以大观小"，从后者说是"以小见大""由小而大"。着手研究，先搞大而空的题目，你无法驾驭材料，往往事倍功半，刚开始搞的题目，可以具体一点、小一点，有了经验再逐步扩大。总之，如果读书多且广，又善于用这些广泛渊博的知识处理一个小问题，那成功率当然就高了。可以有一个大计划，但先搞一个点或者从一个点开始比较好。在八十年代，对自己的学生，我一贯提倡微观研究。

更爱看扎实的文章

马：您提倡"专、细、深"的学术之路，但自己却没有这样做，难道不喜欢微观研究？

李：完全不是！对微观研究我是很有兴趣的，与宏观论著相比，我至今仍然更喜欢看那些材料翔实、考证精当、题目不大而论证充分的文章，对某些巧妙的考据也常拍案叫绝，惊喜不已，我曾戏称为发现了"绝对真理"。

前面不是讲过嘛，从事学术研究，我一开始是从谭嗣同《仁学》、康有为《大同书》这些小题目开始的，对谭嗣同哲学就搞得相当细，所以有人劝我去做当时非常吃香的分析哲学。我一直强调要重视资料、重视积累，这都是硬功夫、苦功夫。有人看我现在写文章很快，以为是"天分"，其实我是下过笨功夫的。真正的思想家，是要有学问积累的。

马：但您没能在小题目上坚持下去。

李：我有过先搞"小"的经验，愈钻愈细，不能自拔，继续下去，很可能我这一辈子就只能研究一个人、一本书、一个小问题了，这与我的兴趣、个性颇不合适，所以非常苦恼。治学之法有多途，各人宜择性之所近，要发现自己的能力，发展自己的特长。我羡慕别人当专门家，但命运似乎注定我当不了，而且也并不太想当。这观念经过"文革"就变得更为明确，从而我的近代思想史、古代思想史、现代思想史、美学、康德、伦理学……便都采取了宏观的方向和方法。

王、陈、钱三大家

马：我看过一篇文章，有人问沈从文先生："李泽厚的《美的历程》在青年学生中影响极大，您看过没有？"沈答："看过，涉及文物方面，他看到的东西太少。如果他有兴趣，我倒可以带他去看许多实物。"

李：这涉及如何在文章中运用材料的问题。我讲有两种方法：一种是"孤本秘籍法"，这个好理解；还有一种是"点石成金法"，就是对普通材料、大路货，也不多，但能讲出另外的东西来。有人说《历程》引的材料都是大路货，我当时是自觉这样做的，我就是要引用大家非常熟悉的诗词、图片、材料，不去引那些大家不熟悉的，就是要在常见的熟识的材料中，讲出一些新道道，这会让人觉得更亲切，有种"点石成金"的效果。

马：能够做到"点石成金"，在大家习焉不察的地方，发现并讲出新东西，那才证明眼光胜人一筹。陈寅恪先生就是这样。

李：陈寅恪治史，所用材料也是不多的。他材料看得极多极熟，但用的时候，只把关键的几条一摆，就定案。他主要是有 insight，有见识和史识。他的书常常并不厚，如《唐代政治史述论稿》《隋唐制度渊源略论稿》。你看看里面的材料和观点，眼光非常锐利，洞察力极强，抓住史实，寥寥数语，就把问题说清楚了。此外，他似乎随意讲的几句话，也并未论证，却极有见识，极有分量，抵得上一篇文章或一本书。例如他说到秦朝那一套是从孔夫子那里来的，我经常引他这句话，其实他这句话只是提到一下而已，并未论证，但极有分量，与传统说法根本不同。

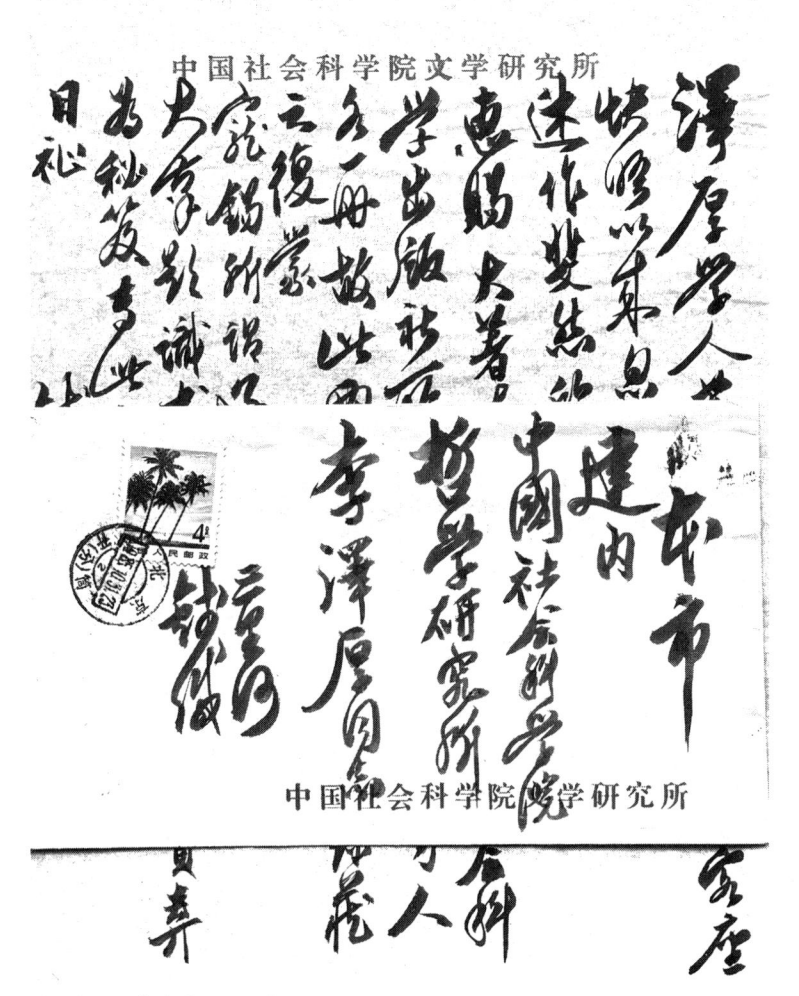

钱锺书致函李泽厚（1985年10月31日）

二 什么是哲学？

又如陈讲儒家的长处在伦常制度，而不在学说思想等等，也没去论证，但这片言只语的洞见我以为抵得上好些书。比起郭沫若、侯外庐硬套公式，更接近唯物史观。陈的《柳如是别传》被捧得极高，但说实话，价值不大。《柳如是别传》有反抗现政权的思想，但那本书并不成功。陈的史识极高，有如王国维。王国维一篇《殷卜辞中所见先公先王考》，抵得上多少本书啊，太了不起了！七十年代末我写过一篇谈梁启超与王国维的文章，我就讲，王国维在中国历史的某些问题上取得了创造性的重要成果，大不同于乾嘉考据，也不同于章太炎，他有一种新眼光和新看法。章太炎不相信甲骨文，太迟钝了。但当时王国维是被排斥的。

王国维、陈寅恪、钱锺书，是今天人们羡称的三大家，我以为，论读书多、资料多，恐王不如陈，陈不如钱；但论学术业绩，恐恰好相反。

马：说到这"三大家"，对王、陈二位您评价都很高，特别是王国维，但对钱锺书先生却似乎评价不是那么高。不过我发现也有不少学人持与您大体相同的看法，如有学者说，钱锺书的学问是"一地散钱——都有价值，但面值都不大"。

李：钱锺书先生是大学问家，甚至可以说"前无古人，后无来者"。但也无须来者了。对他，我一直很敬重。他的那些所谓"散钱"，许多还是价值很大，不可低估，有许多潜藏的思想大可发掘，可惜他引书无数，强异为同，寻章觅句，多为附会，反而淹没主题，徒增炫学之感。他在可开掘思想的关键处，却未能深"锥"下去。这可举的例子很多，就拿《管锥编增订》（中华书局，1982）的第一篇来说，你读读这下半段：

《诗·文王》以"无声无臭"形容"上天之载"之旨，亦《老子》反复所言"玄德"（第一〇、五一、六五章；参观一五章："古之善为道者，微妙玄通，深不可识"），王弼注谓"不知其主，出乎幽冥"者也（参观第一八章注："行术用明，……趣睹形见，物知避之"；三六章注："器不可睹，而物各得其所，则国之利器也"；四九章注："害之大也，莫大于用其明矣。……无所察焉，百姓何避？"）。尊严上帝，屏息潜踪，静如鼠子，动若偷儿，用意盖同申、韩、鬼谷辈侈陈"圣人之道阴，在隐与匿"、"圣人贵夜行"耳（参观256—8页）。《韩非子·八经》曰："故明主之行制也天，其用人也鬼"，旧注谓如天之"不可测"，如鬼之"阴密"。《老子》第四一章称"道"曰："建德若偷"（参观严遵《道德指归论·上士闻道篇》："建德若偷，无所不成"），王弼注："偷、匹也"，义不可通，校改纷如，都未厌心，窃以为"匹"乃"匿"之讹。"偷"如《庄子·渔父》"偷拔其所欲谓之险"之"偷"，宜颖注："潜引人心中之欲。"《出曜经》卷一五《利养品》下称"息心"得"智慧解脱"曰："如鼠藏穴，潜隐习教。"夫证道得解，而曰"若偷""如鼠"，殆类"孤寡不谷，而王公以为称"（第四二章，又三九章）欤。

多精彩！这段话把中国的"圣王"秘诀，他们最重要的手段和技巧是什么，全揭开了，讲到了关键。如果继续开掘下去，以钱锺书的学识本领，极易将帝王术各个方面的统治方略全盘托出而发人深省，可惜却戛然而止，转述其他。

马：钱锺书先生被誉为"文化昆仑"，还出现了以他为研究对象的"钱学"。

李：特别是后来，人们把钱锺书抬到九天之上，句句真理，学术神明，这我就颇不以为然了。我只是对那种狂捧看不惯，钱本人也并不喜欢。严复说过，中学以博雅为主，西学以创新为高。大家对钱锺书的喜欢，出发点可能是博雅，而不是他提出了多少重大的创见。当然他还是有好些看法的，但似乎并不非常突出。他读了那么多的书，却没有擦出一些灿烂的明珠来，永照千古，只得了许多零碎成果，岂不可叹又可惜。所以我说他"买椟还珠"。我问过一个捧他如神明的人，钱锺书在文学史上，或者在中国历史学上，或者在中国哲学上，或哲学一般上，到底作了什么贡献？提出来一些什么重要观点？发现或解决了一些什么重要问题？像陈寅恪对中国中古史的研究、王国维殷周制度论等那样的，结果

二　什么是哲学？

没有人回答我。《谈艺录》钱锺书曾签赠我一册,我早就读过和一直保存的是解放前的版本。《谈艺录》其实比《管锥编》好,我的看法。

马:刚才您对钱锺书的那个"买椟还珠"评价,想必会遭到"钱迷"们的一致讨伐。(笑)我看过一篇文章,其中讲钱锺书在给别人的信中说过,李泽厚是当代很好的学者。您与钱锺书先生有接触吗?

李:见过。一次是在任继愈家里,他出门,我进门;还有一次是在大会上。就见过那两次。钱锺书给我写过信,我没有回信。不是我高傲到什么程度,那就可笑了。问题是我惶恐得很,不知道怎么回好。结果就拖拖拖,后来就忘记这个事情了。当时我们把《中国美学史》寄给他,在书中,刘纲纪和我对他那个谢赫六法断句的说法是大不同意的。

有个小故事,一个朋友出国后,钱曾说"宁为累臣,不作逋客"。朋友电话告我,我立即回答说"宁为鸡口,不作牛后"。这两句话都出自《后汉书》。我当时很得意,可惜钱大概没看到。(笑)

马:美国哥伦比亚大学夏志清教授所著《中国现代小说史》,对钱锺书和张爱玲推崇有加。

李:我不喜欢夏的这本文学史。我认为钱锺书的小说《围城》没什么了不起的,我真是硬着头皮看完的,觉得电视剧比小说强多了。(笑)他卖弄英国人的小趣味,我不仅不喜欢,还很不舒服,这大概又是我的偏见。因为我对文艺有偏见。

钱锺书是"国学热"捧出来的符号。包括张岱年先生,也是"国学热"捧出来的。

马:张岱年先生也是一个符号?

李:张还算不上符号,只是"国学热"的一个代表、一个现象。这种现象在八十年代是不可能出现的。张曾公开、明确地讲李泽厚说中国传统是"实用理性"是胡说八道。他也不讲出道理。你倒是论证一下我的"实用理性"怎么不对啊,一句胡说八道就完了。但他又当着我的面说你"自成一家之言",我听别人也转告我说"张先生说你是一家之言"。搞这种两面的东西干什么呢,我感到很奇怪。他以前反对人家把冯友兰算作新儒家,说冯接受了马克思主义,不能归于新儒家。但是几年以后,文章完全变调了,对新儒家也大有肯定。这是干什么呢?这些不是糊涂的问题,是有所图。他后来就被捧得晕乎了,记得有家报纸称他为"国宝级哲学家",他认为他真是当今冯友兰。张岱年的追悼会规格超过了冯友兰和金岳霖。问题是这没什么意义。顾准、陈寅恪死的时候什么也没有。这些看穿就行了,都是毫无意义的事情。

在对古典文献的熟悉上,张岱年并不输于冯友兰,甚至胜过冯,但他没有思想。1985年庐山中国哲学史会议上,他还在大讲日丹诺夫,大讲唯物论唯心论。后来,他提出"综合创新",但讲了半天,什么也没讲出来,空喊口号嘛。好像是八十年代末、九十年代初,张岱年主编的丛书里有一本《张岱年的哲学》,那作者送了一本给我。我就问他张岱年到底有什么哲学,他答不上来。老实说,张岱年写得不错的是那本《中国哲学大纲》,上世纪三十年代写的,他以后的书都没有这本好。他的学问到底多大,我是很清楚的。

由张岱年又想起九十年代的一些细节。如那时张积极参加批我的会议,会上大讲了一通,而季羡林就拒不参加,我与季素无来往。如当年陶大镛以民盟中央副主席身份说是做思想工作,经常请季、张、金克木和我共七人吃饭。当时我已不能发文章,金、季均劝我以笔名写,我随口说"行不更名,坐不改姓",金拍桌而起说:"好!"张默然。他那本"大纲"便是反右后改名出版的。后同车回家,我没理张,他也自知无趣。(笑)

哲学需要论证吗?

马:许多书是给读者传授一套知识,而您的书不是这样,"论证"似乎不多,许多情况下就是一个一个直接讲出观点来。有学者说您用的是中国功夫里的"点穴法"。

李：这的确是我想做到的。一是直击要害，二是点到为止。我一直喜欢"要言不烦"这四个字。我的书，就性质说，属于康德所谓主观的"意见"，而并非客观的"认识"，即不是追求被人普遍承认的科学真理，不是原原本本地讲一套知识，而只是陈述某种个人的看法。我希望能找到一些时代所需要的东西，能抓住一些有价值的东西提供给年轻人。只要有一句话能够给人以启迪，能够引发人们去思考，我就感到欣慰和满足了。我在《说巫史传统》开头就讲："所说多为假说式的断定；史料的编排，逻辑的论证，均多疏阔。但如果能揭示某种关键，使人获得某种启示，便将是这种话语的理想效果。"这可能就是我的追求了。哲学本就属于这个范围。当然，也如我所说，难免简陋粗略，有论无证，不合"学术规范"。但有利总有弊。也许，利还是大于弊吧。

马：依您的意思，哲学可以不需要论证？

李：哲学到底要不要论证？什么叫哲学"论证"？这都是问题。休谟最有影响的不是《人性论》。这本大书出版后没多少反响，可能与他讲得太繁细有关。他后来写的《人类理解研究》，很薄的小册子，就很有影响。那本书相当好看，而且的确最重要，他要讲的主要内容都在里面了。他讲道德、政治的也很薄，都是"短论"。《纯粹理性批判》很厚，可是厚得有道理，这是康德最重要的书，其中包含了后来发挥开来的许多思想。他的《判断力批判》很薄。有关历史、政治的几篇论文，都不太长，但分量多重呀！黑格尔完全是从那里出来的。笛卡尔的《哲学原理》等几本书，都很薄，只有几万字，非常清晰，一目了然。霍布斯一本《利维坦》，柏克莱三本小册子，卢梭也是几本小薄书，就够了。杜威写了那么多书，我看中的也就是《确定性的寻求》，如再加一本，就是《艺术即经验》，其他的我都看不上。有些人有些书就是写得太厚、太多。海德格尔全集据说有一百卷，这实在太多了。除了极少数专家，恐怕没人也不需要有太多人去读。许多全集均如此。汤用彤《魏晋玄学论稿》才七万字，我以为超过了许多人七十万字的书，他也是不作烦琐论证、材料堆集，可几句话就把问题讲清楚了，尽管你可以不同意他的观点。汤用彤一生好像只写了三本书。

当然，写成专著，十几万字、几十万字，旁征博引，仔细论证，学术性会强许多，说服力会更大，也更符合所谓的学术规范。但我觉得不太必要，想让读者自己去思考，留下更多发现和发展的空间，值得别人和我自己以后去填补，不也很好吗？我觉得做到这一点就足够了。

马：如此说来，真正严格讲，维特根斯坦、尼采的著作也不符合"学术规范"，他们似也不论证，中国的《老子》、禅宗等就更如此了。

李：维特根斯坦不谈论哲学史。他跟海德格尔不一样，对哲学史没花功夫，基本不读。而且他也不爱作"论证"，有时就一两句话，说一个观点，就完了。他说："对于不可说的，只能保持沉默。"就一句话，没有论证。维特根斯坦的作品非常少，生前只出版了一本《逻辑哲学论》，极薄的书，却影响巨大，成了分析哲学的祖师爷。尼采也如此，也不论证。所以伽达默尔说，尼采不算哲学，康德、黑格尔才算哲学。那《老子》呢？《老子》篇幅那么短，观点一个接一个，玄之又玄，更找不到论证了。黑格尔认为：老子是哲学，孔子不是哲学。老子和禅宗，都不作"论证"。在此，我想重复问一遍：什么叫"论证"？哲学到底需不需要"论证"？你总不能说《老子》不是哲学、禅宗不是哲学吧？哲学主要是制造概念、提出视角，如果它们是独特的，站得住脚的，那就可以了。哲学并不一定要用西方那种"严密"的语言（如德语）和语言模式，而且"西语"也可加以改变而"中用"。海德格尔说只有德语才配讲哲学，我就不同意。

二　什么是哲学？

三 治学方法

提倡多元化

马：您写了那么多书，很想知道您写作的动力是什么？

李：我讲过，我从来不为稿费写文章，也不为名声和"好玩"而工作。金岳霖说过他做学问是做符号体操的游戏，好玩。相比之下，我更赞成冯友兰，冯有责任感，他说过"为往圣继绝学"嘛。人的一生很短促，怎样使生命变得更有意义？这也许是促使我写作的真正动力。其实我完全可以干别的，或许也能干得好。为什么选择现在这项工作？这问题一两句话谈不清楚。我常劝青年人去读读歌德的《浮士德》，这是一部很有意义的著作。在浮士德的几个生命里程中，爱情也好，功名富贵也好，都没能满足他。那么最后是什么使他满足了呢？这就是一个有关人生意义的问题。海德格尔说，哲学中的一个根本问题是死亡问题。如果你知道你很快会死去，你同时也就意识到你现在还活着。那么，活着又意味着什么？为了什么？这确实是人们难以绕开的问题。

我记得每次走进图书馆的书库时，几乎总有一种异样的感觉：望洋兴叹，惘然若失。再博览，书总是读不尽的；已经有了这么多书，我何必再来添一本？活着就是为了皓首穷经来写书吗？我应该写什么样的书呢？……这种非常幼稚的感受和问题，对我却似乎是种严重的挑战。有些同仁搞学问是因为觉得"好玩",或是出于某种高雅趣味,但我很少有这种兴致。

八十年代在答记者问时,我曾说过:不写五十年以前可写的东西,也不写五十年以后可写的东西,我只为我的时代而写。当时我心里想的是钱锺书,他的一些书前后五十年写出和出版都可以,也许还可以永垂不朽,但我没有这种打算。

马:在学术研究上,您一直坚持和提倡多元化。

李:我赞成多样化。学术作为整体,需要多层次、多角度、多途径、多方法去接近它、处理它、研究它。或宏观或微观,或逻辑或直观,或新材料或新解释……它们并不互相排斥,而毋宁是相互补充、相互协同、相互渗透的。真理是在整体,而不只在某一个层面、方法、途径或角度上。中国古人早就强调"和而不同""声一无听,物一无文",不要把学术搞得太单一化、干巴巴的,而应该构成一个多层面多途径多角度多方法的丰富充实的整体。这才能接近客观真理。

多元化也包括允许知识分子选择的多元化。我一直主张,年轻人与其做半吊子的学者,不如去做生意,当企业家,或者干别的什么。人生的道路宽广得很,人生的价值也不那么单一。挤在做官、读书这两条路上只是传统的价值观念。倘若被"学问"所控制、所奴役,不懂得生命的意义,连生活本身是什么样子也不知道,整个人就像一本书一样,那也可以,就是有点可怕。多元化的社会应该允许多元知识分子存在。有些人一心不闻窗外事,一门心思搞专业;有些人就是要做公共领域的代言人,都可以。有些人一方面搞学问专业化,一方面也发表普遍的意见,也可以。

马:有人说您治学太"杂",铺的太开,拉的太长,又是哲学,又是思想史,又是美学,又是伦理学……

李:我欣然接受。因为我从来不想做一生治一经的"专家"。据史载,这种专家就四个字可以写上数万言,这当然很可以自炫,但我确无此本领。我倒是觉得，今天固然不可能再出现一个如亚里士多德那样的百科全书式的学者，科学分工愈来愈细。但另一方面也要看到，今天我们正处在边缘学科方兴未艾、各科知识日益沟通融合的新历史时期，自然科学如此，人文社会科学亦然。中国文史哲素来不分家，这其实是个好传统。至少目前，好些中青年学者在知识方面的主要问题，恐怕不在于杂、多、乱，倒在于狭、少、贫。而古今中外，第一流的哲学社会科学名家几乎无一不是知识极为广博、能多方面著书立说的。取法乎上，仅得乎中，虽不能至，心向往之。

马：您是"布道者"吗？

李：从来没想过。我没有这个能力，也没有这个兴趣。如果我的书一下子销100万册，那我就彻底失败了。我想王国维也会不情愿自己的书一下子就卖100万册吧。每个人的才能、性情、境遇都不一样，人应该按自己的主客观条件来做自己能做和愿做的事。社会本就是分工合作来维持生存的，不需要也不必要所有的人都挤在一条通道上，即使这条通道如何宽广美丽。

关注现代脑科学

马：您一直都很关注现代科技的发展。

李：我自恨对现代自然科学知识太少，没有发言权，否则我想自己的研究工作将是另一番天地。我家里常年订一份《科学美国人》，还有一份《Mind》，不是那个著名的哲学杂志，而是一本脑科学杂志。《科学美国人》内容广泛，当然我不是什么文章都看，像物理学、宇宙学等，我看不懂，也没兴趣。但讲生理，讲医学，讲考古，我都看，可惜现在越来越看不动了。这两本杂志都是高级通俗读物，写的人都是科学界的人物，有的还是一流科学家。与如海德格尔等人对现代科技多持摈斥和悲观的态度不同,我一直乐观地关注当代科技,并企望不断有新的突破。我常自嘲宁愿保持启蒙的那份天真幼稚或浅薄。我也常想起鲁迅的话,清澈的浅溪比污黑的深渊更可爱。

马:您好像特别重视脑科学?

李:对。研究脑科学很重要。脑指挥一切,但目前还有太多问题没有搞清楚,希望未来脑科学和医学的迅猛发展能支持我的情理结构说。二十一世纪至二十二世纪,人的大脑恐怕会成为核心研究对象,因为对人的思想、情感、行为、意识,也包括宗教情怀和神秘经验做出实证的科学了解,将非常有益于人类和个体去掌握自己的命运。

我读杰拉尔德·埃德尔曼的书,极感兴趣。这位当代神经科学大家继承了威廉·詹姆斯和皮亚杰的路向,从脑科学即神经科学出发,强调意识绝非实体,而是大脑神经元沟通、交流的化学动态过程(process),也就是我以前所说的动力学的"通道"和"结构",这个"过程"也就是"通道""结构"的建立。这个"过程"一停止运作,意识、心灵、灵魂便不再存在。如中国古人所讲的"油尽灯枯""形谢神灭"。一些宗教教派也承认这一点,即并没有独立的、不朽的灵魂。这里重要的是,这个化学动态"过程"即此"通道""结构",并不是逻辑(logic)的语言设定,而是多元、偶发的选择性的模式建立。即使孪生婴儿,各种先天因素和DNA异常接近,但他们神经元的动态过程、通道、结构仍然独一无二,彼此不同,即具有个体的选择性、偶然性,此即历史性。这正是我所强调的"个性"所在。大脑所产生的意识并无前定程序,不是逻辑机器,而是偶发、多样的时空历史的结构产物。

偶然性和积累性是人的历史性存在的特征,不管外在或内在,群体或个体,社会或头脑,宏观或微观。动物的偶然性和积累性在基因变异和种族遗传中,人类的偶然性和积累性在以语言为主要载体的文化和教育中。人类学历史本体论在科学上赞同杰拉尔德·埃德尔曼等人脑科学所承续的达尔文路线。

边缘政策

马：许子东教授在"锵锵三人行"一期节目里讲过一事："年轻时我非常佩服朱光潜，后来就读李泽厚的书，我读了他很多很多的书，我觉得他非常系统化、理论化，他的集体文化积淀，这个理论影响很大，他大概是现在活着的中国的理论家中，对中国文化贡献最大的。直到我有一年去西班牙旅行，他正好跟我同车，我们能够一起旅行好几天，我才看到了另外一个李泽厚，就是说他在那个很学院的框架后面，其实是一个以悟性为出身的人。他讲得非常清楚，他说书读的再多都没有用，最重要是你要有自己的观点，而且他私下的那个言论……所以我那次见了他以后，就想，哎呀，我以前不知道李泽厚，我以前没读懂他的东西。"这段话也隐含了一层意思，就是您有许多东西其实并没有用文字表达出来。您似乎采取的是"边缘政策"。

李：在《十年集》序里，我写过一句话："鲁迅当年曾感叹向秀《思旧赋》'刚开头就煞了尾'。"我只讲这么多，也只能讲这么多，再多跨出一步就出版不了了。

马：您还喜欢引证自己？

李：那是为了偷懒。一些问题，一些看法，以前说过了，这次就干脆直接抄袭前文。因为我发现好些中西论著，有的还是名作，翻来覆去老是在说那一点意思，不过变一下词句或文章组织而已，与其那样，还不如我这样省事。所以我的《华夏美学》就直接抄袭了《美的历程》《中国古代思想史论》好几处，不必另行造句说那相同的意思了。

马：喜欢哪些格言？

李："有得于内，无待乎外"；"静如处子，动如脱兔"；"先立乎其大者,则其小者弗能夺也"。

马：崇拜什么？

李：我从不盲目崇拜什么或迷信什么,总是对许多东西保持某种怀疑的态度,即使是在那狂热的"苏化"时期。坚持自由独立的思考对自己很有好处。困难当然很多,许多时候只能自己想,不能讲,更不能写。"对人民负责,对历史负责",而不是对别的什么人什么对象负责,这是我的信念,不管风吹雨打。

马：感觉您的性格很急。

李：确实很急,这是终生难改的大毛病。特别是年纪越大,性子似乎越急,也似乎越不想顾及许多。办事、读书、写文章等,我都习惯于快。但"快"也是不好的习惯。例如,写文章时总有点心不在焉。有时由于想着"下一个节目"而不能集中全力。编《中国近代思想史论》的集子时,心里想的是《美的历程》;写《历程》时,心里想的是《中国古代思想史论》;写《古代》时又想着别的……于是每本书便都是急于脱手,匆匆写完、编就、交出、了事。书出版后,自己又总是颇不满意:论证不充分,材料有错漏,文字未修饰,甚至有文法不通的句子。但又无可如何,不想再弄。就这样使自己陷在写书——不满意——再写——再不满意的可笑境地中。

从零开始

马：您的文字备受学界推崇,深刻而新颖的思想,常常是包裹在清新流丽的笔墨之中,这与梁启超颇为相似。您在文字上是如何考虑的？有什么要求或习惯？

答：我其实没有文风上的特别追求,辞达而已。我喜欢文章能够读,能够朗朗上口，这也是中国传统。由于小时候写过骈文，我比较注意对称、简练和节奏，其中注意平仄就是入门功。但并未刻意追求，只是顺其自然。我毕竟不是作家、艺术家。有人说我笔锋常带感情，像梁启超，但我并未注意到，也没去学梁。我说过，文学不一定要有形象性，有情感性就可以了。中国文章讲究对仗，对仗有一种形式美，而且对仗不能死对，又讲究灵活。每个时期的文章，和环境、心境、写作条件、文章内容、准备时间，可能都有关系。包括写散文，我也没有特别追求什么文风。但在修辞上，特别是在题目上，我一般还是要做一些推敲的。怎样把我的意思表达出来使人容易了解，这是最重要的。

还有，就是我笔头懒，一辈子极少写长信，长信均不得已。我作文是能省一个字就尽量省。所以我的一位堂妹说我的信有如中药方，字大而少，一页即止。的确如此，我一生很少写一页纸以上的信。当然情书例外。（笑）我写作的时间都不是很长，文章几天写不成或不顺利就扔掉。

马：在您的一篇访谈中看到过一句话，印象很深，就是："我经常以从零开始的态度来对待写作。"

李：学术文章有三个因素，前人早已说过。一是"义理"，就是新观点、新见解；二是"考据"，就是材料，或者是新鲜的材料，或者是丰富的材料，或者旧材料有了新的使用和新的解释；三是"词章"，就是文章的逻辑性强，有文采。每写一篇文章，应该估计一下可以在哪个方面做得比较突出，有自己的特色。

我反对故作高深，文章宁肯拙点，拙点没有关系，但要有重量。文章要写一篇是一篇，既不怕骂，也不自满。文章千古事，得失寸心知，既知得也知失，所以每次都抱着从零开始的态度。现在有的人写一两本书就不得了了，以为资本很雄厚了，这对他自己没有好处。有些学者本来还蛮好的，但后来就停滞不前，甚至倒退了，这与自我感觉过分良好、自我评价过高恐怕是有关系的，很可惜。近几十年我看到的这种现象太多了。所以，中国传统里的一些经验谈，还是很好的，像"满招损，谦受益"。自满了就很难再有进步了。

马：您还批评过一些流行的文风。

李：现在的文风很不好，学后现代，搞得晦涩难懂，可以清清楚楚讲的，非得故意"弯弯绕""团团转"。"弯弯绕"是讲了半天，其实一句话就能讲清楚。"团团转"就是转得你头晕脑胀、天昏地暗，兜来兜去，最后仍然不知道在讲什么。这不是什么"论证"，而是在作游戏，虽然很符合所谓后现代的学术模式。所以，我说写中文像是英文，写英文像是中文。大反传统的"五四"也不是这样，胡适讲究明白如话，鲁迅的文章也不是弯弯曲曲，似通非通。包括林语堂，他的英文很好，但他写中文就是中文，写英文就是英文。

马：您还讲过五种文体？

李：一种是说理的，但喜迅速作判决。第二种是教条主义的，搬出一些现成经典，凡不符合的就有问题。第三种是"大字报体"，上纲上线，不讲道理，大扣政治帽子。第四种我称为"晦涩体"，就是刚才说的后现代风格。我最近又发现了一种文体，网络上多，纸面也有，随便调侃几句，讲几句俏皮话，以显示自己的高明，就把问题打发掉了。杜甫诗："王杨卢骆当时体，轻薄为文哂未休。"原来不懂什么是"轻薄为文"，现在算是领教了，我把它叫"轻薄体"。可叹的是，杜诗后面还有："尔曹身与名俱灭，不废江河万古流。"

马：您一辈子都在与书打交道，在您心目中，好书的标准是什么？

李：我之所谓好书，除那些能直接影响人的情感、理想、意志者外，大抵可分为两类：一类是资料丰富而不烦琐，读后使人眼界开阔、知识增多；一类是时有新见，益人神智，即具有启发性。当然有的好书兼此二美，不过较为少见。我宁愿看那种言而有据的短小札记，而不喜欢那些连篇累牍既少新意又缺材料的空论分析或高头讲章。

三 治学方法

马：记不得具体在哪里看过，是讲您对黄仁宇先生的《万历十五年》评价一般。您认为它并没有特别之处，但又没具体说明原因。揣度缘由，是否为：第一，《万历》受欢迎的"写法"在当时的国内显得很"别样"，而在国外并不稀罕，比较常见；第二，《万历》书中反映出的"思想""观念"并无新意。是这样吗？

李：从一开始到今天，我都觉得那是一本很一般的书。我不理解为何《万历十五年》在国内那么受欢迎，影响那么大。我看不出有什么特别之处。

马：2005年李敖曾来大陆搞了个十二天的"神州文化之旅"，影响不小。李敖的书您看过吗？

李：我不读李敖，没什么好看的。我觉得李敖是作秀，台湾作完了，就到大陆来。他很成功，但他那样作秀，我感觉很累。当年我说过几句批评他的话，报纸没敢发出来。

从来不谈方法论

马：很多人搞研究，喜欢先给研究对象定性。

李：我们中国人总是喜欢先搞一个价值判断，先要讲我们的文化是好是坏，就像小孩子看电影先问好人坏人一样。这是一个很不好的习惯。外国人对我们老是搞历史人物评价感到很奇怪。你老评价他干嘛？你首先搞清楚他干了些什么再说嘛。对一个人这样，对一个文化系统更是这样。这种思维习惯太成问题，我们应该努力纠正过来。对理论研究，首先是了解、描述，是实证的具体的研究。在这基础之上，再谈价值也不晚。

马：治学方法之类您很少谈？

李：学习要讲究方法，我非常重视方法，但从来不谈"方法论"。方法论总是归结为公共语言的某种规范和原则，我重视的是个体融知性于感性之中的"以美启真"。其实这现象很普通也很普遍，各领域都有，许多技艺便不光是师傅口授（语言）而必须在亲身实践中自己领会、体验才能掌握。

没有适用于任何人、任何事的万能钥匙。方法因人而异，因问题而异。当然我并不否认有一些具有一定普遍适用性的方法，如老子、孙子也包括毛泽东的"初战必胜""战略上藐视，战术上重视""伤其十指不如断其一指""抓主要矛盾""有理有利有节""集中优势兵力，以十当一"等等，这虽然出自战争，却有一定的普遍适用性，是实用理性的方法。但这里并没有什么方法论。

过去常讲的"三论"（系统论、信息论和控制论）其实是一论，就是系统论。它当然可以应用于社会科学，当年好些学人如杨春时，认为这就是最好的现代方法论，其实局限性和结构主义一样，它是平面的、共时态的研究，研究历史过程就有困难。我过去说过，在这方面它不如现代解释学。既然是研究，就不能照搬或套用，否则也太容易了。方法论变成程序设定，机器就可以做。所以要根据不同的领域，不同的课题，不同的对象，有选择地运用方法，在运用过程中变化和创新。同一种方法，在不同人的不同运用中，也在不断发展和变易。没有一成不变的方法，不能把一种好方法定型下来，变成方法论，然后大家都去用。这样做很危险。当年的辩证唯物论和所谓自然辩证法，就有这问题。拿着现成的方法套在一个范围或一个领域，形成一门学科，这很容易变成"伪科学"。几乎任何事情，包括学术研究，都要"具体问题具体分析"，这是一句老话了。过去以为掌握了辩证法就能解决一切问题，行吗？记得当年有文章用所谓辩证法批判爱因斯坦。我看了题目便觉得好笑，作者根本不懂爱因斯坦嘛。

马：搞学术研究如何能少走弯路？

李：人的性格、气质、背景、兴趣、潜力、才能各不相同，每个人都可以具体地考虑、斟酌如何最大程度地发挥自己的潜能。例如有人适合搞精确考证，有人更长于提出理论问题；有的长于分析，有的喜欢概括；有的偏于冷静的客观描述，有的则不免主观情感的注入……因为个性、才能、潜力、背景、基础等不同，照搬别人的方法不一定对自己合适。要善于扬长补短，要发现自己的能力、发展自己的特长。发现自己的特点也不容易，但如果有意识地寻找最适合自己的研究方法，也许可以少走些弯路。

马：在学术研究中，您很强调要善断。

李：学术研究要讲究多谋善断，一个小问题可能越钻越小，以至于钻进牛角尖，出不来了。一个小问题也可能越想越大，大到无边，也就无法搞了。研究问题要一步步地来，否则"剪不断，理还乱"，永无穷尽。要求把一切都搞懂了以得到绝对真理似的研究结果，是不可能的。学术研究要善于比较，在比较中发现特点。比较可以见出现象上的规律，但是不等于见出本质规律。

"六经注我"

马：与喜欢写提纲相联系，在治学方法上，您采用的是"六经注我"而不是"我注六经"。"六经注我"是一种更高的学术境界吗？

李：它们都是规范化的学术研究方式，在治学层次上没有高低之分，只是侧重点不同。这两种方法从古至今都有，各有所长，可以相互补充，互相渗透。我一直认为"我注六经"是基础，但纯粹的"我注六经"是很难做到的，在根本上说"不可能有"，注者总有其"前见"在内。伽德默尔说过，人都有偏见，人都有成见在那里嘛。"我注六经"只能接近历史，永远有一定的限度。我所采用的"六经注我"，是用经典材料来支持我的思想观点，同样是一种严肃的研究方式，与学术规范化毫无冲突。

马：有人批评您的这种"六经注我",导致了学术界、知识界的浮躁,您是不是有很大压力?

李：没有什么压力,我也不怕压力。第一,我相信我没有那么大的力量。第二,我八十年代的书能在当代不断重版而且卖得不错,这颇令人欣慰。海外批评我的也大有人在,但从未听说我的文章"浮躁"或引起学术界的"浮躁"。第三,我并没觉得现在的学界比八十年代更严肃,更能坐得下来。人们批判八十年代浮躁,我看现在的学术界更浮躁。今天,学者、艺术家、作家们更加重视宣传、炒作、稿费、出场费了,八十年代为学术、为艺术献身的理想被嘲笑或唾弃。学术界还出现了不少专事"丛书""大全""学术经典""学人文丛"工作的人。这可以理解,大家都为了物质的享受、生活的舒坦而奔波操劳,不少人(包括一些在八十年代胸怀理想的人)耐不住寂寞和清贫。这种由于生活刺激引发的"浮躁"恐怕更容易使思想和学术双双失落。其中一些人借各种商业炒作、商业包装不择手段地成"名"成"家"或显赫一时,使现在的文化学术界弥漫着某种极不健康的氛围。

马：您一直强调中国需要"语言的洗礼"。

李：对。我指的是分析哲学,主要指日常语言学派所强调的分析和澄清观念、概念的工作。我经常感到哲学社会科学中的许多基本概念极不清楚,极不准确,很多概念在使用中常常是多义而含混模糊,如前面讲到的"仁",只有先给予澄清,才能更好地进行思维。这是很重要的,但我们许多学人根本不重视这一点,不注意概念、命题的精确性。因此我说中国还没有走进语言,还不能确切地、科学地使用语言,中国非常需要这种语言的洗礼。

1987年我写过一篇很短的小文《写文章的人要学点平面几何》就是讲理论文章要概念清楚,论证严密。我五十年代写的谭嗣同文章就搞得很细,分析了几层,当时还没分析得那么细的。我到现在都非常注意概念的清楚,我常常喜欢问你这个概念、这个词语到底什么意思,有些人就是答不上来。要发泄情绪的话，可以去写诗，写小说嘛，在文学艺术里你发泄什么样的情绪、情感都没关系，语言含混、模糊、多义都可以。

前面讲过，中国的实用理性有忽视逻辑和思辨的弱点。特别崇信孟子的牟宗三也承认，孟子不讲逻辑。中国学人也多偏于丰富多样的情感抒发，少于冷静严格的逻辑思索。我讲，在中学设立独立的形式逻辑课程很重要，我们将逻辑课和政治课放在一起，这不对呀，它们恰恰是两个相反的东西。政治是不讲道理的。古代就讲"欲加之罪，何患无辞"。当然在法治社会，情况不同一些。法律是讲逻辑的，辩论是要讲理的。我主张人文学人学点自然科学和西方哲学也是为了尽量避免这种语言概念的模糊病。特别是现在儒学高涨，学人到处使用诸"仁""性""理""心""道"等语词，都非常含混多义，不知所云，几乎又回到当年严复批评"气"的多义使用，真令人悲哀。

"超越李泽厚"

马：我读过钱理群教授的一段话："我们不是超越李泽厚，我们要达到他的水平，我觉得这可能是当下中国知识界、思想界很迫切的问题。"但自八十年代起，便有"超越李泽厚"一说。

李：如果能超越，那是好事。但你要拿出真正有价值的东西。我是很希望年轻一代学者能拿出东西来证明这一点。任何人任何著作都需要经得住时间的考验、经得住读者的考验。真理不是掌握在一个人的手里。我在一些文章中说过，我的书只是为大家扫扫地、开开路而已。

马：与有些学人不同，您似乎很有定力，基本思想、基本观点、基本看法几十年始终不变。

李：为什么要变？我有一以贯之的东西。我没有转什么向，我的特点是从来不转向。我的核心思想除了后来对"物自体"的观点有重要改

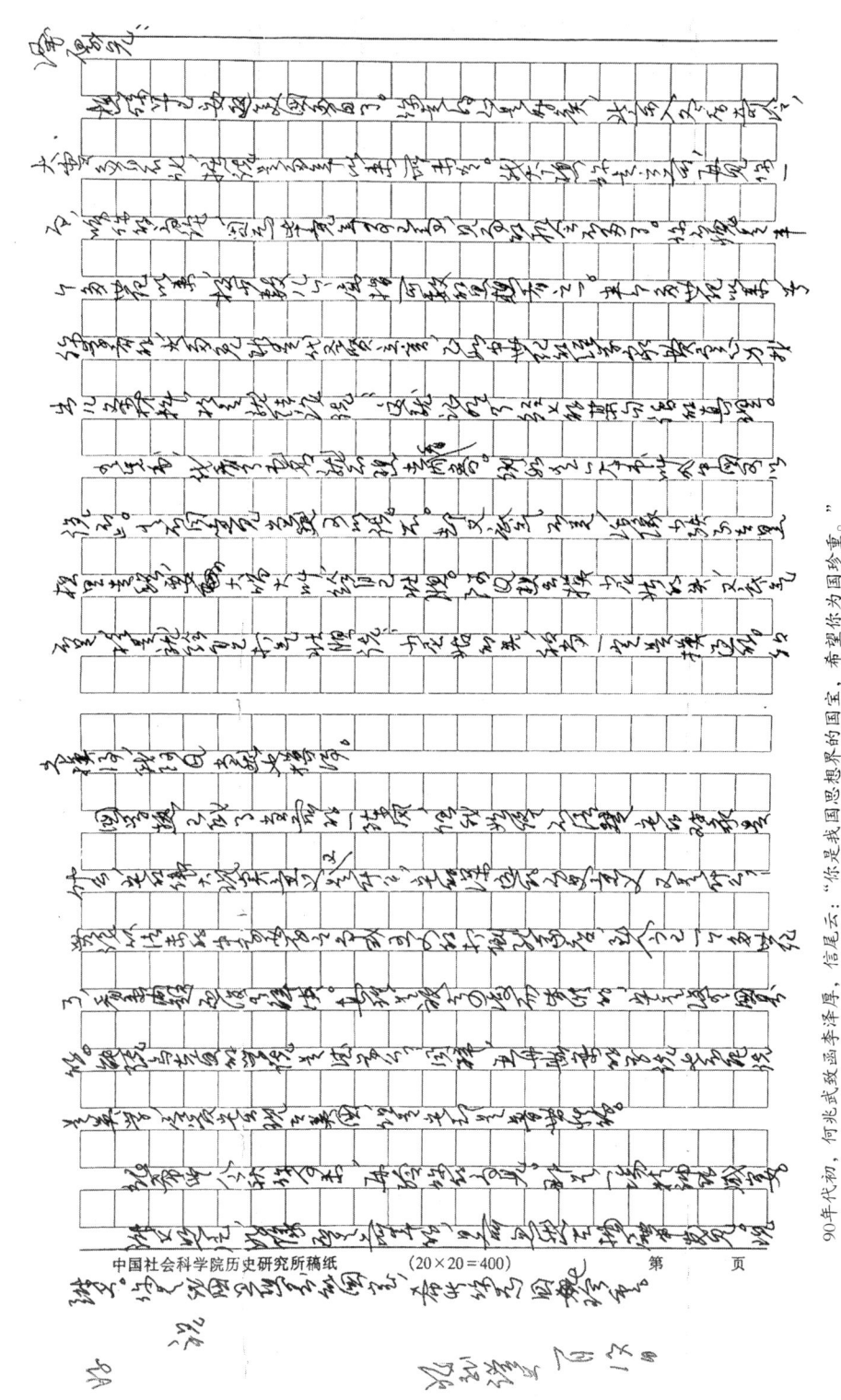

90年代初，何兆武致函李泽厚，信尾云："你是我国思想界的国宝，希望你为国珍重。"

变从而可影响全局外，没有什么实质性的变化。我比较顽固，认定的东西，就会坚持下去。我不赶时髦，不随风倒，而很多人是人云亦云，追风赶时髦的，所以我就不奇怪被人攻击。包括康德、爱因斯坦，当年他们的著作出来也有很多人攻击，很多著名学者都是这样。被人接受不是那么容易的，时间是最好的检验者。

马：您认为学术需要争鸣吗？

李：不要搞人身攻击，人身攻击不叫争鸣，在学术上站不住，没什么意义。但有时也不免，古人也不免。王船山对朱熹，也有人身攻击，但那是次要的，主要是学理的。恰恰要在争鸣之间能出东西。西方也一样，你看凯恩斯和哈耶克，等等。康德就是反对独断论，这不是批判吗？反对怀疑论，这不是争鸣吗？都是有对象的。黑格尔不是批判康德也批判谢林吗？罗尔斯就反对功利主义，这都是一样的。但你也可以不批评，这是自由的，主要是看各种情境来选择。

马：在您的漫长学思之路上，各种争议、批评一直相随，如何面对？

李：我向来对赞成我或反对我，热烈支持我或猛烈抨击我，只要是出于学术讨论的要求和立场，讲出理由，基本均一视同仁。而且我会注意人家骂我、批评我时有没有说对了的东西，只要说对的，我都吸收。这一点至今如此。这是我的个性。至于出于其他目的的攻讦或吹捧，除了在笔头但经常是在口头略加嘲讽外，更不放在心上。我几十年都是这样子，众生平等。我的学生都知道，在我这里是民主的，你完全可以不同意老师的意见。学术研究的精神应该是你也许对，我也许错，让我们共同努力接近真理。

在学术上不要怕得罪人，这个问题我从不考虑，而且我认为学术上的异同不应影响私人关系。我和孙长江、金冲及都有过争辩，但仍然是好朋友。

马：您讲过学术上的"红卫兵遗风"。

李：当代一些学人的心态有问题，觉得只有自己掌握真理，"我就是对，你就是错"，认为"老子天下第一"，互相攻击。有人是老师不出面，指使学生发表文章，这就太可笑了。这种心态的形成，是教育的结果。严重一点说，就是红卫兵遗风。现在学术界的很多争端，都让我想起"文革"时的红卫兵口号："把你们都打倒在地，再踏上千万只脚。"这种教育影响深远。当然自古文人相轻，但经历过"文革"的这一代，问题尤其突出。现在不管是哪一派，甚至包括一些自由派知识分子，都有红卫兵遗风。

"支援意识"

马：您一直强调在学术上要有原创，要有突破，问题是什么叫"原创"？什么叫"突破"？

李：自然科学的范式（paradigm）转换需要经历常态科学发展的漫长过程，在这过程中并不是没有"原创"和"突破"，只是层次、程度、范围、大小不同而已。社会科学、人文学科也如此。爱因斯坦"突破"牛顿前，仍有许多大科学家；只身千古的莎士比亚外，仍有许多大文学家。他们都有不同性质、不同成就的"原创"和"突破"。不是任何人在任何时刻都可以做出"范式的转换"或"伟大的突破"的，而任何增砖添瓦、补充改进、旧瓶新酒，都可以是"原创"和"突破"，只是规模、意义、作用可能小一些。但比那些蔑视一切、抹杀过去、空谈创造者，要有价值得多。自己老摆出一副创造脸却并无创造，如鲁迅当年嘲笑过的"创造社"一样。现在有些人还只是半个专家，还在路途上，就目空一切、骂倒一切。古人叫轻狂。所以我更赞赏的是那些踏踏实实在自己的专业领域做出了贡献却并不张牙舞爪轻视别人的人。

马：要"创造"是否就要摆脱"依附"？

李：非也。我倒愿意为许多年轻或不年轻的学人所蔑视的"依附"说点话。我认为，任何真正的"创造"都不是变魔术似的无中生有，而恰恰必须"依附"在前人的成果、经验、教训的基础上。包括最伟大的"创造"如爱因斯坦，也如此。为求"原创""突破""创造"，而不重视继承、依附、延续，天马行空，结果很可能不是前进，而是倒退。这在经济、政治、文化、学术上，都有历史的先例。

马：因此您很早就强调和重视"支援意识"。

李：在八十年代与崔之元的一次对话中，我讲我承认方法是重要的，但思想的深刻在于其实际内容。我同意林毓生的话，方法好比篮球规则，背得再熟还是不会打。原创力一方面靠先天的领悟能力，一方面后天有一些范例可以学习。波兰尼（Michael Polanyi）在 *Personal Knowledge* 书中认为，思想时总要有所依凭，不是凭空乱想，这依凭就是"支援意识"（subsidiary awareness）。个人只有在支援意识中潜移默化，才能逐步体会和领悟深刻的道理。比如社会中奇理斯玛（charisma，意为"魅力、感召力"）权威的存在，就可以为个人提供一种支援意识，使人的思想有所依凭。库恩的范式概念很受波兰尼的影响。一个人必须在范式中受到思维锻炼，才能提出正确的、有意义的新问题，推动科学的进一步发展。所以我向来主张多翻译国外的重要学术著作，与其轻率地写作，不如严肃地翻译。只有当一个社会文化中的支援意识深厚丰富起来之后，个人通过学习大师也就是奇理斯玛权威的著作，才有可能在潜移默化中逐步使思想变得深刻。

当然，创造需要知识，但知识却不等于创造。培根说"知识就是力量"，我觉得从知识到力量，其中还需要某种转换。就是说，要使知识（对象）变成力量（主体），需要有某种科学的选择、组织、建构、融化的工夫，这样才能将知识纳入你的智力结构，成为你的能力，符合你的需要而为你所自由驾驭，而不只是像机器那样被动地贮存，凭外在的指令输入输出而已。要善于主动地选择、建构、运用知识，使合规律性的知识趋向于、接近于你的合目的性的意愿和创造。我们不是玩赏知识，也不是为知识而知识，而是为创造而学知识。

根本性的创造太少

马：一个人的阅历深浅与学术成就大小之间有何关系？

李：阅历是一种财富，但有时也是一种干扰。学术研究有它独立性的特点，社会阅历与学术成就并没有必然的联系，不是一定要经历左丘盲目、史迁受辱的大磨难方可成就大学问家。康德几乎足不出哥尼斯堡，却可以是最伟大的哲学家。对于纯学术研究来说，安宁平和的心态与环境也许更重要。西方许多学术大师都是经院教授出身，中国古往今来的大学者也大半只在书斋中讨生活。王国维、陈寅恪其实过的都是很单纯的学者生活，他们没有任何"长""主任"之类的官衔。

马：您批评过当代学人有"两大问题"和"三原病"，指的什么？

李："两大问题"：一是情绪左右思想，缺乏理性思维，不能客观分析；二是喜欢抽象议论，缺乏具体思维。医治这种思维幼稚病，读读黑格尔的《小逻辑》很有益处，它教学人要作"具体的思维"。许多学人一辈子也没懂，现在好些论著大都有这毛病。

某些年轻学人有"三原病"，即民族、民粹、神秘，穿上洋装更难改易，局面不佳。他们现在总想和国际接轨，国际流行什么，赶快去接，但接的那些东西适不适合中国现实呢？我寄希望于这一代年轻学者能把问题想透一些。我发现很多人没有把问题想清楚，抓住西方一个什么东西就开始说。

马：您还讲过某些学人中存在"一个通病"？

李：是指同行之间，对别人的东西，谁都不关注，都不读。看重的是古人、死人、洋人；看不上的是今人、活人、中国人。"两耳不闻窗外事，一心专读圣贤（古人、死人、洋人）书。"人活着没啥稀奇，死了幽明永隔，就成圣贤需要崇拜了。国外有的大学教授，对听课的助教的论文、观点，只要认为有价值，同样重视和引用。不是人微言轻，而是人微言重。中国不是这样。好多年前我有副对联："贵耳贱目，眼高手低"，横批"通病"，也是就此而言。此外，现代化使各门学科走向专业化、技术化、细密化，人都守住自己那一亩三分地，其他与我无关，又何必去问闻。这也使得自己目光狭隘，兴会阙如。

我什么文章都看，许多人不看的文章，我看，甚至再烂的文章我也看。为什么呢？因为里面也许有好东西。我尊重别人的大脑。以前我跟刘纲纪合作时提过一些人写的美学史文章，他都不看。他说不必要看，他们讲什么我都知道。我说我还是要看看，也可以比较比较嘛。但我从不浪费时间，很多东西翻翻就行了。

马：对当年的"红卫兵一代"，您曾给予很大期望，现在还这样认为吗？

李：1976年，"四人帮"刚刚粉碎，有人说，这一代知青不行了，没知识，是空白，垮了。我跟国外学者也争论过，还在文章里写过一段。我当时说，"红卫兵一代"在自然科学方面要做出很大成果，是比较难了，因为时间确实耽误了，没有希望了。但是在文学艺术上，在社会、人文领域里，以及在将来的领导岗位上，应该是他们的天下。我希望在人文学界、政治方面出一些有作为的人。希望这些年轻人能出一些好作品，包括文艺界，我希望出一些大家。在1985年的《中国古代思想史论》"后记"中，我也说过"希望在新一代"这样的话。但三十多年过去了，我对此相当失望。最大的问题是原创性不够，突破不够，都是转述、模仿，根本性的创造太少。

能留下两三本就很不错了

马：您似乎极少谈自己的学术计划或出版计划？

李：我从来不愿意谈自己的计划，一般都是做完了再说。记得小时候听父亲说过四种有关国民性的态度：第一种是中国人的"说了不做"，第二种是英美的"说了就做"，第三种是日本人的"做了再说"，最后一种是德国人的"做了不说"。这说法大概没有什么根据，但这四种不同的态度确实存在。我想自己做不到最后一种，也应向第三种看齐吧。我的好几本书出版之前，很多人都不知道。倒不是要故意隐瞒，只是种习惯罢了。但也有一些具体原因，如总有一些人要捣乱。你的书或文章即使写出来了，也总有人要捣鬼，让你发表不了，出版不成。我有过这种经验，所以更不愿意说了。

马：您从不乱出书，但还是出了不少，三联书店出过您的全集。

李：那不是全集，是《李泽厚集》，十卷十二种，2009年出的。《美学论集》《浮生论学》《回应桑德尔及其他》《什么是道德？》《由巫到礼 释礼归仁》《伦理学新说述要》等书和其他很多文章、对谈，都没有收入进去。之前结集出版的《李泽厚十年集》《李泽厚论著集》也都不是全集。

马：不打算出"全集"？

李：一些出版社和朋友，曾多次建议我出"全集"或"全书"之类，但我无此打算。"归日急翻行戍稿，把空名料理传身后"，那种立言不朽的念头，似乎相当淡漠。声名再大，一万年后也仍如灰烬。世上的书够多了，而且越来越多，越来越读不过来；那么多的"全集"，让谁读呢？我多次讲过，一个人能保留一两本或两三本"精华"，就已非常不错了。

如果是为了研究者、崇拜者的需要，大可让他们自己去搜全配齐，何必非"全集"不可？因此，我慎重声明：永远也不要有我的所谓"全集"出现。

马：到现在为止，您的著作总共印了多少册？

李：不知道。我所有书都有盗版，这些书好像还是学生买得多，因为盗版书都集中在学校区域，可惜错字太多。还有些书，如九十年代初台湾出的编入"风云思潮丛书"的两本文选《当代思潮与中国智慧》《美学·哲学·人》，均未经我同意，我至今也未看过。

我还想说，近四十年来，虽历经风雨，遭到来自各方面的各种凶狠批判，却始终有不少读者予以热情关注和支持。特别是这些年来，中国的经济、社会、文化、学术变化都甚为巨大，图书出版争奇斗艳，市场价值几乎淹没一切，却居然始终有读者不厌重复、不怪简略，尤其是不嫌陈旧地买来读我的书。我的书没有炒作，不许宣扬，这实在出我意料，有点苦甜交集，受宠若惊，怎能不高兴且骄傲？

借此机会，向读者道声"谢谢"，算是告别吧。

马：我发现一个现象：您出了那么多书，没有一本有别人（当然是名人）写的序、跋之类。还有，您的书，如《批判》和"思想史三论"等，书前都有个"内容提要"，这也比较独特。

李：哦，你注意到了这个"内容提要"，谢谢！我从来不找人作序或写书评。我的《批判》出版后，当时《哲学研究》发表了一篇黄楠森的书评，说该书"是我国西方哲学史研究中的一个可喜的成果"，但我与黄素无来往，其来由我就不清楚了。到了九十年代，黄又狠批了我一通。

马：由于编辑问题，您的书，有的错漏不少，记得有一本第一句就搞错了。

李：这我要讲几句。至今我仍怀念七八十年代出版《批判》《中国近代思想史论》《美的历程》《美学论集》等书的那些编辑们，非常专业，非常敬业，在当时落后的技术条件下，编出来的书，质量非常之高。现在出版的书，错漏不少，有些错得很离谱，但我也无可奈何。有的编辑不够专业，也不那么敬业，那是没有办法的事。而且有一点应该说明：九十年代以来我发表的对谈、访谈和文章，被编辑删去了不少，原稿我又未保留，所以后来收入集子时仍只是刊出稿。

四　羡憎交织

一个非常危险的概念

马：近年来，民族主义在世界范围内重新崛起，并引发了诸多问题，您如何看？

李：我觉得民族主义是一个非常危险的概念，它看似清楚，其实很含糊：到底什么是民族主义？它跟爱国主义、国家主义、族群主义同异何在？例如纳粹，中文翻译成国家社会主义，其实是民族社会主义，讲的就是种族血缘的纯粹。"民族"这个概念也不是十分清楚，它是以种族为主来界定，还是以文化、宗教、地域、语言、生活方式来界定？定义很多，西方的社会学者不必说了，孙中山有个民族定义，斯大林也有一个。包括"民族如何形成"也是个麻烦问题，例如说"中国人"，这是种族概念还是文化概念？"中华民族"是什么意思？五十年代初大陆讨论汉族是什么时候形成的（中国当然是汉民族为主），意见不一，有的认为汉民族是到1840年后才形成的。那不对啊，汉民族很早，至少汉代就有了。按照斯大林的公式，民族只能到近代才形成，但中国很早就讲"夷夏之大防"……我在前面便讲过，"汉族"并非种族—血缘概念，而是一个文化—心理概念，中国也不是什么"民族国家"。"民族"如此，"民族主义"更如此了。提倡一个并不清楚的东西，我看是相当危险的。

马：所以，您说对"民族主义"这种大字眼，要抱着谨慎和畏惧的态度，要放在历史的语境里去看，不能随便乱用。

李：1992年在香港的一次学术会议上，我强调民族主义是个多义的、复杂的概念，应先作语词分析，以"民族主义A""民族主义B"等来分注不同含义，否则很容易掉入陷阱。所以我反对民族主义一词的滥用，例如，我就搞不清楚什么叫民族文化主义或者文化民族主义，还有什么理性的民族主义等等。

我认为民族主义是一个严格的政治学和政治思想史的概念。要放在历史的具体语境里去看民族主义的来龙去脉，近现代以前什么样，近现代及以后又是什么样，对这个概念才可能比较清楚一点。如在19世纪的西方，它的含义就是以单一民族为主形成国家，与当时民族国家（nation state）的兴起直接相关。在亚非拉，民族主义在19世纪和20世纪上半叶抵抗帝国主义和建立民族国家等方面，起了推动历史前进的作用。但是到了现在，在一个国家强大起来的时候，大肆宣扬民族主义，对内对外都容易造成危险。

马：哪些危险？

李：对外，容易变成大国沙文主义；对内，容易引起不同民族之间的纷争。冷战结束，两大阵营的对立不存在以后，民族主义问题突显，九十年代的南斯拉夫搞得很惨，打得一塌糊涂，而至今尚未解决的世界局部战乱也是例证。同时，也容易以民族、国家的名义来压制个人的自由和独立。现在知识界狂热于民族主义的还不少。民族主义、国家主义最容易成为煽动情绪的旗帜，容易造成可怕的盲从，希特勒杀犹太人，即便很多人知情，当时的德国民众普遍还是支持希特勒。

马：所以，在2007年《批判哲学的批判》第六版，您专门加了一段话讲这个问题。

李：我说要注意德国的教训："一个值得探讨的问题是，与康德、歌德不同，自费希特、谢林、黑格尔，到尼采、韦伯，再到海德格尔、施米特，也包括显赫一时的各种浪漫派，尽管德国思想硕果累累，但如本书第一章所叙说，德国从分散、落后、软弱变为统一、强大、富足的过程，由于对英、法所代表的资本体制和平庸世俗的不满与愤懑，它以民族文化的特殊性来对抗和'超越'现实生活的普遍性，却终于走上一条反理性的发疯之路。希特勒的出现和获得'全民拥戴'（包括海德格尔、海森堡、施米特等大量知识精英）并非偶然。我以为这是不容忽视的德国思想史的严重教训。"（第381页）

马：我们应吸取历史的经验教训，一方面注意保护国家、民族的利益，另一方面又不要煽动那种情绪，不要提倡民族主义。

李：对。甚至在某种意义上我可以说是反对民族主义。当然，问题很复杂。21世纪的特点是经济全球化（当然这才开始，路还很远），在这个世界大趋势的前景下，民族主义到底有多大意义？另一方面，迄今为止民族国家还是主体，包括美国这样大的自由贸易国，还在搞"美国优先"，当然就是为了它的国家利益。中国虽已是世界第二大经济体，但还不够强大，维护本民族、本国家利益还是非常重要的事情。对本民族的认同，几乎是人皆有之的很自然的情感，但绝不能作为一种主义或"理想"去提倡，因为这极易煽起民族情绪，造成很大的祸害。

世界一体化视角

马：您讲过，应从世界一体化的角度来看待民族主义。

李：是也。就是要注意从世界发展的总趋势来考察和评价民族主义。十九世纪末（一直延伸到二十世纪上半叶）和二十世纪末的世界已很不相同：十九世纪末帝国主义到处侵略，殖民主义远未结束，而传统王朝非常黑暗，对外屈从压迫，这个时候强调民族独立、建立民族国家当然是进步的；但二十世纪后半叶特别是现在，世界总趋势是经济在科技的带动下高速发展，原先不发达的国家大都取得了政治独立，并且步发达国家的后尘快速走向现代化。这种发展潮流，正在打破各种地域、国家、宗教、种族、文化、意识形态的隔阂与限制，使世界逐渐走向一体化。

我多年来一直认为，欧盟才是真正走向世界大同之道。德国、法国是世仇，普法战争和两次世界大战都是在那儿打的，它们都是民族国家，到现在也不能说没有矛盾。西欧那个地方有那么多的语言、文字、文化、历史、宗教，但为了经济发展的需要，克服种种困难和障碍走到一起，开始组织一个和平的、超民族的社会。我以为这在世界历史上是件非常重大的事情，这是对全世界的一个重要启示，就是只有经济充分发展、逐渐走向一体化，才能缓解民族之间的冲突。最好把分歧放下，先共同发展经济，使老百姓能过好一点的日子，不打仗，慢慢地那种民族或宗教的情绪就能改变。不然的话，就很难办，哪方对，哪方错，那是纠缠不清的。经济的力量能够缓解很多问题。我想如果全球经济能够好好发展，过三百年以后，民族主义会成为笑话。就好像现在在西欧再提倡民族主义，再提倡打一仗，就会成为人人喊打的纳粹。

马：依您的看法，世界一体化的实现，还是要依靠经济发展、互利合作才能最终达到，而不是靠其他什么"主义"之类？

李：世界一体化首先是经济一体化。只有经济的发展，才是世界一体化的自然走向，其他办法如政治压力、战争、意识形态等，都不会成功。从罗马帝国、奥斯曼帝国到希特勒的第三帝国、苏联的社会帝国主义统统失败了。人们盼望世界和平与世界大同为时已久，但这"和平"或"太平"都不是军事、政治、文化、意识形态所能办到的，不是什么"国际联盟""联合国""无产阶级国际主义"等所能办到的。当然，经济的作用，只是从人类长期历史来看的观点，绝不是某种具体规律或"必然"。经济只是前提，并非决定，它不能直接决定其他一切，但可以也必然迟早会影响其他。

马：您这个经济前提论多年来一直是受到批评的。

李：我认为马克思主义说的"人民群众是历史的创造者"并不错，经济生活、物质生产才是亿万人民群众日常活动的主要部分。每个人都要吃饭，都有衣食住行等方面的要求和切身利益，这都与经济发展直接相联。正是亿万普通人的利益，使得政治、军事、文化、种族、宗教不同甚至敌对的国家有了走向联合、走向共同市场的可能，或者说"共同富裕"吧，这其实就是一体化的根源，也就是所谓的"吃饭哲学"。政治和意识形态上的冲突，也只有在这一基础上才能逐渐消解——这当然是一个比较长的过程，一切都不能性急。但好些民族主义者不注意这一点，不顾自己人民的死活，只关心民族"地位"（好些实际上是少数人的政治利益），或只注重民族霸权。结果或以大欺小，妄图用意识形态或武力吞并别人；或以小傲大，要求绝对自由或独立，认为这才不受欺侮压迫。结果便是各种争斗和战争，把本来就不行的经济弄得更糟。

马：但世界一体化不也带来了诸多问题吗？

李：是的，如发达国家对不发达国家的压迫，各个国家内贫富差距拉大，各种移民、难民问题以及发达国家之间严重的经济冲突等等，但这些都不能诉诸民族主义来解决。尽管欧盟面临诸多问题，困难重重，一波三折，但这条路的大方向是对的。所以，英国用"脱欧"来解决矛盾，我以为这是倒退，历史将来会证明的。

真是入木三分

马：现在中国的民族主义又盛行起来了，一些年轻人表现得更为激动。

李：这些做法不仅颇为情绪化，而且总摆出一副要打架的恐吓态势，实在相当低级。很多青年人，热血沸腾，总想打仗、革命，不知道任何战争都是非常残酷、痛苦和血腥的。现在的中国正在发展经济，首要任务是改善占人类四分之一人口的生活状况。我们当然不能受欺侮，例如钓鱼岛事件，应该有坚定甚至强硬的态度，这是政府的责任所在，但也不应当煽起"抵制某国货"之类的群体民族情绪。

我们应当理性地与世界沟通，理性地吸取世界各国的经验教训。中国可以向美国说"不"，毛泽东早就说过了，他在中国非常落后时，就对当时不可一世的美国说"不"，不久他又对社会主义大家长苏联说"不"，坚定地维护了中国的主权。但今天仍然高声喊叫说"不"，甚至摆出一副"不惜一战"的姿态，就没有意义了。当年邓小平主张不和美国搞对抗，正是从经济利益的原则出发，而不受意识形态的束缚。今天简单地说"不"，容易流为某种危险的民族主义，煽动群体情绪，不是好事情。中国的统一、独立、富强，不在于提倡民族主义，而仍在于经济共同发展，在于对内阻止地方分裂和民族分裂，对外平等交往，不受欺侮也不欺侮别人。中国是多民族国家，民族主义极易煽动仇外情绪，是非常有害的双刃剑，既可以引起周围国家对中国的紧张与恐惧，也可以煽起国内少数民族的仇汉情绪，从而在根本上损害中华民族的利益。

马：您研究过孙中山，孙就反对盲目仇外的情绪和行为。

李：过去我在谈孙中山的时候，曾论及他所提倡的民族主义内涵的转变。辛亥革命前，孙的民族主义主要集中在"反满"革命上，所谓"驱除鞑虏，恢复中华"。其后，他的民族主义重心转向"反帝"，也因此与共产党的纲领相接近，只是共产党是用阶级斗争观念，而孙中山是用"王道""霸道"来解释。现在我们讲"反霸权"，倒有点接近孙中山，但孙中山是反对义和团那种盲目仇外的情绪和行为的。更值得注意的是，孙中山在中华民国建立后，就把民族主义的重心转到建设上，提出了详细的"实业计划"，希望能成功地建设一个强大的国家。民族主义可以装进各种内容，孙中山能及时把民族主义的重心转移到经济建设上，是聪明而负责任的。

马：有人提出"越是民族的越能走向世界"的口号。

李：不赞成。这个口号实际上是抵制接受西方的东西，想原地踏步、原封不动，这是没有出路的。这个口号也不符合中华民族的精神。儒家讲"日日新"，只有"日日新"才能生存。我强调"转换性的创造"，这个创造不脱离民族基础，但要以现代生活为根本，所以我才有"西体中用"说。

马：民族主义不仅是一个政治、意识形态问题，也与文化心理相关。犹太裔美国政治学家莉亚·格林菲德曾以"羡憎交织"来描述民族主义。

李：这一描述真是入木三分：羡慕和憎恨互相交织，确实是落后国家很典型的文化心理现象。羡慕心态占上风时盲目崇洋，憎恨心态占上风时盲目排外。这甚至也表现在当代中国大陆的学术界：一方面是拾洋人之唾余，亦步亦趋，彻底打倒传统，公然说让中国做三百年殖民地也无妨；另一方面是国粹第一，大反西方，大讲要用中国文明拯救世界。如此种种，真令人哭笑不得。

历史经常曲折前行

马：亨廷顿在美国《外交事务》1993年夏季号发表《文明的冲突?》，引起国际学术界的普遍关注和争论。您如何评价？

李：那篇文章并无学术价值，但几乎引起了全世界包括中国人的注意。为什么？很值得研究。我以为这恰好说明搞"中体西用"，强调本土文化传统（语言、宗教、文化）是根本、是本体，不可改变，从而提倡民族主义包括文化民族主义、宗教民族主义等，是非常危险的，很容易被引入歧途，造成战争。亨廷顿的文章对于提醒这一点，很有用处。

还记起一事。1999年2月，在由亨廷顿做主题讲演、有理查德·罗蒂等参加的一次学术会议上，我宣读英文文章说："许多可怕的事件在民族主义、宗教激进主义的旗号下发生了，它们经常是盲目情感—信仰和理知专制的混合物。专制的理知用上帝或真主的名义号召人们残酷地战斗。"（此文收入科罗拉多学院编的文集内）但我对基督教和伊斯兰教素无研究，也不熟悉，只是这么直觉地提了一下。可万万没想到，所谓"文明的冲突"的悲剧竟这么快地从天而降。两座钢铁巨楼，轰然倒下；数千无辜性命，灰飞烟灭。举世惊骇，我也目瞪口呆。而国内某些网民那种幸灾乐祸的可耻态度，令人严重关切。

马：对世界前景您如何看？

李：从目前世界情形看，并不乐观，还会有一个世界性的各种民族主义（包括打着"天下"旗号的）甚至种族主义的汹涌浪潮，即我所谓的倒退期。这并不奇怪，历史经常曲折行走，有时候倒退几百年的都有。但迟早还是会被经济即民众的生活发展推回到一体化的正道。汉朝人口已经达到六千万了，战争让人口大大削弱。历史上的战争和瘟疫，死的人太多了，"白骨露于野，千里无鸡鸣"（曹操诗）。现在比起历史上那些倒退，要轻得多了。

我对中国和人类的未来仍比较乐观。这可能与我的历史本体论哲学仍然保留着某种被认为"过时了"的从康德到马克思的启蒙精神以及保留着中国传统的乐观精神有关系。尽管今天这可能在中国很不时髦，但我并不感到任何羞愧。我一直认为，世界一体化是不可避免的历史总趋势。当然，世界大同还早得很，但正如"人是目的"一样，应该作为一种人类理想来探索和追求。

五 "历史终结日，教育开始时"

未来社会的中心学科

马：咱们换个话题，聊一聊教育？

李：如此重要、如此之大的一个话题，岂是这里所能讲的。

马：那就简单说几句吧。您一直都非常重视教育问题，在1981年《康德哲学与建立主体性的哲学论纲》中就讲过，教育学将是未来社会的中心学科。

李：是的，我的原话是："这可能是唯物史观的未来发展方向之一：不仅是外部的生产结构，而且是人类内在的心理结构问题，可能日渐成为未来时代的焦点。语言学是二十世纪哲学的中心，教育学——研究人的全面生长和发展、形成和塑造的科学，可能成为未来社会的最主要的中心科学。……这也许恰好是马克思当年期望的自然主义＝人本主义，自然科学和人文科学成为同一科学的伟大观点。"那时中国经济处于崩溃边缘，生产力遭到严重破坏，因此，我的思考重心不能不放在"工具本体"作为"基础"的问题上，但是我也预感到未来时代的焦点并非工具本体问题。

马："情本体"哲学就包含教育问题吧？

李：所谓"情本体"就是反对以心、性、天、理的同质化、标准化、抽象化的理念或神为本体，而强调以现实的、人生的、多元的人的情感为根本、为依归。这里当然就有全面了解人性和实现个体潜能的心理学和教育学问题，因为"情本体"离不开个体现实存在的状况和心境。我所谓的"以美启真""以美储善"即是认为个体潜能和人性不仅有身体的生理—生物方面，而且因为社会、教育、传统、文化因素的渗透积淀，这潜能和人性变得异常复杂、丰富，千变万化，千头万绪。性变为爱，使性变得丰富，也更为个性化。食不只为了充饥，使食变得复杂和更多个人选择。更不用说马克思所说"听音乐的耳朵""看造型艺术的眼睛"等等了。

由于生理结构上的细微差异，人的动物性方面便有了个体差异；而在不同的后天环境、教育、文化的历史积淀中，这个"人心不同，各如其面"的个体差异便愈益极大地发展了。人的性格、气质、欲望、能力、兴趣、爱好、愿望等的各种差异也愈使每一个人都成为独特的自己的本真存在，也是每个个体的人性能力的展现。这就是我所期望的回归中国古典的第二次文艺复兴，以内在心理突出个体人性的生成与成长。这也正是承续着儒家的根本精神。

马：传统儒家非常强调"学"。

李：我讲过，基督教的系统是"信"，"因信称义"。中国儒学系统是"学"，"下学而上达"。中国传统（特别是儒学、孔子）是以"教育"——"学"为人生要义和人性根本。那么，什么是"学"？我在《论语今读》"学而"第一章曾这样解释："概而言之：'学'者，学为人也。学为人而悦者，因人类即本体所在，认同本体，悦也。友朋来而乐，可见此本体乃群居而非个体独存也。"

在《论语》以及儒学中，"学"有广狭两义。狭义是指"行有余力则以学文"的"学"，即指学习文献知识，相当于今天所说的读书研究；但就整体来说，孔门更强调的是广义的"学"，即德行优于知识，行为先于语言。我所说的"教育学的世纪"，就是教育应当回到"学为人""德行优于知识"以塑造人性为根本的古典之道。

马：您重视教育并重提人性问题，是否会重蹈爱尔维修、卢梭、罗伯斯庇尔等人强调由国家来主持公共教育以塑造人性的覆辙？是否会重蹈托洛茨基、卢那察尔斯基强调"教育与生产劳动相结合""思想改造""塑造新人"的覆辙？

李：完全不同。我只为未来社会（而不是当下）提出这个教育学—心理学的哲学问题，而不设计任何具体方案或蓝图，更不是道德主义的"思想改造"和塑造"新人"运动。因为脑科学刚刚起步，经验心理学还处在婴儿期，"什么是人性"还不清楚，说什么"塑造"和"新人"？无论是杜威的"学校即社会"、陶行知的"社会即学校"那种放任自由的所谓"民主"教育，还是从法国大革命到俄国革命的教育理论和实践，都是谬误和失败的。

以培育人性为根本

马：您讲过，人文教育已沦为"双重殖民地"。

李：以功利主义为主要基础的现代高科技的飞速发展，对人文教育的冲击是负面大于正面。人文教育、人文学科在基本观念、"指导思想"、格局安排、教材采用、课堂教学各方面都日渐沦为科技的殖民地。在高科技时代的影子下，人文教育可能更无栖身之所，人也越来越严重地成为一半机器一半动物式的存在。同时，人文教育亦受到意识形态的冲击，内容主要是政治意识形态，意识形态的教育也是以功利主义为基础。如此一来，人文教育就变成了"双重殖民地"。

但人文教育恰恰不能是功利主义的，它要着眼于民族与人类的长远前途。如果谈功利，那么文学艺术是最没用的。但这种"无用之用"，恰恰是百年大计。真的要兴国，首先得兴人，用鲁迅的话说就是先立人而后立国。立人的关键正是人文教育。

马：所以，您才提出"历史终结日，教育开始时"？

李：马克思主义所强调的经济乃社会存在、发展的动力这一基本原理仍然正确，但随着自由时间的增多，物质生产之受制约于精神生产也愈趋明确。从而社会存在决定社会意识的理论便过于简单了。社会心理、精神意识从来就有其相对独立性，在今日特别是在未来，它们将跃居人类本体之首位。这即是说，工艺（科技）—社会结构的工具本体虽然在人类历史长河上产生和决定了人类的文化—心理结构，但以此为历史背景的后者，却将日益取代前者，而成为人类发展和关注的中心。这就是我所认为的"历史终结日，教育开始时"。

教育不再成为其他事务（如培育资本社会所需要的各种专家，培育传统社会所需的士大夫），而将以自身亦即以塑造人性本身、以充分实现个体潜能和身心健康本身为目标、为鹄的，并由之而规范、制约、主宰工艺（科技）—社会结构的工具本体。

社会的确需要各种各样的专业人才，但就人类总体的未来说，这就是教育的最终目的吗？我以为未来世纪的教育，最重要的是把教育本身视为目的，而不是手段，教育就是要实现每个人的全面发展，也包括各自特长的片面发展，只要身心健康，片面发展正是一种全面。这种发展才是人生最大的愉快——教育要以此为目的。

当然，这还是很远的事情。现在我们还有五个工作日，身处农业和不发达地区的人们更承受着过量的工作。如果有一天全球都实施三天工作制，情况就会大不一样。到那时，人类会做什么呢？这是一个关系到我们未来的严肃问题，教育课题会极为突出。也就是说，到那时，"格心"的问题、"第三进向"的问题、"人的自然化"的问题就显得格外突出。所以，我提出教育应以培育人性为根本。历史终结了，教育倒可以开辟新天地。当然，历史还远未终结。

马：很赞同"教育应以培育人性为根本"的观点。但如您所说，这还有漫长的路要走，恐怕还需要基因研究的发展、心理学的发展、教育学的发展、社会的需要发展等等。

教育心理学是核心课程

李：现在人们对许多东西都研究得很深，但对人本身、人脑的生理机制、人的个体潜能的研究都很不够，这些方面还大有可为。包括气功、特异功能，现在的科学没法研究，但是到五十年、一百年以后，可能其中很多就可以研究了。这是从科学层面说的。

从哲学层面说，是研究怎样去真正树立人性，即研究人怎样才能既不只是机器又不只是动物。也许只有教育才能解决现代社会所面临的人既是机器的附属品又是纯动物性的存在的状况。这种分裂的人格，包括其中的好些问题，如吸毒、暴力等，不完全是社会原因造成的（当然大有社会原因），而是人性中有许多问题。只有研究教育、研究人性，才能较好地消解这些日益突出的问题，它关系到人类的未来。现代社会的发展，显示出"英雄时代"过去了，精英时代也将逐渐远去，社会向均一化发展。当然，在某些地区，特别是不发达地区，一定时期内仍可能出现各种奇理斯玛式的人物和现象，但从总的世界历史说，社会会慢慢地走向民主，教育问题会慢慢地提出来，技术官僚的时代也会过去。人性教育就是要解决这方面的问题。当然，光靠教育是不够的，社会本身在发展，工具理性要解构、解毒。这还需要一段时间，马克思讲得好，人的自由时间增多，就好办了。

马：您讲过，教育心理学将是未来的核心课程？

李：教育需要建立在生理学、生物学、心理学高度发展的基础上。那时候的教育学或教育心理学，一定是很重要的。比如说，把人的基因搞清楚了，知道你身体哪方面有特点或有问题，这个就是研究教育心理学的基础。教育心理学将来是一个核心课程，因为一切目的不就是为了人类的生存发展吗？

生态环境跟人必须有个和谐关系，不能破坏，"人"本身也有一个内在自然的和谐关系，也不能破坏。这个"内在"，包括人的情感、意愿、能力、欲望等。教育心理学就是研究人的内在自然的一个学科，研究它的自然性和它的"人化"，亦即如何培育人。随着这些研究的深入，教育心理学必定超过经济学、物理学。当然这是未来的事情，不是现在。

马：我还注意到，您曾强调要培养"形式感"与"敬畏感"。

李：现在好像不大注意这两点，其实这正是美育所要培养的。所谓"形式感"，是很具体的均衡、对称、比例、节奏所形成的秩序感、韵律感、和谐感、单纯感等。它们从劳动感受到自然静观到创造发明，是具有多层次多种类、既广大又深刻的情感体验。它们远远不止在艺术中，要对它们有感受力，并进而培养对宇宙存在的敬畏感，用这种敬畏感代替宗教对神的敬畏，这都属于"情本体"的范围。爱因斯坦就是出于敬畏和好奇，他信仰的神实际上就是整个宇宙，就是宇宙合规律的这种运转，所以他才会着迷地探寻那最大最高的"形式感"。美育要培养对一般形式感的领会、把握，同时要培养对天地、宇宙、自然这个大"形式"的信仰。这两方面的关系又是如何，也需要好好研究。如果美育搞得好，达到一个高层次，就不需要再去依靠上帝或神了。

我感觉比较意外也非常高兴的，是一些从事教育工作的人，包括教师和研究教育的学人，居然重视我的好些著作。我很重视这一现象，要谢谢他们！

六　情爱多元

"食色，性也"

马：您关于"情爱多元"的观点，也有不少异议。

李：所谓"情爱多元"，就是主张应该充分尊重人们所选择的不同情爱观念和方式。这一看法，即使遭到异样的眼光、受到批判也没有关系。

马：在现代，"爱"被一些人认为早已过时，只堪嘲笑，因之强调的完全是"性"的快乐。

李：性的快乐当然重要，它在中国长期遭到传统禁欲主义的过分压抑，值得努力提倡。而且性的快乐也有人的创造，并非全是动物本能，如中国房中术、印度《爱经》所描述的种种姿态、花样。记得我年轻时看高尔基的《克里萨木金的一生》第一卷末尾，那个女孩在第一次性经验时想，这就是朱丽叶所希望而没有得到的吗？细节完全记不清楚了，但这一点没能忘记。当时我感觉她提出了一个很有意思的问题，即性与爱的关系问题。

从整个文化历史看，人类在社会生活中总是陶冶性情——使"性"变成"爱"，这才是真正的"新感性"，这里边充满了丰富的、社会的、历史的内容。性爱可以达到一种悲剧感的升华，便是如此。同时它也并不失去有生理基础作为依据的个体感性的独特性。每个人的感性都是有差异的，动物当然也有个性差异，但动物的差异仍然只服从本能以适应自然。人类个性的丰富性由于社会、文化和历史而远为突出，所谓"性相近，习相远"，"差之毫厘，谬以千里"，从而"新感性"的建构便成为极为复杂丰富的社会性与个体性的交融、矛盾和统一。像安娜·卡列尼娜、林黛玉的爱情，那是属于人类的。

可见，人们的感情虽然是感性的、个体的、有生物根源和生理基础的，但其中积淀了理性的东西，从而具有超生物的性质。弗洛伊德讲艺术是欲望在想象中的满足，也正是看到了人与动物的这种不同。

马：虽然感性中积淀了理性，但"性"的自然性仍是很强的。

李：所以嘛，旧传统的寡妇主义、节烈观念，要求妇女从一而终，嫁于一，从于一，死于一，丈夫一死妇女便守节，当死人的殉葬品，当活着的僵尸，便是违背人性的很残酷。五四新文化运动反对"三从四德"，提倡恋爱自由，反对守节"贞操"，完全正确，包括"破坏"传统一元的情爱观念、夫妻观念的功绩。一个活生生的生命，在丈夫死后竟然没有选择新配偶的权利，还谈什么对生命的尊重？一个妇女，结婚后情况发生巨大变化，包括根本无法与丈夫相容相处，也包括上述丈夫死亡后希望嫁给另一个男人，展开情爱的另一页，这就不是一元，而是二元。倘若还有变化，又离婚再嫁，也可理解，多元并不神秘。"从一而终""终身大事"都是在传统社会人际接触相对固定和观念极端狭隘的时代中形成的，在开放的现代社会中，生活接触面极大地扩展，男女产生恋爱的机遇和可能性极大地增加，上述规则的失败理所当然。

马：古人也讲过"食色，性也"。

李：关于食，研究得较多，财产制度、阶级斗争等，都可说是在"食"的范围内，但"色"的问题研究得极为不够。弗洛伊德开了个头，但太局限而且片面。在中国，更如此，以前连弗洛伊德也不让谈。我讲"情本体"，就是说人的情爱既不等于动物界的"欲"，也不等同于上帝的

"理",所以就变得非常复杂。

马：人的"七情六欲",包括"色"与"性",是维持人的生存的一个基本方面。

李：人类的爱,特别是男女之爱,总是包含着性的吸引和性的快乐。男女相爱、爱抚、做爱,都是美好的事,社会不应用有色眼光看待男女的爱慕行为。男性在做爱时应考虑女性的需要,尽量使女性快乐和满足。过去,中国传统女性在性爱方面太压抑自己,她们忽略了性爱就像吃饭一样,是生理上的需求,是很自然、很愉快又很平常的事。男女做爱基本上是互相爱护和互相关怀的具体表现。当然,纵欲主义和禁欲主义这两种极端是不正确的。

男女间甚至应该在婚前发生性关系,才能知道彼此是否协调。人就像树叶一样,每片叶子都是不同的,每个人的生理和心理结构也是不同的,应该了解自己的个性和需求,顺其自然地发展。

马：有没有摆脱了"色"与"性"的"柏拉图式"的男女之爱？

李：既可以有精神度很高的爱,也可以有精神度不高甚至很低的爱,可以并行不悖。纯粹的柏拉图式的精神恋爱,固然有,但究竟有多大意思,究竟有多少人愿意如此,我怀疑。没有性的吸引,很难说是男女情爱。但一般来说,人的性爱,又总包含着精神上、情感上的追求。人与动物的性爱之所以不同,就因为人的性爱不是纯粹的生理本能,而是人化了的自然,也就是人化了的性。这就是所谓的"情"。"情"就是"理"（理性）与"欲"（本能）的融合,它具有多种形态、多种比例。有时性大于爱,有时爱大于性,有时爱扩大到几乎看不到性,有时性扩大到几乎看不到爱。总之,灵与肉在这里可有多种多样的不同组合,性爱从而才丰富、多样而有光彩。还是那句话,情爱多元。

马：很多艺术家在情爱方面丰富多彩,很多经典的文学作品在表现情爱方面也非常成功,如《红楼梦》。

李：情爱与文学艺术有各种不同的关系。对于有些作家艺术家来说，性爱是创作的动力。例如毕加索，就在数不清的女人身上得到灵感。但也不一定都这样，达·芬奇一生独身，鲁迅的生活也相当简单。这当中有巨大的个性差异。有的婚后才华发光，托尔斯泰的《战争与和平》等巨著是在婚后安宁幸福中写成的。有的则相反，婚后贫病交加却创作出很好的作品。总的来说，作家如果在性爱上有更多的观察、思考和体验，其作品将会更加丰富。当然，情爱多元绝非艺术家专属，而是适用于所有人，艺术家不过更突出一些。

文学以情为本，离开女性，文学就失去"本"的一大半。《红楼梦》里有许多性爱描写。《红楼梦》中的性爱有许多种，性与爱的比重各不相同，差距很大，所以精彩。林黛玉、薛宝钗，包括王熙凤、晴雯、袭人等都是心理大于生理，贾瑞、贾琏等则相反。贾宝玉的性爱至少包括三个方面：一是对未婚少女；二是对已婚少妇，包括对秦可卿、平儿、王熙凤，都包含着性爱，只是分量不同罢了；三是对男性少年。宝玉的爱更多表现在他与少女的关系，而与已婚少妇，性的分量似乎更重一些。可惜我们的文学，除了《红楼梦》之外，太不善于描写性心理了。

文学的性爱主题和性爱描写已经很多元，但一落到现实上，大家还是感到很突兀。其实今天的中国，实际生活包括性生活，特别是青年一代，已经相当开放、多元。

顾城不可饶恕

马："多元化"应该也适合女性吧？

李：那当然！否则还叫什么多元？性爱中常常一方面是要求独占对方，同时自己又倾向多恋。男女均如此。这既有社会原因，又有生理原因。有人说男人多恋，女人单恋，这已为性心理学所否定。而不管男女，个性差异在这方面更是特别显著、特别重要。人的生理、心理、气质、爱好等不同特点会充分表现在性爱上，自然（生理）和社会（观念）不同结构的个性复杂性，都会在这里展现、表达，所以不能强求一律。所有这些，都说明要慎重对待这一问题，并深入研究。

马：那您一定对顾城杀妻持否定态度？

李：特别反感！海内外一片惋叹声，他死后居然有那么多人怀念他、讴歌他，实在是奇怪。我觉得所有的男人都应当尊重女性，谁也没有什么特权。顾是杀人犯，完全是罪犯，死有余辜，应予严厉谴责。用禀性奇诡、精神失常、诗人气质等解释，无异于为之开脱，极不应该。人可以自杀但无权杀人，"天才"诗人也无特权。不以普通人自居的矫情造作和自私自利，实在令人厌恶。他倒聪明，自知不免一死而自杀，其实应由法庭判决他死刑才更好。顾诗亦小家子气，偶有佳句而已，何足道哉。我是"原则问题"绝不让步的。

马：所以您才极力提倡情爱多元？

李：情爱多元就是要堵塞这种暴虐。中国的帝王贵族，自己可以三宫六院、妻妾成群，但不许妻妾有情人，一有迹象，则处以极刑。顾城不就是这种变形的暴君吗？他以为他能写点诗就可以如此肆无忌惮、胡作非为，真是岂有此理！值得惋叹的是顾妻，倒有情爱多元的襟怀，真情一片，牺牲一切，容得下英儿，却落得如此痛苦的死。没有对性爱的宽容，就不可避免如此。在这种观念下，自然是"寡妇门前是非多"，自然是"男女之大防"，自然是对生活隐私进行无休止的侵犯。过去和今天的一些伦理观念、道德准则，其实质与顾城这种简单的"一元化斧头"，相差不远。

马：就是说，在"性爱"的问题上，不能搞简单化、一元化？

李：对。性爱中有好些矛盾和悖论，如"独占"与"多恋"以及双方感情付出的不均衡等，都不能用某种既定的先验模式、伦理道德来简单处理。顾城杀妻就是这种简单处理的一个极端例子。

1993年美国畅销小说《廊桥遗梦》描写了一位忠实于家庭的妻子与一位单身汉的爱情故事,那么狂热(包括性描写)和执着。那位女主人公对丈夫、子女、家庭的情爱与对男人的"真正的"情爱极为痛苦地并存,在现代生活背景下显得颇为苍凉,作者似乎力图把它升华到一种近乎宗教感情的高度,使我感到有点回到十九世纪的味道。这种浪漫和温柔,在实际生活中,恐怕少有了,但它是"畅销书",大家仍愿意读它。

女性更追求心理感受

马：在情爱的理性与感性的融合中,女性似乎更为感性一些?

李：女性是感性世界的当然主人。例如,我所知道的女性(当然也有一些例外),无不喜逛商场者。尽管不买东西,也无特定目的,或泛泛浏览,或挑拣细观,对她们来说似乎总是一大赏心乐事。如果买到某种称心的东西,一件衣裳,或一个小物件,都可以使她们高兴好半天。开始我很难理解,只好勉强奉陪,但在她们那严肃认真、专心致志的快乐中,我突然省悟到由这些满目琳琅的感性物件所获取的快乐,是一种人在真正生活着的快乐,是一种对感性世界的欢欣和肯定。女人绝不像煞有介事的男士们那么单调、干瘪和抽象。

马：但您也多次提到过生活中的"马列主义老太太"。

李：年轻时读《红楼梦》,不懂那么喜欢青年女性的贾宝玉却为何极端痛恨大观园里的老婆子们,总以为是后者不具备性吸引力之故。后来才明白,事情并不如此简单。正因为女人是感性世界的主人,喜爱并沉溺在感性世界中,于是女性在人生路途中便经常容易因为各种现实利害的主宰、支配、扭曲而使她们的整个感性世界(兴趣、习惯、行为、情感、爱好……)变得庸俗、猥琐、无聊、凶恶和极端丑陋。我曾亲眼看见五十年代初好些天真无邪、热情革命的女学生如何一个个变成两面三刀、口是心非、阿谀逢迎、打小报告的李国香（《芙蓉镇》电影中最成功的形象），也看到过好几位革命了几十年本该光明磊落实际却奸巧阴险的"马列主义老太太"。因此，我所痛恨的人物中也有女性。这是不是也算女性脆弱的一面，比男人更易受外在环境影响而让自己主宰的感性世界多所污染呢？从而，女人们如何能长久保护其本来是那么玉洁冰清、如此丰足的感性世界呢？

马：在一般的观念中，性爱的快乐，男性一直是主角，处于支配地位，女性是配角，处于被动地位。

李：最大的生活快乐之一，当然是性爱的快乐。我从小时候读小说开始，由于只见叙说男人强奸女人，不见女人如何强奸男人，便误以为性爱的快乐特别是生理快乐专属男人。这一直到很晚很晚，才知道女性之需要性爱以及那种生理方面的强度、力度、兴奋度，常常是男人所望尘莫及的。但人们还是会普遍认为女性"弱"。这有种种原因，主要是社会原因。在千百年来以男性为中心的社会传统下，女性这种强烈的性爱要求和生理快乐的需求，被深深地压抑、伤害甚至被埋葬。它们牺牲在种种错误的观念、思想、礼俗、规范中，使很多女性（特别在以礼教著称的敝中华）一生也没有机会甚至不知道去实现或要求实现自己这种天赋的本性，女人似乎只是为了做妻子做母亲而活着。从而，女性唤醒自己的性爱快乐，努力去取得与男性完全平等的性爱快乐的权利，似乎也可以作为女权运动的内容之一。

马：但在性爱上，男女的生理—心理需求毕竟存在差异。

李：那当然。比如男人对所爱的女人常常有性的要求，对不爱的女人也可以有性行为或性要求。女人似乎不同，女人对所爱的男人不一定有性的要求，对不爱的男人则绝对不愿意有性行为。这当然是就一般来说，我不是专家，无法多说，但这些问题都值得讨论。这种差异也会形成性爱的多元与复杂。美国多年前爆出的妻子割丈夫生殖器的新闻，大概也表达了女人厌烦、憎恨男人过多的性需求，所以许多女士同仇敌忾支持这位割器的女英雄。

马：就是说男性生理需求较重，而女性更追求心理感受？

李：这是女性对性爱的另一倾向。男性逛妓院，专为满足生理需要，女性（至少一部分）便不如此。记得一位朋友对我说，她所不爱的男人连碰她一下，她都不愿意。尽管可以是好朋友，即使是颇为性感的翩翩少年或魁梧壮士，尽管也会动心，但并不像男人那样立刻会产生生理上的侵犯欲。对她所爱之人，则尽管不漂亮，也愿意老抱在一起。所说可能有些夸张，但那重视性爱的心理快乐方面却是无可置疑的。

这似乎意味着，在女性的性爱中不仅仅是感性，而且是感性中融进了某种理性的东西。但这理性又并不是那些可以认知的观念、思想、标准等，而是已经与感性水乳交融的直接存在，它与感性已是一个东西，所以才会是那说不清道不明的感受和快乐。难怪，在这里，在与女性的亲切交往中，在恋爱中，在做爱中，人们能够获得最温暖的和最堪回味的人生。而人生本义也由此而深沉地积淀着。这，不也就是美吗？不也就是某种"天人合一"的神秘体验吗？

马：还有一个问题，您认为女性生儿育女与从事自己喜爱的事业，哪个更重要？

李：我认为女性都该生孩子和抚育孩子，因为这是女人最大的情感快乐，做妈妈的快乐和幸福远远超过其他，包括事业、与丈夫或他人情感关系的快乐和幸福，放弃这个最大的快乐和幸福，我以为是非常可惜的事。

女人可以没有婚姻，但是女人需要孩子。本来，生儿育女是女人的重要生物本能，社会性渗入后，对孩子的爱更成为长久甚至永恒的爱。母爱最无私最伟大，不是被公认的吗？女性常常比男人有更坚韧更强大的献身精神，不是说"街垒战斗中，战斗到最后一刻的一定是一位女人"吗？我常想这很可能与无私的母爱有关。所以女性应该认可、接受、欢庆大自然赐予自己生孩子这个生物本能。

六　情爱多元

我看到一些美国女教授、女科学家，有事业，有很大成就，但没有孩子，我总为之惋惜，我以为这是巨大的损失和遗憾。当然，我也看到许多女人有了孩子之后，就再没有其他，也没有自我了。这的确是缺失，女性应该去寻找除孩子之外的自己的生活价值，但我仍然认为生养儿女是女性最大的伟业，一点也不低于男性任何伟大的事业。在这里，我愿与某些后现代主义者唱唱反调。

家庭感情不可替代

马：您虽然提倡情爱多元，但又认为情爱是一个非常严肃的问题。

李：是也。我反对婚姻与性爱上的随意、不负责任和利己主义，但主张对性爱要宽容，不要太多地干预和指责别人的私生活。作家艺术家在这方面并无特权，尽管作家艺术家因为更加放任情感，风流韵事似乎更多一些。

马：您曾对青年男女提过三条建议。哪三条？

李：一、不要得艾滋病；二、不要怀孕或使人怀孕；三、不要过早结婚。当然还有一个前提，就是必须两相情愿，不能勉强对方。这看来似乎简单，做到并不容易。下一代青年男女们的性行为、恋爱经验会丰富得多，如果"度"掌握得好，就绝非坏事；相反，它使人生更充实、更丰富、更有意义。当然，不要过早结婚包括不要过早有小孩，美国未成年妈妈成为一大问题，按中国话说，简直是"造孽"。

马：家庭感情在人类情感中应占有什么地位？

李：家庭关系和夫妇、亲子、兄弟姊妹的亲情，是人类自己创造的极可珍贵的"人性"财富。这人性是由动物自然性经过理性化提升而成的情感。孔子和儒学的根本价值就在于提出和强调维护这种情感。儒家

李泽厚与夫人在北京家中（2010）。李的北京居所隐于繁华的王府井大街之后，从窗口能看到景山、天安门和美术馆

六　情爱多元

以此种具有自然血缘纽带的家庭情感和关系为核心，辐射为各种人际关系和情感，一直到鸟兽虫鱼、林木花卉。"民吾同胞，物吾与也"，这也就是康有为《大同书》里的"去类界，爱众生"。

马：但康有为不是也提出"去家界，为天民"，主张不要家庭吗？

李：康的主张，有其伸张个性和个人自由、反抗祸害颇为严重的传统家庭秩序的时代意义。就当今而言，去家不去家，确实成了具有世界普遍性的现实问题。今日在欧美发达国家，家庭破碎，无家可归，单亲家庭已成常态，但我仍然以为，孔子和儒家的不去家但补充以现代个人的性爱和各种婚姻形态，可能是更幸福、更快乐的生活方式。康有为的"去家界，为天民"和儿童从出生后便公共抚养的"公养""公教"等，包括柏拉图等人的去家思想，我不认为是值得赞赏的人类未来前景。我以为中国传统的讲亲情、讲人情才是对世界文明的重要贡献。家庭是人类情感的一个基础方面，这也是我所谓情本体的具体呈现。

马：在现实生活中，夫妻关系也不单单是"性爱"，还包含更为多样复杂的东西在里面。

李：那当然。在家庭生活中，夫妻之间远不仅是性爱关系，而是长期朝夕生活所建立的相互支持、帮助、关怀、体贴、容忍、迁就等关系，和这种关系所产生的情感，它们体现在许许多多数不清说不尽的日常生活细节之中。看来似乎并不重要，但这就是真实的、具体的"生活"。日常生活就是这些穿衣吃饭中的琐碎事情，夫妇之间在这些事情中的亲密关系和由此产生的情爱关系，是别人和别种情爱如情人的爱所不能替代的，这是双方在长期生活旅途中彼此给予对方的一种"恩惠"，所以我常说"夫妇恩"，这种"恩"是一种很特殊的情爱。我在课堂上和美国学生说，"爱"不难，要长期和谐快乐地生活在一起，就不那么容易了。他们都同意地笑了。

李泽厚一家三口出游（美国）

六 情爱多元

"想不通就想不通好了"

马：您对"婚外情"怎么看？很多人谴责它破坏家庭，是一种不道德、不负责任的行为。

李：我强调"夫妇恩"，但不是说性爱就一定应是单一的，两者之间并无必然联系。性爱和婚姻高度自由化，能使每个人在心理和生理上取得平衡和健康，有助于个性的全面发展，使人身心开阔和愉快。当然，婚姻自由化并不是指不负责任或欺骗别人的感情；相反，它反映了人类对爱情的处理态度越来越理智、成熟和自觉，不需要仅仅靠结婚证书、道德规范、法律制裁去维系感情。

"婚外情"是个很复杂的问题，很难简单地说"对"或"错"。婚外情的第三者一般也不该受到谴责，男女感情只要是两情相悦，彼此相爱，不是出于金钱、权势等引诱逼迫，便是无可厚非的。当事人如果能妥善处理这个"三角关系"，那就更好。夫妇的爱和情人的爱，不能相互替代。中国只讲夫妇的爱，认为此外均邪门；西方则要求夫妇之爱等于情人之爱，于是，现代离婚率极高，问题愈来愈严重。其实，可以有各种不同层次、不同比例、不同种类、不同程度、不同关系的性爱。我们不必为性爱这种多样性、多元性感到害羞，而应当感到珍贵。

马：您的意思是，"婚外情"可以存在，可以被接受、可以被宽容？

李：上面我讲过，我一直主张有家庭，家庭的感情不是其他感情所能代替的，但不是说人这一生只能爱一个人，只能跟一个人有性关系。我觉得可以开放些，男女都一样，可以有妻子和丈夫，也可以有情人。发现对方有情人就分手，我认为是很愚蠢的。情人的爱未必能等于或替代夫妻之爱。从性心理学上讲，都希望独占对方而自己有情人，女的也这样，男性更强，这有族类生存竞争的生物学进化基础，特别是女人有了孩子，她们的情感和心思主要都放在孩子身上，"男性更强"这点就更加突出了。在动物界，为延续后代，雄性需广种，雌性可拒绝，于是雄性便以健壮的身躯、漂亮的羽毛、强大的力量、优美的姿态以显示自己的保护能力来吸引雌性；到了人类，这些便转变成以财富、地位、权势、名声、才干以及身躯体格等仍无非是显示出众的保护能力和强势力量来吸引女人。所以不问具体情况，过分指责女人的"好虚荣"是不合适的。因为这里面有生物因素的原动力。总之，每个人的生理、心理情况不一样，每个人都应把握自己的存在，自己选择，自己决定，自己负责，努力追寻自己的快乐，不要用一般的观念来捆住。一些人可能对此点不赞同或想不通，想不通就想不通好了，也是一种选择。

马：如何看待同性恋？

李：人类的恋爱倾向有很多种，有的是自恋，有的是多恋，有的是单恋，有的是同性恋，这种种倾向的形成是值得进一步研究的。比如同性恋，它是先天的还是后天的，都值得研究。我以为主要是先天即基因决定的。由于生物种族的繁殖和异性相吸的自然本能，男女性爱和婚姻关系还是会继续处于支配地位。所以，同性恋的人数可能会扩大，甚至可以结婚，但绝不会成为主流，对人类来说毕竟是极少数，无伤生存延续的人类大局。

尾声

"四个静悄悄"

能用的只有脑袋了

马：我感觉您的心态很好、很年轻。

李：我已经老了，做不了很多事了，现在看一会书眼睛就疼，总之是绝对不行了。

马：眼睛老花？

李：是青光眼和黄斑裂孔，分别在左右眼，两个眼睛都不行了。看书坚持不到半小时。

马：但还是很有神采。

李：我在六十几岁的时候，还不错，头发比较黑，面貌也跟现在不一样，现在眼睛已经失神了。

马：在美国还看什么书吗？

李：现在的书和报纸都看得很少。这个干一点，那个干一点，加起来的事情就多了。

马：写作用电脑？

李：还是用手写，电脑就是看看新闻和信件。

马：也用微信？

李：我过去一直没有手机，近几年才用，也学会了用微信，很便捷，现在与外界联系、通话，多用它。

马：与您通话，感觉您的声音还很清亮，精神很好，思维敏捷，反应也很快，完全不像九旬老人。

李泽厚与刘再复。两家只有几分钟的步行距离。李云：有此一友人足矣！

李：不行了，现在自己唯一能用的只有脑袋，除记忆力外，其他还好，还能写和讲，还可以在口头辩论中打败一些年轻学人。我跟人家辩论都赢了，很高兴，我就抓住他的弱点拼命进攻，哈哈……

马：您的生活和身体状况如何？大家很关心。

李：我是自由之身，自己打出天下，无求于人，非常独立，我很满意。我太太只管花钱，不管来源，我值得骄傲的一点是我太太一生没有为钱烦恼过。我经济上安排得很好，钱用不完，根本不依赖孩子，精神也非常好。我从美国回来，坐商务舱，自己掏钱。我还买了一些基金投资。

现在身体是每况愈下。我的心脏在美国做过插管的冠状动脉造影，有问题，但不严重。还有一个问题，美国的医生都没有查出来，诊断不出来到底什么毛病，是心脏胸闷，相当典型的闷，而且发展到背部，只要运动量大一点，上楼，再拿点东西肯定就不行了。有的时候很奇怪，散步走快点或时间长点心脏就有反应，有时候坐着不动它也有反应。我现在有几个病都搞不清楚。每晚必服安眠药，愈来愈多，整天昏昏沉沉的，除脾胃还可以，其他方面已不行了，近两年尤甚。

马：平常怎么锻炼身体？

李：就是散步。现在越来越不行了，老了，这是实践证明的，原来我能走的距离和我前三年、五年的距离明显缩短了很多，步子很慢，所以有朋友笑我，说你这等于没走。现在有一个很大的问题，就是越来越不想走，腿没劲了，最近已停止了散步。

最多是一个"狷者"

马：您的一位老朋友谈到您的性格时说："李泽厚是一个性格特异的人，一个手不释卷的人，一个整天活在'思想'中的人，一个极善于思考却极不善于交往的人，一个内心极为丰富但表达时却近乎'刚毅木讷'的人，一个只会讨论问题而不会聊天（或不喜欢闲聊）的人，一个只'思索上帝'但绝不'接受上帝'的人，一个喜欢喝酒喜欢美食却从不进厨房、一辈子也未曾煎过一个鸡蛋的人，一个勤于思精于思却不爱体力劳动的人。我还可以说他是一个知识很多、朋友很少的人，一个哲学、历史、美学、文学都'很通'但人情世故却很'不通'的人，一个能够把握'时代'脉搏而往往不识'时务'也绝不追赶'时髦'的人。他的性格实在是很'孤僻'的。他除了喜好喝酒之外，还喜好旅游与散步。旅游时喜欢追寻文化遗迹，并不热衷自然风光。除了下雪与酷热，他几乎天天都散步，每星期还去游泳一次，冬天可以在寒冷的游泳池里游泡半个小时到一个小时。在高温的'桑拿浴'里也很经得住煎熬。他每天都喝一点酒，可惜无人奉陪，真的是'独酌无相亲'。"（《答〈博客天下〉卜昌炯先生》，2014年6月9日）他还说："历史把我们抛到一起，抛到落基山下一个叫博尔德（Boulder）的小城里，让我们可以常常一起散步，一起沐浴高原的灿烂阳光，一起领略人间精彩的智慧。真理多么美呵，智慧多么美呵，我常独自感叹。如果不是漂流到海外，如果不是离李泽厚先生这么近，我真不知道他除了具有天分之外，还如此'手不释卷'，如此勤奋。也不知道他除了对哲学、思想史、美学、文学深有研究外，还对古今中外的历史学、伦理学、政治学、教育学具有如此深刻的见解。这才使我明白哲学家对世界、对人生见解的深度来自他们涉猎的广度。李泽厚用百分之九十的时间阅读，只用百分之十的时间写作……"（《李泽厚美学概论》序）

李：我这一辈子就只跟书本打交道。说我"性格特异"的，已有好多人了。是好是坏，我也不清楚。

马：想起曾看过的一张照片，您怀抱两个酒瓶子，其中一个是茅台，手里还高举一个不知是酒瓶还是酒杯的东西，人喝得有点歪，自题"小酒鬼一个"。哈哈……我发现您这一代学人中，能喝酒的真不少。您的酒量不小吧？（笑）

李：现在不敢说了。年轻时一斤根本不在话下。那时我喝酒经常是一个人。有一次在北海喝酒，喝得晕晕乎乎的，没醉，微醺，感觉飘飘然，那心情真是非常愉快。北海那时十点才静园。很晚了，我就睡在那个栏杆的外面，现在印象很深，有个老头走过来，怕我自杀，规劝了很久。（笑）我极少喝醉，连灌都很困难，我倒灌醉过很多人。

八十年代初，在夏威夷"朱熹国际学术会议"上，我与傅伟勋一见如故，开怀畅饮，弄到过半夜方休。第二天我昏昏然走上讲台，他却根本没与会，睡大觉去了。从那以后，我们几乎每聚必饮，每饮必醉或半醉。伟勋酒量并不大，却特别喜欢闹酒，尤其人多的时候。我就特别喜欢看他闹。另有一次印象较深，1986年在北海仿膳，汤一介、庞朴、孙长江、王守常、李中华、魏常海、鲁军等人参加，我与孙等几人互相用碗赌白酒，那种很烈的，一口干，痛饮畅叙，豪谈阔论。这次我喝得太多，醉醺醺地回家了。

马：哈哈，没想到您还有如此豪放的一面，真乃性情中人！听说在美国，一次开车去科罗拉多 Grand Junction，您以时速一百多公里在高速公路上狂奔四百余里，把其他人远远甩在后面。

李：我很高兴，在我这一辈的国内学人中，能开车、能享受在高速公路上狂驰的人恐怕不多。

马：有篇报道说，在学生们的印象中，您是个很好玩的人。"他年龄比我们大，但说话非常平等，一起玩、一起喝酒、一起骑马。人也很豪爽，有时他可能找二三十个人一起吃饭，都是他来埋单。"记得您有次回国小住，提出要去蹦极，让赵汀阳打电话去问，被对方堵回来了，以为遇到了神经病，因为那时您已经70岁了。（笑）

李：我很喜欢剧烈的运动，骑马、冲浪、蹦极，可惜年轻时没有条件。记得在密歇根，有一次，我随着音乐跳迪斯科，突然获得场内一片掌声，大概我的步子与音乐非常一致，入了迷，自己还加了些非常和谐的小步子，到了一种非常好的境界。（笑）

无论读书或写文章，我都非常重视单位时间内的效率，从不苦读苦写、苦思冥想。写不出干脆去玩，我常说玩得好就写得好。可惜我玩得并不好，所以写得也并不好。现在老了，不能玩了，也就不写了。因为写本身不是玩，至少我是如此。别人可能以写为玩，我不行，写文章毕竟还是苦事情。

马：赵士林教授说，做学生时，他没少去您家蹭饭，有时还与您一起出去喝酒，喝醉了两人搀扶着往回走。他说那时对您都是"直呼其名"。以现在的标准衡量，这哪像师生关系啊，完全乱了"规矩"。（笑）

李：我不在乎这些小节。

马：看来您确实与众不同。您的同辈人周来祥先生说："李泽厚是一个很有个性的人，不大奉承人，不大巴结人，但也不苛求于人，不注意小事，与人相处友善而真诚。"何新先生说您"平生为人不拘小节，乐于助人"，"知世而不世故，明察而不刻薄，好学深思，求智求仁"。

李：但即便如此，我还是常被人算计、欺负。

马：我读到过一个细节，一位记者采访您，说采访稿有一个地方应该修改一下，您就将笔递给他，让他改。这位记者说他感到很惊讶，也很感动！

李：只要说的有道理，对的，我都会接受，不管是谁讲的，这很正常嘛。

马：但另一面，您又很固执，坚持己见。（笑）

李：我在原则问题上寸步不让，我不会刻意去讨好谁、迁就谁，不管在学术上还是在其他方面，这是我的性格。虽然"腹背受责"，但"我自岿然不动"。

马：您讲过，自己是一个"狷者"。

李：我一生谈不上"中庸之道"，也不算是进取的"狂者"，最多不过是个"有所不为"的"狷者"罢了。我尝自省，这一生也算温良恭俭，以让为先，兢兢业业，直道而行；虽然缺点很多，但从不敢心存不良，惹是生非。只由于性格孤僻，不好交往，便得罪了不少人。而一辈子没权没势，从少到老，总被人无端欺侮，有时生一肚皮气也毫无办法。但由此反而索性横下心来，我行我素，既知人事难酬，玲珑不易，只好更加关起门来，自成一统，遗世独立，感叹"运交华盖欲何求"。

说也奇怪，我在理论和实际上一贯强调历史主义，但也许仍是受鲁迅的影响，我又非常注意处世为人。在我认识的人中，我一直非常尊敬、赞佩和更为亲近那些或勤勤恳恳、老实本分，或铮铮风骨、见义勇为的人，尽管他们非常普通，既非才华盖世，又未显赫于时，可说是"名不称焉"，但他们比那些经营得巧、名重一时的"俊杰"老翁，或左右逢源、聪明圆滑的时髦青年，总要使我觉得可爱可信得多。中国古人有言，"士先器识而后文艺"，可惜这一点点"伦理主义"在近几代（不能光指责青年一代，还有"俊杰"老翁）中国知识分子的好些人中，似乎在不同程度上被忽视、被遗忘了。

一辈子都在孤独中度过

马：您说过"实惠的人生我并不羡慕"。那么，理想的人生或者说您最想过的人生是什么？

李：虽然孤独和寂寞，但我也不觉得不幸福，现在能活着就不错了。那么多政治磨难都逃过来了。每个时代都有局限性。理想的人生我是看不到了，但生活还是要有一些责任感为好，享受并不是最快乐的。

马：有没有想过抱孙子？

李：没有。这比较特殊些，是个性问题。我不相信什么传宗接代，

香港《独家人物》(2020 年第 5—6 期)

我这辈子见不到孙子也没关系，我不重视这些。

马：有没有特别脆弱的时候？

李：我不认为自己是强悍的人，但也还不那么脆弱，不然早死了。我想得开，很多事都无所谓。

马：您的学生许多已是当今著名学者、教授，赵汀阳还是中国社科院学部委员（院士）。他们来美国看过您吗？

李：赵士林来过，当时他在加拿大。我没有学生，都是名义上的。我回国到北京他们都不来看我，当然这完全不能怪他们，我也不通知人家。他们做学生时，我就跟他们说，过年不要到我这里拜年，因为我从来不跟任何人拜年，几十年来一直如此。

马：您旅居美国近三十年，为何仍不入美国籍？

李：要入美籍很容易，但我过不了这心理关，不能成为美国公民。拿中国护照心理比较舒坦些。当然，有时也比较麻烦。记得有一次到奥地利开会，提前三个月就申请，到了最后一天，还得请奥地利外交部帮忙，才搞好落地签证。

马：您的学说倡导"乐感"，但自己却很孤独。

李：我这一辈子都在孤独中度过，不孤独的时候少。

马：所以您一直不喜欢与人打交道？

李：人本是社交动物，有社交的本能和欲望，但我的个性比较孤僻，不爱倾诉，不爱与人交往。我从来不是要人帮忙解闷的人。包括在美国散步，也喜欢一个人，不让太太陪。我从小就见不得生人，见人就往后躲，这就是个性，个性的偶然性，没法改。我的人际关系不好，没什么人缘。我在香港一年，离开后没跟任何人打电话联系过。当然，别人打电话我是接的。有人认为我很傲慢，其实我是没事就不联系。我从来不主动去拜访人，连打电话问候也不会。我喜欢独处，即使是非常熟悉的人，整天在一起，搞几天我就烦，就要独处。我这个人讲话也比较随便，常常冲口而出，那也不行。

我还有三个先天性毛病，与不喜欢跟人交往的个性恶性循环：一是记不住面孔；二是记不住声音，别人打电话我总要问"哪位"，包括我儿子，所以他现在总是先报上名来；三是记不住路。（笑）

马：近几十年，感觉您似乎是在自觉地与主流环境疏离，甘于边缘，甘于寂寞，执着于自我，继续孤独地走自己的路。

李：我对许多事情感到很失望。自己知道自己存在的价值和意义就是了。

从未有失落感

马：您希望有更多年轻人来阅读您的作品吗？

李：当然了，因为我的一些东西一直遭到误解，希望多些人看，了解得更多一些。但我不抱这种奢望，这不是我能左右的。特别是现代社会更加多元化、专业化，很多人根本不会看，很难强求。不可能、也不必要回到八十年代那种盛况。

马：您在八十年代有巨大影响力，1992年出国后这种影响力在逐渐减弱，有没有失落感呀？

李：哈，从过去至今几十年来，我就从未感到过得意，所以也就从无失落感，所以能活到今天。我不在乎那个东西。在美国，我没有什么名气。即使在国内，我也从没觉得自己有什么了不起，从心里就平等待人了。人贵有自知之明，认识到自己只有那么一点点力量，就会专注于自己能做到的事。我始终就是个普通老百姓。但大概由于不喜往来，人们可能感觉不到这一点。我在美国基本上什么会也不参加,也不习惯主动跟人来往,过的是非常平静、非常单调、非常寂寞的退休生活。

马:如何评价自己?觉得历史将会如何看待您?

李:我从来不评价自己,评价留待他人或后人。不管别人说我是或不是都无所谓。现在快死了,更无所谓了。

马:我感觉您对自己提出的那套理论、学说,还是满自信的?(笑)

李:当然。否则就不会去搞了。概括说来,我先后写了"思想史三论"("巫史传统说"应该在"古代"内)、"美学三书"、"哲学三纲要"、"伦理学三说",加上《论语今读》一本,当然还有本"康德书"和对谈等。"$4 \times 3 + 3 = 15$",多乎哉,不多也;少乎哉,亦不少。如此人生,而已而已。我的哲学简单用一句话说,就是要以"人活着"(中国传统的"生生")来替代或超越海德格尔及西方传统的 Being。对我的东西的现在,我很悲观;但对将来,我非常放心。

马:您这个"$4 \times 3 + 3 = 15$"的概括非常有意思!我还想问的是:在这"15"里,您比较满意的是哪一本或哪几本?

李:若讲比较满意的话,应是湖南岳麓书社"当代湖湘伦理学文库"中的《李泽厚集》(即《伦理学新说述要》增补本,2021),算是我的心理主义的伦理学小结,其中包含告别任何政治宗教等论点。当然,就我全部论著来说,《人类学历史本体论》和《由巫到礼 释礼归仁》两书可与这本《李泽厚集》并列。其他一些论著和各种对话之类,就不列举了。

马:您只列举了三本,难道您那本最负盛名的《美的历程》还列不进去?(笑)

李:当然排不上。

马:我发现一个现象:相比您极盛的八十年代,九十年代以来,国内和国外学术界对您的关注、研究似乎更多了起来,有关您的学术研讨会开了好几次,研究专著出版了多部,研究论文也屡屡刊发,博士和硕士论文也不少。所以,我相信,您的原创性思想系统是不会被漠视的。未来,或许还会有"重新发现李泽厚""回归李泽厚"这样的情况出现。(笑)

李:我的文章论著,从美学到哲学到伦理学到思想史等等,大都曾遭到各种狠厉攻击。一生如此,至老犹然;颇为感慨,却不伤心。我愿学鲁迅,死后还有人咒骂。我不太爱说狂言,不过现在想说一句:我那些书里还有一些很重要的东西,到现在为止还没有被人认真注意。不过没发现也没关系,迟早会被注意到;如果一直没有,那也就算了。但真理早晚有人发现,科学上不常有重新发现的事情吗?朱熹死的时候,他还是"伪学",不让人去告别嘛;王阳明死后四十年,他的书才让出版;王船山更是被埋没了几百年。

马:生前名和身后名?

李:倒不是名利问题,那是次要的。重要的是许多时候真理不大容易被人接受,或害怕接受。我多次说过,包括爱因斯坦的相对论,一开始也受到当时的大物理学家的反对和指责。康德也如此。我坚持我的哲学,也从不怕任何挑战。哈哈哈……

还有好几个题目

马:还会有什么新著问世?

李:前面讲过,"文革"中拟过九个研究提纲,可惜现在只完成了五六个。虽然还有一些东西想写,但身体不行,正式文章也写不成了,最多只能聊聊天。我这一辈子纯粹是单干,一直没有任何助手和帮手。为核对一条小材料,查出处、翻书刊、跑图书馆等,都得靠自己。现在没法做了。

说来题目还有好几个。例如，写一本《新大同书》。原来是想在总结百年思想史特别是马克思主义在中国的历史基础上，提出对未来的展望。这未来既指中国，也指世界。我似乎在无意识地重走康德晚年和马克思晚年的脚步。康德晚年写了永久和平论等著作，盼望人类远景。马克思晚年写了大量关于人类学的历史笔记。这说来会被人笑骂，我居然还想重提作为儒家宗教性道德的大同理想。当然这不是作任何具体的设想或设计，而只是借用一下康有为的书名。我似乎与康有为有缘，第一篇思想史论文就是《论康有为的"大同书"》。当然，我现在对康的评价也不像以前那么高了。

马：据说您还有一本待整理出版的对话录《返回古典》，这本书什么时候可以出版？

李：不会有了。国内"尊孔读经"的复古思潮如此甚嚣尘上，在此情况下，"返回古典"很可能会被开倒车的国粹派利用，所以就不再多讲了。

马：真遗憾！您说的"返回古典"是什么意思？

李：我们所谓"返回古典"是建立在现代性基础之上，不要现代性的古典是种倒退。"返回古典"就是重新探求和确立人的价值。西方社会发展到现在的确是有很多问题，但中国和西方相比，还有相当大的距离，仍然需要理性启蒙。在这个基础上跟传统结合，返回古典，才可能开创新的东西，将来对全世界做出贡献。这就是我一直讲的"西体中用"，这么多年来我一直坚持这些东西。

二十多年前，我提出过希望有"第二次文艺复兴"。第一次文艺复兴是回归希腊，把人从神学、上帝的束缚中解放出来，然后引发了宗教改革、启蒙运动、工业革命等，理性主义、个人主义盛行，也导致今日后现代的全面解构。我希望第二次文艺复兴将返回原典儒学，把人从机器（高科技机器和各种社会机器）的束缚中解放出来，重新确认和界定人是目的，发掘和发展个性才能。由"道始于情"而以国际和谐、人际和谐、宗教和谐、民族和谐、天人和谐、身心和谐为标的，使人类走向光明的未来。这就是"为往圣继绝学，为万世开太平"（张载），但又仍然需要人类自身的努力奋斗。

去留无意

马：您欣赏谁的生活境界？

李：喜欢陶渊明的。

马：您曾讲过"四个静悄悄"。哪四个？

李：一是"静悄悄地写"。我一生从没报过什么计划、项目、课题，出书或发表文章之前也从不对人说。当然，这只是我的个性。二是"静悄悄地读"。我的书没有炒作，不许宣扬，书评也极少，批判倒是多。但我有一群静悄悄的认真的读者，这是我最高兴的。有人跟我说过，我在八十年代的读者，主要还是在大学里，现在是逐渐走向社会，一般的青年啊、干部啊、教员啊、企业家啊、媒体人啊、军人啊，都愿意看。他们有的还来看我，也有提问题讨论的。倒是那些名流不读我的书，或者是读了不屑一提吧。

马：另外两个呢？

李：三是"静悄悄地活"。近十几年，我的"三可三不可"原则基本上执行了。四是"静悄悄地死"。我死的时候除了家里人，没人会知道。我说过，对弟、妹，病重也不报，报病重有什么意思？牵累别人挂念，干嘛呢？静悄悄地健康地活好，然后静悄悄地迅速地死掉。当然，这也纯属个性。我非常欣赏、赞同别人热热闹闹地活着或死去。

马：您讲的"三可三不可"原则指什么？

李：每次回国，媒体的采访邀请很多，但我能回避就回避。2002年我定了个原则：可以吃饭，不可以开会；可以座谈，不可以讲演；可以采访、照相，不可以上电视。因为后者太正式，前者都属聊天，愿意聊什么就聊什么，随意得很。至于上电视，我想是"语言无味、面目可憎"。韩国和日本国家级电视台、凤凰卫视与某些地方电视台和中央某台找到我上节目，甚至不用访谈只要同到南方游览他们跟拍就成。我感谢他们的好意，但都拒绝了。

这里要插一句，照相我是来者不拒，所以我和很多我根本不认识的人都照过相。以后如用照片来说和我认识甚至很熟等等，就完全不符事实，应在此声明一下。

马：您刚提到不喜欢讲演？

李：我一辈子讲演没有超过五十场吧。讲课是要传授知识，讲演除了发表见解，还要有创意，我讲不出来。但这主要是个性问题，江山易改，本性难移。1982年，哈佛的史华兹曾邀请我去讲演，我因答应林毓生在前，人要守信，就婉谢了，尽管哈佛名气大。史华兹是美国数一数二的汉学家，我和他有过一些重要的交往，他曾多次要我去哈佛。还有不少名校和一些场合、会议用高价请我讲演或作 keynote speech（主旨演讲），我都婉谢了。

马：据我所知，您唯一的一次"触电"，是2014年参加凤凰网、岳麓书院在北京中华世纪坛主办的"致敬国学——首届全球华人国学大典"启动仪式。凤凰台著名主持人许戈辉在介绍嘉宾时，特别说道："过去十多年，曾多次与李泽厚先生邀约采访，但都被拒绝，这次李泽厚先生'为大义而食言'，拨冗出席会议，足见本次活动的重要性。"

李：乃勉强参加，只待了十来分钟，开幕式未完就走了。当时我便说过，"乡情难却，偶一为之"。我多次谢绝了许戈辉《名人面对面》的专栏采访。

马：2018年，李辉先生给我微信："央视的《朗读者》栏目请我推荐几个人，我推荐了李泽厚先生，请他谈《美的历程》等，朗读他喜欢的文章，如序言。美国他们有摄制组，请问李先生能否拨冗参加，拍摄时间不长。这里许多人都期盼见到他的身影和朗读。"我转给了您，希望能破例一下，但也被您回绝了。

李：谢谢辉兄的好意。但人应能自知自爱，已语言无味，面目可憎了。我喜欢静悄悄，作为一个老人，静悄悄地消失就行了。

马：如秋叶之静美。哪一天读者突然想起您来，却听不见您的声音了，就证明您是消失了。再回首已百年身……（笑）

李：哎，就是这样，我比较欣赏这种。我现在努力做到宠辱不惊，去留无意，但观热闹，何必住心。

至今未悟

马：上次与您通话，您说科罗拉多州的新冠疫情很严重，您所在的博德小镇也死了不少人。美国疫情如此状况，您怎么看？

李：刚开始的时候，因为特朗普不主张戴口罩，民间的习俗也不喜欢戴口罩，在老百姓那里，戴口罩好像是病人；也不重视隔离、社交距离等等。这是一个很大的错误，造成疫情这么严重。其实戴口罩、保持社交距离，是保护自己不受外来的感染。疫情在美国每个州扩散也不平衡，州政府有自己的权力，联邦政府没法指挥。有的州情况比较好，有的州情况就很差，我们这里算比较差的一个州。

马：这次席卷全球的新冠疫情，首先受到冲击的是各国的经济，从而进一步引发了许多其他社会问题。

李：这次疫情恰恰证明我的"吃饭哲学"是对的。大家讨论的主要是经济问题,首先关注的是失业怎么办,没有工作,没有钱了,没有饭吃了。哲学就是研究最基本的一些问题。我的哲学的第一个命题就是"人活着"。这是最重要的。所谓经济问题,就是讨论人怎么能活下去而且活得更好,人的衣食住行能不能维持下去以及维持得更好一些?研究那些玄而又玄或虚无缥缈的,上帝啊,语言啊,意识啊,人生意义啊,天下啊,那是次要的,研究可以,但不是哲学根本问题。最普通的常识其实常常是最重要的。所以我寸步不让,越骂我,我就讲得越多。

马:怎么看待此次疫情对全球化的影响?

李:我一直认为,全球化是不可避免的历史总趋势,但疫情有可能让全球化推迟二三十年。人类几百万年了,有文明的历史已经四五千年了,与人类历史相比,这二三十年是很短暂的。在疫情前,已经出现了英国的脱欧,还有特朗普讲美国优先,都是国家主义、民族主义,实际上就是推迟全球化。全球化会推迟,但也不会推迟特别长。经济是互相需要的,高科技的发展在推动经济一体化,这几十年不是科技高速发展嘛,互联网什么的,大家在全球各地都可以联系。国家之间全部切断不大可能。当然,这得看国家领导人的智慧。

我讲过,对中国和世界的未来,我是乐观的,但对我个人的前途我是悲观的,我可能看不到一点希望或萌芽了。

马:那么悲观嘛?

李:我已年近九旬,一个人最多活一百多岁,对人类几千年历史来说,算不了什么。我喜欢的自况集句联是:"悲晨曦之易夕,感人生之长勤(陶潜)。课虚无以责有,叩寂寞而求音(陆机)。"

马:如何面对死亡?记得您八十岁接受采访时说,打算死后把脑袋冷冻起来,几百年后用来证明自己的"积淀说"——这很特异,也令许多人无法理解。(笑)

李:哈哈,若能证明文化影响大脑,我觉得比我所有的书加起来意义都大。我不是随便讲句空话，我已经联系了那个冷冻机构，已经捐了八万美元，每年还得付几百美元会员费。当然，如果做不成或不能做，这八万美元会全退回，现在他们拿去是为该机构的投资等用途。很多人联系这个机构，是想复活（《圣经》便承诺过人身体的复活），他们希望死了不久就复活。我认为复活是绝不可能的。我不要求复活，只要求保存越长越好，等到脑科学发达到可以进行研究的时候。但这事能不能做成就不知道了。（笑）

我从不讳言死，这么老了，尽管也可惜还有好些事情远未做完，但总会有人来做的。在国内有一段时间我在家里摆了个真的骷髅头，用骷髅来提醒自己随时迎接死亡。我的父母都死于四十岁上下，我估计自己只能活六十岁，活到现在这个岁数，我根本没有想到。这也是一种偶然、侥幸。这听起来好像不好听，却是事实。

我跟太太结婚的时候就讲，说不定我哪天就要死掉了——那时候是开玩笑嘛，现在死亡对我来说是非常现实的问题。我曾经说过我要死的话，最好是心脏病发，没有痛苦就死掉。其实我怕的是痛，不是死。但同时我也是养生一族。人都想活，这是动物性本能，那么就要健康地活着，快乐地活着。活百岁的人现在确实不少，但并非每个人都能够，而且多活那几年，如不健康，不如早死。

我 2010 年写了十六个字："四星高照，生活无聊；七情渐消，天涯终老。"

马：有没有落叶归根的愿望？

李：从来没有。如果你是说一定要死在中国才叫叶落归根，我没这愿望，死在哪里都无所谓。我还讲过，也许飞机失事最好，因为基本无肉体痛苦，精神紧张也是极短时间，那就更不知道死在哪里了。飞机失事的唯一缺点是可能成为一条新闻。

马：您七十岁、八十岁时，虽有不少热心人张罗，但您却拒绝过生日。

李：人家要给我搞活动，我统统拒绝。朋友非常好意，讲了好多次。还有纽约的朋友，说是借这次机会来东部开个学术讨论会，邀几个朋友，当然不是大型的，小型的、中型的都可以，我也拒绝。我说你们开吧，反正我不来，那当然就开不成了。我不参加对自己的祝寿活动，但愿意参加也很欣赏别人的祝寿活动。我只过过一次生日，就是六十岁。那是1990年，在北京，我也只请我的几个弟弟妹妹来家里吃了顿饭，没有任何外人。

马：明年是您的九十寿辰，按中国的老话，叫鲐背之年，应该过一下生日吧？

李：我已婉谢了一些人预贺九十寿辰的好意。八十九岁生日当天，如平常一样，独自餐饮，只多喝了两杯路易十三。九十岁时，仍将如此。我一生最讨厌虚伪，过生日总要听些活一百岁之类的话，听那些真诚的假话很难受。

马：最后问一个问题：作为跨世纪的九旬老人，能否谈谈人生感悟？

李：至今未悟。

马：哈哈……

李：当今要说"悟"，在此艰难时日里，还是孟老夫子的"三不"吧："富贵不能淫，贫贱不能移，威武不能屈。"

马：这次谈了这么多，真是辛苦您了，非常感谢！

李：不客气。

附录一 "救亡压倒启蒙"与"中国六代知识分子"之"发明权"考释 / 马群林

近日，笔者拜读了收入"北京大学新中国留华校友口述实录丛书"中的美国卫斯理安大学（Wesleyan University）东亚系舒衡哲（Vera Schwarcz）教授的《回家的路 我与中国——美国历史学教授舒衡哲口述》（贺佳梅、倪文婷访谈，北京大学出版社，2018年5月，下简称《口述》）。《口述》乃2017年10月18日至11月1日舒在北大的访谈稿，其中第四章《中国启蒙运动的光与影》谈到与李泽厚的学术交往，主要涉及"救亡压倒启蒙"和"中国六代知识分子"最早是由谁提出并阐述的，即所谓"发明权"问题。但令人颇感困惑与遗憾的是，《口述》中所陈述的与事实大相径庭，故有必要撰文予以考释和纠正。

一 是谁最早提出"救亡压倒启蒙"？

对此，学术界一直存在着种种议论。作为当事人之一，舒衡哲教授在《口述》中是这样陈述的：

> 我刚刚认识李泽厚的时候，……马上感觉到我们有许多的共同语言。……李泽厚当时非常愿意和外国学者交流他的思想，我也向李泽厚介绍了我的新看法。那时我还没有出版《中国启蒙运动：知

识分子与五四遗产》。我给李泽厚讲了我思考的"启蒙"和"救亡"的差异,尤其是两者存在冲突的看法。30 年代抗战时期知识分子为了救国而放弃启蒙,因为爱国,所以知识分子自愿放弃,而不是中国共产党要求知识分子放弃他们的启蒙运动。这在二十世纪三四十年代之交已经变成了新启蒙运动。我当时也和很多人谈了这个问题。……我和李泽厚的许多谈话是朋友间的私下交流。……李泽厚说的"救亡压倒启蒙"是用了我的想法。我认为知识和思想分析方法不是个人资本,而且当时我为了升副教授,写了《中国启蒙运动:知识分子与五四遗产》,在我的职业生涯里,这本书已经发挥了它的作用。杜维明告诉我说:"你看,李泽厚……"我看了李泽厚的书,想起我们在北大聊天喝酒,我刚给他介绍新的看法,他马上就发表了。我一点都不觉得嫉妒。(第121—124页)

但事实果真是如此吗?

(一)李泽厚最早提出并阐述了"救亡压倒启蒙"思想

不少学人以为,李泽厚的"救亡压倒启蒙"观点是出自 1986 年 8 月发表的那篇著名的《启蒙与救亡的双重变奏》文。

其实,这个"时间点",还必须向前再推至少八九年。

1979 年第 6 期《历史研究》刊登了李泽厚《二十世纪初资产阶级革命派思想论纲》(收入 1979 年 7 月的《中国近代思想史论》一书,下简称《近代》)。李说:"《历史研究》是黎澍主编的。……黎澍对我的文章特别喜欢。我写辛亥革命的文章他就是作为刊物头条登出来的。我的文章极少作头条,所以这篇(就是提出'救亡压倒启蒙'的这一篇)记得特清楚,当时有哲学所的同事提起,我也挺高兴。"(李泽厚、刘绪源:《该中国哲学登场了?》,上海译文出版社,2011 年,第 39—40 页,简称《登场》)

正是这篇文章,明确提出了"救亡压倒启蒙"的思想,甚至连"压倒"这个词也有了,譬如:

> 《革命军》正如它的作者的短促年华一样，……很快也就消失在这长夜难明云压天低的封建暗空中。……几千年的封建主义很快就把它们吞噬掉了。……如果说，邹容《革命军》的基调是反封，那么，同样受到狂热欢迎的陈天华的作品——《猛回头》《警世钟》《狮子吼》等基调则是反帝（当然这种比较均系相对而言，下同）；如果说，前者着重宣讲的是为了民主自由而革命，那么后者着重宣讲的是为爱国、救国而革命；如果说，前者更多突出的是民主革命的一般原理，那么后者更多突出的则是当前的危亡局势……如此急迫痛切的国家种族的危亡感，如此愤激慷慨的救亡呼声……反帝是中国近代一个基本命题。（《近代》第300—302页）
>
> 不仅革命派，当年改良派的讲民权（如谭嗣同）、自由（如严复），也都是为了"救亡"，即为了反侵略争独立而提出的手段和方案（详见各文），反帝救国成了整个中国近代思想的压倒一切的首要主题。（《近代》第309页脚注）
>
> 五四运动提出科学与民主，正是补旧民主主义革命的思想课，又是开新民主主义革命的启蒙篇。然而，由于中国近代始终处在强邻四逼外侮日深的救亡形势下，反帝任务异常突出，由爱国而革命这条道路又为后来好几代人所反复不断地在走，又特别是长期处在军事斗争和战争形势下，封建意识和小生产意识始终未认真清算，邹容呼唤的资产阶级民主观念也始终居于次要地位。（《近代》第311页）

不光此篇，《近代》一书还有多篇谈到"救亡压倒启蒙"思想，譬如更早的、刊于1977年第2期《历史研究》的《论严复》一文：

> 迫切的救亡局面，把国家富强问题推到当务之急的首位，使严复愈来愈痛感"小己自由非今日之所急，而以合力图强……为自存之至计。"（《法意》卷18按语）这样，国家富强又比个体的德智体，比个人思想言论上经济上的自由和发展要紧得多，急迫得多，应该摆在前面。这是近代思想家包括严复在内所实际着重的首要主题。（《近代》第277页）

再譬如，李 1978 年秋为《近代》一书所写的后记：

> 普列汉诺夫说过，每个时代都有它自己中心的一环，都有这种为时代所规定的特色所在。在世界范围内，近代资产阶级民族民主革命由西而东，如果说，这独具特色的一环在十八世纪末十九世纪初的德国，是那抽象而深刻的古典哲学；在十九世纪的俄罗斯，是革命民主主义者的文学理论和批评；那么，在近代中国，这一环就是关于社会政治问题的讨论了。燃眉之急的中国近代紧张的民族矛盾和阶级斗争，迫使得思想家们不暇旁顾，而把注意和力量大都集中投放在当前急迫的社会政治问题的研究讨论和实践活动中去了。因此，社会政治思想在中国近代思想史上占有最突出的位置，是它的主要组成部分。其他方面的思想，如文学、哲学、史学、宗教等等，也无不围绕这一中心环节而激荡而展开，服从于它，服务于它，关系十分直接。[引者注：值得注意的是，这段话，李泽厚几乎是完全重复了自己早年著作《康有为谭嗣同思想研究》（上海人民出版社，1958 年 8 月）"序"中的话，见该书第 2 页]
> 民族斗争和阶级斗争的尖锐激烈，使政治问题异常突出。这是优点，也有缺点。优点是如前所说，思想与人民、国家、民族的主要课题息息相通，休戚相关。缺点则是由于政治掩盖、渗透、压倒和替代了一切，各个领域或学科的独立性格反而没有得到充分展开和发挥，深入的理论思辨（例如哲学）和生动的个性形式（例如文艺），没有得到应有的长足发展，缺乏反映这个伟大时代的伟大哲学作品和艺术作品。（《近代》第 475—476 页）

如本书好些论文所说明，太平天国之后，中国近代思想和活动的主流是由知识分子带头，从爱国救亡而转向革命的。爱国反帝始终是首要主题。这一主题经常冲淡了和掩盖了其他，这与欧洲为争自由而革命的数百年思想行程很不一样。资产阶级的自由、平等、博爱等民主主义，在近代中国并没有得到真正的宣传普及，启蒙工作对于一个以极为广大的农民小生产者为基础的社会来说，进行得很差。无论是改良派的自由主义，或邹容呐喊的平等博爱，或孙中山的民权主义，都远远没有在中国广大人民的意识形态上生根。相反，民族自尊和爱国义愤压倒了一切，此外，从洪秀全到章太炎的种种小生产者的空想和民粹主义，具有深厚的社会土壤，享有广泛市场和长久影响。（《近代》第479页）

从以上引述可见，"救亡压倒启蒙"在李泽厚那里，早已是胸有成竹了，而1986年发表的《启蒙与救亡的双重变奏》，不过是1979年《近代》一书的继续展开叙说而已，并非舒衡哲讲的"李泽厚说的'救亡压倒启蒙'是用了我的想法"。如该文如下之表述：

> 五四时期启蒙与救亡并行不悖相得益彰的局面并没有持续多久，时代的危亡局势和剧烈的现实斗争，迫使政治救亡的主题又一次全面压倒了思想启蒙的主题。之所以说"又一次"，是因为如前所说，这一直是近代中国历史上的老问题，是曾多次出现过的现象。（李泽厚：《中国现代思想史论》，东方出版社，1987年，第32页，下简称《现代》）

这段话与前引《近代》一书，完全一脉相承，并无差异。据李回忆，这篇"双重变奏"文写于1985年8月，是应《北京社会科学》杂志之约，为纪念"文化大革命"结束十周年而作。"这个文章写得特别快，两三天（就写完了）。写的时候段落都没有分，可说一气呵成。给《走向未来》发表时只分了段，小标题是到出书（引者注：指1987年《现代》一书）的时候才加上去的。原来交给《北京社会科学》杂志，在那里压了一段时间，终于不敢用，退给了我，才发表在《走向未来》这本民间杂志的创刊号上。"（《登场》，第52—53页）

（二）舒衡哲与李泽厚第一次会面的时间

舒衡哲教授1979年2月至1980年夏，作为首批美国交流生到北京大学进修（舒是其中唯一的博士）。关于与李泽厚的相识，舒在《口述》中说：

我和李泽厚怎么认识的，不太记得了。最早是 1979 年王瑶给我介绍了《读书》杂志的编辑，李泽厚也给《读书》杂志投过稿，可能是《读书》杂志的一些人给我介绍了他。我是通过《读书》杂志认识了李泽厚，而且是在认识朱光潜之后。第一次可能是我去中国社会科学院找李泽厚，第二次可能是李泽厚来北大找我。（第 120—121 页）

从舒的叙述中，很容易使人得出这样的结论：舒与李是在 1979 年相识并进行学术交谈的。但事实并非如此。

1979 年 7 月李泽厚的《近代》一书出版，这本现在看似稀松平常的书，甫一出版，却立即在大陆学术界引起巨大轰动。正在北大进修的舒衡哲读到了此书，并于 1980 年 1 月 10 日致信李，要求会面。（见图一，为 2017 年李先生赠笔者舒衡哲信的复印件）。

```
WESLEYAN UNIVERSITY
   Middletown, Connecticut 06457

DEPARTMENT OF HISTORY
                                        January 10, 1980

Dear Professor Li Zehou;

    As Professor Li Shu might have mentioned to you, I am very
eager to meet with you to talk about issues in modern Chinese
intellectual history. I am currently reading with great interest
your book 中国近代思想史 , but have not been able to find the
work on Kant yet.

    The challenge of a genuinely comparative philosophy of history
now faces both Chinese and American scholars. I hope that our
conversations might prove to be a fruitful first step in that
direction. Please let me know when is a convenient time for you
and I will come to meet with you at the Academy. My schedule at
北大 leaves me free on Wednesday and Thursday afternoons.


    I look forward to meeting you in the near future.


                                    Sincerely yours,

                                    Vera Schwarcz
                                    舒衡哲
```

图一　1980 年 1 月 10 日舒致李的要求会面的信

舒在信中说："因为黎澍教授可能向您提到过我,所以我非常渴望与您会面,讨论中国近代思想史上的问题。我现在怀着极大的兴趣阅读你的书:中国近代思想史"("As Professor Li Shu might have mentioned to you, I am very eager to meet with you to talk about issues in modern Chinese intellectual history. I am currently reading with great interest your book:中国近代思想史");"我期待着在不久的将来见到你"("I look forward to meeting you in the near future.")。

这封信,再清楚不过地说明:

第一,舒与李的第一次会面并非在 1979 年(所以才有 1980 年 1 月 10 日这封请求见面的信函),他们的第一次会面最早也应该是在 1980 年。笔者的以上推断,也从李泽厚那里得到了验证,李告知笔者:是 1980 年 3 月 12 日、5 月 31 日两次在家与舒衡哲会面,从未去北大找过她,记得讨论了中国近代史上的一些问题。当年在家接待外宾,曾引起院内所内的调查、询问和警告,但很快也就放开了。

第二,在他们第一次会面之前,舒就"怀着极大的兴趣"读过李刚出版的、由《二十世纪初资产阶级革命派思想论纲》《论严复》等十篇论文结集的《近代》一书。后来,舒的著作《中国启蒙运动》也有几处引用过李的《近代》。

第三,因此,倘若真像舒所述的那样,是李"用了我的想法",那将必然面临这样一个极为尴尬、无法解答的问题,即:李如何可能在 1980 年(!)采用了舒的观点,然后写进前一年即 1979 年(!)出版的论著(《近代》)中?

(三)李泽厚跟舒衡哲谈过"救亡压倒启蒙"观点

2018 年 5 月 31 日晚,笔者与李泽厚有过一次通话。其间笔者故意将话题引到"救亡压倒启蒙"的争议上,李云:"舒哲衡断断续续与我有联系,去年(指 2017 年)我回国时,她也在北京,还给我写信,但我已到上海了,回她一短信。最早与舒交往是在北京,当时她好像正在北大进修,读了我刚出版的《近代》,写信要见我,那封信你是见过的(我:是的，英文信，您给我的是复印件）。关于那次启蒙与救亡的谈话，我还有点记录。至于后来如何演绎成所谓'争议'问题，我就完全不清楚了，也毫无兴趣，文章和书籍都在那里摆着的嘛，可以去查看。"

据李泽厚现存的原始记录，1981年6月17日下午，他在家又接待过来访的舒衡哲。应笔者再三要求，李将此次与舒所谈简要原始记录拍照发来（见图二）。

记录如此：

下午3时—5时，Schwarcz来谈，我谈：修养—约束自由（阶级斗争、战争的须要）；启蒙—要求自由（个性解放）。

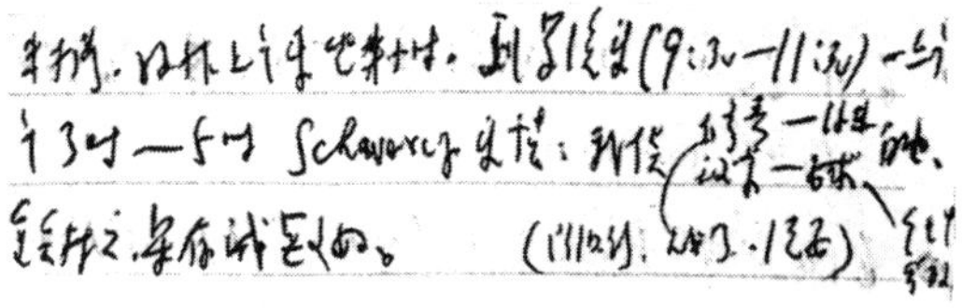

图二　李所记的1981年6月17日下午与舒的交谈要点

笔者问："'修养'指什么？"李说："指延安整风和刘的《论共产党员的修养》等等，即救亡对个体整顿的落实，当时谈得很细，我还举了好些例子。如我完全不同意周扬名文中讲延安整风是第二次思想解放，实际恰好相反，但当时奉为圭臬。所以才有'修养—约束'的说法。"（2018年8月7日致笔者微信）

李所提到的"周扬名文"，指1979年5月3日周扬在中国社会科学院纪念五四运动六十周年学术讨论会上作的《三次伟大的思想解放运动》报告（刊于《人民日报》1979年5月7日）。周扬认为，本世纪以来，中国有三次伟大的思想解放运动：五四运动是第一次，延安整风运动是第二次，目前进行的思想解放运动是第三次。李不同意周将延安整风运动列为思想解放运动，他说："我对此论颇为怀疑。延安整风是一次思想整肃运动，即批判资产阶级小资产阶级思想，批判个人主义、自由主义、绝对民主主义等等。它与强调个性解放、个人自由的启蒙思潮恰好背道而驰。这思想整肃运动在当时有其极大的现实合理性：为了救亡。在你死我活的战争条件下，需要统一思想，统一意志，团结队伍，组织群众，去打击敌人，消灭敌人，一切其他的课题和任务都得服从和从属在这个有关国家民族生死存亡的主题下，这难道不应该吗？当然应该，这整肃从思想上保证了革命的胜利。……这就是我所说的'救亡压倒启蒙'。这是一个历史事实，谁也没法再去改变这一行程。问题在于今天有无勇气去正视它、提出它和讨论它。"（李泽厚：《启蒙的走向》，见《杂著集》，生活·读书·新知三联书店，2009年，第222—223页）

李的原始简记证明，并非如《口述》所云："我给李泽厚讲了我思考的'启蒙'和'救亡'的差异，尤其是两者存在冲突的看法。"

也许，事实可能恰好相反。

其实，我们暂且撇开以上的烦琐考释，就是从一般常理角度来讲，舒所谓"用了我的想法"，也难以讲通。略知学问甘苦的人恐怕无法理解：一个学人如何可能在没有自身长期的、雄厚的知识储备、思想积累等等前提条件下，只是偶然听到、偶然看到他人一个观点（如舒所描述的："我看了李泽厚的书，想起我们在北大聊天喝酒，我刚给他介绍新的看法，他马上就发表了"），即受启发并在极短的时间内（二三天）铺就一篇意蕴深厚、影响甚巨的文章？而且，此文的思想还是贯穿于《中国近代思想史论》（1979）、《中国现代思想史论》（1987）两部论著的一根主轴、一条红线。——这可能发生吗？这符合常理吗？

二　"六代"分法真的是"一起讨论出来的"吗？

除了"救亡压倒启蒙"外，舒衡哲教授在《口述》一书中还抛出另一个"中国六代知识分子"划分的话题：

1979—1980年，我和李泽厚一同分析了"中国六代知识分子"。

我开始注意到曼海姆的代际理论，和李泽厚一起讨论了好几代中国知识分子的历史经历。不久，我和李泽厚合写了一篇英文文章《现代中国的六代知识分子》（Six Generations of Modern Chinese Intellectuals），联合署名发表在国外刊物 Chinese studies on History（1983年第2期总第17卷）上。虽然我和李泽厚共同分析了这个问题，但他是从哲学美学的角度切入，我是从历史的角度切入。后来，我是通过杜维明才知道李泽厚在国内单独发表了"六代知识分子"的中文文章，其中没有提到我的名字。因为杜维明、李泽厚和我也一起讨论过几次"中国六代知识分子"的问题，80年代末杜维明在北大听到消息，主动问我是否看过那篇文章。我说没看到。于是，杜维明送了我那本书。虽然李泽厚没有送我那本书，不过，我没有感觉到什么，因为我从没将"六代知识分子"的论述视为我个人的知识资本，所以李泽厚可以拿去使用，更何况他还冒了这个险，付了这个账。我没话可说。毕竟这些问题是我们大家一起讨论出来的。（第122—123页）

这段话里，主要包含了以下一些信息：

第一，舒认为，"中国六代知识分子"是她与李泽厚在1979—1980年"共同分析"的，是"我们大家一起讨论出来的"，后来却被李"拿去使用"了。

第二，"不久"，舒与李就合写了一篇英文文章《现代中国的六代知识分子》，刊于国外的一本杂志上。

第三，"后来"，李"在国内单独发表了'六代知识分子'的中文文章，其中没有提到我的名字"。

那么，真相又到底如何呢？

（一）《略论鲁迅思想的发展》最早提出"六代"分法

首先应更正一下，如前所说，舒与李的第一次会面是在1980年（而不是笼统的"1979—1980年"）。这次会面谈到了"中国六代知识分子"

问题,据李告知笔者:舒是最早赞同他的"六代知识分子"分法,而当时国内学界并非如此。

但是,在他们第一次会面谈"中国六代知识分子"之前,李泽厚在写于1978年、刊于1979年4月《鲁迅研究辑刊》第一辑的《略论鲁迅思想的发展》一文中,就已非常明确地讲到"中国革命与六代知识分子"这个问题:

> 鲁迅曾经想写包括自己一代在内的四代知识分子的长篇小说,可惜没有实现。所谓四代,前面已讲。这就是,章太炎一代,这一代是封建末代知识分子,其中的少数先进者参加(或受影响,下同)了戊戌,领导了辛亥。下面是鲁迅一代,这一代的先进者参加了辛亥,领导了五四。再一代的优秀者是五四的积极参加者,大革命的各级领导者。最后一代是大革命的参加者或受影响者,以后抗日战争的广大基层的领导者。总之,辛亥的一代,五四的一代,大革命的一代,"三八式"的一代。如果再加上解放的一代(四十年代后期和五十年代)和文化大革命红卫兵的一代,是迄今中国革命中的六代知识分子。(第七代将是一个全新的历史时期。)每一代都各有其时代所赋予的特点和风貌,教养和精神,优点和局限。例如最早两代处于封建社会彻底瓦解的前期,他们或来自农村环境或与社会有较多的关系和联系,大都沉浸在忠诚的爱国救亡的思想中,比较朴质认真,但他们又具有较浓的士大夫气息,经常很快就复古倒退,回到封建怀抱中去了。第三代眼界更宽,见闻更广,许多成为学者教授,有的叛离革命当了反动派,其中优秀者则首创与农民战争结合进行武装斗争的光辉道路,成为中国革命的栋梁和柱石,是对中国革命最有贡献的一代。第四代大多数是典型的小资产阶级学生知识分子群,聚集于城市,与农村关系更疏远一些了,他们狂热、激昂然而华而不实,人数较多,能量较大,其中很多人在抗日战争中走上与工农兵相结合的革命路途,成了革命的骨干,这也是对中国革命作了很大贡献的一代。第五代的绝大多数满怀天真、热情和憧

憬接受了革命,他们虔诚驯服,知识少而忏悔多,但长期处于从内心到外在的压抑环境下,作为不大。其中的优秀者在目睹亲历种种事件后,在深思熟虑一些根本问题。第六代是在邪恶的斗争环境中长大成熟的,他们在饱经各种生活曲折洞悉社会苦难现实之后,由上当受骗而幡然憬悟,上代人失去的勇敢和独创开始回到他们身上,再次喊出了反封建的响亮呼声。他们将是指向未来的桥梁和希望。总之,这几代知识分子缩影式地反映了中国革命的道路,他们在辛亥革命失败之后,迈过了启蒙的二十年代(1919—27),动荡的三十年代(1927—37),战斗的四十年代(1937—49),欢乐的五十年代(1949—57),艰难的六十年代(1957—69),萧条的七十年代(1969—76),而以"四人帮"的垮台迈向苏醒的八十年代。当然,所有各代中都有工农出身的知识分子未计在内。每一代又还可再分,并且每代中又有各种不同的类型和性格,有些人则介乎两代之间,有些人则属于此代却具有上一代或下一代的典型特征……如此等等。总之,他们的命运和道路,他们的经历和斗争,他们的要求和理想,他们的悲欢离合和探索追求,他们所付出的沉重代价、牺牲和苦痛,他们所迎来的胜利、欢乐和追求……如果谱写出来,将是一部十分壮丽的中国革命的悲歌。鲁迅的遗志应当有人来完成。

鲁迅是不朽的。只有他,自觉地意识和预见到这个具有重大历史深度的中国知识分子的道路和性格问题,并指出他们有一个继续战斗和自我启蒙的双重任务,它与中国革命的过去、现在和未来息息相关。(《近代》第470—471页)

请问:李1978年这些关于"中国六代知识分子"的明确划分与精彩阐释,还不够清晰明豁吗?而当时写下这些文字的李泽厚,恐怕还根本不知"舒衡哲"为何许人也,舒所谓的"是我们大家一起讨论出来的"说法,就不知该从何谈起了。

（二）关于《现代中国的六代知识分子》

舒衡哲教授云，"不久"，他们合写了英文文章《现代中国的六代知识分子》（见图三），但这个"不久"，也不是在"1979—1980 年"（《口述》给人的感觉似为这个时间段）。据李泽厚回忆，1982 年他首次出国访美期间，与舒合写了这篇东西，但基本观点仍来自《略论鲁迅思想的发展》，只添加了许多政治、学术、文学各方面的人物作为例证。

这篇英文稿，首句就是李《略论鲁迅思想的发展》一文所关注的两个主题："农民与知识分子这两类人物主导了鲁迅的短篇小说。"（"Two types of characters dominate the short stories of Lu Xun peasants and intellectuals"）文章写道："我们在这个项目中的合作始于 1980 年春天在北京的对话。我们俩都很关心我们各自工作中的代际问题。我们当前努力的起点是李泽厚的《中国近代思想史论》一书中对六代的描述。这已经引起了中国和国外的很多关注。"（"Our collaboration in this project began with Conversations in Beijing in the spring of 1980. Both of us have been concerned with the problem of generations in our respective work. The starting point for our current effort is the description of the six generations that appeared in Li Zehou's book, *Modern Chinese Intellectual History*. This passage has already attracted much attention in China and abroad."）紧接着，用了占全文两页以上的篇幅，引用了《略论鲁迅思想的发展》一文中对"中国六代知识分子"分析与阐述的那段著名文字（即本文上面所引用的那段）。这篇英文稿还多次引用了李的一些文章，如《读书》1981 年第 3 期发表的《宗白华〈美学散步〉序》（"第二代"）、《文艺报》1981 年第 2 期发表的《画廊谈美》中谈美术展览（"红卫兵一代"）等等。该文也记录了李与舒的分歧：李对第五代评价和成果估计低而舒很乐观等等。文章发表时，李泽厚已经回国了。

由此可见，《现代中国的六代知识分子》虽为李与舒两人合作成果，但无法否认的事实是，其核心思想（"中国六代知识分子"）是李泽厚

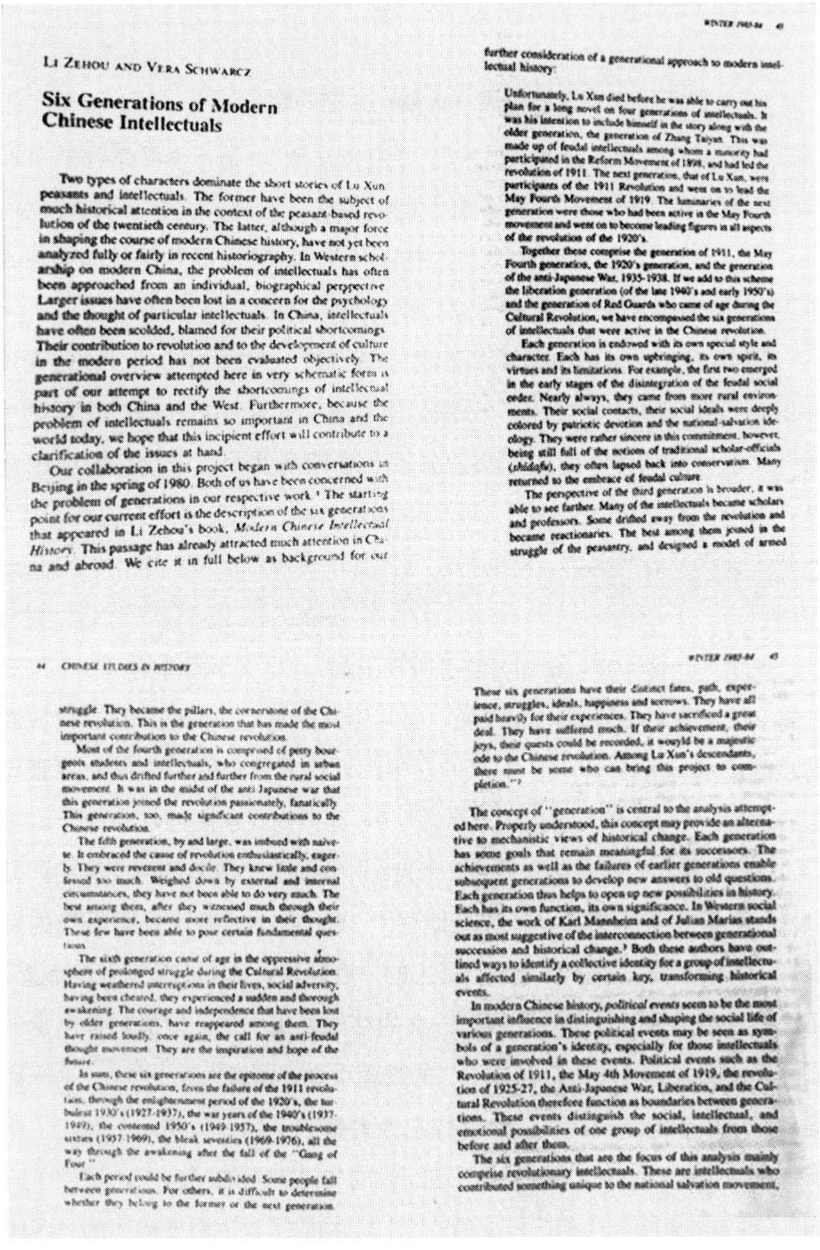

Li Zehou and Vera Schwarcz

Six Generations of Modern Chinese Intellectuals

Two types of characters dominate the short stories of Lu Xun peasants and intellectuals. The former have been the subject of much historical attention in the context of the peasant-based revolution of the twentieth century. The latter, although a major force in shaping the course of modern Chinese history, have not yet been analyzed fully or fairly in recent historiography. In Western scholarship on modern China, the problem of intellectuals has often been approached from an individual, biographical perpective. Larger issues have often been lost in a concern for the psychology and the thought of particular intellectuals. In China, intellectuals have often been scolded, blamed for their political shortcomings. Their contribution to revolution and to the development of culture in the modern period has not been evaluated objectively. The generational overview attempted here in very schematic form is part of our attempt to rectify the shortcomings of intellectual history in both China and the West. Furthermore, because the problem of intellectuals remains so important in China and the world today, we hope that this incipient effort will contribute to a clarification of the issues at hand.

Our collaboration in this project began with conversations in Beijing in the spring of 1980. Both of us have been concerned with the problem of generations in our respective work.[1] The starting point for our current effort is the description of the six generations that appeared in Li Zehou's book, *Modern Chinese Intellectual History*. This passage has already attracted much attention in China and abroad. We cite it in full below as background for our

further consideration of a generational approach to modern intellectual history:

> Unfortunately, Lu Xun died before he was able to carry out his plan for a long novel on four generations of intellectuals. It was his intention to include himself in the story along with the older generation, the generation of Zhang Taiyan. This was made up of feudal intellectuals among whom a minority had participated in the Reform Movement of 1898, and had led the revolution of 1911. The next generation, that of Lu Xun, were participants of the 1911 Revolution and went on to lead the May Fourth Movement of 1919. The luminaries of the next generation were those who had been active in the May Fourth movement and went on to become leading figures in all aspects of the revolution of the 1920's.
>
> Together these comprise the generation of 1911, the May Fourth generation, the 1920's generation, and the generation of the anti-Japanese War, 1935-1938. If we add to this scheme the liberation generation (of the late 1940's and early 1950's) and the generation of Red Guards who came of age during the Cultural Revolution, we have encompassed the six generations of intellectuals that were active in the Chinese revolution.
>
> Each generation is endowed with its own special style and character. Each has its own upbringing, its own spirit, its virtues and its limitations. For example, the first two emerged in the early stages of the disintegration of the feudal social order. Nearly always, they came from more rural environments. Their social contacts, their social ideals were deeply colored by patriotic devotion and the national-salvation ideology. They were rather sincere in this commitment, however, being still full of the notions of traditional scholar-officials (*shidafu*), they often lapsed back into conservatism. Many returned to the embrace of feudal culture.
>
> The perspective of the third generation is broader, it was able to see farther. Many of the intellectuals became scholars and professors. Some drifted away from the revolution and became reactionaries. The best among them joined in the struggle of the peasantry, and designed a model of armed

> struggle. They became the pillars, the cornerstone of the Chinese revolution. This is the generation that has made the most important contribution to the Chinese revolution.
>
> Most of the fourth generation is comprised of petty bourgeois students and intellectuals, who congregated in urban areas, and thus drifted further and further from the rural social movement. It was in the midst of the anti Japanese war that this generation joined the revolution passionately, fanatically. This generation, too, made significant contributions to the Chinese revolution.
>
> The fifth generation, by and large, was imbued with naivete. It embraced the cause of revolution enthusiastically, eagerly. They were reverent and docile. They knew little and confessed too much. Weighed down by external and internal circumstances, they have not been able to do very much. The best among them, after they witnessed much through their own experience, became more reflective in their thought. These few have been able to pose certain fundamental questions.
>
> The sixth generation came of age in the oppressive atmosphere of prolonged struggle during the Cultural Revolution. Having weathered interruptions in their lives, social adversity, having been cheated, they experienced a sudden and thorough awakening. The courage and independence that have been lost by older generations, have reappeared among them. They have raised loudly, once again, the call for an anti-feudal thought movement. They are the inspiration and hope of the future.
>
> In sum, these six generations are the epitome of the process of the Chinese revolution, from the failure of the 1911 revolution, through the enlightenment period of the 1920's, the turbulent 1930's (1927-1937), the war years of the 1940's (1937-1949), the contented 1950's (1949-1957), the troublesome sixties (1957-1969), the bleak seventies (1969-1976), all the way through the awakening after the fall of the "Gang of Four."
>
> Each period could be further subdivided. Some people fall between generations. For others, it is difficult to determine whether they belong to the former or the next generation.

> These six generations have their distinct fates, path, experience, struggles, ideals, happiness and sorrows. They have all paid heavily for their experiences. They have sacrificed a great deal. They have suffered much. If their achievement, their joys, their quests could be recorded, it woyld be a majestic ode to the Chinese revolution. Among Lu Xun's descendants, there must be some who can bring this project to completion."[2]

The concept of "generation" is central to the analysis attempted here. Properly understood, this concept may provide an alternative to mechanistic views of historical change. Each generation has some goals that remain meaningful for its successors. The achievements as well as the failures of earlier generations enable subsequent generations to develop new answers to old questions. Each generation thus helps to open up new possibilities in history. Each has its own function, its own significance. In Western social science, the work of Karl Mannheim and of Julian Marias stands out as most suggestive of the interconnection between generational succession and historical change.[3] Both these authors have outlined ways to identify a collective identity for a group of intellectuals affected similarly by certain key, transforming historical events.

In modern Chinese history, *political events* seem to be the most important influence in distinguishing and shaping the social life of various generations. These political events may be seen as symbols of a generation's identity, especially for those intellectuals who were involved in these events. Political events such as the Revolution of 1911, the May 4th Movement of 1919, the revolution of 1925-27, the Anti-Japanese War, Liberation, and the Cultural Revolution therefore function as boundaries between generations. These events distinguish the social, intellectual, and emotional possibilities of one group of intellectuals from those before and after them.

The six generations that are the focus of this analysis mainly comprise revolutionary intellectuals. These are intellectuals who contributed something unique to the national salvation movement,

图三　李、舒 1982 年合写的《现代中国的六代知识分子》第 1—4 页，全文可查该杂志

的，主要内容也出自李泽厚。

（三）关于《二十世纪中国（大陆）文艺一瞥》

舒衡哲教授所提到的"后来"、"中文文章"，是指李泽厚刊于1987年第4期《黄河》杂志上的《二十世纪中国（大陆）文艺一瞥》一文；而"80年代末"，杜维明先生"打抱不平"，特意提醒并送舒的"那本书"，应指李的《现代》一书。

其实，《二十世纪中国（大陆）文艺一瞥》一文并非专讲"中国六代知识分子"，李提出"六代"分法，但从未写过相关的论著。这篇"一瞥"文也只是从"中国六代知识分子"分期角度谈二十世纪的中国文艺，与李、舒合写之文（即《现代中国的六代知识分子》）毫无干系，当然不会提及舒的名字，舒的抱怨（"其中没有提到我的名字"）并无理由可言。

关于"一瞥"文，正如有学者所指出的："尽管李泽厚的《二十世纪中国文艺一瞥》的发表时间较晚，但其论文的观点、论证思路、材料的使用都是来自他于1979年发表的《中国近代思想史论》一书。"（张伟栋：《李泽厚与现代文学史的"重写"》，江西人民出版社，2012年，第15页）"只要我们细致地分析《二十世纪中国文艺一瞥》的行文脉络，就会发现，李泽厚的文章，其实是他写于1978年的《略论鲁迅思想的发展》一文的扩充。……李泽厚所提出的'近现代六代知识分子'的概念，正是在《略论鲁迅思想的发展》一文的结尾处提出的。他提到鲁迅曾计划写作一部关于'四代知识分子'的长篇小说，即章太炎一代，'这一代是封建末代知识分子，其中的少数先进者参加（或受影响，下同）了戊戌，领导了辛亥'。鲁迅一代，'这一代的先进者参加了辛亥，领导了五四'。再加上五四一代和抗日战争的一代，构成了鲁迅所要描述的'四代知识分子'。李泽厚在这个基础上提出了自己的'六代知识分子'的描述框架。在《中国现代思想史论》中，这个目标虽然未能完全实现，但我们看到《二十世纪中国文艺一瞥》基本上是贯穿了这一思路的,从文艺的角度梳理了六代知识分子'通过传统转换走向世界'的心路历程,也正是在这个意义上,《二十世纪中国文艺一瞥》基本上可以看做是对《略论鲁迅思想的发展》一文的扩展。"(同上书,第224—225页)

李的《现代》一书后记亦说:

> 例如,这本书本来打算讲的一个中心主题,是中国近现代六代知识分子(辛亥一代、五四一代、北伐一代、抗战一代、解放一代、红卫兵一代)。这问题在《中国近代思想史论》提出过,原来想在本书中再做些论述。例如第五代的忠诚品格的优点,第六代实用主义、玩世不恭的弱点等等,都需要加以补充和展开。……这是些很有意思的问题,只好等以后再写了。
>
> 中国现代知识分子,如同古代的士大夫一样,确乎起了引领时代步伐的先锋者的作用。由于没有一个强大的资产阶级,这一点便更为突出。中外古今在他们心灵上思想上的错综复杂、融会冲突,是中国近现代史的深层逻辑,至今仍然如此。这些知识分子如何能从传统中转换出来,用创造性的历史工作,把中国真正引向世界,是虽连绵六代却至今尚未完成的课题。这仍是一条漫长的路。(《现代》第343—344页)

可以说,"一瞥"文中"中国六代知识分子"的划分与叙说,在李那里早已不是什么"新鲜"思想了,何来舒所谓的被李"拿去使用"一说?如果真有"拿去使用"的事情发生,那么,李与舒1982年合写的《现代中国的六代知识分子》,倒可以说是将李《略论鲁迅思想的发展》一文中关于"中国六代知识分子"的思想,"拿去使用"了!

三　两点结论

综上，我们可得出如下之结论：

第一，"救亡压倒启蒙"和"中国六代知识分子"，其核心思想都是由李泽厚最早提出并系统阐释的，也就是说，它们的"发明权"在李泽厚那里。

第二，李泽厚与舒衡哲就这两个问题进行过交流（乃至合作），这在学术研究中是再正常不过的事了，但舒衡哲据此就武断下结论，说李泽厚"用了我的想法"（"救亡压倒启蒙"）或"我们大家一起讨论出来的"而被李泽厚"拿去使用"（"中国六代知识分子"）等等，而完全无视李泽厚1979年《中国近代思想史论》一书中关于"救亡压倒启蒙"和"中国六代知识分子"的思想和论断，又拿不出其他有说服力的材料，真是令人颇为遗憾。

2018年8月10日—13日于南粤

（本文经压缩删减后刊于上海《社会科学报》2018年10月11日）

附录二　李泽厚《伦理学新说述要》撰著记 / 马群林

李泽厚先生在《伦理学新说述要》"结语"中，谈到此书的来由时说：

> 也没什么来由，就是近些年来我陆续发表了一些有关伦理学的文章、自拟的答问、对谈，绝大部分都收入青岛出版社、人民文学出版社出版的《人类学历史本体论》一书"伦理学纲要"和北京三联书店出版的《伦理学纲要续篇》，因系不同年月的写作和论议，繁复有余，重叠屡见，有点散漫无章，早想规整一下，今经马群林先生大力协作、不断鼓励，遂拆散旧著，摘要组接，剪贴裁拼，再加补益，新意无多，新貌或显，似略成统系，乃谬称新说，其详，仍请参阅拙作旧著并望指教是幸。总之，"新说述要"实旧作剪贴也，见笑了，仍乞谅之。

在本文中，笔者将忠实还原李先生撰著此书的完整过程，材料取自笔者与李先生的微信、电子邮件等，均有案可稽，亦可作为"李泽厚研究"的一份史料留存。

缘起

2018年10月9日,先生转来一信:

尊敬的李先生:您好!

我是李建华,原在中南大学工作,现任职于浙江师范大学。在湘籍伦理学人的倡议下,决定组织出版"当代湖湘伦理学文库",其宗旨为"传承湖湘伦理学之大统,创中国伦理学之湖湘学派,立中国伦理文化传播之高地",为后人留下较为系统的当代湖湘伦理学研究资料。文库分个人文集、个人专著、重点专题三类,统一由湖南大学出版社出版,初步计划是100本。您是当今中国学术界的旗帜,也是湖南学人的骄傲,想劳您大驾,出任学术顾问,同时向您征稿。根据出版计划,2019年主要是出版几位名家的个人文集(首先出版您和陈谷嘉先生文集),望先生支持。文集可在40万字左右,收集您的主要伦理学研究论文,同时附上您的学术小传和学术成果索引。再次感谢您的支持!

祝

安康!

李建华顿首
2018.10.8

先生问:"考虑否?"

接着又转来《湘水》杂志主编黄友爱一信:"李先生好!湘籍学者李建华等人,拟出《当代湖湘伦理学文库》,诚盼先生支持为荷!盼复。友爱。"

笔者当然乐见先生不断有论著面世,表示赞同,建议可从《伦理学纲要》《伦理学纲要续篇》等书中选文，并于当天即拟了一个《当代湖湘伦理学文库·李泽厚卷》目录（初稿）发先生：

> 代序　答高更三问（2015）
> 1. 内在自然人化说（1999）
> 2. 康德伦理学三原则新释（2014）
> 3. 两种道德论（2001）
> 4. 关于情本体（2004）
> 5. 情本体、两种道德与"立命"（2006）
> 6. 理性与本能（2007、2008）
> 7. 伦理学答问补（2012、2016）
> 8. 为什么说孔夫子加Kant（2014）
> 9. 论"儒法互用"（上）（1999）
> 10. 论"儒法互用"（下）（2009、2011、2012）
> 11. 从"情本体"反思政治哲学（2014）
> 12. 关于"情本体"的中国哲学对话录（2014）
> 13. "情本体"是世界的（2014）
> 14. 伦理学杂谈（2018）
> 15. 伦理学补注（2016）
> 16. 举孟旗行荀学（2017）
> 17. 关于"伦理学总览表"的说明（2018）
> 附录　课虚无以责有（哲学自传）（2012）
> 李泽厚论著年表

先生："尚未回复，以后再说。"

第二天，笔者又将修改后的目录第二稿发先生。

先生："你上次所拟目录找不到了，请将上次及本次所拟均用邮件发来，容下载考虑。"

10天之后的10月19日，先生："我现在开始考虑伦理学专书的问题,相当麻烦,如是文选,倒非常省事,但与人书(按:指人民文学出版社《人类学历史本体论》)和三联两书(按:指北京三联书店《回应桑德尔及其他》《伦理学纲要续篇》)完全重叠,不拟采用。我想以挑选摘编细节来组成,以突出三个主题,但如何挑选,如何摘编,如何衔接,既不重复,又都讲到,均极不容易,极费工夫,看来得用大力气了。只好暂缓进行。这想法与你的第一提纲有近似处,仍不同,因你大都仍是全文照搬。此外,序及附录均不要,倒应有一前记说明之。书名或用李某伦理学摘编。"

笔者:"关于《李泽厚伦理学摘编》,涉及面太大,难以周全。不如只考虑'综合'那十几篇'伦理学答问',将它们重组、删改、融合,搞出一本书:《伦理学答问录》。我可从旁替先生做些力所能及的事。"

先生:"我主要从内容考虑,如何突出三要点,是很烦难,先后也确有变更和发展,正尝试编排中。""你第一拟目中的第二条(按:指'康德伦理学三原则新释')使我想这么做。""你这答问录想法也很好,容后考虑。"

第二天,即10月20日,先生发来所拟的《李泽厚伦理学文摘》目录(根据微信手稿图片整理):

1)内在自然人化说(伦理学纲要 p.1,p.13)
2)康德伦理学绝对律令之新释(续篇 pp.67—72, pp.57—367)
3)我的伦理学三命题和由外而内(伦理学答问 2012、2016)
4)两种道德论
5)关于情本体
6)深层结构说
7)谈"恻隐之心"
8)再谈理性与本能
9)至善与和谐高于公正(即新一轮儒法互用)
10)直觉、性善与孟荀
11)(与刘悦笛几篇对谈中摘取一些)如二十世纪(二)

pp. 276—287，pp. 285—292

12）伦理学总览表之说明

13）伦理学杂谈（与刘对话）

先生："弄不好，暂放弃，以后再说。"

笔者："先生目录不错。"

先生："此纸不作数。""不急，慢慢考虑。我的总思路是先突出三要点和对康德的新释，其后再讲中国传统情本体等。最后以最近两文（一严肃一轻松）作结。但很难调整好，其中既有内容也有文字的问题。你的意见以答问体方式整理，作些补充，出一本新书。这是最好的了。但即使费极大气力，也许仍然做不到。到底如何办，现在难确定。"

可见，此时先生虽仍在考虑中，但已大体有了构想：即"突出三要点和对康德的新释"。所谓"三要点"即《伦理学纲要》中讲的："将道德、伦理作内外二分，道德又外作传统宗教性与现代社会性二分，内作能力（意志）、情感、观念三分。""对康德的新释"即《回应桑德尔及其他》第三章《从 Kant 谈人性与善恶》中的前三节："人是目的""普遍立法""自由意志"。

笔者："《伦理学文摘》似不如《伦理学答问录》。康德新释等可编入答问。"

先生："你对我的书、文比我自己还熟，不知能否就这目录将其他文章中有关论述堆并在一起，我再加以选择、调整、修改、增补，弄成新文。书名不妥，一定会改的。答问录当然好，但不知如何编，如何实现我那想法。如总览表文如何改为对话插入，等等。与刘的对话，除杂谈外，不能多用。一切得从头再想，颇烦人，慢慢来吧。近年我本一直想写一本7万字左右的伦理学书，后知精力不济，放弃。今又想以旧作编成此书，看来也不易实现。随便编本原封不动的文选、答问录等，太没意思。此次家乡邀约，不便峻拒，迟未作复。日昨重阳，又来信催问，只好答以等你们完成审批后再考虑。"

笔者："将文字'堆并'起来不难。只是文章类型各异。"

先生："文章类型可以不管。就在全部有关伦理学的文章和对话的分题堆积之上进行修改和重组。但是否可行就不知道了。""我年纪已大，一切无所谓，坚持宁缺毋滥。"

所谓"堆并""堆积"，就是按照"突出三要点和对康德的新释"之总思路，将先生有关这方面的对话、文章等，汇总起来，供先生摘编、增删、重组、撰述。而"堆积"工作于笔者并非难事，因为人民文学出版社《人类学历史本体论》和北京三联《伦理学纲要续篇》的编辑出版，笔者均全程参与，对先生已出版的伦理学论著较为熟悉，也有这些论著的电子版，要"堆积"，很容易。

堆积·组接·补益

查微信记录，李先生正式撰著《伦理学新说述要》的时间，是从2018年10月22日到11月25日，一个多月。其间，还穿插有其他一些事情，如编辑人民文学出版社《人类学历史本体论》、山东文艺出版社美学文库约稿、撰悼念金庸文等，因与本文无关，故略去。以下，笔者将按日期排列出李先生写作的整个过程。

10月22日

笔者："1. 按先生意见，堆积了《康德"绝对律令"新释》稿，1万2千字。（发邮箱附件）先生先试试，这样可行否？2. 另一篇《伦理学三命题》已堆积4、5万字，过几天再发。3. 说明：第一，《答问录》诸答问文，没有动，即没有从中摘取一句。试了一下，若从中摘取，会搞坏原文。所以，决定不动这些答问录。第二，主要从其他一些书、文章、答问等摘取，足够了。在修改、增删、调整等过程中，最好'改'得'面目全非'为佳！"

10月23日

先生："康德篇尚未及看，下面主要是三主题的第一个。跟着就是两德论了，这第二主题会非常杂多。都不必急于发我。"

笔者："先生可先改写康德篇。先拉出个大框架，拍照发我，我整理好再发先生。如此反复数次。""三主题整理好后，分开一个一个单独发您，便于先生整理。最后再三合一。"

先生："不必等我，你可慢慢堆。"

10月26日

先生："康德篇已看，觉容易弄。下一篇是区分之一，伦理与道德，再下一篇拟改为区分之三，即三要素说，再后才是两德论，量最大，还拟加许多内容。""康德文初步删完，没加什么，大概只剩五六千字，慨叹重复太多太多，浪费了以前不少时间，不必要如此多写也。等下面三部分寄来看、改后，再看情况如何。现决定全书为答问体，因之原拟保留的最后两文也在堆取之列。""似堆的字数太少了"。

笔者将"堆积"伦理与道德区分文字并《情本体、两种道德与"立命"》《谈"恻隐之心"》《再谈理性与本能》《伦理学答问补》《新一轮"儒法互用"》《为什么说孔夫子加Kant》《伦理学杂谈》七篇发先生。

先生："好。尽量多堆一些，从比较中定取舍。""既然新编，就全部打乱。重在内容，不在保留旧有形式。""所有标题也重新再做。"

笔者："整个打乱，重新整理，工程量不小。""如此整理下来，确乎成为'新作'了！非常好！"

先生："但是否成功，却不一定，先试试再看。"

10月27日

先生："三要点之二、三，如堆好，请寄，纵览后再改，因互易处可能甚多。书名改为伦理学简说，虽不好，比答问录略佳，答问我用得太多且滥矣。""简说或改为指要。"

笔者将堆积的两德论、道德三要素等文字发先生。

笔者："书名《波斋答问》如何？所收均在出国后所作。"

先生："波斋一般读者不知何所由来，故不用。"

10 月 29 日

笔者："先生整理堆积文顺利否？若先生整理好一文，可暂发我，我排好版，再发先生修改。"

先生："工程艰难，作为前导的康德篇大体有数，以后难说。"

10 月 31 日

先生发来 18 张导论《康德"绝对律令"新释》修改图片，书名也暂定为《伦理学指要》。

先生："不知清晰否。吃力不讨好，看来难以为继。"

笔者："我整理出清晰稿，再发先生增补、修改。""先搞出一个大框架，在此基础上，再慢慢增删、修改。"

先生："拟以先删后补（包括补入删去的字句段落）为原则。等三要点全完后再说。能否完成仍不敢说，因越来越难。请你先多校对和考虑开头这节，不知有否问题。"

笔者："伦理与道德、两德论、三要素，工程量更大（特别是两德论）。"

先生又发来伦理与道德二分修改稿图片 12 张。

11 月 3 日

先生发来道德三要素修改稿图片 23 张。

先生："写得极乱，不知能看清否，要费你时间了，凡不清楚或认不出的字和句均请留空白，不必费时去猜想，太不好意思了，请原谅，并先致谢。""不着急，过几天再看均可。"

笔者："先生不必客气。由我整理。"

先生:"真不是客气,是实话,因我懒于誊清重抄。"

11 月 4 日

先生发来手书全书目录(见下图)。

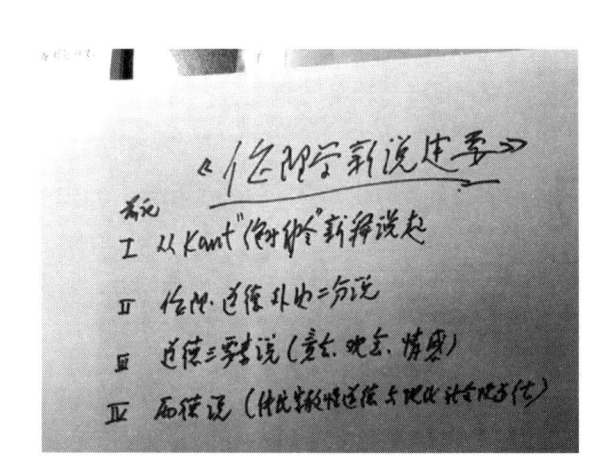

可以看出,先生此时已经思考清楚,确立了书名为《伦理学新说述要》和书的章目。

笔者:"极好!可出一本与《历史本体论》篇幅近似的书。"

先生:"我觉得已失败,以后再说。"

先生发来两德论修改稿图片 14 张。

先生:"统统发你,太乱太乱,干不动了,也不想干,烦你费心,谢你鼓励,详情后说,一言难尽。"

笔者:"我整理出来再说。先生的字体,有标准简化字、繁体字、已废止的第二次简化字等。到目前为止,还好,大体均能辨认出。哈哈!"

先生:"字难认,留空白,留许多也没关系。你头脑非常清晰,那么多勾划之处大概也只有你能连接上,联不上也没关系。""许多人都说我的字太难认，特别是我那些勾划，编辑们头疼得很，你的确是很特殊的了。"

笔者拟了一个目录，除上述"述要"外（作为上篇），建议再收入一些伦理学答问篇（作为下篇）。

11月5日

笔者："今天电脑网坏了。稿子整理要稍后。"

先生："不急不急。凡看不清楚的地方就留空白，留几行都没关系，不要费精神去猜了。""我性急，书写也急，便看不清楚了，有时过后自己也认不出。"

笔者："到目前为止，只有个别几个字看不出来。先生可修改已整理出的二稿。"

先生："暂不动，等全部字数知道后再考虑如何办，所以也一直未回复你的建议。"

11月6日

先生发两德论修改图片7张，后又补发数页修改图片。

先生："下手抖，漏照了，这次照了三次才成功。"

笔者："为免乱，先生暂勿发，待将第二次发来整理完，再发。"

先生："不再发了，也发不动了。"

笔者："先生也累了，好好休息几天。我整理完再说。"

先生："对。你也应先休息一下，过几天再弄。弄完给我一个较准确的数字。"

11月7日

笔者："所有稿件，均已整理出来。1. 康德篇，7300字；2. 伦理、道德二分，5600字；3. 三要素，1万3千余字；4. 两德论，1万字。全篇：3万7千字。""全篇有几处'【◐】'，表示文字无法辨认，大概二十几个字。"

先生："字数太少，只能是文章了?！历史本体论八万余字，四讲十一万字。我还未看全文，看后再和你商量。"

11 月 8 日

笔者:"《述要》文,我再粗看一下后,今天发先生。现虽只有三万七千余字,但可在这个基础上慢慢增补。"

先生:"请先发两德论,其他暂缓。因我拟明天开始看一遍,看时必有修改,看后再考虑如何办。不知你对这三万多字有何初步印象,是作一篇文章好呢,还是作一本书的基础好。如是后者,就得考虑加哪些你所摘出的旧料。反正不急。不要发来全文,因前面三章我都已下载。"

笔者:"两德之分文发先生邮箱了。1. 文中'【】'符号,表示此处文字无法辨认,约有二十几个字。2. 文章后面,三段画线文字,为我所加,是否妥当,由先生定夺。3. 全文 1 万 1 千字。"

先生:"前面三章也仍有许多资料,展开则要每章都展,才可平衡。两德七万字,你认为哪几段即哪几页可插入而不重复。不忙,你看到便告,没时间就不看,我自己慢慢找。主要是要有内容,不再重复。"

笔者:"两德论资料,我将《哲学纲要》中的《两种道德论》(选自《历史本体论》)、《关于情本体》(选自《论乐感文化与实用理性》),全发先生了,共有四万多字。""要加应该不少。比如,是否在两德论中加一节'我与罗尔斯的异同'(先生有现成的论述)。""还有'和谐高于公正'命题与'新一轮儒法互用'。""堆积一段《关于罗尔斯'重叠共识'》,4千余字,似可插入'两德文'。先生文也有论述,有重复;但似可专门作一节论述。请先生调整、删减。资料来自《总览表说明》文。"

11 月 10 日

先生:"正在想述要是否放弃,鸡肋之势,骑虎难下,你我费了不少功夫。"

笔者:"《述要》文,不要放弃,在现有基础上,慢慢修改、增删,写成一篇三四万字的大文章(专论三要点)应没有问题。"

先生:"既花费许多功夫,也不想轻易放弃,穷二日之力,又整个增删一番,你寄来有关罗尔斯几页也补入了。只是又弄得很乱。不知有多少字,应该会略多一点。如附以美育代宗教全文(此文你似未摘取),不知能够八万字否。"

笔者："整理完，再看看还有何补充、调整，如此循环，慢慢可以搞出来。先生勿急，注意休息。"

11月12日

笔者："先生可将修改的《述要》文，一篇一篇发来。发一篇，我搞完，再发第二篇。"

11月13日

先生："一二改动不大，三四则大而乱。"

笔者："没有关系，可以整理出来。先生一篇篇发来即可。"

先生："我真觉得勾画不易看明，虽然自己认为划清楚了。我这次用的是绿色粗线，因你提到过绿色，说明能看出来。有更多的圆珠笔的细线。都用粗线便把字掩没了，我近年字都写得很小，以前并不如此，是年老力衰了。""似乎太麻烦你了，因为以后可能还会有改动。"

笔者："没有任何关系！不麻烦！""就像我之前说的，先生改后，发我；我整理好后，再发先生；如此往复多次，直至先生修改满意为止！""先生不要有任何心理负担！能为先生帮点小忙，非常乐意，非常高兴！"

11月14日

先生发来两德论修改图片52张。

先生："手抖眼花，乱发了一阵，页码有误和重复处，等等，想你能看出整理。这章极乱，我想以先难后易顺序发出，你慢慢整理，千万别着急，等你理毕后告我，我再发道德心理章。"

笔者："收到。我慢慢整理。"

先生："手抖，不知发全了没有。""够你头疼的了，抱歉。"

笔者："没有一点关系！慢慢来，勾画、画线基本清楚。但有些拍得模糊，有些似乎没有拍发——先不管它们，先将发来的整理好，其他到时再请先生重发。"

11月16日

先生："不知此章通读后有何感觉，有何可增删处。总览表文已摘取不少了，还有何可用者？""还有什么可加的？"

笔者："目前《两德说》章，约有1万8千字。可否在《两德分离》

节最后，加一段'我的政治哲学'？"

先生："与前面太不平衡，似不宜再加。但如有应属此章的重要问题，则仍需考虑。""道德心理章也加了一些，但远不及此章，前两章基本未大动。"

笔者："这是全书结尾？"

先生："暂以此结。后面可能要一全书结语，以后再说。""刚起来回你的信。你那里已快半夜，该休息了，此章很难整理，别太累了。"

笔者："我想将此章发先生邮箱，先生将红色【】中的缺字填上（红色方括号暂不要删除），然后发我。我整理好再发先生。只粗粗对了一下，有些地方找不到原处（比较乱），大体不会错。先生原稿中一环套一环的勾连线，倒不难理顺，主要是有些字无法辨认。"

先生："我的字难认，你已认出很多，很难得了。""没关系，你赶紧睡吧。"

11月17日

先生发来"三要素说"修改图片26张。

先生："道德心理已发，不知有遗漏页吗？""我正下载后看（按：指整理后的两德论章），发现绝大部分你都能认清，他人难能，太不容易了，可能花了你不少时间。但Rawls那节插错了，我正考虑如何办。"

笔者："Rawls节，暂不用管。到时您在稿子上做个标记，我重新剪贴过去即可，非常简单。"

先生："我花了四个小时终于弄清整好了，大概费了不少傻劲。"

笔者："先生现在可在稿子上划个标记，拍照发我。我把Rawls节移到正确位置，再重新发先生。"

先生："我已全部弄好，以后全部发你。等你弄毕道德心理，免相互干扰。""你弄好道德心理寄来，标题请用黑体，放在中间，第一页的章去掉，仍用罗马字3。"

笔者："没有关系，先发我，先把此稿整好再说。"

11月18日

先生："最好有一个准确数字，我仍在考虑是出书还是发文等问题。"

因之第几章等也可暂不改。"

笔者:"全篇大约 5 万字左右。""书名大概叫什么?"

先生:"书名确定为《伦理学新说述要》。两德论已照相十几张先发你,剩余的立刻续发。"

先生发来两德论章修改图片 38 张:

先生:"这次是从最后一页往前发,请注意每页底部都有页码,不致错乱。该文小标题为:两德不分,两德分离,与 Rawls'重叠共识'的异同,过犹不及,权利优先于善,和谐高于公正。""我费劲也拍不好,有时手抖,又是坐着拍,眼睛也看不大清楚,亏得你几乎全能认出,所以我说太不容易了。看不清就告我,重拍就是。"

笔者:"全部整理完。排好版后,发先生邮箱附件形式。"

先生:"我今天可能提前上床,尽管来信,我明天作复。现将第一章寄来,明天可寄导论,全书完毕。"

先生临睡前发来伦理与道德二分稿修改图片 13 张。

先生:"干脆把导论也寄你吧,和我完全一样,你也性急。"

先生发来导论修改图片 13 张。

11 月 19 日

先生发来道德三要素章修改图片 34 张。

先生:"将这章全部寄上,此书似可暂告段落。出处难觅,可先搁置,考虑有需补充加入之论点否。一二与三四字数颇不平衡,似无办法。导论可短,主要是第一章。也暂不管它吧。这次费你心力不少,能如此速度完成,亦难能而可快意矣。"

笔者:"拟了一个目录,发先生邮箱了。"

先生:"目录请加结语,加附录两篇:答高更三问、美育代宗教答问。这样一本小书,字数应该差不多了。只是湘湖文库遥远无期,我们也的确太性急了。哈哈。"

先生发来结语图片(见下图)。

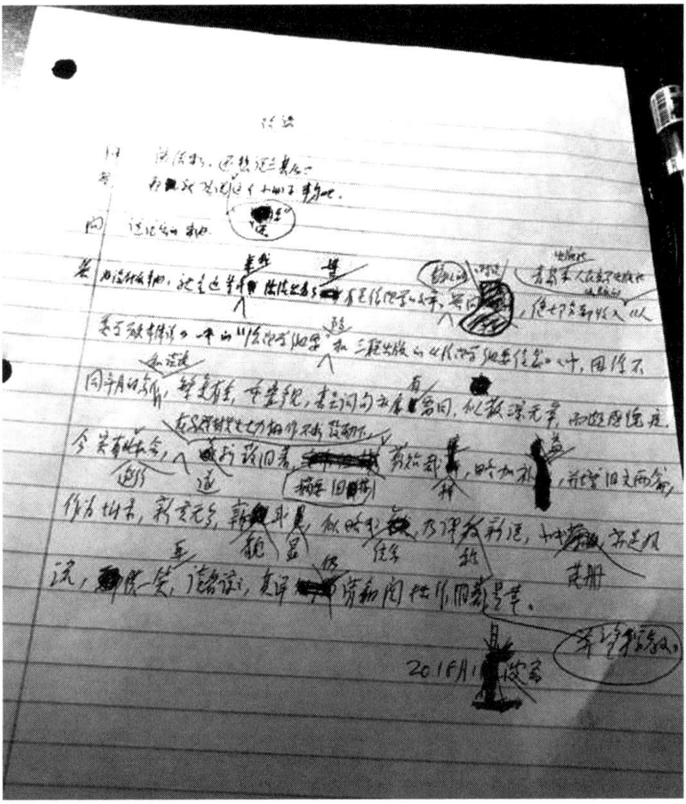

先生："序跋均在结语中，保持答问体不变。""我大概最近不会再看了。"

笔者："好。我把全书三章及高更文、美育文整合在一起，搞成一本书的模样。我估计应该有 10 万字左右。"

先生："非常之好。"

笔者："先生搞此书，应该非常疲惫了，好好休息一下。"

先生："毕竟老了，颇感厌烦，力不从心，无可为也。""结语加否，现不决定，仍嫌重复，不符述要。高更附一律不收。仍请告导论及三章字数，准确为好。""因仍在考虑作文章还是成书，所以要较准确了解字数。"

笔者："述要现有 5 万字。蒋廷黻名作《中国近代史》，也就 5 万字吧。先生'述要'，成书应可以。"

先生："望知道每章字数及附录字数。"

笔者："今天将《述要》及高更文、美育文，合在一起，共 10 万 2 千字，与《回应桑德尔》书一样。"

先生："结语加否，现不决定，仍嫌重复，不符述要。高更附一律不收。仍请告导论及三章字数，准确为好。"

笔者："导论，8000 字；章一，7800 字；章二，1 万 7 千字；章三，1 万 8 千字。"

先生："5 万 4 千字（含结语），看来发文不大可能了。"

11 月 20 日

笔者："全书统计：（一）'导论'，7900 字；第一章，7800 字；第二章，1 万 8 千字；第三章，1 万 8 千字；答高更文，8300 字；美育文，3 万 6 千字。（二）《述要》，5 万 2 千字；'附录'，4 万 4 千字。（三）全书，9 万 7 千字。"

先生："如全文弄毕，请邮箱附件发来，包括结语。我这里已有寄来的第一章及全书目录。"

11 月 25 日

笔者："《述要》书中，还有两处有我添加之处（有划线），先生是否修改了?"

先生:"刚才在你提醒下,我将此文阅看一过,顺手改了一些错漏,发你核正。改后请将这些页码寄回以便再安插在下载稿中。"

先生发来《述要》稿修改图片71张。

先生:"头太昏沉,乱发了一阵,前后倒置不少,可能重复亦不少,不知发完没有。请你细看后告我。无需改动的就没发。没有删去的部分就意味着保留,不管你加线没有。这次发得特别乱,宜小心。""看、改一遍后,又不想动了。也许过几天再看看。你有何建议可增补或删除的?"

按照先生发来的图片,我将全书整理好,发先生邮箱。

至此,《伦理学新说述要》(5.6万字)基本完成。

当然,整个过程还有许许多多的细节,限于篇幅不能全部呈现,所述只是一个粗略过程。比如:先生拍的修改图片比较模糊,又不肯让家人帮忙,有时要重复拍几次才行;有些地方字迹不清,我要放大标出,让先生辨认;先生还时不时会发来一些修改、增补文字,如此等等。如今回想起这一过程,仍是令人难忘。如先生所说,我们都是急性子,加之有现代便捷的通讯手段(微信),往往一天内,我们之间会有许多交流,其间还穿插谈了其他一些事情。在此过程中,笔者有一个突出的感受:李先生虽已88岁高龄,但头脑依然清醒,思维依然活跃、缜密、快捷,真是令人敬佩与惊讶!

出版与修订

《伦理学新说述要》在李先生生前,出过四个版本:
一、东方出版社版
2019年3月,该社出版了《中国文化书院八秩导师文集·李泽厚卷》,首次收入《伦理学新说述要》。2019年5月,在《李泽厚卷》基础上,该社又推出《寻求中国现代性之路》,再次收入《伦理学新说述要》。

二、世界图书出版有限公司（北京）版

2019 年 5 月该社出版《伦理学新说述要》（6 万字）单行本，增补一附录《伦理学杂谈》（与刘悦笛对话，1.6 万字），先生对正文作了少量增补。

三、岳麓书社版

2021 年 1 月该社出版《当代湖湘伦理学文库·李泽厚集》即《伦理学新说述要》（增补本，11.6 万字），李先生为此版作序。此版是四版中增补最多的。主要"增补"有：

第一，正文部分作了不少增补（见下图）：

第二，增补了附录二《历史、伦理与形而上学》（与刘悦笛对话）并附《旧文一段》《〈康德新解〉英译本序》《中国历史主义与西方自由主义的差异》三文，共计 3 万余字。其中《中国历史主义与西方自由主义的差异》是先生 2020 年 5—6 月间写成的新稿。

《历史、伦理与形而上学》原刊于《探索与争鸣》2020 年第 1 期，收入本书时，先生又作了不少增补，其中最重要的是下面一段：

> 我也趁此机会，公开宣布我撤销以前自封的"马克思主义者"的头衔、称号。虽然我仍然继续同意并吸收消化了马克思关于工具、科技、生产力是社会经济的核心这一"hard core"和经济是人类生存的基础等历史观点，但仅此一点，恐怕也不能说自己就是马克思主义者。我在新写的"康德新探"（即《批判哲学的批判》）英译本序中用三个"不是"（no）和一个"是"（yes）间接点出了这一点。该书毕竟是 40 年前写的，章章多引马列以为护符，但以一个"是"——即使是 hard core 的"是"来说自己是马克思主义者，实在是太勉强太没资格了，所以应予撤销。如有何反响，年已九旬，不作复了。

近日，偶然读到华东师大杨国荣教授《世间已无李泽厚——怀念李泽厚先生》文（"上海书评"公众号，2021 年 11 月 4 日），其中说：

> 今年（按：指 2021 年）2 月，我从网上看到一标题式的新闻，其中引了李泽厚先生之语。出于对他的尊重，我随即去信，其中提及："今日览网，见《李泽厚集》（按：指岳麓版《伦理学新说述要》增补本）的介绍中有如下文字，即李泽厚已解除了'自封的马克思主义者'之称号，云云，未能打开睹其详。私下以为，这种标题及提法，似有损先生之形象，故觉得有责任向先生提及。不妥之处，尚祈海涵。"李泽厚先生收到邮件后，即回复："成灰之年，必遭恶咒，吾兄相劝，实属难得，浮一大白，敬谢忠告。"李泽厚先生对此

事的实际想法，现已无法详知，但我之所以去信提醒，是基于他的学术进路和贡献，实质上无法离开马克思主义的背景。我也曾向相关学人表达过此意：离开了马克思主义，则李泽厚先生将或近于康德、罗尔斯，或近于牟宗三式的儒家，马克思主义是李泽厚思想中不可或缺的构成，也是使李泽厚先生区别于康、罗、牟等辈的根本所在。1848 年，马克思和恩格斯曾提到"共产主义的幽灵在欧洲徘徊"，近二百年后，在世界范围内的意识形态领域常常可以看到另一番景象，这也许构成了李泽厚先生试图脱钩的历史背景。不过，后来李泽厚先生似乎也未再坚持作切割，这与我去信提醒是否有关，现已不得而知。

但杨教授因"未能打开睹其详"，也就是说没有读到李先生增补的上引那段重要文字，所以产生了误解，以为"李泽厚先生似乎也未再坚持作切割"。其实，先生在过去的论著中，类似的看法已或隐或显地多次提及（如要"社会理想"不要"理想社会"等），而在 2004 年《再谈马克思主义在中国》、2016 年《〈康德新解〉英译本序》特别是在 2018 年《三谈马克思主义在中国》（《马克思主义在中国》英译本序）和 2020 年 5 月致《马克思主义在中国》英译者 Dear Bobby 信中，有了更清晰、更明确的阐释。先生曾告知笔者："虽然观点早有了，但这次如此强烈彻底的'公开宣布'，毕竟属首次，也算是我晚近思想的一个最重要的变化。"

李先生对岳麓版《述要》很满意，将它与《人类学历史本体论》《由巫到礼　释礼归仁》相并列，视为自己最重要的三部著作。

四、人民文学出版社版

2021 年 11 月该社出版《伦理学新说》，乃先生伦理学四书的合集，首篇即《伦理学新说述要》，几处略有删节，"结语"有增补。

这部《伦理学新说》，是先生生前的最后一部书，可惜先生未能目睹，实在令人遗憾。

2022 年 1 月 22—26 日于南粤五邑，2 月 2—5 日定稿

附录三　我和台北三民书局的故事 / 李泽厚

近日有人关切我和台北三民书局是否会打版权官司，希望了解情况。今概述如下。

事由

1. 1994 年 8 月 20 日，我与台北三民书局股份有限公司（老板刘振强，合同签字人刘仲文）签订《李泽厚论著集》（以下简称《论著集》）"著作财产权让与契约"，附件细目中包括："第一册《我的哲学提纲》、第二册《批判哲学的批判》、第三册《中国古代思想史论》、第四册《中国近代思想史论》、第五册《中国现代思想史论》、第六册《美的历程》、第七册《华夏美学》、第八册《美学四讲》、第九册《美学论集》、第十册《走我自己的路》。"其后又签订"著作财产权让与证明书"。当年曾付我稿酬美金十万。

2. 因此，我认为 1994 年 1 月由安徽文艺出版社出版的《李泽厚十年集》应停止发行。事实上，也从市场消失。迄今为止，有多家出版社提出出版李泽厚全集、李泽厚文存、李泽厚文集等等，因我遵守该《论著集》契约，均一概拒绝。

3. 因大陆版权问题日益突出，我身处海外，担心万一发生纠纷，不便处理，乃于 1998 年 10 月正式签署委托书一纸，其中特别声明，我在大陆书籍有关版权问题由江奇勇先生全权处理。2001年又签署声明一纸，重申该委托书有效。二纸均交江奇勇先生保存。

4. 1998年10月，安徽文艺出版社出版我的《世纪新梦》，收有该《论著集》中几篇文章，我曾询问江奇勇是否侵权，江答，依据大陆著作权法和台湾著作权法，该《论著集》系汇编作品，不属侵权。以后江先生以我的代理人身份陆续与多家出版社签约，出版了我的许多著作。

5. 之后我听到传言，说刘振强先生对我表示抱怨和强烈不满，认为我在大陆不断出版自己的著作，是谋取巨资厚利，侵害了三民书局版权，我未曾置信，因我始终未见三民书局提出任何正式的书面和口头的表示或诉告。从而我认为，三民书局已默认该《论著集》乃汇编作品，其中作品在大陆单独出版不属侵权。

6. 2008年，北京三联书店与我谈出版《李泽厚集》时，我曾言汇编文集权利属三民书局。三联当局说，他们当负责解决，于是《李泽厚集》中六种著作版权页有"由三民书局授权"字样，并未经我认可。经由三联书店，三民书局曾要求我就《批判哲学的批判》等书签署独立合同，为我所拒绝。但此六书版税全由三联书店交三民书局，我未提异议，也未取分文。其中三书颇有修改、补充处，我亦未取本可有三民书局付与之修改费。

7. 2009年10月，三民书局经三联书店提出，要求我签署一张在大陆停止印行收入该《论著集》中任何作品的文件，即可"既往不咎"，否则将上诉法院。

8. 因我已于十余年前写有委托书交江奇勇全权处理我的著作在大陆出版事宜，其中注明了包括版权纠纷在内，我询问江先生的意见，江坚决表示如三民书局上诉，他既是代理人，将根据委托书负责应诉，并负责处理任何其他引发的问题。

9. 我向来主张"和为贵"，于2009年10月16日、28日两次通过三联书店提出"不伤感情"，愿自己以十万美金买回该《论著集》版权，或根据台湾众多出版社繁简两体字版权可分开之惯例，以十万美金购买该《论著集》简体字版权在大陆出版，繁体字版权仍由三民书局继续持有。

但均遭拒绝。据三联书店转告，刘振强先生强调，他买的是全球中文版版权，无论繁体简体均包括在内。该契约确未注明字体。

补充

以上就是迄今为止的事实情况，下列几点作为补充，并无法律上的意义，但为便于了解情况，有说明的必要。

1. 我为何签订此契约？回答是：正如我在该《论著集》总序中所说："由于我的作品在台湾累经盗版，错漏改窜，相当严重，并且零零碎碎，各上其市，就不如干脆合编在一起，不管是好是坏，有一较为真实可信的面貌为佳。何况趁此机会，尚可小作修饰，订正误会，还有正式的可观稿酬，如此等等。那么，又何乐而不为呢？"（1994年3月）有人认为，我因刚离国去美，生活无着，经济困难，需要钱财，才如此"贱卖"；也有人说，三民书局是"趁人之危，以廉价占霸李某著作"，等等。此等传言，均不属实。我去国即任教，收入不菲（有当年薪金单作证，学校也有档案可查），以后陆续受聘，从未失业，生活一直非常优裕。所以三民书局汇来之十万美金，我分文未动地存入美国银行，至今如此（银行有资料可查）。但我承认，当时刚来美国，前景茫茫，十万美金虽未动用，对我心理却有某种稳定作用，所以我在该《论著集》总序中以及在书信中都对刘振强先生表示过深厚谢意。当然，当时对版权问题很不熟悉，认识极差，也是签订这个条款含混、很不明确的契约的重要原因。

2. 我为何同意在大陆又不断出版旧作？这并非刘振强先生所言，是牟取巨资厚利，我仍保有历年所收版税单据，出版社和代理人处也应有账可查。该《论著集》中各种书籍单独出版所得，仅人民币数十万元而已（不包括其他著作，特别是新著），远非"巨资厚利"，而且以后如有必要，我可将这数十万元人民币全部拿出。只是我那十本旧著，写在大陆，也本为大陆读者而写，曾有一些影响，当然希望有更多的大陆读者能继续读到它们。而三民书局自1994年至2008年从未授权任何大陆出版社出版我的任何作品。如按三民书局所执意理解的"契约",则这十余年来我不应在大陆出版包括《美的历程》《华夏美学》《美学四讲》《批判哲学的批判》《中国古代思想史论》《中国近代思想史论》《中国现代思想史论》等作品。那么,读者这十余年就根本读不到我的这些著作,这当然不是我所愿意的。

3. 由于知识缺乏,我长期以来不很清楚的问题是,该《论著集》在法律上应否属于汇编作品。江奇勇先生说是,因之十本书单独出版不属侵权。三民书局说否,属于侵权。近日我仔细查阅大陆著作权法,其第十四条全文如下:"汇编若干作品、作品的片段或者不构成作品的数据或者其他材料,对其内容的选择或者编排体现独创性的作品,为汇编作品,其著作权由汇编人享有,在行使著作权时不得侵犯原作品的著作权。"在编写该《论著集》时,我作了大量的编排、分类、整理、修改、增补以及写了"总序""分卷序"等等"体现独创性的作品"的工作,因之该《论著集》完全符合上述"汇编作品"(台湾称"编辑著作")的规定。我是该汇编著作权的所有人,我让与三民书局的正是这一汇编著作权,而并非"原作品"即《美的历程》等十书的著作权。我也查阅了台湾相关法律,大体相同,如台湾法律规定"就资料之选择及编排具有创作性者为编辑著作,以独立之著作保护之。编辑著作之保护,对其所收编之著作之著作权不生影响"。因此,在江先生与三民书局两种对立意见中,我现在更倾向于江的意见。

4. 依据大陆《著作权法》第二十五条:"权利转让合同包括下列主要内容:1. 作品的名称;2. 转让的权利种类、地域范围;3. 转让价金;……"该《论著集》的让与契约竟缺少2、3项,因此我现在也可质疑该契约在法律上是否有严重缺失。

5. "著作财产权让与证明书"一纸列出的是十本书名,却未能证明该十书各有让与契约,而且与"著作财产权让与契约"之著作物名称不相符合。我也怀疑此证明书在法律上能否有效。

6. 另一使我不解的问题是,台湾众多出版社都实行繁简两种字体的版权可以分开的处理办法,为何三民书局对该《论著集》执意不愿遵循惯例？

7. 我为何支持江奇勇先生呢？除了觉得江先生的意见在法律上有充分理据外，还因为江先生是在九十年代初期多家出版社或退稿、或中断联系、或出书时掩盖涂掉我的名字的情势下，冒着极大风险，多方努力，才得以不断出版我的旧作。有友人劝说"打官司对名声不利""打官司赢输难定"等等，我既在理论上讲伦理价值有绝对性，实践也应如此履行。朋友情谊应高于财产、名声，患难之交不可忘，当三民书局要求我签署停止在大陆出版该十种著作而实质在于停止江的出版权利的书面文件时，我即表示愿以原稿酬买回大陆版权，所以即使这次打官司"赢输难定""对名声不利"也无所谓。我仍然感谢江先生能使广大读者不断读到我的作品。

结语

在提出买回简体字版权的建议遭到拒绝后，我查阅了相关法律文件，经慎重考虑，决定在此重申：我给江奇勇先生委托书中"全权代理"的字样长久有效，以后一切事宜由江先生处理。

为使读者了解情况，特别是为避免我身后（我年事已高）可能发生的各种纠纷和传闻，特作此说明，敬希鉴察。

我即将离开北京，此件何时发表，由北京的朋友决定告我即可。

另附件两份。

2009 年 11 月 6 日

附件一

委托书

兹委托江奇勇先生全权代理拙著在中国大陆的出版、发行等各项事宜（包括有关版权交涉诸问题在内）。

李泽厚（签名盖章）
1998 年 10 月 21 日于美国科州

附件二

声明

我曾于 1998 年 10 月 21 日签署委托书，由江奇勇先生全权代理拙著在中国大陆地区的出版、发行诸事宜，其中注明包括版权问题在内（凡与我签订的出版合同，其复印件均由江奇勇先生保存，遇有问题或纠纷由他全权代行处理）。今特在此声明该委托书有效。

李泽厚（签名盖章）
2001 年 4 月 8 日于美国科罗拉多州

（李按：声明中 10 月误写为 11 月）

故事续记

上文《我和台北三民书局的故事》当年即寄李昕先生等五人，此次一字未改。

这里要说明的是，我与三民书局实际上有两个合同。

第一个合同不是现在的合同，是《李泽厚论著合集》合同，其中有繁简字及包括大陆在内中文版版权归属三民书局条款，我当时在美国教书，刘振强先生在1994年4月寄来这合同，同年5月汇来十万美金作稿酬，8月寄来第二个合同即现在展示的这个合同。1995年我以第二个合同为由提出简体字本归还作者以适应大陆读者需要，刘以三民书局即将出版简体字本供应大陆读者为由拒绝，我复信同意。第一个合同一直在当时委托人江奇勇先生手中，未作复印。因当时认为此合同已经作废，无需保存了。在我保存的台北地方法院判决书及附件中也只见展示和多次提及第二合同，从未提及和展示这第一个合同。

第二个合同就是现在展示的这个合同（图1至图3）。这种合同本是供台湾学人使用的，所以其中并没有写明该合同适用的地域和繁体、简体字。

当江奇勇先生（下简称江）担任我著作版权全权委托人后，他在各地出版了我的不少著作，有如前篇"故事"所说，我曾问江这是否侵犯三民书局版权，江强调与三民书局的合同是一汇编作品，因此只有此汇编本的版权，而并不包括各书单独出版的版权，并展示许多法律条文，我细读后，认为江说有理，这些在前篇中已作说明，并认为三民书局也已默认，我在北京期间，三民书局曾两次电话，说想和我签订《论著集》各书的单独版权，我未理会。我认为三民书局也承认了只有汇编权，并无各书的单独出版的版权。这使我的书能继续在国内出版，拥有读者。

以后多年相安无事,未发生变故。

在北京三联书店 2009 年出版《李泽厚集》后,三民书局在天津、上海等处向江所交付我著作的出版社提出诉讼。江则以我的名义在我同意前(江是我的全权委托人,我随后只能表示支持),在合肥、南京控告国内三联书店未与我签订合同,将我的思想史三部编入"中国文库"出版,北京三联书店侵犯了我的版权,时李昕先生担任老总。

在上海中院开庭时,三民书局所出示的第一份合同被发现有后来加上和改过的痕迹,认定为伪品,三民书局立即在上海撤诉。当时我仍在美国,详情细节江也未告知我。但当时诉讼档案应仍可查核。

江奇勇先生满怀必胜之心,仍以汇编作品与单独作品为由继续在天津(后移北京高院)、台北应诉,当时有人(也包括鄙人)认为既然第一合同(《合集》)因伪证作废,就该主要以第二合同(即现存的合同)无地域、繁简体汉字之分为理由来反驳,使三民书局难以回答。因为三民书局的主要证据只是我与刘振强的两封信件,其中一封承认繁简体均归三民书局,但信件只表示一种意见,意见可因时而异,在法律上不能与签字合同相比。江坚持己见,仍主要辩以汇编作品,终于在 2014 年最后败诉。

江奇勇先生在败诉后就不再与我作任何联系,2017 年我办理了撤销江作为委托人的公证书。

这就是事情的始末。

最后应说的是,三民书局既已有第一个合同,为何又要我签第二个合同?这正是因为《合集》合同有汇编的含义,三民书局也曾使用这一合同向大陆各地出版社进行诉讼,而江奇勇先生确实抓住了这一要害("汇编")进行反击,在上海法庭宣布第一个合同是伪证使三民书局被迫撤诉后,据人相告,刘振强先生曾十分气恼,于是组成有多名律师的律师团,以第二个合同继续诉讼,终于在台北地方法院(台北是对我提出诉讼,大陆是对各出版社提出诉讼,所以我保留有台北法院的判决书)取得有利于三民书局的判决,即《批判哲学的批判》、"思想史三论"、"美学三书"等十书版权归属台北三民书局,我觉得这一判决深受包括繁简两体的第一个合同的影响。我对此判决颇为不服，但接受和履行了这一法院判决。

因此次贵州事件（按：指 2020 年贵州人民出版社未经李泽厚先生同意，擅自将《美学论集》改名为《美的哲学》出版，李发声明不承认此书是自己的著作），又涉及版权问题，议论纷纭，我觉得似有责任将"故事"始末讲完。这的确是"故事"，已故很久的事了。刘振强先生已于近年仙逝，我也不久将成为过去式，今日讲来，并不是为了再惹波澜，只是想趁我尚在人世，让读者更具体地了解此事的原由、过程和情况，其中也可能有个人记忆上的错漏，欢迎指出、批评或批判。总之，成灰之年，渴望休息，我不拟再谈，让它成为一个彻底的"故事"吧。

2020 年 5 月 31 日

附　李泽厚致江奇勇的两封电子邮件

我与江奇勇先生在诉讼过程中有分歧，下两信有关"起诉三联""台北败诉"两件事，发表是为了保存史实，并无他意。我和江奇勇先生多年合作远大于分歧，至今对他也仍怀记念。尚忆 2012 年秋最后一面告别，是丰盛餐饮后在北京机场，他挥手说："先生放心吧！"当时情景犹历历在目，今日回首却不胜感慨系之矣。

2012 年 11 月 17 日，星期六，12∶08，上午

完全不能接受。你不该欺瞒我瞒我。我年岁已大，根本不在乎这些所谓权益，版权全归三民也无所谓，如故事一篇所说我记念的是当年你

不畏风险出我书的情况以及以后的愉快合作，所以三民要三联付他版税时，我一口承允，但这次要夺你的单行本版权时，我便毫不犹予地站在你方，我本不想打官司，你说一定要打，我也就同意了。但你以我的名义在合肥告三联时并未告我。当刘再复劝我时，我相当被动，并从此与三联断了关系，这也就算了。回想当年你出论语今读时也未告我，你表示歉意后我也就过去了，这次又瞒我，有此必要吗？那我怎么能不想你还瞒了些甚么呢？朋友之间应该互相信任，坦诚相待，才能共患难同安乐。此复。李

2013年8月15日，星期四，10：33，上午

上海庭审打掉合集后，我即认为重点应放在字体，并主动提出信件问题（回避反让对方抓住大作文章），强调信件不具法律约束力，双方均有在不同时日改变看法和意见的权利，一切应以论著集的契约为准。你不听取这意见。只反覆着力于一本还是十一本，以致导至北京判决。此次亦无希望。到此结束算了。

（马注：为保持信件原貌，收入本书时一字未改，包括错别字）

图1 著作财产权让与契约

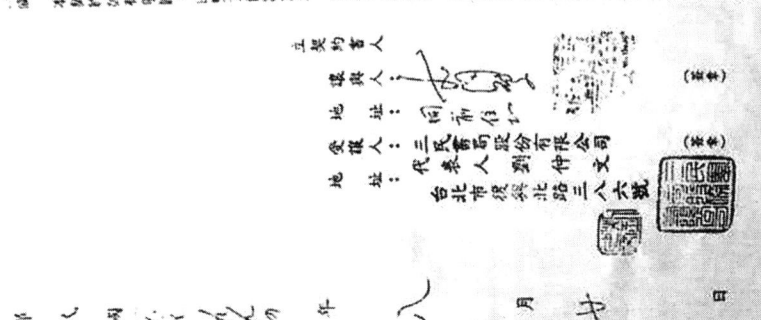

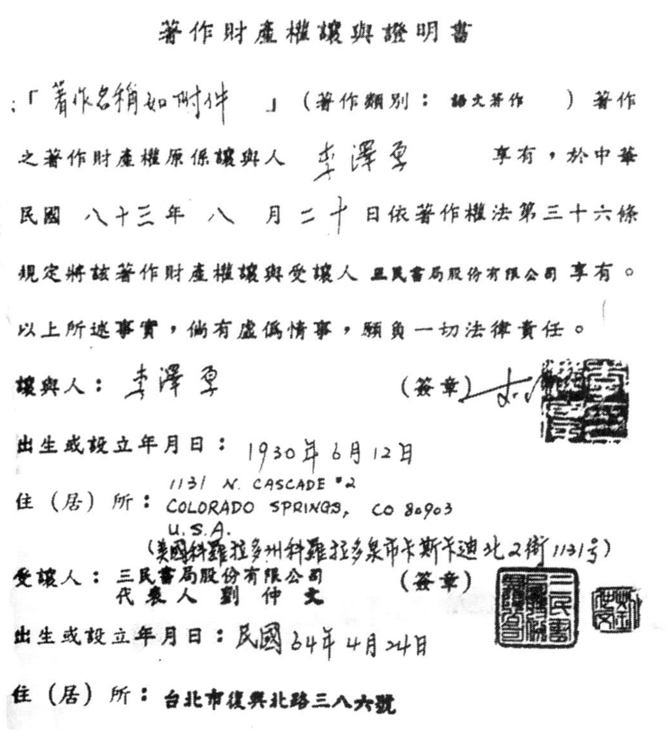

著作財產權讓與證明書

：「著作名称如附件 」（著作類別：語文著作 ）著作之著作財產權原係讓與人 李澤厚 享有，於中華民國 八十三年 八 月 二十 日依著作權法第三十六條規定將該著作財產權讓與受讓人 三民書局股份有限公司 享有。以上所述事實，倘有虛偽情事，願負一切法律責任。

讓與人：李澤厚 （簽章）

出生或設立年月日：1930年6月12日

住（居）所：1131 N. CASCADE #2
COLORADO SPRINGS, CO 80903
U.S.A.
（美國科羅拉多州科羅拉多泉市卡斯卡迪北2街1131号）

受讓人：三民書局股份有限公司 （簽章）
代表人 劉 仲 文

出生或設立年月日：民國64年4月24日

住（居）所：台北市復興北路三八六號

图2　著作财产权让与证明书

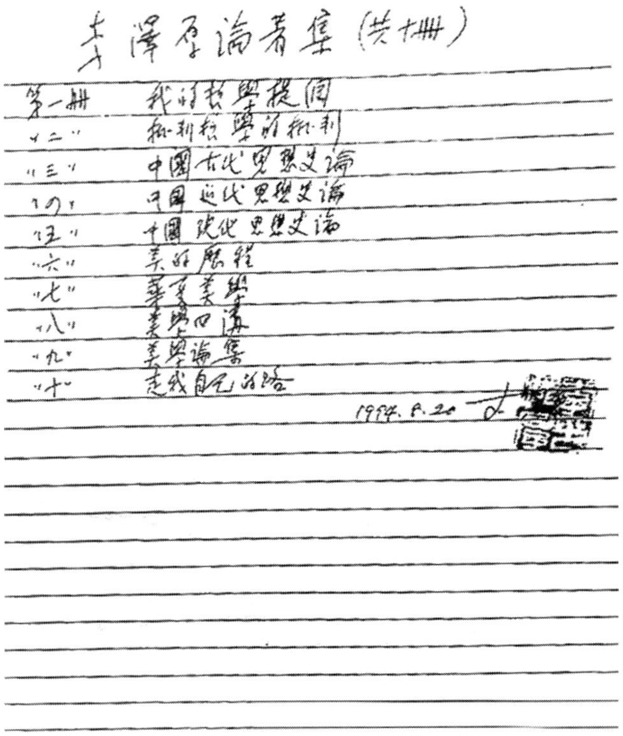

李澤厚论著集（共十册）

第一册 我的哲学提纲
“二” 批判哲学的批判
“三” 中国古代思想史论
“四” 中国近代思想史论
“五” 中国现代思想史论
“六” 美的历程
“七” 华夏美学
“八” 美学四讲
“九” 美学论集
“十” 走我自己的路

1994.8.20

图3　李泽厚论著集（共十册）

附录四　李泽厚著作年表简编 / 马群林　辑

1957 年

《门外集》，长江文艺出版社

1958 年

《康有为谭嗣同思想研究》，上海人民出版社

1979 年

《批判哲学的批判——康德述评》，人民出版社

《中国近代思想史论》，人民出版社

1980 年

《美学论集》，上海文艺出版社

1981 年

《美的历程》，文物出版社

1984 年

《中国美学史》第一卷（与刘纲纪主编，刘纲纪执笔），中国社会科学出版社

1985 年

《李泽厚哲学美学文选》，湖南人民出版社

《中国古代思想史论》，人民出版社

1986 年

《走我自己的路》，北京三联书店

1987 年

《中国美学史》第二卷（与刘纲纪主编，刘纲纪执笔），中国社会科学出版社

《中国现代思想史论》，东方出版社

1988 年

《华夏美学》，新加坡东亚哲学研究所

《李泽厚集——思想·哲学·美学·人》，"开放丛书·中青年学者文库"，黑龙江教育出版社

《马克思主义在中国》，北京三联书店

1989 年

《美学四讲》，北京三联书店

1991 年

《我的哲学提纲》，"风云思潮丛书"，台湾风云时代出版公司

1994 年

《李泽厚十年集》六卷本（《美的历程·华夏美学·美学四讲》《批判哲学的批判·我的哲学提纲》《中国古代思想史论》《中国近代思想史论》《中国现代思想史论》《走我自己的路》），安徽文艺出版社

1996 年

《告别革命：回望二十世纪中国》（与刘再复合著），"文学中国丛书"，香港天地图书有限公司

《李泽厚论著集》十卷本［《我的哲学提纲》《批判哲学的批判：康德述评》《中国古代思想史论》《中国近代思想史论》《中国现代思想史论》《美的历程》《华夏美学》《美学四讲》《美学论集（新订本）》《走我自己的路》］，台湾三民书局

1998 年

《论语今读》，"文学中国丛书"，香港天地图书有限公司

《世纪新梦》，安徽文艺出版社

《李泽厚学术文化随笔》，"二十世纪中国学术文化随笔大系"，中国青年出版社

1999 年

《美学三书》，安徽文艺出版社

《李泽厚哲学文存》（上、下编），安徽文艺出版社

《中国思想史论》（上、中、下），安徽文艺出版社

《波斋新说》（内地版名《己卯五说》），香港天地图书有限公司

《己卯五说》，中国电影出版社

2000 年

《探寻语碎》（杨春时编），"学苑英华"丛书，上海文艺出版社

2002 年

《浮生论学》（与陈明合著），华夏出版社

《历史本体论》，北京三联书店

《美学旧作集》，天津社会科学院出版社

2004 年

《走我自己的路·杂著集》，中国盲文出版社
《走我自己的路·对谈集》，中国盲文出版社

2005 年

《实用理性与乐感文化》，北京三联书店

2006 年

《马克思主义在中国》，"廿一世纪文库"，香港明报出版社
《李泽厚近年答问录（2004—2006）》，天津社会科学院出版社

2008 年

《人类学历史本体论》，天津社会科学院出版社
《新版中国古代思想史论》，天津社会科学院出版社

2009 年

《李泽厚集》十卷本［《批判哲学的批判：康德述评（修订第六版）》《美的历程》《华夏美学·美学四讲（增订本）》《中国古代思想史论》《中国近代思想史论》《中国现代思想史论》《论语今读》《历史本体论·乙卯五说（增订本）》《实用理性与乐感文化》《杂著集》］，北京三联书店

2010 年

《伦理学纲要》，"中华文化复兴方阵·人民日报名家谈系列"，人民日报出版社

2011 年

《哲学纲要》，北京大学出版社
《该中国哲学登场了？》（与刘绪源合著），上海译文出版社

《李泽厚论教育·人生·美——献给中小学教师》（杨斌编选），"大夏书系·名家谈教育"，华东师范大学出版社

2012 年

《中国哲学如何登场?》（与刘绪源合著），上海译文出版社

《李泽厚旧说四种》（《说文化心理》《说巫史传统》《说西体中用》《说儒学四期》），上海译文出版社

2014 年

《回应桑德尔及其他》，北京三联书店

《李泽厚话语》（邓德隆、杨斌编选），华东师范大学出版社

《李泽厚对话集》七卷本［《八十年代》《九十年代》《廿一世纪（一）》《廿一世纪（二）》《浮生论学》《与刘再复对谈》《中国哲学登场》］，中华书局

2015 年

《由巫到礼·释礼归仁》，北京三联书店

《什么是道德?——李泽厚伦理学讨论班实录》，华东师范大学出版社

2016 年

《人类学历史本体论》，青岛出版社

《给孩子的美的历程》（霍籽编），"给孩子系列"，中信出版社

2017 年

《伦理学纲要续篇》，北京三联书店

2018 年

《李泽厚散文集》（马群林选编），世界图书出版有限公司（北京）

2019 年

《李泽厚卷》（马群林编），"中国文化书院八秩导师文集"，东方出版社

《寻求中国现代性之路》（马群林编选），东方出版社

《人类学历史本体论》三卷本（《伦理学纲要》《认识论纲要》《存在论纲要》），人民文学出版社

《伦理学新说述要》，世界图书出版（北京）有限公司

《从美感两重性到情本体——李泽厚美学文录》（马群林编），山东文艺出版社

2021 年

《李泽厚集》（《伦理学新说述要》增补本），"当代湘湖伦理学文库"，岳麓出版社

《中国哲学如何登场——与刘绪源对谈》，新编版，南京大学出版社

《李泽厚刘纲纪美学通信》（杨斌编），"蠹鱼文丛"，浙江古籍出版社

《伦理学新说》，人民文学出版社

（所辑均为中文初版）

后记　一部"特殊作品"

问：你这"后记"也采用答问体？

答：是也。但却非"虚拟",而是真实的自问自答,就简单说说这本书的来由。

问：书名为什么要用"与李泽厚的虚拟对话"这样一个副标题？

答：这正是我首先要特别申明的：之所以称为"虚拟对话",是因为我与李泽厚先生从未真实有过这样一场对话。

问：虚构的？

答：对,虚构的。但内容却不"虚",是很"实"的,主要源自李先生的各类论著,并经我重组、拼接、整理、编撰而成,算是对李先生的一种理解与阐释,而所呈现的史实、情况、思想、观点、看法等,则无任何变更。其中不少材料和内容,是这些年在与李先生的交往中掌握的,或是李先生此次新增补的。

问：从时间跨度上看,这本书涵盖了李先生的一生。

答：是也。我的初衷与心愿就是想通过这种"虚拟对话",以亲切自然、可读性强的答问体（这也是李先生晚年常用和喜爱的表达方式）,粗

李泽厚第一次修订

略概述李先生的经历、论著、思想、治学、交往等，试图探寻其独特的学思之路，从中亦能更加具体生动地感受到李泽厚的人格力量和鲜明个性。

问：那这本书就可作为"李泽厚自述"？

答：否。先生在为拙编《李泽厚散文集》所作序中，曾感慨道："我多次发现有好些关于我的流言、传说，有好有坏，有美有丑，却绝大部分均为虚构。我不做自述，不愿将诸多痛苦记忆和各种悔恨再次唤醒并存留，所以也坚决不支持为我作传；我愿更宁静地走完这孤独的人生旅程；但虽守生前，却难保死后，也难免这些流言、传说会作为材料。因之借此机会重申一次：除我生前认定的诗文、话语、史实、情况外，其余包括亲属之所言说、友朋之所赞骂，均不足为信，宜审慎鉴别。我非

576　　人生小纪：与李泽厚的虚拟对话

常惊叹一些人想象丰富，甚至能编造出完全子虚乌有的事迹，使我常得不虞之毁誉，毁固不乐意，誉也不敢当，因均不符事实。当然，毁誉由人，自知在我；身后是非，更无所谓。但即使如此，仍应对此生负责，乃做此声明，如蒙注意，幸甚至焉。"

因而，这本"人生小纪"，只能算是李先生"生前认定的诗文、话语、史实、情况"，而且仅是其中的一部分，如此而已。

问：你搞这本书，李先生事先认可吗？

答：编撰之初，曾提及，但遭到先生的明确反对。

问：不赞同？

答：对。如同反对我搞《李泽厚学术编年初稿》一样。但我仍继续进行，并将第三稿快递李先生。令我没想到的是，过了一段时间（大概八九个月），李先生对稿子逐编、逐节进行了极为认真的修订，用微信发来了141张修订图片。

问：这么多图片？

答：我寄去的第三稿是装订好的A4开本上下册，摊开拍照，每张照片拍两页，这141张实际涉及近300页。

问：李先生为何会转变态度？

答：我"磨"的结果呗。（笑）李先生不是反对嘛，但我不管，仍继续搞，并将书稿的一些东西断断续续通过邮件、微信发给先生。先生偶尔会回复几个字，但绝大部分"泥牛入海"。后来，先生在一次电话中讲："你如此之热心，如此之执着，费了如许心力，我再不看一下，似乎就有点不近人情了。我是很认真对待的，希望你也一样。"

问：我看过一些修订照片，那的确是"很认真对待的"。

答：非常认真！得到先生的认可后，我心里就有些底了，对全书又

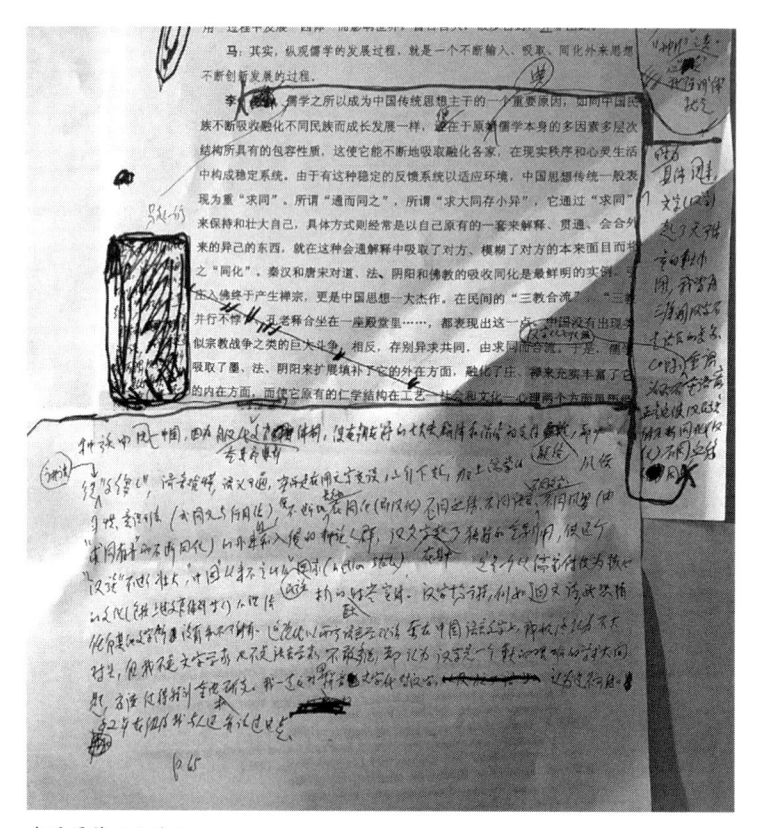

李泽厚第二次修订

作了一次较大的调整、增删、完善，并打印快递先生。岂料书稿在美国遗失，又恰逢新冠病毒肆虐全球，往美国的快递已暂停而无法补寄，只好将书稿电子版发给先生，由先生打印出来。其间还得知，先生在家不慎意外跌倒，腰椎骨折，后又引发其他疾病，因美国正处疫情暴发期，不能去医院，只好卧床康复。正是于此内外交困、身心俱疲之时，先生强撑着勉力完成了第二次披阅，并发来100余张修订图片。

我修改后，打印快递先生，先生又发来60多张修订图片，并撰写了序言。算下来，先生对书稿前后共作了三次大的修订（涉及书稿的各个部分，包括标点符号），发来 300 余张修订图片，还不包括平时陆续提出的一些修订意见。

问：已是九旬高龄的老人了，如此大的工作量，真了不起！

答：先生有眼疾，一次阅读最多坚持半个小时，却不辞劳瘁，三次修订，真是令人感念万分！从这些修订中可以看出，先生虽已到了鲐背之年，但思想仍然活跃、敏锐，思维依旧清晰、缜密。

问：李先生下了如此大的工夫，我看此书完全可以视为他本人的作品了。

答：所以，我曾郑重地向先生提出过："鉴于书稿的内容来自先生的论著，先生又作了如此之多的删、改、补，凝聚了大量心血，可将此书作为先生的论著，况先生也正缺一本回顾性的书。"但还是被拒绝了，先生说："恰好相反，我写的序中明确说了这是你的著作。"先生的这一态度，反使我平添了不少愧疚。其实，这本书即使不作为先生的独立作品，至少也是我与先生两人合作的产物。

问：似乎未曾遇到过像本书这样的情形，真可谓一部"特殊作品"！

答：的确，它非常"特殊"，但也非常有趣。

问：这本书篇幅虽已不小，但我发现还是遗漏了不少内容。

答：是也。先生每次修订完，我又陆陆续续作一些增删、调整、完善，先生屡次劝阻说，不要再动了，否则会是无底洞，再加十万字也不够。所以，不少内容，因种种条件限制，有的无法呈现，有的只点到为止，有的只讲了一个方面，如此等等，非常抱憾，却也无可如何。

问：你与李先生晚年接触较多，可否介绍一下这方面的情况？

答：这里只能简单说几句，将来或许可以写些东西谈谈。的确，我与李先生晚年交往很频繁，算是密切联系者之一吧，主要帮助先生处理与出版社之间的相关事务，买书、寄书等，还选编过几部先生的论著。

但说来大家可能不相信，我与李先生从未见过面（不是没有机会）。除打过少数几次电话外，平时主要是通过邮件和微信联系。

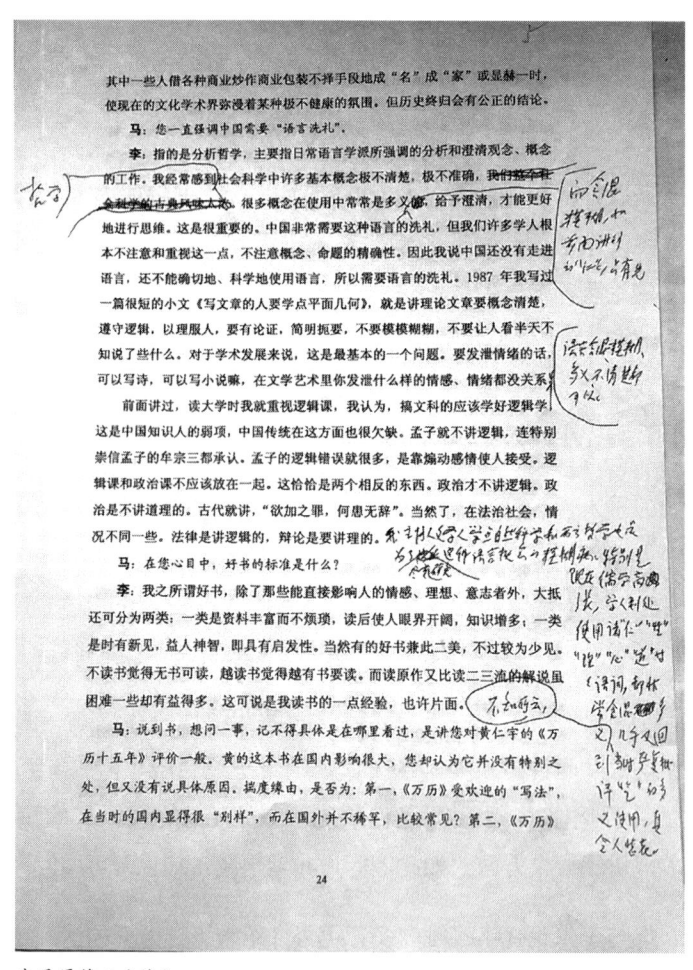

李泽厚第三次修订

问：噢，你们没见过面？

答：没有。一次也没有。（笑）

问：这倒有些特别。

答：想起一趣事。有一年春节，我走在路上，突然心血来潮，就给远在美国的先生发去一条问候微信，先生很快回复："谢谢！记得这几年我们之间逢年过节并无问候，这应是第一次吧？其实，如之前那样更好。"从此，逢年过节我再也没有问候过先生。（笑）

问：哈哈……，这太有意思了！

答：李先生晚年的一些文章及其修改，字小又潦草，许多人认不出来，基本都是由我辨识并整理出来。先生多次讲："我的字大概只有你能看明白。"这些文章先生用手机拍照发我，但因年纪大，手颤抖，眼又不好，拍得很不清楚，更增加了辨识的难度。我多次建议，完全可由家人帮忙拍照，既便于我辨识，也免去先生多次拍照的劳苦。但先生说："不行，还是我自己来吧。"我感觉，他总是一个人在孤独的思考与工作。

问：能否谈谈你对李先生的总体印象？

答：可以引一段我接受《南方人物周刊》（2020年第20期）采访时讲的话："在马群林看来，李泽厚不拘小节，乐于助人，平等待人，友善真诚。'你提的意见、建议只要好，他都会重视、采纳，不管你是教授学者还是普通读者。'但马群林又说，李泽厚在原则问题上是绝不让步的，他不会迁就和讨好谁，讨厌虚伪和不诚实，直道而行，极具个性（有人说是'特异'性格）。"

问：作为编撰者，还有什么要给读者讲的。

答：该说的已说了。不过，这里我还想贸然一句：这本书或可视为虽粗浅但亦较全面的"李泽厚读本"。

问:"李泽厚读本"?

答:是也。有兴致的读者或可由此入门,进阶研读这位中国当代思想家的诸多哲学、思想史、伦理学、美学论著,"沉潜往复,从容含玩",从而窥堂奥,得真髓,悟命运。

是所望焉。

2019 年 10 月稿
2021 年 9 月修改

又记　忆李泽厚先生二三事

先生走了！

11月3号上午，我接到李先生公子李艾发来的微信："马先生，我是李艾。我父亲今早过世了。"

据赵士林兄披露："北京时间10月29日，恩师微信告知因肺栓塞急诊住院刚刚出院，说身体虚弱，只能讲几句话，过一两天再联系。我了解肺栓塞非常凶险，几天来每天都多次给他发微信打电话，但均无回应，我隐隐感到不祥。北京时间11月3号上午联系到恩师儿子李艾，他告知我恩师已于美国科罗拉多州时间11月2日晨7时许逝世。"

先生享年91岁，按中国的老话已到了鲐背之年，算是高寿，但当噩讯传来，我还是毫无思想准备，人都有点懵掉了，因为就在不久之前，我还与先生有过三次联系。

10月11日，先生发来微信图片，是手写的一段话："概括说来，其'新'有三：第一，主张在学术概念中，伦理与道德两词严格区分并强调由外而内说。第二，承续并发展中国传统的心理主义的哲学特色，重视各心理因素的复杂关系，特别是塑造建设'人性'的重要，提出自由意志论。第三，提出情本体（情理结构）外推的政治哲学即两德论。"嘱咐补入《伦理学新说述要》"结语"。还发来人民文学出版社即将付梓的《伦理学新说》的序文最后修改图片。又叮嘱将美国汉学家安乐哲（Roger T. Ames）的一段话放到封底："对康德很了解，可是他不是康德主义，对马克思也有了解，可是他不是马克思主义。他对儒学也一样，可是他是他自己，他是李泽厚，他是个哲学家，这就是他。"

18日，我发先生微信，问能否通个电话，回复："患病。很快我会打电话。"20日，先生打来电话，我们聊了一个多小时，先生说他不小心又摔了三次，但当时感觉先生精神状态尚好，声音依然清亮。这次通话，先生牵挂的一事，仍然是《人生小纪》（书名是先生确定的）的出版进展，他说："最好在我活着的时候出，我死后再出，别人会认为你是在瞎编。我估计出版后，嘲笑、咒骂声会很多很多，你要作好心理准备。"类似的意思之前也说过几次。按最初计划，书应在2020年先生90岁生日之前出，后因种种原因不断推后、延迟，至先生去世之时仍未能见到，想来真是令人唏嘘不已！

31日，我收到《伦理学新说》样书后，按之前的习惯先给先生发微信图片，再快递寄书（这次包裹里除了新书，还有1947年版欧阳凡海著《鲁迅的书》、维克多·克拉夫青科著《我选择了自由》）。但我所不知的是，先生29日已病重，五天后就过世了，我发的那些微信图片和寄的那些书，先生已永远看不到、永远收不到了。

一代哲人就这样静悄悄地走了，宛如秋叶一般无声无息地飘零……

这段时间，我时时翻阅这些年与先生来往的那些邮件、微信，耳边常常回响起与先生通话时先生虽高龄但依然清脆的声音，许多事情浮现在眼前，令人感慨万分。

有人说，先生的"人缘不好"（李先生自己也这么认为）。但在与先生的接触中，宽厚与谦逊，却是先生留给我的最深刻的印象。我帮助先生出版过多部论著，在整理、修订时，对我的一些建议、意见，先生觉得对，照样吸收；有时还问"你以为如何？""你怎么看？""谈谈你的观点"之类。出青岛版《人类学历史本体论》时，先生原打算书名仍沿用北大版的《哲学纲要》，我讲这个书名没有体现出先生哲学的鲜明特性，还很容易混同于一般意义上的"哲学概论""哲学原理""哲学概要"之类，不如恢复最初天津版的书名，直接用"人类学历史本体论"。先生想了几天，最后采纳了我的意见。在编辑三联版《伦理学纲要续篇》时，

李泽厚1998年8月题赠马群林《李泽厚十年集》一套

我提出《回应桑德尔及其他》一书中那张伦理学总览表很重要，但太小，内容也不很清晰明确，不如重新整理一次。我画了一个简略草图，先生赞同并作了进一步完善，以后均用的是这张图表。

先生是学贯中西、蜚声海内外的大学者，但对自己不清楚的东西从不掩饰。2019年我曾编了一部《李泽厚文选》拟作为先生九十岁生日礼物（后因故未出），后记中我用了"鲐背之年"一词来形容先生九十岁，先生问："你这个说法哪里来的？其他年龄段的我知道，90岁这个没听说过。"我说，是我查出来的，出自《诗经·大雅·行苇》，并将有关内容截图发给先生。先生回复："来源这么古雅，我真无知呀！"如此直白与坦诚，令我一惊，继而又非常敬佩！

如今我颇感后悔的是，先生2017年回国前曾告知我，我也想与先生见一面，后听先生说此次回国要处理家里的一些事务，比较劳累，我也就打消了这个念头，心想等先生明年（2018）回国一定要去登门拜访。谁知这样的机会已永远失去了，剩下的只有遗憾与哀伤……

还说些什么？

可说的还很多，却又如鲠在喉，那就引先生为拙编《李泽厚散文集》所作序言的最后一句作结吧："虽世局变异但真理长存，愿逝者如斯而未尝往也。"

2021年11月5日于怡丰苑，12月2日修改

匆匆翻阅了付梓稿，颇有删削。情势迁移，不尽欲言。并此谢谢陈卓先生的辛劳与坚持。

2022年4月5日补记于清明节并遥寄李泽厚先生

图书在版编目(CIP)数据

人生小纪：与李泽厚的虚拟对话 / 马群林编撰. —
南京：南京大学出版社，2022.7
 ISBN 978 - 7 - 305 - 24978 - 5

Ⅰ. ①人… Ⅱ. ①马… Ⅲ. ①李泽厚—学术研究
Ⅳ. ①K825.1

中国版本图书馆 CIP 数据核字(2021)第 182725 号

出版发行	南京大学出版社
社　　址	南京市汉口路 22 号　邮编　210093
出 版 人	金鑫荣
书　　名	**人生小纪：与李泽厚的虚拟对话**
编　　撰	马群林
责任编辑	陈　卓
照　　排	南京紫藤制版印务中心
印　　刷	南京爱德印刷有限公司
开　　本	635×965　1/16　印张 38　字数 669 千
版　　次	2022 年 7 月第 1 版　2022 年 7 月第 1 次印刷
ISBN	978 - 7 - 305 - 24978 - 5
定　　价	108.00 元
电子邮箱	Press@NjupCo.com
网　　址	http://www.njupco.com
官方微博	http://weibo.com/njupco
官方微信	njupress
销售咨询	025 - 83594756

版权所有，侵权必究

凡购买南大版图书，如有印装质量问题，请与所购图书销售部门联系调换